博望天下

第1辑

Youth Dynamics

Perspective Diversity

北京大学区域与国别研究院 主编

翟崑 执行主编

世界知识出版社

图书在版编目（CIP）数据

博望天下．第1辑／北京大学区域与国别研究院主编；翟崑执行主编．—北京：世界知识出版社，2022.10

ISBN 978-7-5012-6563-3

Ⅰ.①博… Ⅱ.①北… ②翟… Ⅲ.①社会科学—文集 Ⅳ.①C53

中国版本图书馆CIP数据核字（2022）第164255号

责任编辑　刘豫徽
责任出版　王勇刚
责任校对　张　琨

书　　名　**博望天下（第1辑）**
Bowang Tianxia（Di 1 Ji）

主　　编　**北京大学区域与国别研究院**
执行主编　**翟　崑**

出版发行　世界知识出版社
地址邮编　北京市东城区干面胡同51号（100010）
经　　销　新华书店
网　　址　www.ishizhi.cn
投稿信箱　lyhbbi@163.com
电　　话　010-65265923（发行）
010-85119023（邮购）
印　　刷　北京虎彩文化传播有限公司
开本印张　787毫米×1092毫米　1/16　24印张
字　　数　340千字
版次印次　2022年10月第一版　2022年10月第一次印刷
标准书号　ISBN 978-7-5012-6563-3
定　　价　89.00元

编委会

发刊词

历史潮流奔涌，时代步履不息。2000 多年前，张骞自长安出发，探西域之境、辟丝绸之路，以“博望侯”之精神引领后世探索；如今，一群有志青年从北京大学区域与国别研究院燕南园 66 号院出发，究天人之际、通古今之变，以“博望天下”之实践共塑未来发展。

《博望天下》丛刊是北京大学区域与国别研究院（以下简称“北大区研院”）在人才培养方面的里程碑，是中国区域与国别研究创新知识生产模式的风向标。它诞生于不平凡的年代，响应时代号召，彰显青年力量；它致力于打造广大青年创造灵动知识、增进全球互信的平台，激活更深潜力，凝聚更大共识。

博望天下，时代的号召！

这是一个意外与危机并存的时代，地缘政治风起云涌，生态问题日益加剧，社会动荡时有发生。世界各隅在全球化中被卷入无形之网，共担时代风险；又在信息洪流中被蒙上多重面纱，形成新的挑战。如何更理性看待世界，更智慧与他人沟通，是摆在每个行动体前的公共议题。

这也是一个机遇与希望交织的时代，区域合作创新局，科技发展赋新能，多元力量筑新知。中国在国际格局中的地位日臻上升，从世界观中国的需求日益迫切；全球知识网络多中心化发展的趋势渐次增强，从中国看世界的条件不断成熟。如何把握时代契机，找准自我定位，促进人类可持续发展，是国家发展之大业，也是个人责任之担当。

这更是一个大有可为的时代，区域与国别研究在中国应运而生，在学人的群策群力中不断迈上新台阶，区域国别学建设初见成效。区域国别学是强国、强校、强人的学问，中国的区域与国别研究是有中华底蕴、全球视野和当代气质的综合性创新开拓事业，要求以博览之眼探天下之事，以博约之学行致远之路，以博爱之心悟万物之道。

博望天下，青春的力量！

2018 年 4 月 12 日，北京大学区域与国别研究院在宁静的燕南 66 号院成立。四年来，研究院秉持“学以致研、研以致用”的理念，致力于开辟新的学术园地，建设兼容并包的共同体，构筑学科建设的“四梁八柱”。目前，我们有 52 名跨院系导师、25 名博士研究生、11 名博士后，形成了一支朝气蓬勃的研究团队，一个魅力无穷的灵感空间。

《博望天下》是北大区研院专为青年学人打造的学术品牌，创时代新风，扬机构特色。北大区研院强调知识生产“三体合一”，团队建设“以点聚力”，生产有依据、有意义、有意思的知识，培养有视野、有能力、有情怀的人才。所谓“三体合一”，指研究型学术、政策型学术和社会型学术的互联互通，在求真、服务和传播的互促中，构建多元一体的知识生态。所谓“以点聚力”，是指以“博望天下”为据点，为青年学人提供学术交流、知识互动和思想传播的高质量平台。2019 年以来，北大区研院组建“燕南 66 优创”团队，在澎湃新闻设立“再看世界”专栏，聚集近百名年轻人发表 500 余篇社会型学术作品；2021 年以来，北大区研院正式启用“博望天下”之名，连续举办两届区域与国别研究博士生论坛，吸引国内外20余所高校的青年学生参与。双轮并驱，融会贯通。截至2022年7月，“再看世界”阅读量超过1亿，影响力名列澎湃新闻政务号前五名。这些青年学人及其作品是北大区研院社会型学术实践发展历程的最好诠释，持续引领专业、客观、独特的区域国别研究思潮。

本丛刊是对三年来青年们在“博望天下”旗下成果的阶段性总结和创造性升级。我们以“再看世界”专栏中500余篇文章为素材库，优中选优，对20余篇文章进行扩写、修改和充实，形成一本全新的图书。本丛刊作者既有高校的在读学生和青年教师，也有任职于机关单位和非政府机构的年轻干事。他们的学术和成长背景丰富多样，涵盖政治学、经济学、教育学、历史学、人类学、语言学和艺术学等多个学科，聚焦30余个国家和地区，关心治国理政、文教体娱、吃穿住行等各个维度，分享新发现、探索新视角、运用新方法、开拓新范式。在本书中，我们可以看到有志于海外研究的当代青年，如何用敏锐之眼，见微知著；怀乐观之心，拨云睹日；亮思辨之剑，研精致思。

博望天下，坚定的信念！

博望天下是时代的使命，也包含了坚定的信念——“惠己及人”。这一根植于中国传统的交往智慧，是中国区域国别学知识生产的基本原则，也是本书的旨趣所在。

在理念层面，“惠己及人”是博采众长、文明互鉴的题中之义，是构建人类命运共同体、推动世界可持续发展的重要支撑。综观中外，每个人都身处时代变局之中，个人的一思一行都可能产生意想不到的“蝴蝶效应”。这意味着我们的知识生产须有将心比心、推己及人的观照，掀开过往印象的神秘面纱，窥见当今世界的真实模样，书写有更助彼此理解的知识。

纵看古今，世界是你我的，但归根结底是青年人的。全球有18亿青年，中国有4.6亿青年，他们是知识的需求方，也是知识的供给方。培育青年人“惠己及人”的理念和能力，不仅是个体成长、交往和发展的需要，也是人类应对未来挑战、建设和平与发展世界的关键。

在操作层面，“惠己及人”落实到“源自学术、终于国家、惠及世界、服务社会”四个层次。我们今天鼓励青年参与到社会型知识生产中，就是要革新知识生产的范式，盘活多学科、多区域和多视角的存量资源，建立交叠形态的区域国别学知识形态。我们要将文章写在五湖四海，写到浩瀚星河，写入人心深处。我们的书写是面向人民大众的，要让更多人读得明白、读得愉悦、读后获益。因此，本丛刊追踪全球动态，聚焦世人关心，剖析变局表象下的深层逻辑，呈现舆论旋涡中的冷静思考，分享艰难世事中的希望曙光。用专业、全面、深入的视角观察热点和难点，用审慎、开放、包容的立场阐释点、线、面及其关系，并用通俗、有趣、创新的形式呈现事件的广度、思想的深度和格局的高度。

博望天下，踏实的步伐！

博望天下是一项行远自迩的事业，知识生产是一种循序渐进的历程。本丛刊的出版并非一日之功，而是厚积薄发的结果。

自任职北大区研院以来，笔者联合院里的助理研究员和博士后，探索区域与国别研究知识社会转化和创新的路径。这种探索随着“燕南66优创”团队的成长和“再看世界”栏目的发展，于2021年冬季迈入质变阶段。一是在院系层面，钱乘旦教授等院系领导肯定“再看世界”栏目的发文数量和质量，并提议将相关文章结集成书；二是在社会层面，世界知识出版社副总编兼《世界知识》杂志社社长罗洁来访燕南66号院，为我们将“再看世界”打造成北大版《世界知识》提供了渠道；三是在国家层面，区域国别学被列入《博士、硕士学位授予和人才培养学科专业目录（征求意见稿）》，进一步增强了我们将成果分享给大众的信心和决心。我们立即启动与世界知识出版社的合作，商讨出版的形式和规划；并从2022年1月开始举办“优创月度品鉴会”，邀请出版界和学界专家，针对媒体平台写作进行指导，完善区域与国别研究社会型学术知识生产的动态体系。

2022年春，“燕南66优创”团队与世界知识出版社的刘豫徽老师欢聚燕南园66号院二楼会议室，初步明确了本丛刊的导向和篇章。自3月开始，我们一方面通过线上会议的形式，沟通出版的细节问题；另一方面以月为单位推进文章的修改和审阅工作，从小组讨论到团队审阅，再到刘老师的精准指导、各个击破。2022年夏，我们迎来收获，本丛刊初稿成形。这既是每篇文章焕发新生机的过程，也是每位写作者从改中获真知、在交流中共进步的经历。积小流以成江海，积短文以成大作，我们坚持在守正创新中推动这项事业的不断精进。

博望天下，燃烧的团魂！

博望天下，是青年学人的认知之旅和成长之路，更是学术共同体构建与发展之道。在这趟旅途上，作为青年的你并非孤身作战。在你背后，不乏前辈和团队的坚实后盾；在你身旁，常有同道中人的相互扶持；在你前方，充满探索的乐趣与创造的满足。

“燕南66优创”是北大区研院的青年团队IP，陪伴青年的成长与成才。本丛刊见证了“燕南66优创”团队持续耕耘的结果，也推动“燕南66优创”团魂的凝聚与传播。我们不只有澎湃激昂的奋进精神，还有源自平台机制的硬核支撑，源自共识情怀的强劲动力。围绕社会型学术知识生产，我们助力每位参与者化灵感迸发为妙笔生花、化数据现象为思想之光、化个人体悟为大众知识，在写作中彰显自我价值，在分享中实现斑斓梦想，在交流唤醒创新灵魂。

一方人有一方人的故事，一代人有一代人的担当。当代青年生在前所未有的全球化时代，长在日新月异的数字化年代，既享有超乎前人想象的便利，也有必须克服的困难。在区域与国别研究的赛道上，我们意识到书写的话语力量，也感知到青年的无尽潜力。以本丛刊出版为新的起点，在《博望天下》的感召下，我们培育全球发展动能，汇聚青春伟力，奏响源自青年的时代强音，也呼唤更多新生力量的加盟。

翟　崑
《博望天下》执行主编
北京大学区域与国别研究院副院长
2022年7月24日

目　录

世相与国情

慧治创客忙

探索新视界

“圈儿院”青年派

“燕南66优创”团 邀君共赴“区域国别学”盛宴

谭萌　杨体荣　魏运高丽*

2022年9月，国务院学位委员会、教育部印发《研究生教育学科专业目录（2022年）》（以下简称“新版目录”）和《研究生教育学科专业目录管理办法》，区域国别学（编号1407）①正式成为交叉学科门类下设的一级学科。这是中国区域与国别研究在学科体制化和规范化建设上迈出的一大步，肯定了多年来学者们在海外研究方面的辛勤耕耘，并极大激发了学界参与并拓展区域与国别研究的热情。学者们就区域研究是什么、中国的区域与国别研究有何特色以及区域国别学该如何建设等问题展开激烈讨论，并在搭建跨界合作平台、完善人才培养体系和提升知识转化能力等方面进行了积极探索。

对于广大的青年学人及社会民众来说，“区域与国别研究”或“区域

---

* 谭萌，北京大学区域与国别研究院博士后，民俗学博士，研究兴趣为文化人类学、文化遗产研究和民族地区发展，主要从事社会文化变迁、海外民族志研究；杨体荣，北京大学区域与国别研究院博士后，教育学博士，研究兴趣为东南亚教育、比较高等教育，主要从事高等教育政策、教育援助、中国—东盟国际教育研究；魏运高丽，北京大学区域与国别研究院博士后，毕业于北京大学历史学系，研究方向为英国史。本文初稿由三人分别撰写，经谭萌统稿和修改后完成，感谢在此过程参与讨论和指导的北京大学区域与国别研究院老师及博士后。

① 本文以“区域研究”（Area Studies）指代普遍意义上社会科学的海外研究，以“区域与国别研究”指代中国社会科学的海外研究，以“区域国别学”指代中国区域与国别研究的学科建设，并在提及其他国家的表述或学者观点时，援引他们使用的原词。

国别学”不应只是被藏之于学府的学术事业，还可以是遍布学习、工作与生活中的流动网络。本文从大众需求的角度阐释并定位区域与国别研究的历史及目标，以宴席为喻，回应中国“区域国别学”是什么、从哪儿来和到哪儿去等问题；并以北京大学区域与国别研究院（下称“北大区研院”）“燕南66优创”之名，邀请更多青年学人参与到区域与国别研究中，构建更具活力的知识共同体，推动中国区域与国别研究迈入黄金时代。

北大区研院的成员们也因此常称自己是“圈儿院”人，因为当“区研”二字和儿化音相遇时，“圈儿”便应运而生。“圈儿院”成员感受来自同心圆的温馨趣味，也承接追求完美圈的宏阔使命。

一、趣说“区域国别学”的来龙去脉

回顾全球域外知识探索以及中国海外研究的历程，观照国际格局变化与全球学术生态是理解区域与国别研究、认识“区域国别学”内涵与价值的前提，也是达成理念共识的过程，欢迎八方来客，畅谈四海风情。

（一）盒饭→火锅→宴席：区域与国别研究的中国发展历程

一般认为，区域与国别研究是一种探索异域或其他社群的手段、视角和知识体系，在英文语境中通常表述为区域研究（Area Studies），成就了一种“在跨学科视野下认识、分析、诠释外国文化的事业”。[①] 在中文语境中，有关异域他乡的记录与想象可追溯至《诗经》或《山海经》等

① Alan Tansman, “Japanese Studies: The Intangible Act of Translation,” in *The Politics of Knowledge: Area Studies and the Disciplines*, ed. , David L. Szanton (Berkeley, LA: University of California Press, 2004) , p. 42.

典籍；而现代社会科学意义上的海外研究则以 20 世纪五六十年代一系列国际问题研究机构的成立为开端，经历了从采集式归纳、体验式记录向专业化调查及体系化建设的转变。

“睁眼看世界”作为近现代学人面对世界变局的时代倡议，体现了一代青年人的责任担当。然而，由谁“看”，怎么“看”，看到了怎样的“世界”，又塑造了何种世界图谱，则在不同时期呈现出相异的特征。从“看世界的人”切入，本文借用餐方式来隐喻这项事业的基本模式，其大致经历了从分餐制到合餐制的变迁，在形式上又可被细分为“盒饭式用餐→火锅式聚餐→宴席式聚会”三个阶段。

20 世纪下半叶属“盒饭式用餐”阶段，高校中以北京大学、复旦大学和中国人民大学的国际政治系为主要阵地，而研究机构则以中国社会科学院成立的国别与区域研究所为典型代表，形成了美国、日本、西欧、拉丁美洲、苏联东欧、西亚非洲和世界政治等研究所。“用餐人员”主要是政治和经济研究领域的学者。在这一阶段，语言文学界和历史学界也不乏对海外信息、知识和文化的收集、译介与研究，例如，北京大学还设有外国哲学研究所、亚非研究所和世界近现代史调研所，① 但其并未被纳入区域与国别研究的美食窗口。

21 世纪前 20 年属“火锅式聚餐”阶段，以“一带一路”倡议的提出为契机，2011 年，教育部正式启动高校国别和区域研究专项计划，越来越多的学科将视野转向域外。大家在品用工作餐的同时，开始聚在以海外研究为汤底的火锅周围，并烹煮各自的菜品。“火锅式聚餐”承接了改革开放以来中国社会科学“走出去，引进来”的愿望，也整合了教育学、汉语言文学、历史学和人类学等领域中海外研究的学术力量，如比较教育、对外汉语（目前显现出由“汉语国际教育”更新为“国际中文教育”的趋势）、世界史和海外民族志等。这些研究群体的发展大大扩大

---

① 唐士其：《北大国关的区域国别研究》，搜狐网，2019 年 4 月 17 日，https://www.sohu.com/a/308622635_618422，访问日期：2022 年 1 月 17 日。

了聚餐的人员范围，也丰富了聚餐的菜品。

以2020年全国研究生教育会议决定新增“交叉学科”为第14个学科门类为基础，区域与国别研究开启了“宴席式聚会”的筹备阶段。2022年，“区域国别学”正式成为交叉学科门类下设的一级学科，获得了专属于自己的名录编号“1407”，可授经济学、法学、文学、历史学学位。“1407”宛如区域国别学盛宴的房间号，以“区域国别学”为名的宴会演化出新形态，从过去涮火锅阶段时的非秩序性、混杂性聚餐，变成集独立空间、多元菜系、餐桌仪礼和社交意义等于一体的宴席式聚会。

（二）宴席为何而办

古今中外，宴席的举办总是为了庆祝、纪念或开启特定的事宜，“区域国别学”这场宴席也不例外。纵观全球，大航海时代的地理大发现推动了英国海外知识生产的萌芽，二战后国际竞争与合作的需求则加快了美日韩等国建立海外知识生产体系的步伐。在这些背景下，人类学、东方学和区域研究相继建立，并不可避免地被贴上了殖民主义或帝国主义的标签。

但是，作为一种对异域知识的追求，对于研究者和更加普遍的大众来说，区域与国别研究的可能性和必要性并非完全源自政治诉求，① 而在于因基础设施完善、商贸货物流动以及人群交流互动所产生的需求。对于中国来说，自改革开放以来，不仅大量“洋人”“洋货”和“洋节”进入中国，中国人、“中国造”和“中国节”也更广更深地融入海外民众的日常生活，且中国在其中的影响力逐渐提升。流动的现实性和交流的必要性要求研究者更加全面、更加深入地探索域外知识，这意味着这种宴席既可能是一场盛大“国宴”，也可能是特色“私房菜”。所以，构

① 牛可：《地区研究创生史十年：知识构建、学术规划和政治——学术关系》，《北京大学教育评论》2016年第1期。

建一个相互了解并彼此尊重的人类命运共同体是这场宴席的更高目标。

过去“盒饭”和“火锅”式的用餐方式为我们认识世界提供了一些基本的工具、菜品和用餐规则。但是，世界各隅更为紧密和复杂的联系也逐渐显现出“盒饭”与“火锅”等用餐方式的缺陷，一个需要用“咱们”相称的新的用餐方式呼之欲出。具体来说，在“盒饭”式阶段，用餐者难以享用丰富菜品，不同人员之间的交流渠道不畅，知识生态的失衡状况逐渐显露。在“火锅”式阶段，虽然原本分散的群体聚于一桌，但缺乏秩序的取菜和添菜，可能令人难以细心品味各类菜品的特色风味。所以，用“宴席”整合过去的资源，既打破分桌而食的隔阂，又合理调配菜品的样式，对精神食粮的有机吸收和特色菜系的广为传播具有重要意义。同时，“宴席”在圆桌之外，还为用餐者提供了一个特殊的空间，并予以“区域国别学”的雅号。这样的“宴席”既可针对用餐者需求合理配置餐品，又能够为更多人参与提供多种渠道。

因此，这种以“区域国别学”为名的宴席是中国学者在海外社会研究学科建设上的突破。这种突破既回应现实社会的外在需要，又符合学科发展的内在要求。

二、两手准备开盛宴

作为一种学科实践，“区域国别学”的建设最终需要落到每一个与之相关的学人身上，以吸引、培养和聚集更多声音、人才和智慧为根本，以跨界交流、博采众长与合作共赢为路径；作为一种社会实践，“区域国别学”的发展既依托于具体的数据挖掘、事实分析和理论提炼，也需要灵活的数据转化、内容呈现和观点书写，构建多元一体的知识体系。因此，复合型人才培养和综合型知识生产是中国“区域国别学”实现其功能的路径。

（一）一手抓复合型人才培养

区域与国别研究复合型人才的培养既是加强基础研究、智库建设和国际交流的根本，也是中国社会科学人才结构转型的推手，有赖于多学科、多院校和多机构的学者参与到人才培养的实践和讨论中来。① 作为宴席的主要筹备者，资深的研究者将“培养复合型人才”的主线贯穿于物料供应、烹饪过程、菜品搭配、空间设置和餐具准备等环节，吸引青年才俊为胜友嘉宾。

就物料供应而言，宴席的筹备者吸纳多学科精华和域外经验，采集类型多样的食材。历史学、人类学、语言学、社会学、政治学、经济学、法学、地理学和环境学等学科的理论方法受到关注，不同国家和地区在海外知识生产方面的经验被纳入考察范围，而研究对象在地理、历史、文化和社会等维度的信息则不可或缺。

就烹饪过程而言，锅碗瓢盆、蒸煮烹炸均有用武之地，为满足多种胃口、创制多元菜品而灵活运用。一般认为，复合型人才的培养包括技巧培养、能力提升和伦理培育三个方面。技巧培养指对语言技能和数据处理技术的培训。其中，语言包括对象国的官方语言和非官方的本土语言，数据处理技术包括田野调查和量化分析等基本技术手段。能力提升指培养基于学科专业知识和区域专业知识从多个角度审视、评判并积极回应现实问题的能力，以及培育与不同文化背景的群体进行人文交流与合作的能力。② 对以上两种烹饪工具偏好的不同，形成了强调语言技能的“语言+国别和区域研究”人才培养机制与强调知识素养的“区域+专业”人才培养机制的并行。伦理培育则主要指对研究者价值立场和思想观念

---

① 钱乘旦：《以学科建设为纲，推进我国的区域国别研究》，《大学与学科》2021 年第 4 期。

② 梅德明：《新时代外语教育应助力构建“人类命运共同体”》，《文汇报》2018 年 2 月 9 日。

的熏陶，鼓励其坚持开放包容的心态。在此倡导下，宴席筹备者逐渐意识到田野调查的重要性，并将其从一种必要性工具上升为以“民族志”为形态的综合性研究和培养方式。① 这种方式不仅以文本或影像档案的形式记载并呈现世界的多样性，而且还坚持以互惠观念中的回馈精神和他者关怀为学术伦理的基本，② 有利于培养尊重事实、宽容有礼的国民性格。③

就菜品搭配而言，这种宴席菜系丰富、覆盖面广，因材定菜，随客调味。从菜系来看，“区域与国别研究”的餐桌增加了更多发展中国家的菜系；从菜品来看，鉴于宾客在专门性与通用性、区域性与学科性等方面的差异，宴席提供了多元化人才培养方案。

就宴席空间设置而言，桌椅已基本备齐，且设计各有不同，宾客落座成为可能。众多高校机构通过设立“区域与国别研究”或相关领域的硕士、博士学位授予点，人才培养呈现因地制宜和因校建制的特征。据统计，自 2011 年教育部启动区域国别研究专项以来，国内现已设立 400 多个部级培育基地和备案中心，分属于近 200 所高校。其中，综合性大学较为注重从宏观上探索人才培养机制；具有地方特征和行业特色的高校则立足于其与周边国家、区域的地缘、民族或经济联系，关注培养在这些区域开展研究和实践的人才。例如，北京大学在过去本科生“多语种+区域研究”“外语+外史”的跨专业人才培养模式，④ 研究生跨院系、跨学科联合培养机制的基础上，以区域与国别研究院为平台形成了专门的博士研究生培养方案；浙江师范大学以非洲为主要研究对象，形成了

① 高丙中：《凝视世界的意志与学术行动——海外民族志对于中国社会科学的意义》，《广西民族大学学报（哲学社会科学版）》2009 年第 5 期。

② 陈盈莹、赵萱：《2018 年海外民族志述略：全球流动背景下的海外民族志研究》，《中国图书评论》2019 年第 1 期。

③ 杨春宇：《在全球化背景下重新定位中国人类学》，《中国社会科学报》2014 年 6 月 27 日，第 8 版。

④ 宁琦：《区域与国别研究人才培养的理论与实践——以北京大学为例》，《外语界》2022 年第 3 期。

“非洲情怀、中国特色、全球视野”的治学理念，并在人才培养上综合经济学、历史学、社会学、人类学、语言学、影视学和民族学、政治学等学科的方式方法，推动了注重实地调查和学科共融的中国非洲学科原创性成长；① 清华大学、上海外国语大学和云南大学等高校则在发展中国家研究、“一带一路”研究和跨境民族研究的人才培养上取得了较好的成绩。

就餐具准备而言，碗碟杯壶等容器类餐具和刀叉筷勺等手持类餐具初具规模，供宾客享用菜品和推杯换盏。国家设立多个基金项目，旨在“加强国家公派留学工作，加大拔尖创新高层次人才、国际组织人才、国别和区域研究人才等的选派和培养力度”，② 为宴席活动提供政策和资金支持。各高校和科研机构则根据实际情况，设立项目基金、论坛活动和学术发表平台，并在与出版界和企业界等领域的合作中，夯实硬件支持。

就此，在1407号宴客厅，以人才培养为主题的宴席已基本就绪，筹备者们仍在积极探索菜品创新（知识成果的转化）、上菜顺序（不同学科间如何互动）和用餐礼仪（不同学人间如何对话）等细节。正是在这个意义上，宴席期待更多宾客入座，共商共议，共谋大业。

（二）一手抓综合型知识生产

部分宴席筹备者指出，区域与国别研究的知识生产以“惠己及人”为原则，以弥合供需矛盾为目标，以科学的知识形态为支撑，坚持“学以致用，用以强学”的双向赋能路径。③ 由此，“知识生产”成为赴宴者

① 《研究院简介》，浙江师范大学非洲研究院，http://ias.zjnu.edu.cn/yjyjj/list.htm，访问时间：2022年7月15日。

② 《教育部关于印发〈教育部2018年工作要点〉的通知》，中华人民共和国教育部，2018年1月31日，http://www.moe.gov.cn/srcsite/A02/s7049/201802/t20180206_326950.html，访问时间：2021年8月20日。

③ 翟崑：《论中国区域国别学的知识生产》，《国际论坛》2022年第3期。

的共同责任，也是提升“区域国别学”宴席社会美誉度、促使更多人共享宴席美味的关键节点。

从提升宴席美誉度的角度来说，其依赖于基础型学术、政策型学术和社会型学术三者的有效衔接。基础型学术是区域与国别研究中支柱性知识生产工作，是创新区域与国别研究理论、积累原创性研究成果不可或缺的一部分；政策型学术是区域与国别研究应用性的重要体现，注重生产服务于社会公共决策中对外政策的知识；社会型学术则强调以社会大众作为区域与国别研究知识生产的主要服务对象，将其他国家或国外地区的社会发展情况转化为社会型学术成果，为了解和认识外部世界提供知识源。三种学术工作相辅相成、彼此助益，构成了区域与国别研究中知识生产和人才培养的生态系统。

从促进宴席惠及更多受众的角度来说，社会型学术无疑是彰显广大学人“爱国关天下”情怀，并助力更多人“云游天下”的重要渠道。科学界和哲学界对“知识模式”“范式革命”及“学科社会化”等的研究为建构区域与国别研究的社会型学术提供了学理基础，北大“燕南66优创”团三年来取得的成绩则为推进区域与国别社会型学术的拓展和深化提供了现实样本。针对目前学界较少系统阐释这一理念的状况，北大区研院团队率先提炼了区域与国别研究社会型学术的三个方面。

第一，区域与国别研究中的社会型学术重视多元主体参与，是呼应社会发展需求的知识生产实践。区域与国别研究是对其他国家、域外地区做研究，涵盖政治、经济、历史、宗教和文化等多个领域，具有典型的跨学科特征。由于研究领域的广谱性和多样性，以及研究对象的复杂性和变化性等因素，区域与国别研究需要多元主体参与。而以更直接和多样的方式呼应社会发展的需求，则是区域与国别研究与人文社会科学领域传统学术研究的区别。其更强调通过联动高校、科研院所、跨国企业、国际组织、民间力量，以及个人等力量来收集关于其他国家和域外地区的数据，为国家机关和具有对外交流需要的企业、社会组织等提供专业咨询。

第二，区域与国别研究中的社会型学术强调培养具有社会服务能力与国际交流能力的交叉学科高层次人才。中国最新的人才工作发展方向指出，要深入实施新时代人才强国战略，加快建设世界重要人才中心和创新高地。作为社会型学术的区域与国别研究强调招收具有外语特别是非通用语优势，具备国外学习或调研经历的跨学科人才，主要通过集“语言”“专业”“能力”和“知识”等于一体的模式进行培养，以适应国家在对外交流中的实际需求。

第三，区域与国别研究中的社会型学术重视探索知识产品的应用方式、范围和深度，推动区域与国别研究在中国的现代化进程中发挥更大作用。区域与国别研究具有鲜明的跨学科特点，既关注基础性的知识探索与创造，又重视将对其他国家和地区的研究应用于中国的社会发展，特别是对外交流与合作。作为社会型学术的区域与国别研究，通过多样化的知识传播与应用渠道来加强与社会（社会学意义上超越了国家和个体中间层次的社会）的互动，更深更广地融入中国现代化发展的进程。社会型学术的应用，典型的例子是面向社会大众（不同于专业研究者或政府部门的决策者）生产知识产品，普及有关域外地区和国家发展变化的知识。这项探索受益于区域与国别研究中不同学科的知识生产实践。社会型学术知识生产结果的应用，一方面不断向纵深发展，要求区域与国别研究队伍加强对传统发达国家、区域组织和国际组织等的研究，尤其是出现的新问题与新变化；另一方面保持横向扩展，依托中国排名全球前列的科研经费支出和规模庞大的科研队伍，将研究对象扩展至曾经无力顾及的“冷门国家”。

就此，在 1407 号宴客厅之外，以知识生产为节点的“区域国别学”宴席正在通过学术型、政策型和社会型学术的有机结合，打造特色 IP，为更多嘉宾的参与和共议提供平台。社会型学术作为中国特色区域与国别研究的一个重要发展方向，是一种积极发挥区域与国别研究作用的理念与实践，聚焦人才培养与知识生产，也彰显了区域与国别研究经世致用的本质。

三、“燕南66优创”团　邀君共赴此盛宴

基于全新的交流空间、坚实的建设支柱和强韧的发展节点，以“区域国别学”为名的宴席具有“三不”特点，即这场宴席不神秘、这个房间不封闭、这块门牌不虚设。北大区研院作为这场宴席的东家，已为青年学人备好酒席，共赴盛宴。

北大区研院为大家奉上多种菜品。《区域国别研究学刊》作为综合性辑刊，为区域与国别研究学术成果的推出提供平台，《战略务虚》《学术简报》和《燕南新见》等则作为针对性刊物，为区域与国别研究信息及知识传播提供平台；“天下论坛”以“纵横天下事，汇聚八方言”为宗旨，为中外学者思想交流提供契机，举办“面向21世纪的区域与国别研究：世界经验与中国范式”国际研讨会和“研以致用：高校区域与国别研究智库工作”研讨会等活动；“博雅工作坊”以“小规模、新思想、深交流”为特征，为国内外领域内的专家学者提供深度对话的机会；“新芽沙龙”以“跨界与活力”为特征，为不同专业的青年学人提供学习与交流的平台；而2021年举办的“博望天下：跨学科视角下的区域与国别研究”和2022年举办的“青年和区域与国别研究：新视角、新理论、新路径”则是由博士生自筹自办、自主参与的全新展现和交流舞台。

“燕南66优创”团队依托北大区研院的研究助理和博士后，在冰心故居——北大燕南园66号院集结，致力于团结全球学者，共同进行区域与国别研究的社会型知识生产，输出优质的公共知识产品。从最早“燕南66优创”微信群的诞生，到澎湃新闻开设“再看世界”专栏的拓展，再到团队“月度品鉴会”的升级，“燕南66优创”团发展大致经历了四

个阶段，呈现出有条不紊、循序渐进的脉络。2018 年 12 月是“播种”阶段，借助“澎湃新闻”平台，北大区研院开设政务号，围绕重大事件和热点事件发表文章，推动区域与国别研究领域的社会型和应用型研究。2019 年 1 月至 2020 年 2 月是“破土”阶段，也是优创写作卓越进步的时期。“燕南 66 优创”逐步吸纳北大其他院系以及国内外其他高校的青年学者，形成“燕南 66 优创”团。同时，建立北大区研院博士后管理团队，他们既是知识生产者，也是知识管理者。2020 年 3 月至 2021 年 12 月是“萌芽”阶段，“澎湃政务”开设全球疫情观察类栏目“留学生看抗疫”，并陆续增加“海外疫情观察”“中国与周边”等专栏，随后将之整合到“再看世界”专栏中。2022 年 1 月至今则是“生长”阶段，通过策划“月度品鉴会”等形式，团队继续保持“燕南 66 优创”这个社会型学术 IP 的价值，管理和建设好愈加庞大的写作队伍，更加丰富地展示积少成多的作品。目前，“月度品鉴会”确立了“社会型学术写作工作坊”“燕园 66 大事记”“优创之星成长记”“优创官选题召集”和“燕南 66 优化创新路径”等基本版块，逐步完善专题探讨、专家指导和同行评议等运行机制。

截至 2022 年 7 月，百余名有志青年参与“再看世界”平台的知识生产，累计发表 700 多篇文章，其主题上至治国理政下到中秋月饼，可谓“能上能下、可甜可咸”。该平台的大众阅读量超 1 亿次，在“澎湃政务”每月发布的中国智库榜影响力指数榜单中始终保持在前十名的位置，并连续两年获得“最佳政务传播奖项（2020—2021/2021—2022）”等荣誉。目前，该平台包括“专家观点”“留学生看抗疫”“海外疫情观察”“度量‘一带一路’”“田野笔记”“能动全球”“中国与周边”“环球生活”“新边疆政治学”“全球教育观察”“国际发展合作”和“数说世界”等专栏。同时，“燕南 66 优创”团与世界知识出版社等出版机构合作，探索新路径，寻求新突破，以开放、包容和创新的态度持续拓展区域与国别研究的知识生产链条，努力形成多平台、多节点和多方向的知识流动网络。

燕南院66号是北大区研院的所在地，它见证了吴文藻和冰心的爱情故事，也曾陪伴朱光潜度过了其在北大工作和生活的日子。如今，它正酒旗招展，承接贯通中西之传统，会聚“看世界”之智士，激活“再看世界”新生力量。在宴席开始之际，“燕南66优创”团诚挚邀请同道中人共赴盛宴，承时代使命，究世界之变，传中外知识，促全球互信，see differences，make difference。

试谈区域国别研究人才的培养
——以《长安十二时辰》主人公张小敬为例

刘金鹏*

经济贸易全球化与科学技术的高速发展促使世界各国和地区在政治、社会、文化、教育、传媒等诸多领域的交流日益深化，彼此间的依赖逐渐增强。然而，紧密的联系也提升了不同文化之间的碰撞与摩擦的频度和强度，同时，也让战争、生态失调、资源问题、信仰丧失、恐怖主义、民粹主义等诸多挑战跨越了传统国家疆界，成为地区性甚至世界性难题。

近年来，中国的国际地位随着综合国力的提升而稳步提高，需要承担的国际责任也日益增加，对自身和世界关系的认识与定位也在逐渐转变，由被动走向主动。对国际交流的依赖以及对国际问题的处理让中国深刻地认识到：中国的发展离不开世界，世界的和平与繁荣也离不开中国。

“一带一路”倡议的发起、实践和“人类命运共同体”理念的提出体现了中国和平发展、与世界各国合作共赢的立场，贡献了为人类谋求共建共享普遍安全世界的中国方案。这些对海外知识和语言能力产生了巨大的需求。然而，现存学科体系中对世界各地区及国别研究的力量分散且短缺，很难以系统性、综合性、融合性的方式对国家和社会迫切的

* 刘金鹏，北京大学区域与国别研究院 2019 级博士研究生，研究方向为俄罗斯历史与文化。

需求进行回应。因此，继2013年国务院学位委员会在《学位授予和人才培养一级学科简介》中首次将国别和区域研究纳入外国语言文学一级学科之后，教育部高等学校教学指导委员会在颁布的《普通高等学校本科专业类教学质量国家标准》（2018年）中明确将国别与区域研究纳入外国语言文学类专业的基础内涵。2021年12月，国务院学位委员会再度强化区域与国别研究的重要性，在颁布的《博士、硕士学位授予和人才培养学科专业目录（征求意见稿）》及其管理办法中将区域国别学提升为交叉学科门类中的一级学科。可以说，在不到10年的短短时间里，国家对区域国别学的重视程度大幅提高，对其多学科、跨学科属性的认识逐步加深，为该学科健康、长远的发展提供越来越完善且强力的政策支撑。①

对区域国别研究人才的培养既是历史需要，又是当务之急，还是百年大计。国家的重视与社会的需求激发了学界持续不断地研究与讨论区域国别学的热情。起初，学界对区域国别学的讨论偏重于学科性质问题、研究方法问题以及对美国等发达国家学科建设经验的介绍。随着研究的深入，讨论逐渐转向实践性更强的问题。对学科建设、学科发展方向以及人才培养等问题的探讨日益热烈。

总体而言，中国学者目前阐发的区域国别研究人才培养计划都是立足于国家需求，面向未来提出的畅想与方案。其中，既有家国情怀、掌握对象国官方语言等普遍原则，也有根据所在单位已有的部分可资借鉴的经验总结出的独到见解。笔者承认，学者们对未来的规划具有重大意义，但是不得不指出规划往往具有强烈的抽象性特点。而且具体实践过程中存在诸多不确定因素和问题，目标并不一定能全部达成。因此，笔者认为，以“具象”的个体人物作为案例分析，一方面，有助于理解区

① 宁琦：《社会需求与新文科建设的核心任务》，《上海交通大学学报（哲学社会科学版）》2020年第2期；宁琦：《区域与国别研究人才培养的理论与实践——以北京大学为例》，《外语界》2020年第3期。

域国别学科需要培养的人才特点；另一方面，希望通过分析该案例的诸多特质，可以对区域国别研究人才多重素养的先后顺序和重要程度进行排序，为区域国别研究人才培养目标的讨论提供一得之见。

一、区域国别研究人才——张小敬

请大家跟随笔者一起走近马伯庸先生的历史小说《长安十二时辰》的主人公张小敬。

2019 年夏天，电视剧《长安十二时辰》火遍全国。紧凑的故事节奏引起了观众对于同名小说的兴趣；考究的布景激起了观众对于长安城的热情。即使在今天，电视剧和小说在豆瓣网上依然好评如潮。据考证，唐天宝二年（公元 743 年）长安城的纳税人口将近二百万人。[①] 故事背景设定为唐天宝三载（公元 744 年）上元节的长安城。东西市琳琅满目的海内外商品，不同肤色、信仰、穿着的人员，袄教、景教、佛教、道教等不同宗教的文化，天南地北的美食，一切都在彰显着大唐的繁盛富足与开放包容。然而，在这个洋溢着欢乐的节日气氛的城市里，一场可能引起城毁人亡的危机在暗暗靠近。突厥可汗为了扭转失利的战局，派出了精锐部队前往长安制造混乱。

为了应对危机，朝廷在负责首都治安的金吾卫、京兆府、御史台、监门卫等官署之外成立了靖安司，统摄长安城的贼事策防。靖安司会集了各类精英，既有精通贸易的能员，也有具备过目不忘本领的主事，还有凶悍的老兵，甚至雇用了深度了解域外文化的胡人。抓捕行动在大家的通力协作之下按计划有条不紊地进行，然而卧底崔六郎被谨慎的突厥狼卫识破了身份并残忍杀害。虽然埋伏于店铺外的旅贲军和不良人在紧

---

① 薛爱华：《撒马尔罕的金桃》，吴玉贵译，社会科学文献出版社，2018。

急抓捕中消灭了绝大多数的敌人，但是一名狼卫成功逃脱。线索的中断导致反恐行动陷入了停滞。为了破解危局，司丞李泌急需取代崔六郎的人选，最合适的人选莫过于戴罪死囚张小敬。故事的张力随着张小敬的出场持续增强。

以当前区域国别研究的视角分析，长安城是一座汇集了诸般文化、多个族群、不同信仰的国际化大都市。唐文化有自己固有的特点，外来文化各有各的特色，彼此交融的同时保存了自身。虽然未接受过系统的学术训练，理论知识欠缺，但是张小敬经历了10年安西都护府的军旅生活，具有9年长安万年县不良帅的都市工作经验。换言之，田野考察和社会经验锻造了张小敬，使他成为一位具有朴素的“区域国别研究”素养的人才。具体来说，张小敬具有“区域国别学”人才5种最核心的素质，按重要性排序如下。

第一，张小敬具有家国情怀。作为服务于国家和社会的学科，区域国别学人才培养的首要品质即家国情怀。只有具有强烈的国家认同、民族认同、文化认同的人才方能做出真学术，解决国家和社会遭遇的问题。作为军人，张小敬铁骨铮铮，豪气干云，豪言：“我就待在这儿，这是大唐的国土!”其所在的第八团无人贪生怕死，他们为国为民始终保持着“第八团九死无悔”的悲壮胸怀。在第八团眼中，都城是他们心中的图腾，是最美好的所在，是他们鞠躬尽瘁的对象。烽燧堡保卫战最危急的时刻，张小敬和战友们心中充满了对长安的美好向往，在最惨烈的时刻一起高呼“去长安”。作为不良帅，张小敬为全城平安殚精竭虑了9年。在戴罪破案过程中，他心心念念的是百万居民的平安，他不止一次地表达了“我为了长安百姓”的观点。在不得已亲手杀死暗桩小乙之后，于私，他自断一指以谢罪；于公，他表示为了大局不后悔。甚至是在宰相希冀夺取靖安司权力的过程中，张小敬遭到全城通缉时都没有接受葛老送他出城、远离是非的建议，义无反顾地回到自己的工作中继续追寻“阙勒霍多”。对国家和人民的大爱支撑并引领他利用自己的学识和工作经验缜密地调查案件，不惜一切代价力图解除危机。

第二，张小敬熟练掌握突厥语。一方面，外语是最为便捷的沟通工具。在祆教祠围堵狼卫的情节中，“张小敬跨步向前，走到祠堂阶前，居然说出一口流利的突厥语”。张小敬在危急时刻用突厥语与对方沟通，既便于对方理解自己的意图，同时又是一种直接的震慑。另一方面，外语是打开相关文化大门的钥匙，是理解对象国、对象族群世界观和价值观的关键。檀棋在告知张小敬“整个长安城即将变成阙勒霍多”的情报之后，他瞬间解读出，“阙勒是个突厥语名词，近似于九幽血狱，而霍多则是化为尘土之意。整个词既是一句诅咒，也是一种传说中的凶兽。”虽然不能立刻破译“阙勒霍多”的真正内涵，但基本的解读足以让张小敬明白危机的严重性和紧迫性。简而言之，一些极端情况下，语言能力甚至直接关乎国家安危，当今世界不乏血淋淋的教训。“9·11”事件之后，美国发现其整个政府体系会说普什图语（阿富汗最大的一种语言）的不过二三人，阿拉伯语程度良好……的美国外交官为数寥寥……（于是）布什政府宣布了“国家安全语言计划”（NSLI）……并拨款1.14亿美元实施该计划。① 美国启动的国家计划证明了外语在区域国别学科中的重要地位。

第三，张小敬有10年的“田野考察”经验，深刻了解异域文化。安西都护府本就是一个多民族杂居、多种文化碰撞且军事冲突间歇性侵扰的地区，张小敬在此处长期生活，亲身体会到了不同的文化。奥兰多·费吉斯认为：“文化并不仅仅是由艺术作品和文学词语构成的，它还包括不成文的规矩、符号和象征、仪式和姿态，以及一种普遍情感……丰富人们的内心生活。”② 从费吉斯的定义中可以清晰地理解文化的含义。张

① 任晓：《本土知识的全球意义——论地区研究与21世纪中国社会科学的追求》，《北京大学学报（哲学社会科学版）》2008年第5期。

② 奥兰多·费吉斯：《娜塔莎之舞：俄罗斯文化史》，郭丹杰、曾小楚译，四川人民出版社，2018。

小敬虽然没有对文化进行理论上的提炼和升华，但是在解读文化习俗的实践层面上得心应手，收放自如。他在浏览扑杀狼卫行动的文牍时指出，突厥人对马匹鸣叫最为敏感。靖安司过早地清走了货站附近的牲畜，有声环境变无声环境，引起了突厥狼卫的警觉，最终导致崔六郎被杀、捕杀狼卫行动失败；逼迫突厥狼卫投降之时，祭出的诛心手段即表示他了解“突厥狼卫隐秘仪式”，成功造成了狼卫的恐慌和不安；在逼迫曹破延吐露线索时，他敏锐地捕捉到了曹破延被剃去顶发的细节及这一现象背后的意义，指出了“只有阿史那家的贵人才有资格惩罚狼卫”这一关键点，并剖析了整个事件的隐情，使曹破延指认出了关键人物；在刺客透露出守捉郎身份之后，张小敬迅疾如电地判断出了这个群体的人员构成、生存方式、行事准则，找到了审问的突破口。在验右刹贵人的尸体时，张小敬根据伤疤确定了致伤武器以及致伤的方式，又根据尸体上的大腿里侧磨痕和腰两侧的老茧等细节判定出死者常年骑马、常年披挂的生活习惯以及高贵的身份，再依据草原上以仇人子嗣生血抚平仇人在自己身上造成的伤口的习俗，张小敬确认了右刹的身份。

第四，9 年万年县不良帅工作经历，使张小敬积累了丰富的破案经验，他熟悉长安城的方方面面。换言之，他具有高超的刑事侦查能力和朴素的都市社会学领域研究心得，两项才干相辅相成。其一，虽然文中没有直接对其 9 年工作进行追述，但是在寻找“阙勒霍多”的过程中，他敏锐地分析各种蛛丝马迹，根据线索找到合适的专业人士进行解惑，使案子的侦破进程不至于耽搁。在追寻鱼肠的过程中，鱼肠鞋上掉落了指甲盖大小、状如八角的半枚竹片。张小敬根据这半枚竹片联想到了靖安司所存证物以及顶级的专业匠人晁分，最终得到了期望的答案。在对龙波身份毫无头绪的时候，他亦能剑走偏锋，从葛老处获取相关信息。其二，张小敬对长安城充满烟火气的市井生活了然于胸，对不同宗教文化也有深入的观察和理解。在谋算拉拢前来靖安司兴师问罪的祆教大萨宝时，他把祆教“三善三恶”理念、“正神马兹达”、“躬燃纯火”等教中常用语通通告诉了贺知章，使贺知章在与大萨宝的沟通中消弭了矛盾，最终成功争取到了大萨宝的真诚合作。面对姚汝能对自己拼命办案的费解，他如数家珍地述说了看大雁塔的小沙弥、做毕罗饼的回鹘老头、驯骆驼的阿罗约、薛姓太常乐工等普通人物的事迹以及盂兰盆节时的满河烛光。他说这是自己所守护的鲜活的长安，这也反映出他对于长安城细致入微的社会观察与记录。

其实，区域国别学的研究对象浩如烟海，即使终生在某一个或几个领域中深耕细作、笃行不怠也不能对研究对象实现全景式把握。张小敬的办案过程可视为区域国别学人才进行科学研究的样板——对社会进行细致周详的了解，搜罗尽可能多的线索和专家资源，在自己力有不逮时，依靠专业人士解决疑惑。

第五，张小敬掌握的知识填补了大唐知识储备的空白。不同的地理环境拥有不同的自然资源，每一种自然资源的用途并非单一。长安城熟悉延墨，推崇延墨，然而对于制作延墨的原材料不甚了解。多年边塞生活经验使张小敬熟悉这种出产于西域的石脂，他道破了石脂“从岩缝里流出来，表面浮着一层黑油，手感黏腻，跟肥肉油脂类似”的特点，并说明了石脂“用秘法炼制，再拿点燃的猪油或蓖麻油去引——一旦点着，不死不休”的恐怖性。在遭遇货栈爆炸时，张小敬进一步揭示了石脂令人闻风丧胆的用途——可以制作猛火雷。通过对石脂的特性和用途的解析，靖安司通力协作、顺藤摸瓜，最终破译了阙勒霍多的真正内涵——即将上元节供大家观赏的太上玄元大灯楼本身做成猛火雷，进而将长安城化为九幽地狱。笔者有充分的理由推断，张小敬对于石脂的认知填补了大唐的知识空白，一方面，长安见识到了猛火雷的威力，国家势必会跟进研究，并用于加强国防；另一方面，石脂以墨料报关顺利通过城门的案例，必然能让大唐认识到原料与成品以相同名称报关的弊端和漏洞。总体而言，张小敬对大唐知识空白的填补对于军事、治安、城防、税收等方面都具有深远影响。

二、培养区域国别研究人才的主客观条件

尽管总体来看，张小敬达到了当下处于讨论之中的区域国别研究所要求的人才培养目标。但吊诡的是，他还是一个杀死上司的死刑犯。一场可毁灭长安城的惊天阴谋，能阻止它的只有一个人，而这个人却是触犯刑律的死刑犯，这不能不说是一种讽刺。诚然，文学作品需要制造矛盾和冲突，刻画张小敬这个充满张力的主人公，塑造其悲天悯人的英雄形象，以推动情节向前发展。

但是通过对破案过程进行复盘，笔者必须指出，并非任何时候、任何事件都可以在遭遇了惊心动魄的重重困难之后迎来圆满的结局。因此，对靖安司这个衙门的具体建设需要进行反思。靖安司的设立是为了应对毫无头绪的恐怖计划，而这类恐怖计划必然包含或充斥大量的未知信息。诚然，择取德高望重的领导和能力卓越的执行官、精心选择办公地点、抽调各路能员与干吏都是创建新衙门的必要且关键的工作。因为，领导与执行官负责统筹全局，优越的办公地点可以方便官署掌控全局、指挥机宜，能员与干吏可提高危机处理的效率。但是官、吏针对获得的信息，通过大案牍术从大唐的知识储备（六部到两市各个方面的卷宗）中寻找相关答案，这种工作模式显然落入了传统衙门旧式运转方式的窠臼，是对设立靖安司时特事特办之初衷的“偏离”，对该问题的破解有且只有一条路可走——在靖安司草创阶段即吸纳学者开展区域国别学相关研究，并为靖安司的长久发展培养有智识支撑的区域国别人才。非如此，不能弥补靖安司知识短板以提高其办案能力。

除建设完善衙门的主观需求之外，靖安司设立区域国别学及开展人才培养的客观条件已然成熟。

首先，大唐经过百余年的发展，在天宝初年综合国力达到鼎盛。外

部环境方面，突厥在经过长期战争以及内乱之后一蹶不振，威胁大唐国家安全的能力严重衰退。大唐称得上海晏河清，四海升平。经济方面，丝绸之路贸易发达，各种异域货物齐集长安城。当此之时，对于如何构建突厥没落之后的国际秩序、巩固国家安全、发展对外话语体系、扩大丝绸之路的贸易量及贸易范围、提高贸易水平等诸多问题，国家需要具体的研究考量和规划方案。

其次，长安城中居住着数量可观的外国人，包括但不限于波斯人、大食人、日本人、突厥人、粟特人、大秦人、僧祇人。宗教方面，既有佛教、道教，也有随着外国人一道融入长安的景教、摩尼教和祆教等宗教。不同族群、不同宗教、不同文化的大量涌入，对于长安城本身的文化形成了巨大的冲击，对行政管理而言也是一项巨大挑战。比如，祆教大萨宝依靠庞大的信众群体敢于前往靖安司兴师问罪；龙波可以混迹于祆教祠中伺机而动；右刹选择了景寺藏匿自身、指挥机宜；葛老更是构建了自己的地下王国。凡事都有两面性，异质文化和外来宗教对于区域国别学而言是绝佳的研究素材。不同的文化与种族具有不同的世界观和价值观，长安城既提供了不同文化与种族相遇并融合的环境，也可能成为不同文化与种族之间相互冲突、矛盾升级的战场。小说中的阙勒霍多所引起的连环性杀戮就是血淋淋的沟通不畅、互相失信的恶果。社会有提高治理水平、防止此类恶果再现的现实需求，这也是区域国别学应时而生的前提。

再次，唐帝国繁盛，长安城富庶，全国上下公私仓廪俱丰实。大唐有充足的经济实力资助人才到边疆甚至是丝绸之路所涉及的区域去游学、调研，以满足国家和社会的现实需求。尽管长安城的确提供了丰富的区域国别研究资源和素材。但是，舶来的文化与宗教，融入长安城的族群逐渐吸收了大唐本土文化，进行了自我革新与改良，其本真之味存在一定程度的损失。对一手资料的获得、最原汁原味的体验只能靠研究者身临其境的体验。张小敬是极端个例，大唐不能等待国家和社会的各种机缘成熟所培养出的区域国别人才提供智识，必须以自身充足的财力为支撑，主动培养可回应需求的人才。如此方能既增长相关人才的知识储备，完善唐王朝的知识结构，又加强沟通与交流，将己方立场融入恰当的话语之中，说进对方的心里，最终使灾难消弭于无形。

最后，靖安司有充足的人才储备，书中提到了靖安司不分胡汉，从各单位选拔顶尖人才，打造出了以记忆力过人、阅卷过目不忘的徐宾为主持的大案牍术。属员中包含了精于与外国人/外族人沟通的能人、精通算学的能吏、熟知行商的胡人，总之，所有人都有自己的一技或数技之长。只是这些人才所储备知识有些单一且不具备系统性、全面性、理论性，可以说，他们是各个行业、各个领域的翘楚，但绝非能独立解决问题的综合性人才。对于靖安司充足的既有人才，一方面可以进一步训练，以期成为跨领域人才；另一方面可以作为优秀的师资，通力合作培养出兼具广博知识储备与精深专业素养的、可以独立解决实际问题的人才。

综上所述，打造区域国别学与区域国别研究人才的培养项目既是靖安司自身性质所决定，也是国家地位和社会健康发展提出的迫切需求。同时，国家雄厚的财力与人才储备可以对研究和人才培养提供经济支撑，免去其后顾之忧。在诸般条件皆备的情况下，靖安司若设立了区域国别研究中心，批量培养出了相关人才，那么长安城或许就不会陷于十二个时辰、安危系于一人的紧迫危机了。

三、余论

本文通过分析张小敬身上的特质总结出了区域与国别研究人才应该具备的素养，并进行了重要性排序；通过复盘阙勒霍多案件，找到了靖安司建构过程中的短板，指出了培养区域国别人才对于大唐的重要性和紧迫性。

回到现实，当前中国对区域国别学的建设与讨论如火如荼。各个高校根据自己的理解打造或偏向政治学，或基于外国语言文学，或根植于历史学的区域国别学院、区域国别中心。对区域国别人才的培养各高校也持同样的偏向，除家国情怀和外语能力之外，学界对培养方向鲜少能达成高度的共识。

在民粹主义势力不断走强的当今世界，逆全球化情绪甚嚣尘上，国际局势波谲云诡，世界存在重新割裂甚至陷入新冷战的危险。笔者认为，在这样的大背景下，国家与社会需要的区域与国别研究人才绝不仅仅是具有支撑研究的外语能力加上某一特定现有学科研究素养的复合人才，而是需要通过阅读一手文献，进行深度田野考察，使用人文社科整合研究方法以解决多个方面的实际问题，回应国家与社会的需求与关切的多面手。换言之，区域国别学应该以培养具有家国情怀、能填补学界知识空白、通过自身多方面能力解决威胁国家安全的实际问题的张小敬为目标。

区域国别学人才的培养任重道远，方兴未艾！

中国—东盟合作中的青年参与

张元世男*

佛系青年、斜杠青年、自定义青年，“Y 世代”“Z 世代”“阿尔法一代”，一个个标签总是被贴在青年群体身上，可见青年是社会发展的不朽话题。究其原因，无非是青年即未来、即发展、即正义。千秋基业，人才为本。青年的高度往往决定了一个国家未来几十年内的成长和力量。毫无疑问，青年是一个国家重要的战略资源，对青年人的培养在任何时刻都至关重要。扩大青年的社会参与、激发青年群体对于国际交往的热情，让青年加入国际合作、区域治理的队伍中来，这对打造人类命运共同体，推动世界和平、稳定发展具有重大意义。

青年的友好往来是中国—东盟合作的特色与重要层面，青年之间的交流架构起了一台观察中国—东盟合作的显微镜，是视察中国—东盟合作下社会层面巨大变化的重要视角。为了促进双方青年一代的友好交流，助力中国—东盟文明交流互鉴、民心相通，一系列丰富的活动接连不断。一方面，作为文化、友谊的和平使者，来自中国和东盟国家的青年们展开对话，分享故事，讲述自己深入当地农村、社区，开展专题考察和社会实践的经历，为中国—东盟命运共同体的建设注入青春活力；另一方面，一系列的活动让青年学生对中国和东盟的友好合作与发展硕果有了

---

* 张元世男，外交学院 2019 级本科生，研究方向为全球治理、中国—东盟关系和中美关系。

更加具象、立体、真实、全面的了解，引导中外青年为推动中国—东盟命运共同体建设贡献青春力量，展现青春作为。

放眼全球，当前许多国家都在加大对青年群体的培养力度，纷纷发起了丰富多彩的青年活动，旨在占据未来先机。本文通过分析中国—东盟青年领袖峰会、中国—东盟绿色与可持续发展高层论坛暨2021年中国—东盟环境合作论坛平行分论坛——“中国—东盟青年领导力：环境部长会议模拟对话”以及“2021年澜湄未来外交官培育计划”等实践活动，从活动介绍、青年参与的特点、青年提出的方案、代际互动、大环境背书五大层面探讨青年在中国—东盟合作中的参与和作用。

一、全方位、多层次的青年活动

2021年是中国—东盟建立对话关系30周年，是中国—东盟可持续发展合作年，是中国—东盟环境合作论坛10周年，也是澜沧江—湄公河合作（下称“澜湄合作”或“澜湄合作机制”）5周年。在这具有重大意义的一年中，政府部门、高校、研究机构等发起了多项中国—东盟区域活动。这些活动呈现出层次高、覆盖话题广的特点，既有对区域整体合作的全面畅想，又涉及关乎人类生存的环境议题，还聚焦区域合作，吸引了国内外众多青年的参与，产生了广泛的影响力。

（一）中国—东盟青年领袖峰会

30年来，中国—东盟合作实现跨越式发展，成为亚太区域合作中最成功、最具活力的典范。新形势下双方如何深化全方位务实合作，推动关系再上新台阶？跟随中国—东盟青年领袖峰会的镜头，我们能找到潜在的答案。在国际舞台上，青年的声音虽然稀少但不可或缺。青年的思考和想法可能决定着未来30年中国—东盟关系的走向和结局。在中国—东盟青年领袖峰会上，各国青年领袖们齐聚一堂，共同探讨与中国—东盟关系相关的热点议题与合作方式。

2021年9月23日，中国—东盟青年领袖峰会于北京大学揭开帷幕。本次峰会由北京大学区域与国别研究院和东盟基金会共同举办，中国驻东盟使团支持，中国—东盟合作基金赞助，以“打造面向未来十年的战略伙伴关系：庆祝中国—东盟建立对话关系30年”为主题，为来自中国和东盟国家的优秀青年搭建了一个学术与文化交流的平台。峰会以线上与线下相结合的方式进行，任何年龄在18—35岁，对中国—东盟互联互通建设感兴趣的中国、东盟青年都可报名参加。共有包括63位中国代表在内的143名代表参会，其他多为在华留学生。代表们文化背景的多元大大提升了会议讨论结果的全面性与可能性。

峰会上，各国青年各抒己见，以独特的方案、创新的机制、文化的多样、交流的活力，探讨中国—东盟合作的各种可能性，让多边合作焕发青春活力。

（二）中国—东盟绿色与可持续发展高层论坛暨2021年中国—东盟环境合作论坛平行分论坛——“中国—东盟青年领导力：环境部长会议模拟对话”

一场新冠肺炎疫情，给世界按下暂停键，可与此同时，大自然却一度重现生机。人与自然的深刻矛盾再次赤裸裸地揭露在大众面前。人类留在地球上的伤痕究竟如何修复？这值得我们深思。无论是在中国昆明举办的《生物多样性公约》缔约方大会第十五次会议（COP15）上，还是在英国格拉斯哥举办的《联合国气候变化框架公约》第二十六次缔约方会议（COP26）上，生物多样性、气候变化等与环境保护密切相关的话题再度聚焦全世界的目光。然而全球性条约要想实现其效力、发挥其作用，最终还得落实到国家和地区的切实行动上来。中国—东盟地区是世界上生物资源最丰富、地理跨度最大的地区之一。庞大的人口和活跃的经济也意味着保护生态环境、推进经济社会低碳转型是中国和东盟国家面临的共同课题。

2021 年 10 月 25 日至 26 日，中国—东盟绿色与可持续发展高层论坛暨 2021 年中国—东盟环境合作论坛平行分论坛——“中国—东盟青年领导力：环境部长会议模拟对话”（以下简称“模拟对话”）以线上线下相结合的方式在广西南宁举行。本次活动由中国生态环境部、广西壮族自治区人民政府、中华人民共和国驻东盟使团指导，由中国—东盟环境保护合作中心/生态环境部对外合作与交流中心、广西壮族自治区生态环境厅主办，联合国儿童基金会驻华办事处、世界自然基金会北京代表处联合协办。东盟国家和北京大学、外交学院、暨南大学、广西大学等高校青年代表二百余人共同参与对话，就绿色发展相关的战略、政策、行动计划和倡议等进行交流，重点围绕应对气候变化与生物多样性保护，探讨中国—东盟地区环境保护的创新机制和实施细则。

推动生态环境保护的重要举措是激发社会创新活力，借助新型技术改善当前严重污染环境的生产、生活方式，这对我们的人才数量和质量提出了新要求。青年是推动环境、社会、经济平衡发展的重要力量，并在解决全球环境问题中扮演着越来越重要的角色。模拟对话为东盟和中国青年们搭建了一个相互沟通、交流的平台，通过探讨气候变化和可持续发展问题提升青年人的环境意识，并吸引更多的青年参与到全球环境治理的过程中，为生态环境保护增添源源不断的动力。

（三）2021 年澜湄未来外交官培育计划

2021 年是澜湄合作 5 周年。5 年来，澜湄合作顺应时代潮流，聚焦务实合作，已成为最具活力和发展潜力的次区域合作机制，不仅促进了中国与湄公河五国在政治、经济、文化等领域的交往，也为中国与东盟的合作注入新的动力。

2021 年 12 月 6 日上午，“2021 年澜湄未来外交官培育计划”开幕式暨“建设可持续发展的澜湄地区”高端论坛在北京召开。本次活动由外交学院亚洲研究所主办，柬埔寨合作与和平研究所、老挝人民民主共和国外交学会、泰国高等教育科学研究与创新部、越南外交学院协办，来自澜湄六国致力于未来从事外交事业的优秀在校大学生踊跃报名。经过主办方遴选，100 余名正式学员以线上和线下形式参加为期 5 天的培训和研讨活动。此次培训活动内容丰富，来自澜湄六国的学生不仅会听到高端论坛、圆桌会议上专家们对澜湄可持续发展、国际陆海贸易新通道、农业和扶贫、公共卫生等议题的权威解读，还将参加工作组讨论、模拟澜湄领导人会议等活动。

社会人文交流是澜湄合作三大支柱之一。各国要加强教育合作与交流，促进澜湄地区高校合作。九层之台，起于累土，青年是澜湄未来外交的希望和动力。“澜湄未来外交官培育计划”旨在为六国青年搭建交流平台，帮助他们建立友谊并为促进他们相互理解创造条件，同时，为深化和拓展澜湄合作培养外交后备人才，并在促进民心相通上发挥重要作用。通过此次活动，六国青年能够相互加强沟通、加深了解，从青年视角出发，认真思考澜湄合作的未来，为六国友好合作贡献青年智慧，六国青年不仅成为澜湄合作的亲历者、见证者，更要做澜湄合作的建设者和推动者，共同推进澜湄国家命运共同体建设。

二、青年互动中的活力与创新

青年是如何打造自身“品牌”，如何给一系列活动烙下青春印记？开会之余扮演一场“谁是卧底”，讨论过程中“夹带”美食私货，线上虚拟握手“摆 Pose”，讨论虚拟台风引发的跨国危机，青年态度在一阵阵欢笑声中显露无遗。

（一）一场文化美食行

中国—东盟青年领袖峰会设置了系列文化活动，给代表们提供会外交流的平台。在文化嘉年华上，代表们可以制作创意手工品、分享当地民族美食的制作心得、讲述当地民间的神秘传说，和不同文化背景的青年一起体验“谁是卧底”“以假乱真”等小游戏。在自由讨论环节，代表们畅谈本国文化与新奇故事，例如，不同国家呼叫服务员的方式。一位来自缅甸的代表向大家介绍，在缅甸必须发出“接吻”的声音才能引起服务员的注意。讨论过程中，代表们展现了包容开放的风度，积极讨论的同时也保持对不同文化的尊重。文艺晚会上还介绍了东南亚的各种菜式，例如，印度尼西亚的素食索托、东南亚国家常见的牛肉仁当、用牛肉或豆腐皮制成的菲律宾传统菜 Bistek Tagalog、一种泰国炒圣罗勒菜 Pad Kra Pao，以及一种用鱼或豆腐制成的印度尼西亚菜 Pempek。通过分享，代表们还了解到用豆腐制成的印度尼西亚菜 Pempek 类似于酿豆腐，这反映了东盟国家间的贸易促进该地区的饮食文化交融的历史现象。在中国—东盟青年领袖峰会即将结束时，部分委员会的代表双手在体前交叉分别与站在两侧的其他人握手摆出经典的“东盟握”进行拍照留念。“东盟握”即“交叉握手”合影，这是东盟峰会一项传统仪式，寓意团结。代表们通过这一仪式庆祝峰会取得丰硕成果、圆满结束。

这些丰富有趣的文化活动，让代表们建立起了超越国界的友谊。在活动的最后，代表们也一起合影留念、互相添加社交媒体账号，深入交流，在峰会结束后延续这份珍贵的友谊。

（二）真实有趣的模拟东盟机制

中国—东盟青年领袖峰会的机制独具特色，充分模拟了真实情境下，中国—东盟对话的运行机制。代表们将在模拟真实情境下以各国部长身份参与行业部长级会议（Sectoral Ministerial）、以外交部部长身份参与共同体理事会（Community Council）或以国家元首的身份参加中国—东盟峰会，这三种会议模式将同步举行。行业部长级会议的讨论成果将以会议声明的形式，呈交给相应的共同体理事会，让共同体理事会的代表们进行进一步的协商。共同体理事会将把这些会议成果提交给中国—东盟峰会，与会的国家元首将进一步讨论并以协商一致的方式投票通过。除了与其他会议代表交流外，参会代表还需与本代表国的其他代表合作，推出外交政策方案。因此，在会议第一天，中国—东盟峰会的各代表在介绍了其代表国家的外交政策大方向后，紧接着就参观了其他次级会议的进展。当代表各国最高领袖的代表们收到了各理事会会议所提供的发展蓝图草案后，他们便开始针对文件中的内容进行进一步审查和讨论。在政治—安全共同体理事会现场，代表们就打击毒品贩卖以及其他跨国际边界罪案的策略提出给边防官员提供专业训练、打击网上毒品贩卖交易、通过运用不同平台来进行宣传，以及教育青少年远离毒品的方案。

值得一提的是，峰会引入了联合协调（Joint Coordination）应对危机机制。危机设想在2030年疫情变得常态化，人类实现了与病毒共存，各国边境也重新开放，经济活动恢复正常。然而一场前所未有的灾难性台风在会议召开期间席卷了东南亚地区，加重了2019年因新冠肺炎疫情所留下的一系列经济与社会问题，造成了巨大的人员伤亡和财产损失。对此，代表们需要商议如何通过地区合作来解决台风突发带来的破坏和灾难性问题。危机爆发增加了会议讨论的灵活性和不确定性，更考验代表们的日常积累与合作精神，对青年代表们的知识及能力提出了更高要求。

社会—文化共同体理事会的代表提出扩大和完善现有机制，例如，将东盟灾害管理委员会（ACDM）发展为东盟—中国区域的工作和对话双边机制。代表们对于动员非政府组织和私营部门支持紧急救灾工作的重要性表示赞同，同时认为，在救灾工作中应当优先考虑弱势群体。关于长期计划，代表们建议改进自然灾害监测机制，并通过技术手段和气候变化改善以减轻未来的自然灾害。面对复杂多样的议题和危机的爆发，代表们各抒己见，展现了青年领袖们强大的跨文化交际能力与合作精神。会议成果层层传递，通过代表们的充分商议最终形成一份完整的、内容翔实的、结构清晰的共同宣言。宣言囊括了灾后重建、经济恢复、打击跨国犯罪、教育普及等多个领域，充分展现了中国—东盟青年对地区议题、合作精神、多边关系、协商一致理念的理解。代表们在中国—东盟合作机制下积极思考地区危机的解决之道，为中国—东盟关系的未来建设和发展提供了青年之思。

三、青年观点

中国—东盟地区合作涵盖了11个国家20多亿人口，区域GDP总量约16万亿美元，① 是国际舞台中不可忽视的一股力量。然而，人口数量多、地理范围广、社会文化丰富也意味着区域治理问题多、难度高。作为世界上新型经济体集聚的地区之一，中国和东盟国家有着数量极其庞大的青年群体，这是发展青年事业的重要主体。在中国—东盟青年领袖峰会、“模拟对话”以及2021年澜湄未来外交官培育计划3场活动中，来自中国和东盟国家的青年们以同样的热情和创造力展开交流对话，共同分析讨论当前区域面临的急迫问题。从中国—东盟双方整体合作，到

---

① 《中国东盟关系“全面”升级，达成31项共识，将造福11国20多亿人》，《环球时报》2021年11月23日。

区域环境治理和生物多样性保护，再到澜湄次区域合作，“Z 世代”人运用自己的智慧贡献出一份份难题解答“攻略”。

（一）勾画中国—东盟未来的“蓝图”

在中国—东盟青年领袖峰会的闭幕式上，来自中国—东盟峰会的代表向所有代表和贵宾展示了最终蓝图，并代表所有共同体理事会和行业部长级会议分享了集体讨论的结果。这包括为期四天涉及经济、政治安全和社会文化的模拟东盟会议的成果，以及第二天联合协调期间产生的联合声明。参会代表们提出，提高应对自然灾害的能力，加强社区韧性；建立应急框架以支持灾后重建，成立联合救灾工作队，提供人道主义援助；利用数字平台促进商品和服务的自由流动以及支持数字创新；推动旅游业的复苏；打击跨国犯罪；加强区域合作以消除跨国毒品贩运；保障儿童教育，不断加强在线教学领域的合作等。这些建议体现了青年人对当下中国—东盟合作的思考，也加强了代表们对当前区域热点问题的理解，为区域合作描画了一份蓝图。

（二）亚洲象需要这样保护

模拟对话上，一位中国青年代表以一群野生亚洲象从云南西双版纳向昆明“北漂”为例，提出通过保持监测、及时研判、提前防范，在必要时刻采取阻拦、引诱等柔性方式来保护大象，探索解决“人兽冲突”的新范本。此外，他从更宏观角度提出从国土规划、工程建设等多方面进行更长远系统的规划和统筹。一方面，推进亚洲象国家公园建设，从国土景观尺度为大象修复和提供适宜栖息地，从亚洲象专项保护管理体制、机制、资金方面予以保障；另一方面，也需要进一步加大区域或国际间合作力度，匹配物种保护规模，完善跨境生态系统，多角度、多途径构建跨境亚洲象栖息地。可以说，亚洲象的保护方案是中国、东盟开展区域合作的范本之一。由此可观之，生态环境保护是双方在过去以及未来的重要着力点。在整场模拟对话活动中，青年代表们就区域多样性共识与行动、社区气候韧性、绿色金融等话题进行了讨论，并最终形成一份青年倡议。可见，青年的参与为实现联合国可持续发展目标、构建绿水青山美好未来积蓄储备力量。

（三）云南丽江的脱贫“攻略”

2021 年澜湄未来外交官培育计划中，国际发展与澜湄农业减贫合作也是重要话题之一。在工作组讨论环节，有一位中国代表介绍了云南丽江市玉龙纳西族自治县白沙镇玉湖村“生态立村、旅游富村、文化兴村”的脱贫战略，具有重要的借鉴意义。云南省丽江市玉龙纳西族自治县白沙镇玉湖村下辖 9 个村民小组，农户 383 户，人口 1 465 人。乡村基础设施不完善，优质高产高效农业匮乏，2003 年，农民年人均纯收入仅为 937 元，吃粮靠返销、花钱靠贷款、生产靠救济，是丽江市典型的后进村。然而，玉湖村以全村共同致富为目标，走上了合作开发新模式。玉湖村能够正确处理好人与人、户与户之间的关系，通过成立旅游开发合作社，组织全体村民合作开发，共享旅游发展的成果。重点开发了“沿着洛克足迹，走进玉龙雪山”为主题的骑马徒步生态观光旅游，村民在合作社统一调度和安排下，以户为单位，轮流参与。在收益分配上，把总收入按照适当比例划分，每家每户都参与旅游经营，全村不分老幼均能参加年终分红。此外，玉湖村梳理与重构纳西文化，从“生产生活、精神信仰、文化艺术”3 大方面入手，打造“纳西文化+”模式，推进文旅融合发展。用产业思维重塑特色、用目的地思维重塑吸引力，构建“1+1+4+10+X”乡村旅游体系，即 1 特色马经济（骑马体验、场景演绎、马术培训）+1 创意旅拍（全球旅拍第一目的地）+4 大导流项目（好好生活雪山音乐节、小小骑士茶马古道基地、低空飞行基地、自然博物探索基地）+10大非遗院落（白沙细乐院、纳西婚俗院、东巴纸艺院、东巴木雕院、纳西小吃街、网红游客中心、沉浸式街区演绎、高端主题民宿、纳西风情民宿、野奢营地）+ X个旅游配套。通过坚持“生态优先、绿色发展”理念，把农旅融合作为乡村全面振兴的关键抓手，以农促旅、以旅兴农，玉湖村成功实现了脱贫振兴，做到了“生态美、产业兴、百姓富”的有机统一。这样极富创意的脱贫方案体现了青年们细致入微的观察力和极具活力的创新性。

（四）六国青年的联合声明

阐述国家立场、提交政策报告、发布联合声明。12月9日下午，外交学院主办的“澜湄合作模拟领导人会议”举行。作为2021年澜湄未来外交官培育计划的压轴活动，百余名致力于未来从事外交事业的六国优秀青年，分别组建澜湄六国代表团，以及东盟、联合国开发计划署、亚洲开发银行、湄公河委员会代表团，召开模拟澜湄合作领导人峰会。在此环节，六国“领导人”遵循澜湄合作议事规则，围绕建设可持续发展的澜湄地区，阐述本国政策立场，并对澜湄合作未来发展提出建议。最后，六国“领导人”共同发表《澜湄合作模拟领导人峰会联合声明》。声明指出，加强互联互通是深化地区交流与合作的基础和重点。通过探索构建新的投融资方式，支持澜湄国家基础设施建设，并着力提高联通设施的数字化、智能化水平，促进地区经济社会复苏，从而有效推动可持续发展。同时，在机制协调方面注重加强外部联系和沟通交流，构建湄公河地区制度对话与协调平台，建立稳定的制度化联系，拓展国际对话渠道，推动重点项目的合作，促进澜湄合作与地区既有制度的有效对接和整合。在贸易与经济合作领域，要加强国际陆海贸易新通道与澜湄流域经济发展带的协调对接，要充分考虑澜湄各国经济发展战略以及比较优势，重点加强产业合作和供应链合作。在农业与减贫合作领域，澜湄国家可通过加强农业数字化建设助力区域农业合作，在农业产业链的全流程（包括原料、种植、收割、生产、加工、销售、处理等环节）采用信息技术提高自动化和智能化水平，并引入电子商务，降低交易成本和信息不对称程度，克服农业产业化经营的不利因素，实现农产品流通的规模化。在防疫与卫生合作领域，澜湄国家应推动疫情防控政策对话与交流协调，及时通报疫情信息，分享防疫、诊疗等技术指南，优化区域内疫苗、药物、设备等医疗资源的分配，并加强医疗物资供给和医护人员培训合作，切实提升应对突发性公共卫生事件的能力和效率。这份声明，彰显了青年间富有成效的交际和互动，可见青年之思也可以为宏大、复杂的提议提供指导。

四、专家分享助力代际互动

面对未来的以及当前存在的危机，青年人缺乏生活经验和实践积累，容易剑走偏锋，错过问题的关键所在。因此，代际互动非常重要，相关领域专家学者的见解能为青年提供前人经验，帮助他们直奔问题的痛点。在这些活动中，安排了形式多样、内容丰富的专家分享，提高了青年参与的专业性、可操作性和前瞻性。

中国—东盟青年领袖峰会安排了专家会谈系列活动，邀请来自各行业领域的专家，通过圆桌讨论和专题研讨会两种形式，加深参会代表对中国—东盟事务的认识。圆桌论坛以“展望中国—东盟未来关系发展的机遇与挑战”为主题，引发青年领袖们对地区关系治理的思考。论坛上，南洋理工大学拉惹勒南国际研究院执行副董事、新加坡外交部巡回大使、前东盟秘书长王景荣大使提道，社交媒体与数字互联，为我们带来了全新的合作渠道和模式，青年要以创新思维，应对技术与经济发展趋势带来的机遇。中国公共关系协会副会长、前中国—东盟中心秘书长杨秀萍大使表示，过去30年中国—东盟关系成功的关键在于各国之间的政治互信持续增长、自贸区的发展策略、人文交流的日益密切，地区合作势头强劲争端与有效的控制机制。在互动环节，部分代表提出身为年轻一代，应该如何为区域合作贡献青年力量的问题，引人深思。论坛通过全网直播及同声传译，实现了疫情之下的跨国交流对话。峰会的5场专题研讨会同时进行，代表们可选择自己最感兴趣的话题，参与其中一场研讨会。研讨会的主题覆盖了“后疫情时代中国—东盟经济的绿色与可持续复苏”，“加强中国—东盟亚太区域安全合作”，“探索中国—东盟食品安全领域合作”，“生物多样性保护行动与可持续资源管理”以及“以社会创新与公益创业推动社区可持续发展”，内容丰富多样。专家学者们的分享，让与会代表们更加充分地认识地区合作面临的种种问题以及可能的解决方案，为后续的峰会讨论指引方向。

模拟对话上，来自中国和东盟各国的青年首先与环保领域的专家学者以及官员们展开了丰富而深入的对话。透过一次次深入的交谈，青年代表们对如何为推动绿色和可持续发展贡献力量有了更为准确的把握。联合国儿童基金会北京代表处首席代表指出，东亚和太平洋地区是最容易受到气候变化影响的地区之一，而该地区的青年是应对气候变化的重要推动者，也是解决气候危机的重要参与者。气候行动需要更多倾听青年的声音和想法，并探讨创新性的应对气候变化和生物多样性保护方案。东盟生物多样性中心青年生物多样性项目官员认为，地球正面临着生态系统破坏和物种灭绝的严重威胁。青年是世界的未来，也是推动全球环境对话和多边合作的重要力量。东盟各国的人口结构以中、青年为主，充分调动青年的生物多样性保护意识，鼓励青年参与生物多样性保护行动，对于推动区域环境治理进程至关重要。对话的最后，一位青年代表提出，青年人已经深切感受到气候变差、生物多样性丧失和环境污染造成的严重影响，而这些危机在未来可能产生更具破坏力的影响。加强对全球气候变化和生物多样性丧失问题的治理需要坚定的决心和创新的合作方式。当前，全球层面已正式认可青年作为和平与安全、可持续发展、气候变化等全球挑战的关键行动体。未来，青年需要进一步加强在全球议题的参与度，为保护子孙后代的可持续未来做出青年贡献。

五、中国—东盟合作的政策背景

青年在中国—东盟系列活动中的广泛参与离不开大环境下政府及国际组织间的合作共识。30 年来，中国和东盟各国在政治、经贸、人文等方面开展深入交流与合作，取得了丰硕的成果，建立起各层级、立体式对话机制，成为彼此重要的战略伙伴。立足未来，双方势必会在可持续发展、河流治理、开辟贸易通道等领域进一步合作，这也为青年的交流提供了更多机遇和平台。因此，理解当前政府出台的各项措施是办好青年活动、提高青年参与价值、指引青年交流方向的重要前提。

（一）中国—东盟合作的主基调——绿色与可持续发展

在 2020 年 11 月 12 日第 23 次中国—东盟领导人会议上，中方宣布，欢迎将 2021 年确定为“中国—东盟可持续发展合作年”，愿同东盟加强生态环保、防灾减灾、气候变化、减贫等领域合作。① 这也是 30 年来首次将可持续发展作为双方合作主题，未来一段时间，绿色与可持续发展将作为中国—东盟合作的主基调。

2021 年中国—东盟环境合作论坛推动落实中国—东盟领导人会议相关合作倡议，强化中国与东盟国家在应对气候变化、海洋生态环境保护

---

① 《李克强出席第 23 次中国—东盟领导人会议》，中国政府网，2020 年 11 月 12 日，http://www.gov.cn/xinwen/2020-11/12/content_5560894.htm。

等领域合作共识，配合中国—东盟可持续发展合作年活动，开展环境政策对话与交流，分享中国绿色与可持续发展理念、政策和成效，推动开展务实合作，共同提升环境治理能力。

在第 24 次中国—东盟领导人会议上，李克强总理也提出双方要拓展绿色合作。要进一步加强政策对话和务实合作，共同落实好《中国—东盟环境合作战略及行动计划（2021—2025）》。双方可通过加强红树林保护等合作，助力维护全球与区域生物多样性，通过低碳学校与气候社区网络建设等项目，促进应对气候变化与生态环保知识共享。合理推动能源产业和经济结构转换升级，打造绿色工业园区。中方愿加大新能源投资，有关部门将同东盟能源中心一道，实施好中国—东盟清洁能源能力建设计划，共同建设清洁能源科技合作平台，促进新能源技术转移。①

（二）次区域下的澜湄合作

湄公河流经中国、老挝、缅甸、泰国、柬埔寨和越南 6 个国家，将中国与中南半岛的 5 个国家连接起来。在澜湄合作机制建立之前，湄公河流域的合作和区域一体化显示出较强的活力。中国位处湄公河上游，自 20 世纪 90 年代加入大湄公河次区域经济合作（GMS）机制，与下游国家共同推进次区域经济合作。经过 20 多年的发展，湄公河流域经济增长乏力、中国与下游 5 国综合实力发生变化、安全和战略环境日益复杂，已成为制约次区域合作深化的因素。

澜湄国家的冲突与合作因水而生，而该地区面临的新挑战和新机遇已经超越水问题本身。自 21 世纪以来，澜湄国家面临的气候变化、生态恶化、跨国犯罪、恐怖主义等非传统安全问题，使得湄公河流域的跨境治理与合作变得更加紧迫和具有挑战性。湄公河流域需建立一个“澜湄

① 《李克强在第 24 次中国—东盟领导人会议上的讲话（全文）》，中国政府网，2021 年 10 月 27 日，http://www.gov.cn/xinwen/2021-10/27/content_5645083.htm。

六国共同主导、涵盖领域广泛、合作水平和层次高”的多边机制，以突破发展瓶颈和应对新的挑战。在此背景下，澜湄合作机制应运而生。

2014 年 11 月 13 日，李克强总理在第十七次中国—东盟（10+1）领导人会议上，提出建立澜沧江—湄公河对话合作机制。① 2016 年 3 月 23 日，中国与湄公河 5 国在海南省举行首次领导人会议并通过《三亚宣言》，澜沧江—湄公河合作这一新型次区域合作机制正式启动。② 澜湄合作机制制定了“3+5 合作框架”，涵盖政治安全、经济和可持续发展、社会人文等多个合作领域，旨在促进沿岸各国经济社会发展，推进东盟共同体建设、加快区域一体化进程。

中南半岛是中国通往印度洋的重要通道，湄公河国家因其重要的地理位置，成为中国新型周边关系的重点外交对象，也是次区域能否和平、稳定和共同繁荣发展的“短板”国家。澜湄合作机制是中国参与次区域合作的重要尝试。与该地区其他次区域合作机制相比，它“合作层次更高、领域更广、机制更完善、项目更接地气”。③

（三）“中老铁路”增强心心相通

如何打造澜湄地区的国际陆海贸易新通道（简称“陆海新通道”）是本次培训活动的重要内容之一。“陆海新通道”是一条贸易和产业合作的纵向大通道，由中国西部省份与新加坡合作打造，以重庆为中心，以广西、贵州、甘肃、青海、新疆等西部省（区）为节点，利用铁路、海运、公路等运输方式，向南经广西北部湾通达世界各地，与“一带”和

① 《李克强在第十七次中国—东盟（10+1）领导人会议上的讲话（全文）》，中国政府网，2014 年 11 月 14 日，http://www.gov.cn/guowuyuan/2014-11/14/content_2778300.htm?cid=303。

② 《李克强在澜沧江—湄公河合作首次领导人会议上的讲话（全文）》，中国政府网，2016 年 3 月 23 日，http://www. gov. cn/guowuyuan/2016-03/23/content_5056927. htm。

③ 《澜湄领导人会议助推中国—东盟合作迈上新台阶》，中国政府网，2016 年 3 月 24 日，http://www. gov. cn/xinwen/2016-03/24/content_5057499. htm。

“一路”有机连接，比从东部地区出海所需时间大幅缩短。陆海新通道将通过中国西部地区，实现东南亚与欧亚大陆多维度有机连接，旨在成为集区域生产链和供应链联动、陆海集聚、通关效能于一体的综合性国际贸易大通道。在澜湄合作第五次外长会上，六国外长明确表示，鼓励“陆海新通道”建设与发展带对接，连接中国中西部大市场与充满生机的东盟市场，增强经济韧性，促进产业融合，确保供应链效率，推动澜湄地区高质量和可持续发展。

2021 年 12 月 3 日，中老铁路全面建成通车并投入运营，这是连接中国与澜湄地区、实现陆海联运的一条新通道，是实现南北互联、东西互通的一个重大里程碑，是“一带一路”倡议与老挝实施的“变陆锁国为陆联国”发展战略的重要衔接性项目。该段双线高速铁路总长约一千公里，北起中国的云南省会昆明，南达老挝首都万象，由原中国云南段、老挝万象段铁路共同构成，标志着中国昆明将与老挝万象之间实现了铁路直通、快速运输、当日通达。坐上列车，翻山越岭，沿途的风景是澜湄合作最真实的写照。中老铁路投入运营的动车组被定名为“澜沧号”，动车组内饰采用“占芭天香”“锦绣江山”两种主题设计，车体外观呈流线型，采用老挝国旗色“红、蓝、白”三色涂装，寓意“国旗之美”，其名称源自老挝的古称“澜沧”王国和流经中老两地的澜沧江，寓意着两个一衣带水的好邻国。

总的来说，在区域合作深入发展的大背景下，来自中国、东盟的青年们能够通过政府、高校等举办的交流活动，或者自发组织的峰会、论坛等进行友好、深入的互动。在这一过程中，青年们一方面相互学习，聆听专家的解读，积极思考，不断深化自己对双边关系、未来合作方向以及如何开展合作的认识；另一方面充分发挥创造力、想象力以及自己的所学所见，主动为双方交流创造机会、搭建平台，为相关领域的合作献计献策。可见，青年在中国—东盟合作中的参与呈现出全方面、多层次、自发性、创新性、专业性等特点，是中国—东盟官方合作的重要补充，活跃了双方合作的氛围，提高了双方合作的韧性和持久性。青年代表着未来，是当前各国政府竞相争取的战略资源。丰富的活动以及青年的积极参与扩大了区域合作的知名度和社会影响力，吸引了更多的优秀青年加入中国—东盟的合作中来，为合作的深入发展储备力量。一系列的交流互动在青年当中不知不觉地播下了合作意识的种子，这些种子将会在双方持续合作的浇灌下在不久的将来开花结果，为区域治理注入持续动力。但同时，对于缺乏社会经验的青年人来说，他们的交流合作就像刚刚结出的“花骨朵”，需要大人们的呵护、培养。可以预见的是，在中国—东盟合作蓬勃发展迈向未来的同时，更多丰富的青年活动将提上日程，全方位地给青年交流搭建平台。同样地，青年们也会充分发挥他们充满活力和创造力的特点，为双边合作创造更加光明而闪亮的未来。

成长与赋能

基础设施如何才能赋权女性？
联合国权威指南给出解答

李　论*

基础设施是核心经济活动的基础，同时，也是实现社会包容性以及赋权女性和弱势群体的重要基础。但基础设施的规划设计、施工建设和运行维护有时并没有考虑到女性的需求，加剧了女性的边缘化。联合国妇女署和联合国项目事务署在2019年3月、2020年7月分别发布了《亚洲及太平洋地区基础设施项目各阶段纳入性别视角指南》和《基础设施中的性别平等和妇女赋权》报告，为基础设施中纳入性别视角提供了规划设计、施工建设和运行维护方面的详细建议。本文梳理和呈现了女性在基础设施规划设计、施工建造和运行维护等阶段面临的困境、被忽视的需求以及摆脱这些困境的具体措施，希望能有助于推动基础设施领域的性别平等。

一、基础设施存在“重男轻女”问题

基础设施是指为国家或地区的社会经济生产和居民日常生活提供公

* 李论，深圳市创新洞见咨询有限公司（Diinsider）项目专员，英国谢菲尔德大学国际发展专业硕士，曾在多个国际组织工作，关注性别平等、国际发展、负责任投资（Responsible Investment）等领域。

共服务的物质设施和系统，包括公路、铁路、机场、桥梁、公园、轨道等公共设施。① 基础设施通过提升经济生产、交易效率来促进经济的增长，是核心经济活动的基础，同时也是民生的保障，电力、水利等基础设施的普及有效保障了医疗、教育等公共服务的正常运行。同时，基础设施投资也是刺激经济增长，增加就业的有效手段。②

很多人认为基础设施是性别中立的，即男性和女性从基础设施中获得的收益和便利相同，但事实并非如此。

比如，普遍存在人们生活中的公共卫生间，其也存在着男女时间利用上的不平等，与男性相比，女性在使用公众场所卫生间时，通常需要更长的排队等待时间。例如，据上海市妇联《上海公共场所男女厕位设置状况调查》报告，女厕所排队问题突出，在排队频率上，59.6%的男性很少遇到排队的情况，43.8%的女性表示经常排队，而41.0%的女性表示偶尔需要排队。在排队时间上，65.2%的女性一般要排队1—5分钟。③

更有甚者，基础设施也会对男性女性的人身安全造成不同的影响，据弗吉尼亚大学应用生物力学中心2011年的一项研究，与男性司机相比，车祸中的女性司机遭受重伤或死亡的可能性要高47%，这是因为汽车公司在汽车撞击测试中更多地使用符合男性身体特征的测试假人，而符合女性特征的测试假人使用频率较低。④

而在孟加拉国，该国的飓风避难所未按性别分设避难空间，飓风来临时，妇女碍于传统观念“女人不该靠近家人以外的男人和男孩”，而难

---

① Jeffrey E. Fulmer, “What in the world is infrastructure?” *Infrastructure Investor*, 2019.

② 刘战武：《基础设施投资对经济增长拉动作用研究》，《辽宁行政学院学报》2014年第16期。

③ 上海市妇联：《上海公共场所男女厕位设置状况调查》，2016。

④ Mark Fireman, “Women are 47% More Likely to Sustain Serious Injuries In Car Crashes Than Men,” Ai INNOVATION, April 2020, accessed July 16, 2022, https://www.ai-online.com/2020/04/women-are-47-more-likely-to-sustain-serious-injuries-in-car-crashes-than-men/#:~:text=2)%20Women%2073%25%20More%20Likely, death%20than%20their%20male%20counterparts.

以踏入政府建设的飓风避难所，最终导致女性因飓风死亡人数远远高于男性，1991 年孟加拉国因飓风男女死亡比例为 1：14。①

之所以会出现种种对女性权益的损害，是因为基础设施的规划设计、施工建设和运行维护有时并没有考虑到女性的需求。许多基础设施项目往往从成年男性的角度出发对整个项目进行计划、建设和管理，没有考虑到女性生理结构、社会分工、责任等方面与男性的不同，忽视了女性对基础设施的需求，使女性在得到社会基本的安全、健康、教育服务时存在障碍，加剧了她们的边缘化，阻碍了社会平等和包容进程。②

二、基础设施中的女性需求

对女性生理特征、社会角色以及基本需求的忽视，导致现行的基础设施并不能很好地为女性提供服务，甚至损害女性权益。因此，从安全、隐私、卫生等角度对女性独特需求的梳理和呈现是十分重要的。

（一）安全需求

相比于男性，女性对周边环境往往有着更高的安全需求。如果女性觉得周边或外出环境安全性不足，她们可能会取消在此环境中居住或出行的安排。这一特点与女性体力普遍弱于男性、更容易在恶性事件中充当受害者角色有关，也与一国女性保护法律制度、基础设施等因素有关。

忽视女性安全需求的基础设施往往会使女性处于不利的地位。比如

---

① Sharmin Zayeda and Mohammad Islam, "Consequences of climate change and gender vulnerability: Bangladesh perspective," *Bangladesh Development Research Center*, 2013.

② Morgan G., et al., "Infrastructure for Gender Equality and the Empowerment of Women," UNOPS, July 2020, accessed July 16, 2022, https://www.unops.org/news-and-stories/news/infrastructure-for-gender-equality-and-the-empowerment-of-women.

缺乏性别意识的公共交通工具和设施是性骚扰的高发场所。在法国，39%的针对女性的性侵犯罪发生在公共交通设施内。① 来自中东和北非地区的一项多国研究发现，40%—60%的女性在街头遭遇过性骚扰。②

此外，缺乏性别敏感的基础设施可能会降低女性的出行意愿，加剧她们的边缘化。印度的一项研究表明，为了选择更安全的交通路线或交通方式，妇女愿意上质量较差的大学，花费高达两倍的学费，每天多乘车 40 分钟。③

（二）隐私需求

受生理结构、社会文化影响，女性往往对个人隐私保护更加敏感。女性的个人、身体隐私相对于男性更容易泄露。同时，对于女性来说，个人隐私的泄露会产生比男性更严重的后果。例如，从莱温斯基与克林顿的“拉链门”到“艳照门”事件，性丑闻事件中的男女主角所受到的社会舆论与压力是不成比例的，女性往往会遭受更多的非议、指责和羞辱。这一差别也同样体现在哺乳期的女性身上，据英国卡迪夫大学人类地理学家凯特·博耶（Kate Boyer）2012 年所进行的有关英国公共场合母乳喂养的研究，49%的受访母亲在公共场合哺乳时遇到过不愉快的经历，她们被要求离开或被周围的人以不友好的态度对待。④ 在公众场合哺乳的女性往往也会陷入隐私泄露、被人用不友善目光瞪视的尴尬之中。

2020 年《中国卡车司机调查报告 No. 3：物流商·装卸工·女性卡车

---

① ITF, *Women's Safety and Security: A Public Transport Priority* (OECD Publishing, 2018).

② "Facts and Figures: Ending Violence against Women," UN Women, 2022, accessed July 16, 2022, https://www.unwomen.org/en/what-we-do/ending-violence-against-women/facts-and-figures.

③ Avoiding #MeToo: Harassment Risk and Women's College Choice—Guest post by Girija Borker," World Bank, accessed July 16, 2022, https://blogs.worldbank.org/impactevaluations/avoiding-metoo-harassment-risk-and-women-s-college-choice-guest-post-girija-borker.

④ Boyer Kate, "Affect, Corporeality and the Limits of Belonging: Breastfeeding in Public in the Contemporary UK," *Health & Place* 18 no. 3 (2012): 552-560.

司机》显示，女性卡车司机人数已超过百万。① 出于工作性质的原因，卡车司机常常需要熬夜赶路、在高速服务区洗漱休息，而现有的高速服务区女性设施少，对于女性卡车司机来说，洗漱极其不方便，未考虑女性的隐私性需求。②

在设计建设大型商场、机场、车站等基础设施时，设计者有必要考虑到处于哺乳期的女性对于隐私的需求，以及为婴儿换尿布、清洁的场地和卫生需求。发达国家的母婴室广泛存在于大型商场、医院、公园、餐厅和交通枢纽，母婴室内部有充足的空间，注重隐私设置，配备有婴儿尿布台、婴儿床、能提供热水和洗手液的洗手台、便于哺乳的座椅、纸巾、湿巾、饮用水等。

（三）卫生需求

女性与男性的生理结构的不同，导致女性有更多的卫生方面的需求。据《美国医学杂志》（*American Journal of Medicine*）研究，女性患尿路感染的概率是男性的30倍。③ 此外女性在生理期，阴道抑制细菌生长的防御作用会有所削弱，细菌更容易入侵人体，所以相比于平时，女性在生理期有更多的卫生需求。

基础设施如果忽视女性经期的卫生、医疗需求，将会导致女性因为

① 传化慈善基金会公益研究院“中国卡车司机调研课题组”：《中国卡车司机调查报告No. 3：物流商·装卸工·女性卡车司机》，社会科学文献出版社，2019。

② 《听奥斯卡获奖导演柯文思阐述纪录片〈柴米油盐之上〉背后的故事!》，来源：中国网，新浪网，2021，https://k.sina.com.cn/article_3164957712_mbca56c1003301o5dn.html，访问日期：2022年7月16日。

③ Foxman Betsy, "Epidemiology of urinary tract infections: Incidence, morbidity, and economic costs," *American Journal of Medicine* 113 (2002): 5-13.

无法满足卫生需求而缺席社会活动，甚至威胁到女性的身体健康。① 例如，由于学校缺乏水或者卫生设施，埃塞俄比亚 43%的 13—18 岁青春期女孩报告因月经至少有一次缺课，② 尼泊尔 53%的青春期女孩因月经无法上课。

（四）如厕需求

两性不同的生理结构导致两性如厕时间的不同。通常来说，女性小便排泄时间长于男性，有研究统计了男女性小便的时间，发现女性小便用时是男性的 1.5—2 倍。而且如果女性处于生理期，如厕时间将会更长。③

而现有的大部分公共卫生间并没有考虑到女性如厕时间普遍长于男性的这一特点，男性、女性卫生间面积比例普遍为 1∶1。且男性卫生间可以通过安装小便器来增加厕位，所以在相同面积下，男性卫生间的实际厕位数多于女性卫生间的厕位数。这一设计上的缺失导致女性厕所存在严重的排队现象，而男厕所往往不存在排队现象。缺乏性别敏感度的女性洗手间，造成了女性时间、精力的无谓浪费。

（五）女性土地权益保护需求

女性往往更容易受到大型基础设施建设过程中移民搬迁、重新安置

① "Is Menstrual Hygiene and Management an Issue for Adolescent School Girls? A Comparative Study of four Schools in Different Settings of Nepal," WaterAid, 2019, accessed July 16, 2022, https://menstrualhygieneday.org/wp-content/uploads/2016/12/Wateraid_menstrual-hygiene-school-adolesencegirls-Nepal_2009.pdf.

② Alexandra Fehr, "Stress, Menstruation and School Attendance: Effects of Water Access Among Adolescent Girls in South Gondar, Ethiopia"(Master's Thesis, Emory University, 2011).

③ Ghent University, "No more queueing at the ladies' room: How transgender-friendliness may help in battling female-unfriendly toilet culture," *Science Daily*, 14 July 2017, accessed July 16, 2022, https://www.sciencedaily.com/releases/2017/07/170714142749.htm.

的不利影响，因为世界上大部分地区有关女性土地和相关资源权益方面的保障并不健全。在大型基础设施的征地拆迁中，女性可能得不到平等的土地征收补偿和移民安置权益。

根据联合国粮食及农业组织报告，女性仅拥有世界不到20%的土地，而在发展中国家这一数字低至10%。[①] 在中国农村，妇女的土地权益同样也很难得到保障。据全国妇联权益部2013年《维护农村妇女土地权益报告》，在土地承包经营和宅基地数量方面，农村被访女性拥有数量低于男性。13.8%的被访女性“从未拥有承包地”。即使拥有承包地和宅基地，在数量上，女性被访者也少于男性被访者。在有些被调查的村庄，男性平均的承包地面积差不多是女性的两倍。[②]

而在征地补偿和移民安置方面，被访失地妇女得到征地补偿款和安置的比例也远远低于失地男性。据《维护农村妇女土地权益报告》研究，有23.9%的被访失地妇女未能得到征地补偿款，而这一比例在男性中是16.6%。在移民安置方面，没有得到安置的失地妇女比例为63.1%，而没有得到安置的男性比例为55%。[③]

在中国，“从夫居”及“男尊女卑”的传统思想以及以户为单位的宅基地分配方法和土地承包方法使女性，尤其是出嫁、离异、丧偶的女性处于弱势地位。据2017年中国流动人口动态监测调查结果，处于离婚状态的男性农业户籍流动人口在老家有承包地的比例为59.62%，有宅基地比例为65.18%；而处于离婚状态的女性农业户籍流动人口在老家有承包地的比例则只有34.70%，有宅基地比例仅为34.13%。[④]

亚洲开发银行的马尼拉高速公路项目同样面临移民搬迁、重新安置

---

① Villa Monique, “Women Own Less Than 20% of the World’s Land. It’s Time to Give Them Equal Property Rights”(paper presented at the World Economic Forum, January 11, 2017).

② 全国妇联权益部主编《维护农村妇女土地权益报告》，社会科学文献出版社，2013。

③ 同上。

④ 董昕、王小映：《弱保障而强影响：农村土地权益与女性农业转移人口迁移》，《中国土地科学》2020年第34期。

问题。他们通过积极让女性参与编制损失清单和协商会议、优先支付女性补偿款等措施保障妇女权益。①

除了以上这些需求，性别敏感的基础设施需要考虑的因素也包括以下方面：（1）女性身高普遍低于男性，公交、地铁拉环可以考虑设计成不同高度；（2）有些餐厅出于效率考虑，桌椅间距摆放较窄且无法调整，孕期女性难以进入座位；（3）公共空间如高铁、图书馆等空调温度过低，处于生理期女性会感到不适等。

三、在基础设施中纳入性别视角的收益

基础设施对于弱势群体，尤其女性来说尤其重要。在大多数国家，女性往往承担更多的家务劳动，如取水、烹饪、照顾老幼或病人等，便利的水泵、燃气、电力及医疗等基础设施为女性节省了大量的时间和精力，使她们能够有更多机会融入社会。基础设施是实现社会包容性和可持续增长的重要基础，因为它增加了弱势群体获得医疗、教育服务和参加工作的机会。②

世界银行 2012 年在南非的研究显示，当地主要是妇女和女童承担家务劳动的重任，她们花费大量时间在收集木材燃料以及其他没有报酬的家务劳动上，没有时间接受教育和寻找工作。南非农村电气化普及后，南非妇女的劳动力参与率提高了约 9%，电力基础设施帮助南非妇女减少了家务时间，提升了妇女的经济条件和独立性，促进了社会性别平等和

---

① Jessica Menon, "Guide on Integrating Gender throughout Infrastructure Project Phases in Asia and the Pacific," UN Women & UNOPS, March 2019, accessed July 16, 2022, https://asiapacific.unwomen.org/en/digital-library/publications/2019/03/guides-on-integrating-gender-into-infrastructure-development.

② Ibid.

包容。①

通过保障妇女和女童平等地获得基础设施服务，可以为个人、社会、国家带来很多正面效益。将性别视角纳入基础设施项目可以改善妇女和女童的生活条件拓宽其社会上升渠道，引导社会观念更新，使两性平等观念更加深入人心，促进社会进步，还可促进地区、国家经济增长。

（一）个人发展

对于个人发展来说，纳入性别视角的基础设施服务可以满足女性的安全需求、隐私需求、卫生需求以及减少女性无偿家务劳动时间，让女性有更多时间进行自我提升并积极融入社会。

在中国，2020 年全国妇联和国家统计局联合组织的第四期中国妇女社会地位抽样调查的主要数据显示，与 2010 年相比，城乡男女两性每人用于家务劳动的时间均有不同程度的降低，但由女性为主承担家务劳动的格局仍未改变。在业女性工作日平均总劳动时间为 649 分钟，已婚女性平均每天家务劳动时间为 120 分钟。照料家庭成员和做饭、清洁、日常采购等家务劳动时间为 154 分钟，约为男性的 2 倍。②

额外的家务劳动时间阻碍女性积极参与社会文化、经济、政治等活动。纳入性别视角的基础设施服务可以节省妇女和女童用于无薪家务劳动的时间，妇女和女童可以用节省下来的时间参加工作，接受更多教育和职业培训，提升综合素质，拓宽就业渠道，改善经济状况。③

---

① “World Development Report 2013: Jobs,” World Bank, 2012, accessed July 16, 2022, http://hdl.handle.net/10986/11843.

② 全国妇联、国家统计局：《第四期中国妇女社会地位调查主要数据情况》，《妇女研究论丛》2022 年第 1 期。

③ Lallement, Dominique, “Infrastructure and Gender Equity,” in *Handbook of Research on Gender and Economic Life* (Edward Elgar Publishing, 2013).

（二）经济发展

从经济发展方面看，纳入性别视角的基础设施可以促进国家和地区经济增长和可持续发展目标的实现。世界银行报告显示，如果女性的经济参与度与男性相当，到 2025 年，全球年度 GDP 将增加 28 万亿美元，相当于全球 GDP 增长 26%。[①] 在企业层面上来说，据麦肯锡全球研究所报告，具有多元化和包容性的企业团队与更好的经营业绩之间存在关联。在亚洲，具有性别多元化高管团队的公司盈利能力高于平均水平，比其他公司高出 21%。[②]

（三）社会发展

从社会发展方面看，纳入性别视角的基础设施可以通过赋权女性（如授予女性家庭和社区内公共事务决策权及其他社会权利）来削弱甚至消除社会上流行的性别不平等观念。在世界银行资助的孟加拉国农村公路和基础设施项目中，妇女参与了所有项目内容，包括妇女贸易市场和卫生设施的选址决策。[③] 性别友好型基础设施使妇女能够在建筑和维修这些传统的男性主导行业就业，并有机会创建和管理自己的公司，通过赋权女性，营造更健康的、性别平等的社会观念和氛围。

---

① "Making Infrastructure Work for Women and Men: A Review of World Bank Infrastructure Projects (1995–2009)," World Bank, 2010, accessed July 16, 2022, https://openknowledge.worldbank.org/handle/10986/28131.

② Jonathan Woetzel, et al., "The Power of Parity: Advancing Women's Equality in Asia Pacific," *McKinsey Global Institute*, April 23, 2018, accessed July 16, 2022, https://www.mckinsey.com/featured-insights/gender-equality/the-power-of-parity-advancing-womens-equality-in-asia-pacific.

③ Quader, "Enhancing women's economic opportunities in transport investment in Bangladesh: Rural roads" (paper presented at MDB Gender and Infrastructure Workshop, Addis Ababa, Ethiopia, March 22–24, 2011).

随着世界人口增长和城镇化发展，全球基础设施投资金额逐年上升，据全球基础设施中心估计，到2040年，全球基础设施建设投入总需求将达到94万亿美元。① 因为基础设施具有运营寿命长，后期修缮成本高的特点，所以早期将性别视角纳入基础设施项目至关重要。如持续忽视基础设施中弱势群体的需求，可能会在未来几十年加剧性别不平等，浪费有限的财政资源，损害弱势群体权利。②

四、将性别视角贯穿基础设施项目全过程

虽然许多国家和国际组织已经出台了将性别视角纳入基础设施建设中的政策和报告，但将政策承诺转化为实践依然面临着多方面的挑战。联合国妇女署和联合国项目事务署在不久前发布了《亚洲及太平洋地区基础设施项目各阶段纳入性别视角指南》和《基础设施中的性别平等和妇女赋权》两份指南，希望能够改变长久以来基础设施规划、建造和管理的方式，在基础设施中更多地纳入女性和弱势群体需求。系列指南指出，为了确保基础设施满足包括妇女和弱势群体在内的所有最终用户的需求，需要在基础设施生命周期的三个阶段，即规划设计、施工建设和运行维护，采取多方面、多层次的实际行动。为更好地帮助利益相关方了解在基础设施中纳入性别视角的具体措施，下文对两份指南的主要内容进行了梳理和呈现。

---

① "2017 Global Infrastructure Outlook," Global Infrastructure Hub, 2017, accessed July 16, 2022, https://www.oxfordeconomics.com/resource/99f4fa86-a314-4762-97c6-fac8bdcbe40a/#:~:text=In%202017%2C%20the%20Global%20Infrastructure, this%20investment%20would%20be%20needed.

② Morgan G., et al., "Infrastructure for Gender Equality and the Empowerment of Women," UNOPS, 2020, accessed July 16, 2022, https://www.unops.org/news-and-stories/news/infrastructure-for-gender-equality-and-the-empowerment-of-women.

（一）规划设计阶段

规划设计阶段在一定程度上，是基础设施项目建设中成功促进性别平等和女性社会融入的最重要阶段。在基础设施规划设计阶段纳入性别视角，制定出反映女性及其他弱势群体需求的项目规划，可以避免因为项目中后期甚至运营阶段更改、重新修订项目设计而带来的人力、财力方面的损失。在基础设施项目规划设计阶段，需要完成的任务包括撰写当地的性别分析报告，并根据性别分析报告制订性别行动计划（Gender Action Plan）。①

1. 性别分析

性别分析指的是基础设施规划设计人员通过文献阅读、实地调研和相关方访谈，收集、分析项目所在地的性别平等情况以及弱势群体对基础设施的需求。性别分析任务需要收集三方面的信息：（1）当地女性及弱势群体对于该基础设施的需求。（2）项目所在地有关性别的关键背景信息。如当地女性、男性的一般社会经济状况、当地有关性别平等和妇女权利的法律、政策框架以及当地与性别平等相关的传统和习俗等信息。（3）基础设施项目有关性别平等关键信息。如该基础设施投资管理方对于性别平等问题的看法、其过往项目中的性别平等，社会包容措施执行情况等。

获取以上信息的主要途径包括阅读相关文献、当地法律法规、国际组织有关当地性别平等情况报告，同时，进行利益相关方分析（利益相关方包括当地女性和弱势群体、社区领导人、社区成员、非政府组织、

① Jessica Menon, "Guide on Integrating Gender throughout Infrastructure Project Phases in Asia and the Pacific," UN Women & UNOPS, March 2019, accessed July 16, 2022, https://asiapacific.unwomen.org/en/digital-library/publications/2019/03/guides-on-integrating-gender-into-infrastructure-development.

地方/国家性别相关官员、基础设施项目负责人、性别专家等)，并对利益相关方进行访谈。分析通过文献阅读和利益相关方访谈获得的信息，并撰写针对该基础设施的性别分析报告。

2. 性别行动计划

性别行动计划是指根据性别分析报告制订具体的计划目标、实施细则和监测机制。性别行动计划应该被纳入项目总体工作计划中，以在整个项目中有效地实施性别平等原则。①

制订性别行动计划的推荐步骤为：（1）根据性别分析报告，确定性别行动计划的具体目标；（2）根据计划目标，制订具体实施细则，并确定计划所需的人力和财力资源；（3）制订性别行动计划重大节点及具体时间表；（4）制定完善的性别行动计划监测机制。

此外，性别行动计划应随着基础设施项目的发展及实施过程中不断遇到的新的问题而及时调整。

塞拉利昂农村地区医疗机构电力供应项目在项目规划设计阶段充分考虑了农村妇女对医疗电力的需求，并制订了相应的性别行动计划，帮助塞拉利昂农村妇女摆脱了医疗困境。塞拉利昂农村地区的医院、诊所等医疗机构缺乏持续稳定的电力供应，导致当地农村患者无法享有 24 小时医疗服务，尤其是孕妇不能在有医疗保障的产房中分娩，母子面临极大的风险。联合国项目事务署联合塞拉利昂的能源部（Ministry of Energy）和英国国际发展部（Department for International Development, DFID）② 在塞拉利昂进行了性别分析调研，并根据调研结果制订和通过了性别行动计划，回应了塞拉利昂农村妇女及弱势群体对医疗电力的需

① Jessica Menon, "Guide on Integrating Gender throughout Infrastructure Project Phases in Asia and the Pacific," UN Women & UNOPS, March 2019, accessed July 16, 2022, https://asiapacific.unwomen.org/en/digital-library/publications/2019/03/guides-on-integrating-gender-into-infrastructure-development.

② 英国国际发展部（Department for International Development）已于 2020 年更名为外交、联邦和发展事务部（Foreign, Commonwealth and Development Office）。

求，并着手解决妇女医疗电力获取的限制条件。在项目实施后，前往产前保健诊所的待产妇女人数显著增加。此外，该项目还向当地妇女提供与项目相关的培训和工作机会。①

（二）施工建设阶段

基础设施项目施工建设阶段包括施工材料采购、施工作业、施工管理和监督等环节。基础设施项目的施工建设应以规划设计阶段完成的性别分析报告和性别行动计划为指导，将女性及其他弱势群体的需求融入其中。此外，在施工建设阶段，确保所有项目工作人员都具有性别问题敏感度，不再认为性别问题只与性别问题专家有关，并确保所有项目工作人员具有执行性别行动计划的能力。②

在基础设施项目施工建设阶段，项目管理方应大力鼓励项目当地妇女参与到项目建设中来。从全球来看，建筑业仍然是男性主导的行业。女性建筑工人在正式和非正式的建筑工作中始终是少数。相同工作量下，女性建筑工人的工资低于男性同行。基础设施项目应鼓励妇女参与，并做到同工同酬。且参与项目的妇女可以根据自身的经验对项目的施工提出建设性的建议，这样做可以提高项目的包容性和可持续性。③

2010 年，亚洲开发银行农村道路改善项目旨在通过在柬埔寨铺设 500 多公里道路，加强贫困农村地区与市场和社会服务设施的联系。该项目在实施过程中纳入了性别平等原则推出一系列针对妇女道路需求的培训并提供保健物资和宣传资料等。如举办有关妇女出行安全的讲座和培

① Morgan G., et al., "Infrastructure for Gender Equality and the Empowerment of Women," UNOPS, 2020, accessed July 16, 2022, https://www.unops.org/news-and-stories/news/infrastructure-for-gender-equality-and-the-empowerment-of-women.

② Jessica Menon, "Guide on Integrating Gender throughout Infrastructure Project Phases in Asia and the Pacific," UN Women & UNOPS, March 2019, accessed July 16, 2022, https://asiapacific.unwomen.org/en/digital-library/publications/2019/03/guides-on-integrating-gender-into-infrastructure-development.

③ Ibid.

训、为项目所在地孕妇提供预防艾滋病母婴传播建议和药物治疗、在所修建的道路上安装有关预防艾滋病和打击人口贩运的广告牌等。该项目性别平等活动提升了当地妇女对于道路安全方面的认知，对当地社区产生长期有益影响。①

（三）运行维护阶段

项目运行维护系统的程序、标准等规范应考虑和纳入项目当地女性和弱势群体的情况和需求。基础设施项目应确保项目运行维护方接受性别知识培训，了解项目所在国或地区性别政策和习俗、性别平等情况以及性别行动计划内容。运行维护工作人员应认同性别平等理念并具有在项目运营中执行性别行动计划的能力。②

基础设施项目运行维护方可以鼓励当地妇女参与项目运营工作，并做到同工同酬。妇女在就业后，经济能力和社会地位会得到一定程度的提高，在家庭和社区决策中有更大的发言权。比如，尼泊尔的加强农村道路运输能力项目在招聘道路维修工人时，优先考虑女性候选人和来自贫困或边缘社区的人，该项目共有 2 870 多个维修工人，其中 70%都为女性。③

① Cambodia Rural Roads Improvement Project: Completion Report," Asia Development Bank, August 2018, accessed July 16, 2022, https://www.adb.org/projects/documents/cam-42334-013-pcr.

② Jessica Menon, "Guide on Integrating Gender throughout Infrastructure Project Phases in Asia and the Pacific," UN Women & UNOPS, March 2019, accessed July 16, 2022, https://asiapacific.unwomen.org/en/digital-library/publications/2019/03/guides-on-integrating-gender-into-infrastructure-development.

③ "Nepal: Empowering Women through Jobs to Maintain Roads," World Bank, November 14, 2018, accessed July 16, 2022, https://www.worldbank.org/en/results/2018/11/14/nepal-empowering-women-livelihoods-manage-roads.

五、结语

总体而言，在整个基础设施项目周期中，采取一些实际措施对于增加基础设施项目性别友好度至关重要。这些措施如下：（1）鼓励社区内的妇女和其他边缘群体参与项目利益相关方协商并提供代表弱势群体利益的建议和提案，使项目方了解不同类型用户的需求，接收反馈并评估项目规划设计、施工建设和运行维护的缺陷以及时做出调整；（2）聘请多名专注社会包容问题的专家（Social Inclusion Experts）指导整个基础设施项目等活动，查明和解决妇女和其他传统上处于边缘地位的群体在项目参与方面所面临的障碍，并确保她们能够有效参与项目利益相关方协商；（3）为项目人员和当地社区提供以性别为重点的培训和能力建设活动，提高项目工作人员性别意识及预防项目现场性别暴力和性骚扰的能力，帮助项目工作人员能够以对性别问题敏感的方式执行项目作业，例如，收集按性别分类的数据以供监测和评价。①

联合国妇女署及联合国项目事务署发布的权威指南显示，在规划设计、施工建设和运行维护等阶段纳入性别视角、反映妇女的现实情况和利益需求，有助于削弱性别不平等、保证基础设施为每个人服务，并确保女性（包括女童）和其他弱势群体不会在世界发展过程中被抛在后面。

---

① Jessica Menon, "Guide on Integrating Gender throughout Infrastructure Project Phases in Asia and the Pacific," UN Women & UNOPS, March 2019, accessed July 16, 2022, https://asiapacific.unwomen.org/en/digital-library/publications/2019/03/guides-on-integrating-gender-into-infrastructure-development.

东南亚教育援助的国际行动与中国方案

——以柬埔寨、东帝汶和缅甸为例

杨体荣[*]

中国与东南亚国家依山傍水，但是国内公众却对东南亚的最新发展了解不多。东南亚国家的教育援助宛如弹簧，充满了张力与变化，同时也为人们更新对东南亚认识提供了一扇窗户。伴随着《区域全面经济伙伴关系协定》生效和东盟中心地位的提升，国际社会对东南亚国家在21世纪全球发展中的作用充满期待。东南亚教育问题研究仍是中国区域国别研究的一个弱项，需要借助更为多样的知识产品来丰富公众对东南亚的理解，在公众的认知中建立起一个更加立体、全面和准确的东南亚。本文以东南亚国家中经济发展比较落后的柬埔寨、东帝汶和缅甸为对象，讲述其教育受援的发展和中国提供教育援助的方案。

一、东南亚是国际教育援助的重要对象

东南亚多数国家在20世纪中叶走向了独立与自主发展的道路，但是

* 杨体荣，教育学博士，北京大学区域与国别研究院博士后，主要从事比较高等教育、国际教育和东南亚教育等研究。

第二次世界大战后百废待兴的国家建设急需外部援助。此外，在美苏两大阵营的拉锯战中，东南亚成为大国拉拢的重要对象，而提供教育援助是这两个大国开展外交的重要手段。根据经济合作与发展组织（以下简称“经合组织”）发展援助委员会发布的受援方名单，东南亚国家在20世纪后半期接受了大量外部发展援助，直至21世纪初，新加坡和文莱才凭借突出的经济实力退出这一名单。① 时至今日，东南亚国家中仍有像柬埔寨、东帝汶、缅甸和老挝这样经济发展水平比较落后的国家。发达国家和国际组织等的援助仍然为他们发展教育提供了重要的资源和技术支持。此外，印度尼西亚、菲律宾、越南三个中等偏低收入国家，以及马来西亚和泰国两个中等偏高收入国家，也都在不同程度上借助外部资金资源与技术支持来发展自己本国的教育。

从发达国家和国际组织对东南亚的教育援助可以看到，推动教育援助需要大的战略智慧，否则只会出力不讨好。国内外对于教育援助也不乏批评意见，其中有两种典型的声音：第一，研究者站在国际立场，批判教育援助的内在矛盾乃至隐性殖民。有研究者就提出，教育援助并未在推动教育发展上取得预期的成效，这与援助行动侧重提升入学率等短期见效的指标，忽视对教育公平和质量的提升有关。② 不过也需要看到，帮人毕竟要讲求智慧，不能只识低头拉车，不懂抬头看路。还有研究者提出，流向柬埔寨的教育援助滋生了政府的腐败问题。③ 第二，社会大众站在国内立场，批判教育援助的必要性与合理性。用一句通俗的话来概括这类声音的核心，那就是“自己都还没吃饱呢，哪还顾得上别人”。例

① OECD, “DAC List of ODA Recipients,” January 1, 2006, accessed April 8, 2022, https://www.oecd.org/dac/financing-sustainable-development/development-finance-standards/daclist.htm.

② Abby Riddell, and Miguel Niño-Zarazúa, “The effectiveness of foreign aid to education: What can be learned?” *International Journal of Educational Development*, no. 48 (2016): 23.

③ I-Hsuan Cheng, “Developing and Managing International Cooperation and Partnerships for Educational Development in Cambodia: Transforming Aid Effectiveness into Development Effectiveness,” in *International Education Aid in Developing Asia: Policies and Practices*, eds. I-Hsuan Cheng, Sheng-Ju Chan (Spinger, 2015), p. 235.

如在中国，仍有不少人通过网络发表意见，认为中国的大学生都还没过上好日子，为什么还要向外国留学生提供丰厚的奖学金和良好的住宿条件。在深化和扩大中国教育对外开放的过程中，改革仍然需要关注这样的声音。这是国内和国际两个大局彼此互动的真实写照，处理不当将损害中国教育对外开放的利益与成果。

了解东南亚教育受援的历史与现状，把握教育援助的机遇与挑战，一方面是为了丰富国人对教育援助和东南亚的认识，另一方面是希望服务于中国面向东南亚的教育援助。1950 年，中华人民共和国成立后第一批对外物资援助对象就是越南和朝鲜，足见东南亚国家在中国对外援助中的地位。① 中国周边外交坚持与邻为善、以邻为伴，践行“亲诚惠容”理念。教育援助需要在中国周边外交中发挥更大更多作用。

二、东南亚教育援助的国际比较

下文选择东南亚国家中目前经济发展水平较低、更多依赖外部援助发展教育的柬埔寨、东帝汶和缅甸作为案例，围绕其接受的国际教育援助和中国做出贡献的方案进行讨论。

（一）柬埔寨教育受援的背景与形态

新冠肺炎疫情的反复持续冲击令多个东南亚国家原本艰难的区域经济社会发展雪上加霜，教育系统责任巨大但支持不足，需要通过国际援助来解决东南亚不发达国家的教育发展难题。柬埔寨是高度依赖外部发

① 国家国际发展合作署：《〈中国的对外援助〉白皮书（中文）》，来源：国务院新闻办公室网站，2018 年 8 月 6 日，http://www.cidca.gov.cn/2018-08/06/c_129925064_2.htm，访问日期：2022 年 4 月 8 日。

展援助的东南亚国家，探讨这名东南亚“特困生”接受国际教育援助的现状与问题，既能够挖掘援助方提供教育援助时的理念、模式与特征，又有助于分析中国教育援助介入的适当时机与方式，进而加强中国与柬埔寨的国际发展合作。

1. 后殖民影响与柬埔寨对国际发展援助的高度依赖

说到柬埔寨教育受援，首先绕不开后殖民的影响。1863 年，柬埔寨国王诺罗敦为保全国家而选择投向法国，自此开启了一段近百年的殖民历史。[①] 伴随着殖民者而来的不只有各式各样的资源掠夺，还有在教育与文化方面的持久影响。1953 年柬埔寨脱离法国独立，但随着殖民者的离去，国家发展表现出乏力状态，并且还卷入了越南战争等国际冲突。再加上随后发生的国内政治斗争，殖民者的影响挥之不去。在教育体系的自主发展上，后殖民的影响突出表现为脱离殖民者影响的社会心理与国家独立自主发展能力不足之间的矛盾。再加上柬埔寨现代化发展中法律体系不完善、资源供应不足和教育体系竞争力薄弱等原因，这种矛盾走向了看似无解的死循环：越是依赖外部发展的影响，就越难以寻找到独立自主的发展道路。

依据经合组织发展援助委员会（Development Assistance Committee）提供的受援国名单，柬埔寨被归入“最不发达国家”行列，是东南亚国家中长期接受外部教育及发展援助的国家。2017—2019 年接受的国际发展援助占据该国国民生产总值的 4.0%左右，在东南亚国家中仅次于东帝汶（3 年平均值 9.7%），[②] 而教育援助占比约为 9.0%。

---

① David Chandler, “Cambodia: A Historical Overview,” *Asia Society*, accessed June 11, 2021, https://asiasociety.org/education/cambodia-historical-overview.

② Organization for Economic Co-operation and Development Assistance Committee, “Aid at a glance by recipient,” Tableau, accessed June 15, 2021, https://public.tableau.com/views/OECDDACAidataglancebyrecipient_new/Recipients?:embed=y&:display_count=yes&:showTabs=y&:toolbar=no?&:showVizHome=no.

2. 柬埔寨教育发展中的国际援助

昔日殖民者你追我赶与各洲代表的发挥。在上述“后殖民”的视角下，理论上，法国对柬埔寨的教育援助应该会保持一个稳定且较高的水平，但数据分析的结果却出人意料。通过统计经合组织各成员 2010—2019 年对柬埔寨的国际教育援助，综合考虑地缘代表性和数据完整度等因素，选取了澳大利亚、法国和美国等 10 个援助国（如图 1 所示）。其中，法国作为柬埔寨曾经的殖民者，援助额度长期低于东亚的日本和韩

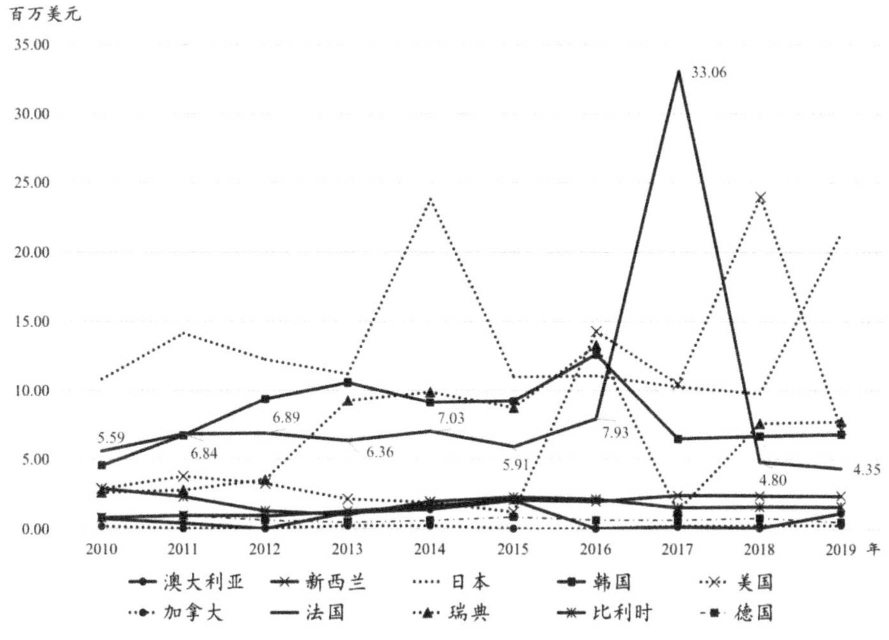

图 1　2010—2019 年柬埔寨教育援助的主要来源国

资料来源：OECD, “OECD. Stat: Creditor Reporting System (CRS),” accessed August 16, 2021, https://stats.oecd.org/Index.aspx?DataSetCode=CRS1。

注：笔者根据经合组织发展援助委员会相关数据制作而成。制图时数据统计的基本参数为：(1) flow: official development assistance; (2) channel: all channels; (3) amount type: constant prices; (4) flow type: gross disbursements; (5) sector: education, total; (6) donor: official donor; (7) unit: US dollars, millions, 2019。加拿大 2015 年的数据、澳大利亚 2012 年和 2016 年的数据缺失。

国，仅在 2017 年出现了爆发性的援助增长（援助额达到 3 306 万美元），但看似蓄力已久的追赶却迅速滑落。日本和韩国的援助力度长期高于澳大利亚、加拿大和德国等国家，但 2012 年后比利时援助的稳健增长和 2015—2018 年美国相关援助的快速攀升值得进一步挖掘。

上述分析反映出昔日的殖民者、老牌发达国家和同区域强国 3 类国家在柬埔寨的教育影响。通过教育援助，这些国家不仅影响着柬埔寨教育体系的建设与发展，更重要的是通过人才培养这一核心活动来提升这些国家在该国乃至东南亚区域的影响力。此外，像沙特和阿联酋这样的非经合组织发展援助委员会成员也开始加强对柬埔寨的教育援助，其力量和影响虽小，但却是柬埔寨教育受援中不可忽视的新趋势。柬埔寨的教育援助似一面透镜，折射出外部国家在对柬援助时的激烈竞争和暗流涌动。

国际社会 10 年间援助柬埔寨 9 亿多美元。在了解柬埔寨教育援助主要来源后，援助金额成为新的问题（当然，教育和发展援助并不全是美元，只是为了统计方便将多种形式的援助进行了折算）。根据经合组织的研究，柬埔寨在 2010—2019 年共获得约 9.25 亿美元的教育援助，按照 2019 年美元对人民币的平均汇率，折合人民币 63.81 亿元，① 是与其隔海相望的海南省 2019 年教育经费总投入的 15%。② 如图 2 所示，柬埔寨获得的教育援助增长稳定，从 2010 年的 4 866 万美元逐步提高到 2019 年的 1.376 9 亿美元；而教育援助所属的社会基础设施与服务援助在同一时期的增长较为曲折，增幅较小；同一时间内总援助的增长在后半段较为明显，2019 年则首次突破了 10 亿美元。

---

① 国家统计局数据显示，2019 年人民币对美元的平均汇率为 6.898 5∶1。参见国家统计局：《2019 年全年人民币对美元汇率贬值 4.1%》，经济日报—中国经济网，2020 年 2 月 28 日，http://bgimg.ce.cn/xwzx/gnsz/gdxw/202002/28/t20200228_34360916.shtml，访问日期：2021 年 7 月 15 日。

② 海南省教育厅：《海南省教育厅　海南省财政厅　海南省统计局关于 2019 年全省教育经费执行情况统计公告》，2020 年 12 月 4 日，http://edu.hainan.gov.cn/edu/jytj/202012/c3c2fa9329fc419ead33096d3f66b88c.shtml，访问日期：2021 年 7 月 13 日。

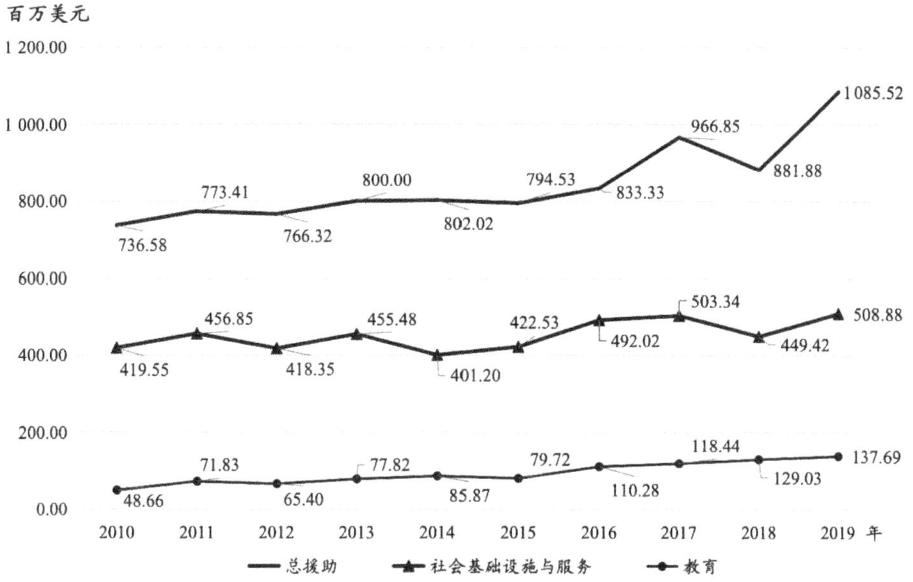

图 2　2010—2019 年柬埔寨教育受援的额度变化

资料来源：OECD, "OECD. Stat: Creditor Reporting System (CRS)," accessed August 16, 2021, https://stats. oecd. org/Index. aspx?DataSetCode=CRS1。

注：笔者根据经合组织发展援助委员会相关数据制作而成。制图时数据统计的基本参数为：（1）flow：official development assistance；（2）channel：all channels；（3）amount type：constant prices；（4）flow type：gross disbursements；（5）sector：education，total；（6）donor：official donor；（7）unit：US dollars，millions，2019。

援助类型说明柬埔寨教育发展需要系统性“补钙”。教育援助的类型是反映柬埔寨教育发展需求的有力说明，而分析表明柬埔寨教育发展严重“缺钙”。东南亚经济和教育发展水平较高的国家，对基础教育和中等教育类援助的需求较少，更倾向于通过高等教育援助来提升人力资源发展水平和教育体系自主发展的能力，而经济和教育发展水平较低的国家更需要基础教育和中等教育类的援助。通过统计 2010—2019 年柬埔寨接受的教育援助可以看到，柬埔寨的情况呈现一个有意思的交叉，即在 2011—2016 年这段时间内获得了更多的高等教育援助，此后的基础教育和中等教育援助却明显上涨，呈现出一个 S 形变化（见图 3）。“其他”层次援助指的是不能准确归入基础教育、中等教育和高等教育三个层次的教育政策与行政管理、教育设施与培训、教师培训和教育研究。图3中“其他”层次的援助（黑色光滑实线）包括了教育政策与行政管理、教育设施与培训、教师培训和教育研究四个方面，因涉及教育发展的多个阶段，所以援助额度较大。总体来看，柬埔寨对不同类型教育援助的需求旗鼓相当，再综合国际大学和中小学评价中柬埔寨教育体系不如人意的表现，不得不说该国教育发展需要系统性“补钙”。

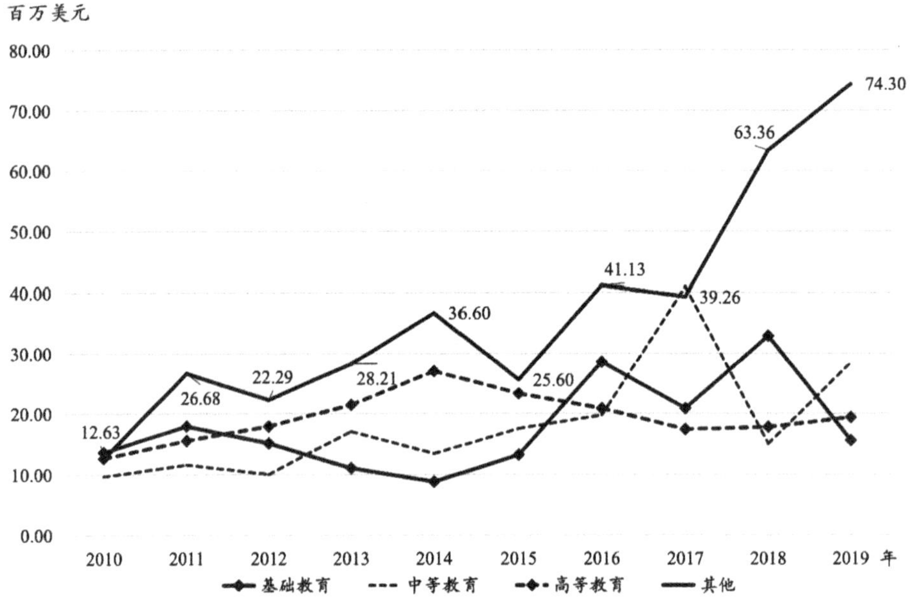

图3 2010—2019年柬埔寨教育受援的类型

资料来源：OECD, “OECD. Stat: Creditor Reporting System (CRS),” accessed August 16, 2021, https://stats. oecd. org/Index. aspx?DataSetCode=CRS1。

注：笔者根据经合组织发展援助委员会相关数据制作而成。制图时数据统计的基本参数为：(1) flow: official development assistance; (2) channel: all channels; (3) amount type: constant prices; (4) flow type: gross disbursements; (5) sector: education, total; (6) donor: official donor; (7) unit: US dollars, millions, 2019。

（二）东帝汶教育受援的背景与形态

东帝汶的经济社会发展正面临2002年独立以来最严峻的挑战。2021年世界银行的调查指出，因新冠肺炎疫情的冲击，东帝汶2020年的经济增长收缩了7%，为独立以来经济下降幅度最大的一年。①在2021年初疫情仍未得到很好控制的情况下，旋风塞罗哈（Cyclone Seroja）令东帝汶遭受更多重创，导致规模空前的洪水暴发、山体滑坡等自然灾害。作为人类社会进入21世纪后诞生的第一个主权国家，东帝汶是东南亚最贫困的国家之一，仍高度依赖国际教育援助来推动教育与社会发展。分析东帝汶教育受援的发展形态，有助于中国高质量开展面向东帝汶的教育援助工作，助力该国教育与经济社会发展。

1. 东帝汶经济社会发展急需外援

东帝汶的教育与社会发展存在诸多困境，其发展宛如荒岛求生，需要外部援助。

首先，东帝汶建国时间不长，发展基础薄弱。东帝汶全称“东帝汶民主共和国”（Democratic Republic of Timor-Leste），曾长期受葡萄牙殖民统治，于1975年首次宣布独立。但这次独立太过短暂，东帝汶第二年即被印度尼西亚军队入侵，并被整合为印度尼西亚的第27个省——Timur Timor。② 此后在以联合国为主的国际社会支持与斡旋下，东帝汶最终在2002年5月20日成为获联合国承认的独立主权国家。东帝汶的国名隐藏着这个国家曲折的发展史。“Timur”和“Timor”意思相同，在印度尼西

---

① World Bank Group, “Timor-Leste Economic Report, May 2021: Charting a New Path,” May 2021, accessed August 16, 2021, https://openknowledge.worldbank.org/handle/10986/35720.

② Andrea Katalin Molnar, *Timor Leste: Politics, History, and Culture* (Oxon: Routledge, 2010), p. 46.

亚语中都是“东方的、在东边”的意思，[①] 东帝汶曾使用的国名“East Timor”意为“东边的东边”。而在目前的官方用法“Timor-Leste”中，“Leste”在葡萄牙语中意为“东边的”。[②] 新旧名称转换的背后却是这个国家发展中难以摆脱的殖民影响。

其次，东帝汶的国家治理体系和治理能力现代化发展不足。受内部频繁的政治斗争与政权更迭等影响，东帝汶在治理社会发展问题时常表现得力不从心，在制定和实施国家发展规划等方面也缺乏成熟完善的体系与足够的能力。[③]

最后，东帝汶自然资源种类较少、储量较低，经济发展模式单一。根据东帝汶财政部 2019 年发布的信息，该国 2017 年的国内生产总值的 43%来自石油产业，2009—2016 年非石油产业的增长不断下降，甚至在 2017 年出现了-3.5%的增长。[④] 过度依赖有限的自然资源发展经济，为东帝汶的国家社会发展带来了诸多问题。帝汶岛独特的地理位置和欠发展的社会基础设施，让这个国家在受益于自然资源馈赠的同时也更容易受到自然灾害影响。

接受国际教育援助是东帝汶这个新生国家必需的选择。通过教育提高其人力资本及整体的社会发展水平，是东帝汶实现自主发展的必由之路。根据世界银行发布的 2020 年全球人力资本指数，东帝汶的得分是 45 分。这意味着与 56 分的全球平均水平相比，一个 2020 年出生的东帝汶儿

---

① “Timur,” *Cambridge Dictionary*, accessed August 13, 2021, https://dictionary.cambridge.org/dictionary/indonesian-english/timur.

② “English-Portuguese Dictionary: Leste,” *Collins Dictionary*, accessed August 13, 2021, https://www.collinsdictionary.com/dictionary/portuguese-english/leste.

③ 《东帝汶国家概况》，中华人民共和国外交部，2021 年 8 月，https://www.fmprc.gov.cn/web/gjhdq_676201/gj_676203/yz_676205/1206_676428/1206x0_676430/，访问日期：2021 年 8 月 16 日。

④ República Democrática de Timor-Leste, *State Budget 2020: Budget Overview*, Ministry of Finance of Timor-Leste, October 1, 2020, accessed September 2, 2021, https://downloads.ctfassets.net/60pzqxyjaawg/2jgVcbiP7VDcsF6cYebgKg/88b6ab931fba220c2f9b56097d145ff1/BB1_2020_Eng.pdf.

童在 18 岁时将会达到个人理想生产力的 45%。① 可见东帝汶的教育与经济社会发展水平还与世界平均水平存在较大差距，向国际社会寻求教育援助将是东帝汶未来较长一段时间内的战略选择。

2. 东帝汶教育脱贫中的国际援助

东帝汶要实现教育脱贫，离不开国际捐赠和援助。从 2002 年正式成为独立主权国家以来，东帝汶接受了来自经合组织发展援助委员会成员和组织的大量援助。通过将 2002—2019 年东帝汶教育受援的数据汇总后发现，为其提供教育援助最多的是昔日宗主国葡萄牙（总计2.150 3亿美元）。东帝汶已然实现主权独立，但殖民者的影响通过教育援助得以延续。留学生奖学金和学费减免、专家培训与技术支持等形式的教育援助，在为东帝汶带来教育发展支持的同时，也通过教育援助的渠道延续了葡萄牙在该国的影响力。

援助额较多的另外两个国家是与东帝汶邻近的澳大利亚和新西兰（见图 4）。可以推测的是，澳大利亚和新西兰这两个发达国家紧靠东南亚，东南亚是他们不愿疏远的一个对象。日本也是东帝汶教育援助中一位慷慨的捐赠者。通过比较日本在东南亚的教育援助可以发现，日本采取的是全面铺开、持续推进的“撒胡椒面式”援助，东帝汶也因此受益。此外，多边组织（如经合组织、联合国及其下属机构）对东帝汶的援助也不可小觑。东帝汶的发展历史表明，国际组织的作用还在于协调各方力量，为东帝汶的国家治理提供多样化支持。

东帝汶教育脱贫最需要基础性援助。根据经合组织对教育援助的分类，东帝汶在教育脱贫的过程中主要接受基础教育、中等教育、高等教育和“其他”四个层次的教育援助。如上所述，“其他”层次的教育援

① World Bank Goup, “Human Capital Project: 2020 HCI: Country Briefs and Data,” October 2020, accessed August 16, 2021, https://databank.worldbank.org/data/download/hci/HCI_2pager_TLS.pdf?cid=GGH_e_hcpexternal_en_ext.

助包括了教育政策与行政管理、教育设施与培训、教师培训和教育研究，自东帝汶2002年建国以来，该层次援助总额达到2.3659亿美元（见图5）。对东帝汶这样的新生国家来说，开展教师培训援助以帮助其建设教师队伍，提供教育设施与培训以增强其教育基本发展水平，是更为急切的需要。除此以外，依据援助额度的大小排列，东帝汶教育脱贫中的需要集中在高等教育、基础教育和中等教育3个层次。但3个层次教育援助相加的总额为2.272亿美元，低于"其他"层次的教育援助，可见东帝汶对建设基础设施、教师队伍和教育管理体系等基础性教育援助拥有更大的需要。

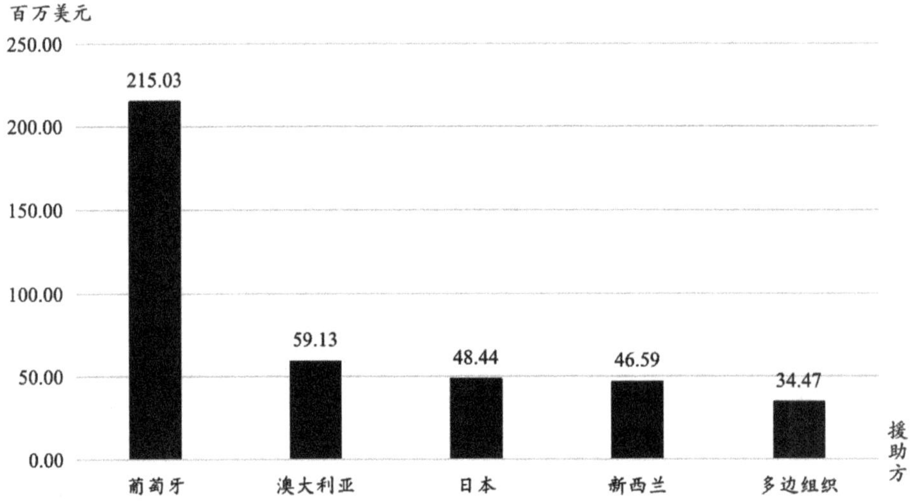

图4　2002—2019年东帝汶教育援助的主要来源方

资料来源：OECD, "OECD. Stat: Creditor Reporting System (CRS)," accessed August 16, 2021, https://stats.oecd.org/Index.aspx?DataSetCode=CRS1。

注：笔者根据经合组织发展援助委员会相关数据制作而成。制图时数据统计的基本参数为：(1) flow: official development assistance; (2) channel: all channels; (3) amount type: constant prices; (4) flow type: gross disbursements; (5) sector: education, total; (6) donor: official donor; (7) unit: US dollars, millions, 2019。澳大利亚2003年的数据和日本2002年的数据缺失。

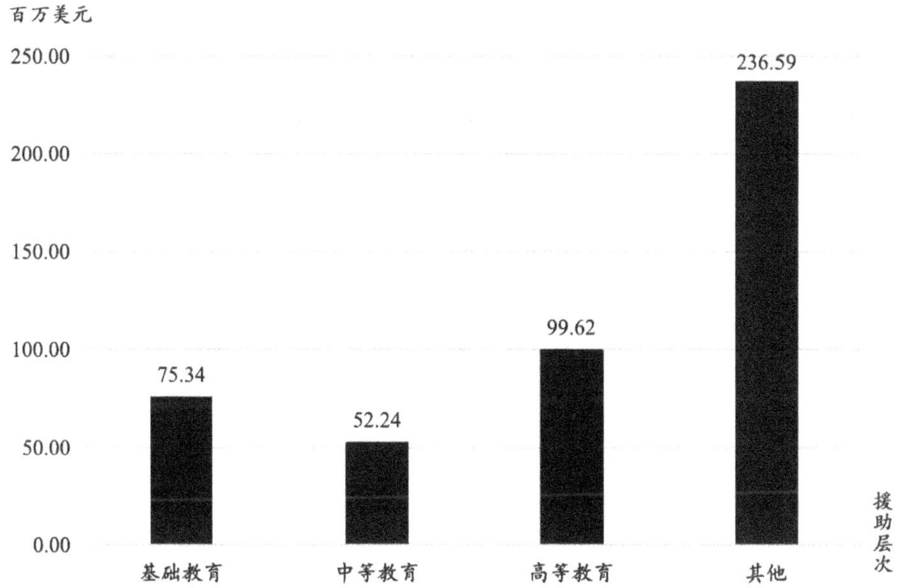

图 5　2002—2019 年东帝汶教育受援的层次

资料来源：OECD, "OECD. Stat: Creditor Reporting System (CRS)," accessed August 16, 2021, https://stats. oecd. org/Index. aspx?DataSetCode=CRS1。

注：笔者根据经合组发展援助委员会相关数据制作而成。制图时数据统计的基本参数为：(1) flow: official development assistance; (2) channel: all channels; (3) amount type: constant prices; (4) flow type: gross disbursements; (5) sector: education, total; (6) donor: official donor; (7) unit: US dollars, millions, 2019。

东帝汶教育脱贫中最常用项目介入（project-type interventions）。教育援助可分为核心资助、集资项目与基金，项目介入，专家和其他技术支持，奖学金和学生资助等多种类型。不同类型的教育援助作用不一，各有长短，在实际的援助中会根据受援方的需要和援助方的能力进行选择。通过汇总 2010—2019 年东帝汶教育受援的数据发现，在东帝汶教育脱贫的过程中，项目介入是最主要的类型。该类型的援助达到 2.155 5 亿美元，与专家支持和其他技术支持、奖学金和学生资助等形式拉开了明显的差距（见图 6）。通过外派专家提供培训和技术支持，开设奖学金与减免学费来援助东帝汶教育发展，也是较为重要的方式，但受限于该国整体经济规模较小和人口较少等因素，这些类型的教育援助占比较低。

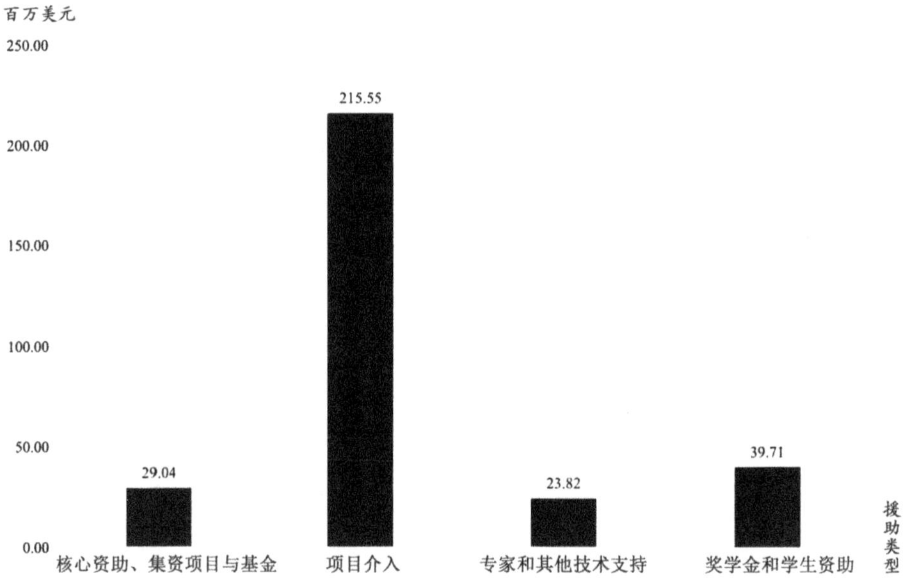

图 6　2010—2019 年东帝汶教育受援的类型

资料来源：OECD, “OECD. Stat: Creditor Reporting System (CRS),” accessed August 16, 2021, https://stats. oecd. org/Index. aspx?DataSetCode=CRS1。

注：笔者根据经合组织发展援助委员会相关数据制作而成。制图时数据统计的基本参数为：（1）flow：official development assistance；（2）channel：all channels；（3）amount type：constant prices；（4）flow type：gross disbursements；（5）sector：education，total；（6）donor：official donor；（7）unit：US dollars，millions，2019。

（三）缅甸教育受援的背景与形态

自 2021 年 2 月发生政变以来，缅甸的经济社会发展一直备受世界关注，缅甸国内、东盟和国际社会对缅甸政局的反应各有立场。对缅甸这样一个经济发展处于最不发达水平的国家而言，教育是其恢复和推动社会健康发展的必要支柱。本部分关注缅甸接受教育援助的形态与变化。

1. 冰火夹击下的缅甸教育急需外援

对柬埔寨和东帝汶的研究表明，国际教育援助在东南亚国家应对教育与社会发展挑战的过程中具有关键作用。屋漏偏逢连夜雨，家贫却遇多变故。缅甸教育发展所依赖的政治、经济和人民，正在遭受冰与火的双重考验。

新冠肺炎疫情让缅甸教育系统遭受重创。新冠肺炎疫情暴发以后，世界上有接近一半的学生受到学校关闭的影响，超过 1 亿的儿童因健康危机而出现阅读熟练水平严重下降的问题。① 缅甸的学校关闭时长超过 41 周，属于联合国教科文组织统计的最严重一类。② 从 2020 年 2 月至 2021 年 10 月，缅甸的学校关闭影响了超过 1 000 万学习者，依次集中在小学、中学、大学和幼儿园阶段。③

2021 年 2 月的政变使缅甸教育系统陷入混乱。从 2021 年 1 月开始，缅甸国内的政治斗争便不断积蓄直至爆发政变，如巨型水库中上亿吨的洪水倾泻而出一样逐渐失去了控制，最终让这个国家陷入了紧急状态。该国教育系统在新冠肺炎疫情的冲击下本已不堪重负，政变的冲击直接使其教育系统陷入混沌状态。根据 2021 年 5 月路透社发布的报道，缅甸军方以反对军事政变为由停止了大约 12.59 万名中小学教师和 1.95 万名大学教师的工作。④ 根据 2021 年 7 月日本广播协会（NHK）报道，超过 90%的学生未能在 6 月 1 日新学期开始的时候注册入学，教师的到岗率低于 50%。⑤

经济发展受挫令缅甸教育系统进入寒冬。缅甸拥有丰富的矿产资源，

① UNESCO, "Education: From disruption to recovery," accessed October 21, 2021, https://en.unesco.org/covid19/educationresponse.

② UNESCO, "Total duration of school closures," accessed October 21, 2021, https://en.unesco.org/covid19/educationresponse#durationschoolclosures.

③ UNESCO, "Education: From disruption to recovery," accessed October 22, 2021, https://en.unesco.org/covid19/educationresponse.

④ "More than 125,000 Myanmar teachers suspended for opposing coup," Reuters, May 23, 2021, accessed October 22, 2021, https://www.reuters.com/world/asia-pacific/more-than-125000-myanmar-teachers-suspended-opposing-coup-2021-05-23/.

⑤ Tammarin Dejsupa, "Schools in chaos following Myanmar coup," NHK, July 5, 2021, accessed October 21, 2021, https://www3.nhk.or.jp/nhkworld/en/news/backstories/1694/.

宝石和玉石享誉世界，但存在经济结构单一、工业化发展水平落后等问题。缅甸的工业以石油和天然气开采等低附加值的经济为主，缺乏可持续发展，并且极易受到自然灾害影响。根据《全球气候风险指数2020》报告，缅甸、波多黎各和海地是1999—2018年世界上遭受气候变化最多影响的国家。① 在疫情与政变的夹击下，缅甸的经济发展迅速收缩。2019年世界银行曾预测，缅甸的经济将在2021财年缩减18%。② 2022年世界银行发布跟踪调查，佐证了对缅甸经济低水平发展的预测。③ 经济发展受挫，意味着缅甸教育系统的财政预算将被大幅削减，预计投入严重不足的教育经费将被“腰斩”（该国2019年政府教育经费支出为GDP的1.93%④）。

2. 缅甸教育现代化中的国际援助

在经合组织发展援助委员会的受援国名单中，缅甸是东南亚经济最不发达的国家之一。自1948年独立以来，缅甸教育的现代化发展就和国际教育援助紧密联系。为缅甸提供教育援助的主要是周边发达国家和多边组织。汇总经合组织的官方发展援助数据后发现，2010—2019年缅甸接受的教育援助主要来自日本、多边组织和澳大利亚（见图7）。日本是区域内具有重要影响力的发达国家，在缅甸具有重要的经济影响，10年

① David Eckstein, Vera Künzel, Laura Schäfer, Maik Winges, “Global Climate Risk Index 2020,” Germanwatch, December 2019, accessed October 21, 2021, https://germanwatch.org/sites/default/files/20-2-01e%20Global%20Climate%20Risk%20Index%202020_14.pdf.

② The World Bank, *Myanmar Economy Expected to Contract by 18 Percent in FY2021: Report*, July 26, 2021, accessed October 21, 2021, https://www.worldbank.org/en/news/press-release/2021/07/23/myanmar-economy-expected-to-contract-by-18-percent-in-fy2021-report.

③ The World Bank, “Economic Activity in Myanmar to Remain at Low Levels, with the Overall Outlook Bleak,” January 26, 2022, accessed July 10, 2022, https://www.worldbank.org/en/news/press-release/2022/01/26/economic-activity-in-myanmar-to-remain-at-low-levels-with-the-overall-outlook-bleak.

④ The World Bank, “Government expenditure on education, total (% of GDP)-Myanmar,” World Bank, accessed October 21, 2021, https://data.worldbank.org/indicator/SE.XPD.TOTL.GD.ZS?locations=MM.

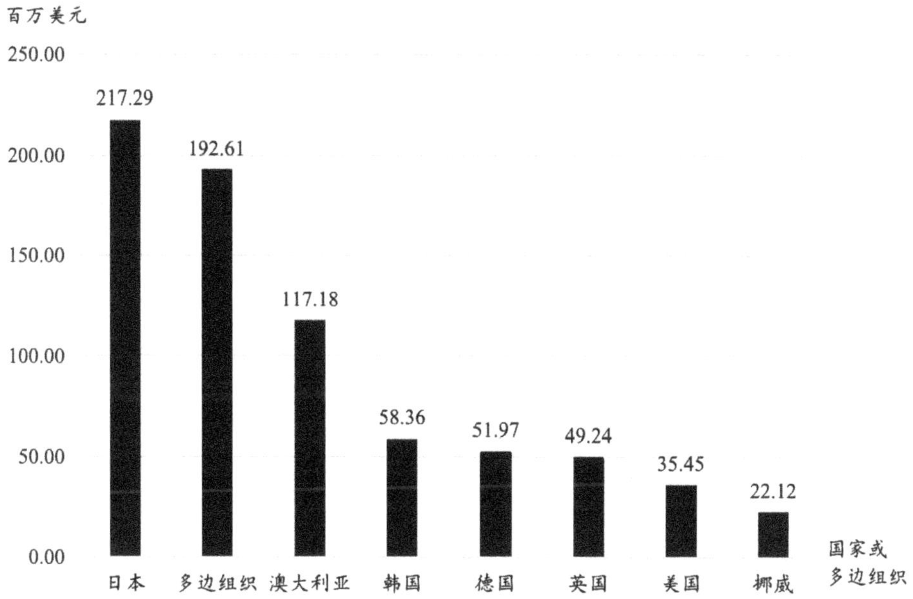

图 7　2010—2019 年缅甸教育援助的主要来源方

资料来源：OECD, "OECD. Stat: Creditor Reporting System (CRS)," accessed August 16, 2021, https://stats.oecd.org/Index.aspx?DataSetCode=CRS1。

注：笔者根据经合组织发展援助委员会相关数据制作而成。制图时数据统计的基本参数为：(1) flow: official development assistance; (2) channel: all channels; (3) amount type: constant prices; (4) flow type: gross disbursements; (5) sector: education, total; (6) donor: official donor; (7) unit: US dollars, millions, 2019。

内的援助总额达到 2.172 9 亿美元。根据《金融时报》报道，自 2011 年缅甸民主转型以来，日本企业在缅甸的投资接近 20 亿美元，东京向仰光提供的官方借贷达到了 95 亿美元。① 通过大规模的企业投资和政府贷款，也就更好理解日本对缅甸的教育援助为何名列前茅。除澳大利亚以外，韩国是另一个占据中流砥柱位置的周边援助国。

① Kana Inagaki, Robin Harding, Leo Lewis & John Reed, "Japanese companies stick with Myanmar despite putsch," *Financial Times*, February 23, 2021, accessed October 21, 2021, https://www.ft.com/content/0deb1860-cd46-45aa-8992-e7849c025f37.

值得注意的是，虽然美国和英国等发达国家的援助总额并不算高，但作为多边组织的主要推动者和管理者，这些国家对缅甸的教育援助同样需要高度关注。在多边组织 2010—2019 年向缅甸提供的教育援助中（总金额达 192.61 百万美元），做出主要贡献的是联合国儿童基金会和世界银行。此外，欧盟机构和区域性的发展银行（例如亚洲发展银行）也发挥了一定作用。

缅甸教育援助对基础性援助的需求不断扩大。经合组织将教育援助分成了基础教育、中等教育、高等教育和其他 4 个层次。加总 2010—2019 年缅甸接受的教育援助后发现，在这 10 年间的前 5 年，缅甸接受的教育援助主要是基础教育，同时对中等教育和“其他”层次的教育援助需求不断扩大。在 2010—2019 年的后 5 年内，缅甸对中等教育和高等教育层次的援助需求进一步扩大，基础教育层次的需求下降，“其他”层次的教育援助则快速增长。“其他”层次的教育援助依次集中在教育设施与培训、教育政策与行政管理、教师培训。伴随着缅甸教育系统现代化发展水平不断提高，缅甸需要更好的学校和教学设备去开展学校教育活动，需要建立更为完善的教育制度，需要更好的教师开展教育教学活动。中等教育等层次的教育援助可能更多受到学生人数变化较慢的影响，而“其他”层次中教育基础设施、教师培训等层次的援助则受到更多外力干扰，这解释了图 8 中黑色光滑实线的快速变化趋势。

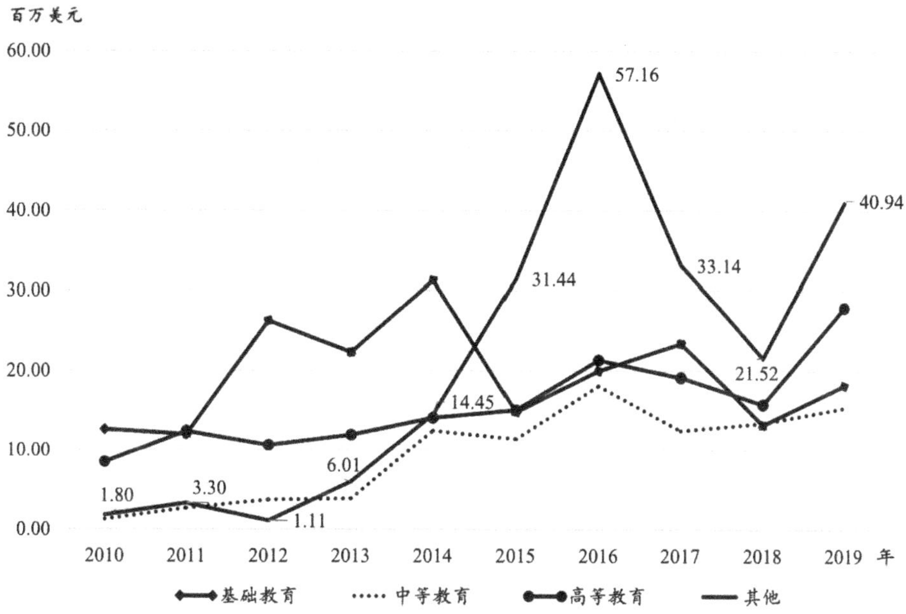

图 8　2010—2019 年缅甸教育受援的层次

资料来源：OECD, "OECD. Stat: Creditor Reporting System (CRS)," accessed August 16, 2021, https://stats. oecd. org/Index. aspx?DataSetCode=CRS1。

注：笔者根据经合组织发展援助委员会相关数据制作而成。制图时数据统计的基本参数为：(1) flow: official development assistance; (2) channel: all channels; (3) amount type: constant prices; (4) flow type: gross disbursements; (5) sector: education, total; (6) donor: official donor; (7) unit: US dollars, millions, 2019。

缅甸主要接受项目介入类的教育援助，但援助额度起伏不定。通过汇总 2010—2019 年缅甸的教育受援数据（图 9），发现以项目介入形式开展的教育援助占据主要地位，最高的时候达到 1.032 2 亿美元（2016 年），仅在 2012 年时退居第二，为 1 709 万美元。在假设外部教育援助相对稳定的情况下，如果从缅甸内部寻找原因，援助数据起伏的原因是缅甸教育和社会发展的不稳定性。与东帝汶等东南亚教育受援国的情况相比，缅甸的教育受援需求则更具波动性；将教育受援类型（图 9）和受援层次（图 8）的数据进行比对，也会发现这种波动性前后呼应。

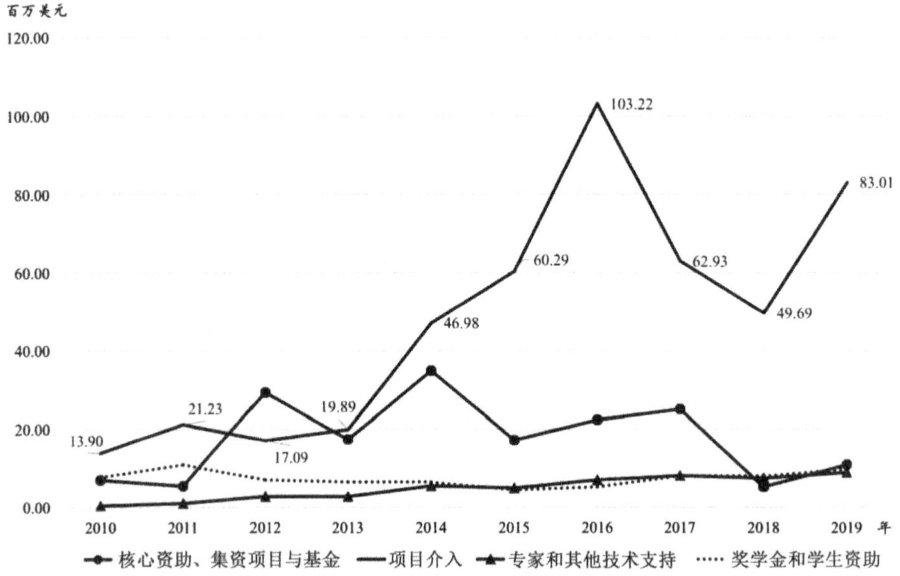

图 9　2010—2019 年缅甸教育受援的类型

资料来源：OECD, "OECD. Stat: Creditor Reporting System (CRS)," accessed August 16, 2021, https://stats. oecd. org/Index. aspx?DataSetCode=CRS1。

注：笔者根据经合组织发展援助委员会相关数据制作而成。制图时数据统计的基本参数为：(1) flow: official development assistance; (2) channel: all channels; (3) amount type: constant prices; (4) flow type: gross disbursements; (5) sector: education, total; (6) donor: official donor; (7) unit: US dollars, millions, 2019。

三、援助东南亚三国教育发展的中国方案

教育援助是国际政治中没有硝烟的战场，战略机遇转瞬即逝。教育援助还是深化国际教育合作、扩大中国教育对外开放的重要战略。2021 年 8 月 31 日，中国国家国际发展合作署、外交部和商务部联合发布了《对外援助管理办法》，是推动中国教育及其他类型对外援助高质量发展的最新规划，有利于促进中国与受援方高质量共建"一带一路"。中国需要把握全球与区域形势转变的战略机遇，加快和深化中国面向柬埔寨、东帝

汶和缅甸三个东南亚国家的教育援助，以教育援助推动中国和这些国家教育交流与合作的高质量发展。

（一）柬埔寨

分析柬埔寨这名东南亚“特困生”接受哪些国家何种类型的教育援助，落脚点是探讨中国如何与柬埔寨进行教育领域的国际合作。上面的分析反映出两点：其一，从援助方的角度看，对柬埔寨的教育援助竞争激烈，想要介入有不小阻力；其二，教育受援的总量分析和系统性“缺钙”的判断，说明柬埔寨在未来一段时间内仍旧需要大量的教育援助。再结合柬埔寨当前的经济社会发展情况，中国对柬埔寨的教育援助可遵循“实用”和“平等”两个发展理念。“实用”强调为柬埔寨教育及社会发展带去切实利益，例如，可以借助中国中等和高等职业教育等核心力量，把握《区域全面经济伙伴关系协定》和“一带一路”倡议等国际协议所创造的机遇，提供职业技能培训和教育基础设施建设等方面的援助。“平等”突出中国倡导的国际发展合作中平等交流、相互尊重和互利共赢的关键内涵，具体实践可借鉴发达国家对柬教育援助的经验做法，以丰富多样的教育援助实践增进教育合作与民心相通。

（二）东帝汶

结合中国对外援助最新战略规划和东帝汶教育受援的需要，可从如下方面推动中国对东帝汶的教育援助：第一，发挥中国在教育基础设施建设、教育技术运用和基础教育开展等方面的优势，满足东帝汶对教育受援的基础性需要。充分发挥中国在建设教育基础设施、运用教育技术和开展高质量基础教育等领域的一流实力，可快速有效满足东帝汶在提升教育发展水平上的急切需要，为该国升级教育现代化发展的基础。第二，设计国别化教育援助项目，善用项目式教育援助的优势。东帝汶是一个年轻的国家，但却有着悠长的历史。其教育受援的需要受到国家发展历史、现实的经济社会发展水平和人口等条件的影响。中国教育援助应当根据东帝汶教育受援的具体需要，设计多样化的国别教育援助项目，善用项目式援助灵活、高效的特点，切实提高中国教育援助对东帝汶教育及社会发展的促进作用。第三，建立东帝汶教育受援需要和教育体系发展水平的追踪数据库，为中国对东帝汶教育援助的可持续、高质量发展提供决策依据。缺乏及时准确的数据，是高效率开展教育援助工作的核心挑战之一，相关政府部门可依托国内高校的区域与国别研究平台，建立对东帝汶的教育援助数据库。

（三）缅甸

在拥抱世界的过程中，现代化教育无疑是缅甸最需要的、最重要的资源。需要注意的是，尽管缅甸仍旧需要大量的外部援助来实现教育脱贫，但这里的“现代化”应当是符合其国情和发展需求的现代化。基于中国最新的对外援助政策和教育现代化的发展成就，可从以下方面规划中国对缅甸的教育援助，助力建设更为紧密的中国—东盟命运共同体。

高校和相关机构需要增强基础性教育援助。中国可与缅甸共享在教育基础设施建设、普及教育发展水平和推进教育内涵式发展等方面的经验，助力该国建设更多干净卫生的学校、培养更多的优秀教师、建立更为完善的教育制度。高校和相关机构可以提供更多的职业教育援助。中国在中等和高等职业教育方面均具有突出的国际竞争力，而职业教育能够为缅甸青少年的就业与生活、经济发展带去更为切实的利益。中国可与缅甸建立更多的对口职业教育援助平台，共享职业教育特别是脱贫攻坚中职业教育的发展经验，为缅甸青少年解决就业与生活问题提供职业教育选择，助力缅甸经济的发展。高校和相关机构应当提供更多的来华留学选择和资助。提供奖学金和减免学费，同样是一种十分重要的教育援助方式。在中国职业院校中定点提供面向缅甸学生的留学机会，通过奖学金和学费减免来帮助缅甸青少年完成学业。

本文从比较视角出发，选择柬埔寨、东帝汶和缅甸作为对象，分析其教育受援的格局及其背后国际行动，判断三个东南亚国家教育受援的特征和需求，从而提出中国对其进行援助的方案。东南亚是未来国际合作的重要增长区，教育援助既是开展国际合作的主要平台，又是孕育发展生机的重要领域。但需要注意的是，以援助推动教育及社会发展，还需要注意规避独立与自主、短期成效与长远发展等矛盾，致力于实现教育以及社会的正增长。

21 世纪的俄罗斯教育：在曲折中前进

王陈昊志*

苏联解体后，受政局不稳和经济下滑影响，俄罗斯教育在 20 世纪 90 年代遭遇了重大危机。进入 21 世纪，普京政府上台后，在俄罗斯各领域进行了一系列大刀阔斧的改革，恢复并加强了国家对教育系统的管理，努力解决俄罗斯基础教育和高等教育系统内的诸多问题。从消除中小学生的“三班倒”现象，到建设世界一流大学，再到推动高校海外办学，俄罗斯在教育强国的道路上虽然面临重重困难，但也在曲折中稳步前进。

晚出晚归的孩子：“三班倒”的俄罗斯学生

晚上 18：30，俄罗斯乌兰乌德市第四十四学校的下课铃终于响起。孩子们鱼贯走出校门，各自回家。由于资源不足，他们的学校实行了三班制教学：除了上午和下午的两班学生外，还有一部分学生的课程被安排在晚上进行。这样的学校在俄罗斯并非个例。2021 年 6 月，俄罗斯政府在其发布的一份报告中指出，在 2020—2021 学年，俄罗斯共有18 100 名学生在“三班倒”地上学。与上一学年相比，这个数据已经下降了约

---

* 王陈昊志，北京大学区域与国别研究院博士研究生，研究方向为俄罗斯及中亚国家高等教育。

20%，但仍高于2018—2019学年16 630人的数值。①

俄罗斯中小学的所谓“三班倒”问题，就是在上午、下午和晚上分别安排一部分学生上学。本文将这种教学组织形式称为“三班制教学”。在时间安排上，各地区各学校的情况大同小异。以新西伯利亚市第二〇七学校为例，该校自2018年起被迫开始实行三班制教学：第一堂课自8：00开始，11：30至13：20为午间休息，第二班教学从13：20开始，到15：00结束，第三班教学在19：00结束。② 被安排在晚上上学的孩子回家后通常没有足够的时间复习或参加课外活动，许多学生都已习惯在第二天上午独自完成作业——毕竟那时候父母都上班去了。乌兰乌德市的一名学生在接受媒体采访时曾表示，“我们只在一年级和五年级上过第一班的课，其余时间都是18：10放学，19：30才能到家。这还是好的，有时候会更晚。（到家后）吃完饭就该睡觉了。（第二天）白天做作业，然后又该上学了。我被迫放弃了兴趣小组”。③

除了学生以外，三班制教学也给教师带来了更大的工作压力：在教学过程中，他们既要面对远超学位额定容量的学生，又要在晚上给第三班学生上课；在教学环境上，由于学生数量过多，教室和走廊变得格外拥挤，安全风险陡然增加。此外，为了容纳更多学生，部分学校不得不压缩办公室面积，导致教师只能挤在狭小的空间内办公，而体育教师则只能在器材室工作和休息。俄罗斯媒体报道称，有的学位额定容量为200—300人的学校接收了超过800名学生，教师只能在图书馆、体育馆、

---

① Правительство Российской Федерации, «Доклад Правительства Российской Федерации Федеральному Собранию Российской Федерации о реализации государственной политики в сфере образования», дата обновления: 08. 06. 2021, дата обращения: 11. 05. 2022, http://static.government.ru/media/files/GYRyAxoqmjgpAxer8PRuu2zMB9NBFAa9. pdf.

② Шматков Кирилл, «Новосибирская школа ввела третью смену — теперь там учатся от рассвета до заката», дата обновления: 11. 09. 2018, дата обращения: 11. 05. 2022, https://ngs. ru/text/education/2018/09/11/65375071/.

③ «Улан-удэнцы возмущены учёбой в третью смену», дата обновления: 30. 08. 2019, дата обращения: 11. 05. 2022, https://www. baikal-daily. ru/news/16/372140/.

食堂和辅助用房上课。①

显然，实行三班制教学对于校领导和教师而言实属无奈之举。一方面，俄罗斯有关卫生条例要求中小学校保障生均面积，合理安排班级人数；另一方面，尽管俄罗斯教育法允许中小学校在名额已满的情况下拒绝录取新生，但一些学校根本没有使用这一权利的机会——它们已是当地为数不多的学校，不录取新生，就是放任孩童失学。因此，一些学校不得不在超额招生的同时，增加班级数量，以控制每个班级的人数。与此同时，由于教师数量不足，学校只能将学生分为两批甚至三批进行教学，这就是“三班倒”问题的直接成因。新西伯利亚市第二〇七学校校长透露，曾有家长就学校的三班制教学问题向政府投诉，但她对此也无能为力，因为这所学位额定容量为 840 人的学校已经招收了超过 2 000 名学生。这位校长表示：“我在 5 月份的家长会上说，我们将实行三班制教学。这并不是因为我们想这样做，而是因为学生实在太多了。”事实上，在少数学校，即便实行了两班制或三班制教学，也无法落实俄罗斯政府的有关卫生要求。新西伯利亚市第二一一学校的校长介绍称，他所在的学校本应招收 1 000 名学生，应编 40 个班级，但实际上招收了 2 609 名学生，共编班级 86 个。即便学校实行了两班制教学，班级人数也不符合卫生条例的规定。②

整体来看，俄罗斯部分学校实施三班制教学的主要原因是在特定学区内，学生数量过多而学校和教师数量过少。

在学生数量上，新生人数的激增在俄罗斯不同地区有不同的原因。在新西伯利亚地区，来自乌兹别克斯坦、塔吉克斯坦、哈萨克斯坦等国的大量移民携子女来此打工。俄罗斯有关部门的统计数据显示，2021 年

---

① «Третью смену в школах упразднят к 2024 году», дата обновления: 12. 07. 2018, дата обращения: 11. 05. 2022, https://fulledu.ru/news/4860_tretyu-smenu-shkolah-uprazdnyat-2024.html.

② Шматков Кирилл, «В коридоре посидят», дата обновления: 09. 09. 2018, дата обращения: 11. 05. 2022, https://ngs.ru/text/education/2018/09/09/65350611/.

前三季度，共有14万外国人涌入新西伯利亚地区。① 移民子女的教育安置成为当地政府和学校的一大挑战。与之相比，在以车臣共和国为代表的高加索地区，新生人数的增加则与当地相对较高的生育率有关。车臣共和国领导人卡德罗夫曾于2019年表示，在过去的10年里，车臣中小学校的新生数量增长了超过130%。②

在学校数量上，既有学校的关停导致了当地教育系统学位容量的不足。以新西伯利亚市为例，在经济不景气的大背景下，当地出生率急剧下降，许多中小学校和幼儿园或被关停，或被改建为商业中心或政府大楼。俄罗斯科学院西伯利亚分院的专家表示，“超载”的学校一般位于新开发的地区。这些地区学校太少，基础设施建设相对薄弱。在专家看来，贫困是导致这一问题的罪魁祸首。③ 面对中小学校的“超载”问题，当地政府更倾向于对现有学校进行扩建或改造，其效果通常是杯水车薪。新西伯利亚市第三文科学校的教务主任曾做过这样的计算：该校的学位额定容量为560人，目前有1 140名学生在该校就读。尽管政府计划通过扩建学校以创造约450个学位，但在此之后仍将“剩下”超过100名学生。④

在教师数量上，教师资源短缺已成为俄罗斯基础教育系统的长期问题。全俄人民阵线和国家教育资源基金会于2019年第二季度对俄罗斯83个地区的超过3 000名教师进行了调查采访。结果显示，51%的受访者称其所在的学校存在教师不足的问题。在一些学校，一位教师在通过培训

---

① «Более 140 тысяч иностранцев въехали в Новосибирскую область с начала 2021 года», дата обновления: 29. 10. 2021, дата обращения: 11. 05. 2022, https://ngs.ru/text/world/2021/10/29/70221293/.

② «Число первоклассников в Чечне за десять лет увеличилось более чем вдвое», дата обновления: 11. 12. 2019, дата обращения, 11. 05. 2022, https://ria.ru/20160901/1475859858.html.

③ Шматков Кирилл, «В коридоре посидят», дата обновления: 09. 09. 2018, дата обращения: 11. 05. 2022, https://ngs.ru/text/education/2018/09/09/65350611/.

④ Шматков Кирилл, «Дом с тысячей детей: репортаж из самой переполненной школы Новосибирска», дата обновления: 12. 03. 2018, дата обращения: 11. 05. 2022, https://ngs.ru/text/education/2018/03/12/53625971/.

后甚至可以任教三门课程。① 俄罗斯教育部原部长瓦西里耶娃曾坦承：到2029年，俄罗斯中小学教师的缺额将达到18万。当前，俄罗斯29岁以下年轻教师的比例仅占5.5%，且这一趋势在2029年前好转的可能性不大。② 高压力、低工资让许多年轻人对教师行业望而却步，而年轻教师又更愿意去大城市发展，从而加重了小城市和农村地区教师资源的短缺。

事实上，俄罗斯中小学校“三班倒”问题最严重的地区正是其发展相对落后的南部和高加索地区。俄罗斯联邦消费者权益保护和公益监督局于2021年7月发布的报告显示，2020年，俄罗斯中小学校的“三班倒”问题主要集中在4个联邦主体的学校，分别是车臣共和国（70所）、达吉斯坦共和国（28所）、布里亚特共和国（8所）和图瓦共和国（2所）。③ 与莫斯科、圣彼得堡和乌拉尔地区相比，这些地区的经济发展和基础设施建设相对落后，但人口增长相对较快，这些因素的叠加导致了“三班倒”问题的出现。俄罗斯联邦统计局的数据显示，2018年，在俄罗斯85个联邦主体中，上述4个联邦主体的人均地区生产总值均位列倒数10名，④ 而总和生育率却都进入了正数前10位。⑤

为了解决中小学校的“三班倒”问题，俄罗斯政府投入了大量的资源。2019年1月1日，俄罗斯国家教育项目正式开始实施。这个持续5

---

① «Один учитель ведет три предмета: ОНФ зафиксировал острый дефицит педагогов», дата обновления: 25. 06. 2019, дата обращения: 11. 05. 2022, https://tolknews.ru/politsib/104062-eksperty-onf-zaavili-o-skorom-krizise-sistemy-obrazovania-iz-za-deficita-ucitelej.

② «Дефицит педагогов в российских школах к 2029 году составит 180 тыс. человек», дата обновления: 22. 05. 2019, дата обращения: 11. 05. 2022, https://tass.ru/obschestvo/6458248.

③ Федеральная служба по надзору в сфере защиты прав потребителей и благополучия человека, «О состоянии санитарно-эпидемиологического благополучия населения в Российской Федерации в 2020 году: Государственный доклад», дата обновления: 05. 07. 2021, дата обращения: 11. 05. 2022, https://www.rospotrebnadzor.ru/upload/iblock/5fa/gd-seb_02.06-_s-podpisyu_.pdf.

④ «Статистика: Список регионов России по ВРП на душу населения», дата обновления: 01. 01. 2022, дата обращения: 05. 11. 2022, https://ruxpert.ru/Статистика:Список_регионов_России_по_ВРП_на_душу_населения.

⑤ «Статистика: Суммарный коэффициент рождаемости в России», дата обновления: 03. 07. 2021, дата обращения: 05. 11. 2022, https://ruxpert.ru/Статистика:Суммарный_коэффициент_рождаемости_в_России?#cite_note-.D0.A0.D0.B5.D0.B3.D0.B8.D0.BE.D0.BD.D1.8B-8.

年的教育发展项目计划在2024年底前在普通教育机构创造23万个学位，同时规划了多个保障教师职业发展的措施。2020年10月，俄罗斯政府向布里亚特、达吉斯坦和车臣3个联邦主体拨款约120亿卢布，以在当地改建和新设学校。① 2021年8月，俄罗斯总统普京指示在2023—2024学年开始前彻底消除中小学校的“三班倒”问题，要求政府就有关情况每半年做一次汇报。②

在俄罗斯政府的大力支持下，俄罗斯中小学校的“三班倒”问题已经得到了一定程度的缓解：接受三班制教学的学生数量不断下降，许多学校的教学转为两班制甚至一班制。俄罗斯政府的报告显示，2014—2018年，实行一班制的学校比例提升了3.7%，远东联邦区和南方联邦区的发展态势最好。此外，莫斯科也在这一阶段成为首个所有中小学校都实行一班制的联邦主体。③ 2020年，车臣和布里亚特有19所学校退出了“三班倒”的行列。④ 2022年3月，俄罗斯远东联邦区最大的中小学校——乌兰乌德市第八学校在俄罗斯国家教育计划的支持下顺利完成建设。这所学校的设立将有助于分流乌兰乌德市其他“超载”学校的学生，以解

---

① «Кабмин выделил 12 млрд рублей на новые места в школах, где есть трехсменка», дата обновления: 19. 10. 2020, дата обращения: 11. 05. 2022, https://tass.ru/nacionalnye-proekty/9751957?utm_source=yandex.com&utm_medium=organic&utm_campaign=yandex.com&utm_referrer=yandex.com.

② «Путин поручил полностью отказаться от учебы в три смены в школах к 2023－2024 учебному году», дата обновления: 06. 08. 2021, дата обращения: 11. 05. 2022, https://tass.ru/obschestvo/12075477?.

③ Федеральная служба по надзору в сфере защиты прав потребителей и благополучия человека, «О состоянии санитарно-эпидемиологического благополучия населения в Российской Федерации в 2018 году: Государственный доклад», дата обновления: 03. 06. 2019, дата обращения: 11.05. 2022, https://www.rospotrebnadzor.ru/upload/iblock/798/gosudarstvennyy-doklad-o-sostoyanii-sanitarno_epidemiologicheskogo-blagopoluchiya-naseleniya-v-rossiyskoy-federatsii-v-2018-godu.pdf.

④ Федеральная служба по надзору в сфере защиты прав потребителей и благополучия человека, «О состоянии санитарно-эпидемиологического благополучия населения в Российской Федерации в 2020 году: Государственный доклад», дата обновления: 05. 07. 2021, дата обращения: 11. 05. 2022, https://www.rospotrebnadzor.ru/upload/iblock/5fa/gd-seb_02.06-_s-podpisyu_.pdf.

决该市基础教育系统的“三班倒”问题。① 可以预见，在未来的一段时间里，尽管三班制教学仍将在俄罗斯的部分地区继续存在，但这一问题的解决已有了一些令人欣喜的势头。

从“5-100”到“优先-2030”：俄罗斯的世界一流大学建设

2012 年 5 月 7 日，俄罗斯总统普京签署第 599 号总统令，要求俄罗斯政府制订计划，确保不少于 5 所俄罗斯高校在 2020 年前进入世界大学排名的前 100 名。2013 年 5 月，俄罗斯原教育科学部（现科学和高等教育部）主导的顶尖大学竞争力提升项目正式启动。根据总统令提出的目标，这一野心勃勃的计划被命名为“5-100”计划。

5-100 计划持续 7 年，到 2020 年结束，共有 21 所大学参与。这些大学在此前进行的两轮全国性选拔中脱颖而出，将每年获得联邦政府的资金支持。根据俄罗斯政府的要求，这些高校的主要任务包括吸引外国教学研究人员和学生、支持青年学者、建立新的实验室、同国内外高水平大学进行联合人才培养、与国内外科研机构进行合作研究等。项目主管委员会将定期对项目高校展开评估，并决定是否继续向其提供支持。5-100 计划被视为俄罗斯高等教育现代化的新标杆，因其致力于扩大俄罗斯高校科研潜力、巩固其在国际教育市场上的竞争力而备受期待。5-100计划的启动，标志着俄罗斯高校面向世界大学前 100 名的目标展开了为期 7 年的“阵地争夺战”。

2019 年 10 月，俄罗斯科学和高等教育部发布消息称，5-100 计划委

---

① Филиппова Арина, «В Улан-Удэ построили самую большую школу на Дальнем Востоке», дата обновления: 30. 03. 2022, дата обращения: 11. 05. 2022, https://www.infpol.ru/240068-v-ulan-ude-postroili-samuyu-bolshuyu-shkolu-na-dalnem-vostoke/.

员会的工作在莫斯科顺利结束。委员会建议俄罗斯政府继续为参与该项目的21所高校提供支持，并在未来吸纳更多高校。① 至此，5-100计划迎来收官之时。与俄罗斯政府此前拟定的目标相比，5-100计划毫无疑问是失败的：截至2020年，5-100计划的所有高校均未能进入夸夸雷利·西蒙兹世界大学排名（QS）、泰晤士高等教育世界大学排名（THE）和软科世界大学学术排名（ARWU）这3个世界大学权威排名总榜的前200名。在2020年发布的各项数据中，莫斯科物理技术学院的泰晤士高等教育世界大学排名区间是201—250，而这已经是5-100计划高校自项目启动以来在综合排名上取得的最好成绩。

相对于这一惨淡的结果，俄罗斯科学和高等教育部和俄罗斯媒体的报道更侧重于5-100计划高校在过去几年中所取得的进步。如表1所示，自5-100计划启动以来，大多数项目高校的国际排名均有相当大的提升，其中高等经济大学、圣彼得堡国立信息技术机械与光学大学、喀山联邦大学、莫斯科钢铁合金学院、托木斯克国立大学等高校的夸夸雷利·西蒙兹世界大学排名与2012年相比均提升了超过200名。

此外，部分项目高校在某一专业领域的排名上表现不俗，大有“各显神通”之势。以2019年的数据为例，高等经济大学的经济学和计量经济学、政治学和国际研究以及社会学等4个专业，莫斯科钢铁合金学院和新西伯利亚国立大学的矿物与采矿工程相关专业，圣彼得堡国立信息技术机械与光学大学的计算机科学专业，喀山联邦大学的教育学专业等都位列世界主要排行榜的前100名。5-100计划高校在自身优势领域的表现可谓非常亮眼。

① «В Москве подвели итоги заседания Совета Проекта 5-100», дата обновления: 26. 10. 2019, дата обращения: 11. 05. 2022, https://minobrnauki.gov.ru/press-center/news/?ELEMENT_ID=21784.

表1 5-100计划高校2012—2020年夸夸雷利·西蒙兹世界大学排名汇总

高校名称	年份与排名								
	2012	2013	2014	2015	2016	2017	2018	2019	2020
高等经济大学	501	501	501	501	411	382	343	322	298
远东联邦大学	601	701	701	651	551	601	541	531	493
圣彼得堡国立信息技术机械与光学大学	—	—	—	—	—	601	511	436	360
喀山联邦大学	601	601	551	551	501	441	439	392	370
莫斯科钢铁合金学院	—	—	701	701	601	501	476	451	428
莫斯科工程物理学院	—	—	481	501	401	373	329	329	314
莫斯科物理技术学院	—	441	411	431	350	355	312	302	281
新西伯利亚国立大学	371	352	328	317	291	250	244	231	228
下诺夫哥罗德国立大学	601	701	701	701	701	701	601	601	601
俄罗斯人民友谊大学	501	491	471	601	601	501	446	392	326
萨马拉大学	—	—	—	—	—	801	701	651	591
圣彼得堡理工大学	—	451	481	471	411	401	404	439	401
西伯利亚联邦大学	—	—	—	—	—	—	801	—	1001
托木斯克国立大学	551	551	491	481	377	323	277	268	250
托木斯克理工大学	601	551	501	481	400	386	373	387	401
乌拉尔联邦大学	451	501	551	601	601	491	412	364	331
南乌拉尔国立大学	—	—	—	—	—	—	801	801	801
圣彼得堡国立电子科技大学	—	—	—	—	—	—	—	—	701

资料来源：本表由笔者整理而成，数据参见俄罗斯5-100计划官方网站，2021年6月8日，https://5top100.ru/rankings/Сводная_таблица_рейтингов_08.06.2021.xlsx，访问日期：2022年5月11日。"—"表示该学校未参加或未进入当年的排名。如遇区间排名，则取排名最高值，如对于排名位次在501—550的学校，只取501作为其当年的位次。

一边是总体目标的"零完成"，另一边是诸多学科在国际排名上的突飞猛进，5-100高校交出的这份"成绩单"着实令人纠结。俄罗斯审计署的评价切中肯綮："从形式上讲，5-100计划的目标并非在机构层面实现，而是在学科层面实现。”① 毫无疑问，经济不景气导致的扶持力度不足是5-100计划未取得预期成果的重要原因。5-100计划经费大多来自俄罗斯政府从联邦预算中划拨的款项。由于近年来俄罗斯经济增长乏力，特别是受2014年克里米亚事件后西方国家的制裁影响，俄罗斯难以投入更多资金支持其高等教育发展，由此也影响到了5-100计划的拨款。以2020年的数据为例，根据俄罗斯政府的决议，2020年联邦预算用于5-100计划建设的资金总量约为10亿卢布，分3个档次拨给21所项目高校。上一年度评估结果较好的高校可以获得约875万卢布的补助，而资金支持最少的高校只能获得约125万卢布。② 低水平的资金投入显然难以满足高等教育国际化的需要，更无法应对高等教育国际化带来的全球范围的竞争。

此外，5-100计划还存在着资金分配不均的问题。据统计，2013—2018年，高等经济大学获得的项目经费总额超过50.3亿卢布，是该时段获得经费最多的项目高校。与之相比，南乌拉尔国立大学、西伯利亚联邦大学和波罗的海联邦大学在同一时段的项目经费只有4.26亿卢布，两者相差近11倍。由于5-100计划的经费分配需要参考上一年度的评估结果，经费相对充足的高校能够在国际排名等方面有更好的表现，进而在新一轮拨款中占据优势，而支持力度不足的高校很容易陷入恶性循环，在国际排名中直线下降。有学者指出，除了项目高校之间的资助分配不均以外，5-100计划的资助还存在地域分配不均的问题：位于莫斯科和圣彼得堡两大城市的高校在数量和地理优势的基础上，吸纳了包括学生、教师在内的大部分资源。③

---

① Агранович Мария, «Счетная палата оценила эффективность вузовского Проекта 5-100», дата обновления: 18.02.2021, дата обращения: 11.05.2022, https://rg.ru/2021/02/18/reg-cfo/schetnaia-palata-ocenila-effektivnost-vuzovskogo-proekta-5-100.html.

② «Распоряжение Правительства Российской Федерации от 22.02.2020 г. № 398-р», дата подписания: 22.02.2020, дата обращения: 11.05.2022, http://government.ru/docs/all/126383/.

③ 元瑶瑶、周倩：《从“5-100计划”到“优先-2030计划”——俄罗斯世界一流大学建设计划的反思与展望》，《比较教育研究》2022年第5期。

需要承认的是，5-100 计划确实关注到了苏俄体制下高等教育的一大痼疾，即产学研的分离。在苏联，高等学校的任务是培养高级专业人员，强调知识的传授和技能的训练，研究生教育在整个高等教育体系中所占的比重很小。① 这一产学研分离的体制是苏联无法迅速实现技术转换和产品更新换代的重要原因之一。苏联解体后，俄罗斯的高等教育基本延续了苏联模式。在这一模式下，具备深刻苏联印记的俄罗斯大学的科研传统十分薄弱。② 在各大权威榜单越发看重高校科研水平的今天，科研实力不足是俄罗斯高校国际排名难以靠前的重要原因之一。虽然俄罗斯在 2009 年和 2010 年分别进行了两轮国家研究型大学的选拔和建设，但在教研分离的传统和大环境下，5-100 计划对教研融合的重视与促进依然是俄罗斯高校所急需的。

最后，语言环境的相对封闭也是影响俄罗斯高校国际排名的重要原因之一。一方面，俄罗斯学者的文章习惯于以俄语形式发表，在以英语为主要语种的国际主流学术杂志上发文不多，导致俄罗斯高校论文引用率不高；另一方面，随着俄语地位在世界范围内的下降，俄语的学术地位也受到了一定的冲击，导致俄罗斯学者可能在某一领域取得了一定成绩，但受限于语言而不受国际学者关注。因此有学者指出，在以欧美国家为代表的西方话语主导下的世界大学排行榜中，俄罗斯的科研体系并不占优势。③ 和中国不同，许多俄罗斯人的第一外语并非英语，而是德语或法语。近年来，虽然英语教育在俄罗斯越来越受重视，但俄罗斯学校的英语教学水平和俄罗斯学者英语水平的整体提升无疑还需要时间，由此导致的俄罗斯学界与国际的相对“脱钩”也势必将持续一段时间。

在总结了 5-100 计划的经验教训后，俄罗斯政府于 2021 年 5 月启动

---

① 周蕖：《美苏高等教育经验与我国高等教育的改革》，《中国社会科学》1984 年第 3 期。

② 肖甦、朋腾：《俄罗斯高校离世界一流还有多远？——基于世界大学排行榜最新结果的分析》，《教育科学》2021 年第 2 期。

③ 同上。

了新一轮世界一流大学建设——“优先-2030”计划。优先-2030计划的目的是在2030年前建设超过100所作为科学技术和社会经济发展中心的现代大学。该项目在俄罗斯全国选拔出106所高校，每年由俄罗斯政府提供资助。整体来看，特别是与5-100计划相比，优先-2030计划呈现出了以下一些新的特点。

第一，入围高校覆盖广。从所在地区来看，入选的106所高校遍布俄罗斯46个联邦主体，2/3的高校来自地方，俄罗斯8大联邦区均有高校入选。从所属机构来看，入围高校中，有科学和高等教育部所属高校80所，卫生部所属高校10所，文化部所属高校5所，农业部所属高校1所，另有外交部、国防部、交通部、总统办公厅等机构的所属高校。①

第二，政府资助力度大。优先-2030计划的资助分为基础资助和专项资助两部分。入围高校除每年获得约1亿卢布的基本支持外，还可以根据自身特点和发展规划申请专项资助，以获得额外的经费支持。根据俄罗斯政府的规划，到2022年底，优先-2030计划的财政总投入将超过470亿卢布，其中基本资助部分2年共200亿卢布，专项资助部分共约260亿卢布。②

第三，重视国家目标，弱化高校排名。与5-100计划不同，优先-2030计划的选拔没有参考任何现有大学排名，也没有要求高校设置任何国际排名目标。根据俄罗斯科学和高等教育部部长法利科夫的介绍，项目选拔的重点是与国家发展目标密切相关的指标。

---

① «Протокол заседания комиссии Министерства науки и высшего образования Российской Федерации по проведению отбора российских образовательных организаций высшего образования в целях участия в программе «Приоритет 2030» № АО/3-пр от 26 апреля 2022 г. », дата опубликования: 26. 04. 2022, дата обращения: 14. 07. 2022, https: //priority2030. ru/upload/medialibrary/5c6/hd7oal9wxiz730mgnl99m4ywzc4zdwmb/26_04_2022_AO_3_pr_Omelchuk_A_V_Afanasev_D_V_. pdf.

② «Свыше 47 млрд руб. выделят на программу “Приоритет-2030” до конца 2022 года», дата обновления: 05. 10. 2021, дата обращения: 14. 07. 2022, https: //tass. ru/obschestvo/12582511?utm_source = yandex. com&utm_medium = organic&utm_campaign = yandex. com&utm_referrer = yandex. com.

第四，重视高校科研工作。将教育过程与高校的研究和创新活动相结合是优先-2030计划的重点方向之一。俄罗斯政府希望通过优先-2030计划推动高校和科研机构开展合作，通过联合发展项目实现高校和科研机构的一体化。为此，优先-2030计划一方面鼓励高校和科研机构合作申请经费支持，另一方面设置了“科研领军”专项资助。

第五，重视高校对社会经济发展的推动作用。优先-2030计划高度重视利用高校的科学、教育和创新潜力来推动经济的创新性发展，鼓励高校设立技术转让中心，与各经济部门的企业开展合作。为此，优先-2030计划一方面将高校与企业的互动纳入评价标准，另一方面设置了“地区和（或）行业领军”专项资助。

从5-100计划到优先-2030计划，俄罗斯的世界一流大学建设得到了提质升级。在此过程中，融入国家发展大局、服务国家发展需求成为高校建设的首要导向。优先-2030计划的实施表明，对于俄罗斯高校而言，国际排名高也好、低也罢，最能支持国家建设、带动地方经济发展的大学就是最好的大学。

让教育走出去：俄罗斯的“教育出口”

2018年2月，乌兹别克斯坦外交部部长同俄罗斯外长拉夫罗夫达成协议，5所俄罗斯高校将在乌国开设分校。① 一年后的2019年9月，6所俄罗斯高校的分校如期开办。尽管学校名单有所变更，但之前达成的协议确已如期落实，其中也有莫斯科工程物理学院、莫斯科国际关系学院、莫斯科动力学院等俄罗斯名校的参与。至此，俄罗斯高校在乌兹别克斯坦的分校数量已达10所，而莫斯科大学塔什干分校更是早在2006年就已

---

① «Названы пять ведущих российских ВУЗов, которые откроют филиалы в Узбекистане», дата обновления: 24. 02. 2018, дата обращения: 11. 05. 2022, https: //repost. uz/russian-universities.

开设。俄罗斯各类高校的分校已遍布除土库曼斯坦外的其余中亚 4 国以及白俄罗斯、亚美尼亚、阿塞拜疆等大部分俄罗斯所说的“近邻国家”(即苏联的加盟共和国)。

不仅在中亚，俄罗斯也在积极向中东“推销”自己的教育资源。2019 年 10 月初，以“俄罗斯——高等教育新机会”为主题的第二届俄罗斯大学中东展在叙利亚和黎巴嫩的多个城市举行。该展览是俄罗斯科学和高等教育部重点项目“俄罗斯教育系统输出潜力提升”框架下的活动之一，目的在于吸引海外俄罗斯人和外国公民进入俄罗斯高校学习。据报道，两地的展览活动分别吸引了超过 2 800 人和 3 500 人参加。最受叙利亚学生关注的是俄罗斯高校的工程和医学专业以及俄语语言文学专业。①

除了高等教育以外，俄罗斯在基础教育领域也在加强与其他国家的合作。俄罗斯教育部于 2017 年启动了“海外俄罗斯教师”项目，从国内选拔优秀教师派往国外中小学校任教和从事教师培训工作，以在世界范围内推广俄语和俄罗斯教育。当前，该项目已在吉尔吉斯斯坦、塔吉克斯坦、乌兹别克斯坦、塞尔维亚、蒙古和越南等 6 个国家开展，已有超过 10 000 名儿童在本国接受了俄罗斯教师开设的课程。②

相对富足的教育资源和足够的政治经济影响力是俄罗斯教育输出的底气所在。苏联解体后，尽管俄罗斯的教育水平出现了一定程度的下滑，但对于包括中亚 5 国在内的许多国家而言，俄罗斯在教育领域仍保持着巨大优势。一方面，俄罗斯在文化教育领域对中亚国家影响深远，且保持有一定的领先优势。我国学者赵华胜指出，在苏联解体前的一个半世纪里，中亚是俄罗斯帝国和苏联的一部分，俄罗斯在中亚政治、经济、

---

① «Российские вузы представили свои направления подготовки в Сирии и Ливане», дата обновления: 07. 10. 2019, дата обращения: 11. 05. 2022, https://minobrnauki.gov.ru/press-center/news/?ELEMENT_ID=22868.

② «О проекте», дата обращения: 14. 07. 2022, https://interdomivanovo.ru/rossiyskiy-uchitel-za-rubezhom1/o-proekte/?ysclid=l5jtg6fez5842786320.

社会组织、语言文化、生活习俗、心理、思维等方面都打下了深刻的烙印。① 研究显示，俄罗斯是中亚地区最具影响力的外部力量，在政治、文化和安全领域对中亚的影响力都有着绝对的优势。②

另一方面，俄罗斯在政治和经济上均对中亚国家保持有一定的影响力。这是俄罗斯能顺利进行教育输出的重要支撑。苏联解体后，虽然俄罗斯经济遭受了较大的冲击，但就经济总量来看，俄罗斯对于中亚国家而言仍是一个“巨无霸”式的存在。中亚国家在经济上的相对落后也导致了该地区科学教育水平的相对落后。在此背景下，俄罗斯同中亚国家签订了一系列项目合约，在教育、科学和文化领域对其展开援助与合作，进而推动实现了俄罗斯的“教育输出”，将俄罗斯的影响力带到这些国家。

在具体实施过程中，俄罗斯能向中亚地区顺利进行“教育输出”是因为选对了方式、抓住了机遇。俄罗斯高校在开设分校时，一方面利用资源和声誉优势努力提升学校吸引力，另一方面也很注重对象国的发展需求。以莫斯科大学哈萨克斯坦分校为例，该校在录取时既招收公费生，也招收自费生，分数不达标的学生可以自费注册入学，并有机会转为公费生。不仅如此，该校学生还享有前往莫斯科学习的机会，学习期间免交学费和住宿费，毕业时颁发莫斯科大学文凭。

此外，俄罗斯在决定参与教育合作项目的高校时，会充分考虑高校的专业优势以及对象国的实际情况，切实利用当地资源，充分满足当地需求。以莫斯科航空学院腾飞分校为例，该校所在的拜科努尔市在苏联时期就是重要的航天中心，人类的第一颗卫星、第一位宇航员和第一名女宇航员均从拜科努尔航天发射基地出发飞向太空。1964 年，莫斯科航空学院在此开设了教学辅导站。在长期历史发展过程中，这座教学辅导

---

① 赵华胜：《中俄美在中亚的存在：上升和下降》，《国际观察》2015 年第 6 期。

② 朱永彪、魏丽珺：《中国、美国和俄罗斯在中亚的影响力评析》，《俄罗斯研究》2019 年第 5 期。

站逐渐发展为腾飞分校。这所分校的设立，显然是为了充分利用当地的设备资源，为人才培养提供实践平台。再以莫斯科工程物理学院塔什干分校为例，这所分校的开设是俄罗斯和乌兹别克斯坦两国核能合作的重要组成部分。这所学校的重要任务之一，就是为乌兹别克斯坦，乃至中亚地区的首个核电站的建造、运营和维护培养人才。这也体现了俄罗斯在开设分校时将学校专业特长同对象国社会需要结合起来的特点。可以说，中亚国家社会发展的需要为俄罗斯输出教育资源提供了良好的机会。在各领域的合作中，俄罗斯顺势完成了将优势学科教育推向国外的过程。

2019 年秋季，俄罗斯教育部支持的“国际教育工作考察”项目正式启动。该项目将在白俄罗斯、匈牙利、波兰、奥地利、法国等欧洲 9 个国家举行一系列活动，旨在激发人们对现代俄罗斯文化的兴趣，巩固俄语地位，提升外国俄语教师的职业技能并构建统一网络教育空间。同年 10 月 24 日，首届俄罗斯与非洲国家峰会在索契闭幕。峰会以“为了和平、安全和发展”为主题，邀请了数十位非洲国家领导人及非洲国际组织代表参加。俄罗斯总统普京在面向媒体的讲话中不无自信地指出，在俄罗斯的协助下，约 50 万名非洲人获得了专业培训，其中约 10 万人获得了苏联和俄罗斯高校的文凭，25 万人曾在非洲国家的联合教育中心学习。① 在峰会发表的宣言中，各国元首同意加强在协同研究项目领域的合作，扩大俄非高校和科研中心的联络，鼓励更深层次的交流、协同办学以及在文化、教育、技术等领域的合作。② 扩大同非洲国家的教育合作，“让本国教育走进非洲”成为俄罗斯“重返非洲”的应有之义。

在苏联解体后的 30 多年里，俄罗斯教育一直面临着经费不足、人才

---

① «Заявления президентов России и Египта для прессы по итогам саммита Россия-Африка», дата обновления: 24. 10. 2019, дата обращения: 11. 05. 2022, https://summitafrica.ru/news/.

② «Декларация первого саммита Россия-Африка (Сочи, 24 октября 2019 года)», дата обновления: 24. 10. 2019, дата обращения: 11. 05. 2022, https://summitafrica.ru/about-summit/declaration/.

外流等问题。在同欧洲教育模式接轨的进程中，俄罗斯教育也不断经历着转型的阵痛。让本国教育走向世界，俄罗斯充分利用了自己在政治上的传统优势以及在经济和教育资源上的比较优势，在不断探索中找到了属于自己的独特路径。俄罗斯高校开设在海外的众多分校不仅是俄罗斯同各国开展合作的平台，而且将成为俄罗斯维持或扩大其影响力的重要堡垒，在其软实力建设中将起着稳定的作用。未来，俄罗斯高校的海外分校依然面临着提高教育质量、应对他国竞争的重要任务，需要着重解决语言文化及制度设计问题、教育竞争力问题和国际政治博弈下的市场开拓问题。① 面对国际高等教育市场的激烈竞争，着力提升教育质量、提高俄罗斯高等教育良好声誉是俄罗斯高校海外分校的明智之举。借用俄罗斯总统普京此前在接受塔斯社记者采访时说的一句话，“俄罗斯已为参与竞争做足了准备”。②

从消除中小学生的“三班倒”现象，到建设世界一流大学，再到推动高校海外办学，21 世纪普京政府上台以来的一系列行动，体现了国家主义在俄罗斯教育领域的回归。苏联解体后，叶利钦政府在教育领域推行了面向市场、带有自由主义倾向的“解国家化”③ 改革，但由于缺乏足够的社会基础，国家管理和监督的缺失导致了教育质量的下降。④ 普京执政后，俄罗斯政府对教育的支持和管理明显加强。俄罗斯政府越来越强调其对教育的责任，越来越强调教育服务国家战略需求、服务地方经济发展的责任。这种带有强烈国家主义色彩的方针成为 21 世纪以来俄罗斯教育的鲜明特点。国家的有力支持和必要管理规范了教育领域的一系

---

① 肖甦、王玥：《21 世纪俄罗斯高校海外办学：动因、现状与特征》，《比较教育研究》2020 年第 4 期。

② «Владимир Путин: Россия готова к конкуренции за сотрудничество с Африкой», дата обновления: 21. 10. 2019, дата обращения: 11. 05. 2022, https: //tass. ru/interviews/7020800? utm_source = yandex. com&utm_ medium = organic&utm_ campaign = yandex. com&utm_ referrer = yandex. com.

③ 解国家化，即“去国家化”。

④ 李莉：《俄罗斯高等教育体制变革：“自由主义”与“保守主义”的融合》，《俄罗斯学刊》2013 年第 3 期。

列乱象，成为俄罗斯教育在曲折中不断前进的重要动力，正如普京在《千年之交的俄罗斯》中所写的那样："对于俄罗斯人来说，一个强大的国家不是什么异己的怪物，不是要与之做斗争的东西，恰恰相反，它是秩序的源头和保障，是任何变革的倡导者和主要推动力。"①

① 普京：《千年之交的俄罗斯（1999 年 12 月 30 日）》，载《普京文集：文章和讲话选集》，中国社会科学出版社，2002，第 9 页。

剑桥“冒名者综合征”

梁　坤*

对于自我身份的定位和认同，或许是我们这一代年轻人共有的困惑。前所未有的空间位移和一定程度的阶层流动，让我们不再囿于祖先生活的土地，而是可以从小镇走到都市，从中国走向世界。但流动，不一定等同于进步与上升，还可能是困惑和迷茫——流动者的既有认知被改变，以前的生活方式被新的完全改变或取代。人们进入了一张张隐形而不可觉察的社会关系网络，实实在在感受到壁垒和区隔的存在。而那些我们所熟知的、曾经笃定的“自我”的一部分，在和他人、与社会的交流互动中被改变、改造，或者更深层地沉淀下来。

加拿大哲学家、历史学家查尔斯·泰勒（Charles Taylor）曾提出，现代性带来的也是对“我是谁”确定性的消失。① 社会转型与变迁改变了原来的习惯。全世界范围内的各个地方有着不同的时空疏密程度，不同社会的人有着自己的生活方式与现实。流动让不同社会相交，从而在“熟悉感”外产生了诸多“陌生感”。

高等学校给予了不同社会文化背景的人学习机会，也将多元性汇集于学校。学校本身成为一个多元交汇、碰撞的场域。比如，在我曾经学

---

* 梁坤，北京大学燕京学堂校友；剑桥大学社会学系学生。研究兴趣及方向为海外华人、生命政治、历史社会学和民族志。

① Charles Taylor, *Sources of the Self* (Cambridge: Harvard University Press, 1992), p. 17.

习过的北京大学燕京学堂，同学来自全世界 42 个国家和地区。我们时常一起讨论社会问题，他们看待问题的角度、思考的方式，都与我原先自己所熟知的非常不一样。但与此同时，在与他们的交往中我发现，即便是和我看起来完全不同的人，也可能和我共享着类似的喜怒哀乐。

中国处于巨大的变迁中，这种变迁又与世界的发展紧密联系在一起。"流动""迁移"是很多人成长的主题。而像北大、剑桥这样的学校，更是一个各种社会关系交织的场域。它将来自不同背景的人会聚到一起。人们在互动中，逐渐意识到附着在自己身上的社会结构，比如种族、性别与阶层。

这些标签对个体生活有影响，但它们并不足以定义一个人。那些通行的、看待世界的方式以及我们所使用的理论，并不是亘古不变的真理。它们本身也嵌入进了变化的、充斥着权力结构的社会系统中。

就连我们对自己的认识、我们自己看起来私密的生活，都与广泛的社会关系存在隐秘的联系。我们选择与谁交往，进行怎样的工作，甚至是穿什么样的衣服、晚饭吃什么，这些问题的答案背后都有社会的影子。

当个体进入不同的环境时，则也进入了不同的社会关系。即便这些社会关系会以个体为节点而产生联结，但个体的生活也往往会经历或大或小的变迁。以研究现代性闻名的英国社会学家安东尼·吉登斯（Antony Giddens）在《现代性与自我认同》一书中说，后现代的存在性问题，原因在于个体缺乏有关生平连贯性的前后一致感。时间经验的间断性使得连续性的"叙事"无法形成。①

但人类学家项飚老师为年轻人提出了一种获得连续性叙事的可能方式——把自己作为方法。② 通过自己的感知，来讲述并且理解自己及"小世界"（即跟周边的人、生活相关的世界）的复杂性；给自己赋能，

---

① Antony Giddens, *Modernity and Self-identity: Self and Society in the Late Modern Age* (Cambridge: Polity, 1997), p. 53.

② 项飚、吴琦：《把自己作为方法》，上海文艺出版社，2020。

通过对自己生命发展进程的系统反思，来把自己和更广阔的世界联系在一起。看到世界的复杂性，也看到自己与他人身上的能动性，再用这种共情式的理解，用实际行动做出改变。

此篇文章也是我“把自己作为方法”的尝试。作为一名在外求学的中国学生，在剑桥日常的生活中、在与英国社会的互动中，我发觉，看似个人化的生活、学习、恋爱、交友经验之中，常常有以种族、阶层等为名的结构性因素。这些结构意指社会中通过人们的互动而形成的相对稳定的制度安排，它们由人们塑造，也约束着个人的行动，并将人与人隐形区隔开来。流动看起来顺畅，但平静的湖水下实际上暗流或逆流涌动。人在其中，往往不觉流水。

记述或许是认识流水的一种途径。本文的素材大多来自剑桥校内一个类似于树洞的匿名社交网络 Camfess，以及我在剑桥的实际观察与体会。以期通过对身边事物的描述，来更好地认识自我与社会。

一、“黄皮肤，白面具”

2020 年冬天，我在 Camfess 上看到一个帖子：“作为一个成长于西方的东亚男性，我在成长过程中面临着诸多社会的污名：比如，亚洲人是书呆子，不要和亚洲人约会，他们永远不会好看，他们又矮又古怪等。我曾经以为，只要我像白人男性一样处事，我就不会被污名化。然而，即使花了大量的精力在健身和其他课外活动上（烹饪、烘焙、划船、钢琴、法语等），多年以来，即使是在我上剑桥后，我仍然被所有的社会群体疏远。我很热衷于社交，也很有自信，我的笑话总是让人发笑，我没有英语沟通障碍。然而，当我试图约女孩出去时，她要么无视我的信息，要么直接回‘我不和亚洲人约会’。上次我和一位白人女性第一次约会，我们聊了一整夜。我们相谈甚欢，发现我们有很多共同的话题和兴趣。

但在约会的最后，她说，‘虽然我们进展得很顺利，但如果我不想继续了，你会感到受伤吗?’我问她是不是因为我是亚洲人。她老实地回答，‘是的。不是因为我不喜欢亚洲人，只是我从小到大身边都没有亚洲人’。听到此处，我礼貌地和她道别，转头便流下了眼泪。在那个不眠之夜，我一直怨恨自己，怨恨我的种族，怨恨我的肤色，怨恨我的发色，怨恨我作为一个亚洲人的一切。我不是说不和亚洲人约会就是种族歧视。由于主流媒体给亚裔贴上了诸多恐怖的标签，（因此）无论我多么努力地学习，如何表现，以及看起来像一个白人，我总是会被贴上亚裔的标签，并被疏远。我现在被可怕的自我怨恨所控制。我讨厌看见自己或听自己的声音。现在连念我的名字都让我害怕。”

亚裔男性在约会市场上的不受欢迎，不仅出现在英国，也普遍存在于美国。比如，在 2018 年出版的一篇论文中，作者就指出，即便亚裔（泛指东亚黄种人）在美国在很长一段时间内都被标榜为“模范少数民族”，他们受教育水平以及经济地位都相对较高，但亚裔男性在婚恋市场上并不占优势。因为他们被认为缺乏男子汉气概，不懂生活情调。① 多项研究与社会评论将这种认知的原因归结为大众传媒——影视作品中有关亚裔男性的正面形象实在太少。

在《黑皮肤，白面具》一书中，后殖民理论的代表人物法国作家法农（Frantz Fanon）曾从精神分析和文学角度来论述，基于肤色的感知与区分是如何形成的：“在安的列斯，影响人们如何选择爱人的文句、格言、短语特别多。重点是不要再次沉沦到黑色中，因此，所有安的列斯女人在调情或交往时，都尽力选择一个比较不黑的人。”② 社会中盛行的公共话语与集体认知，形塑着人们对于爱情与亲密关系的想象。以

① Grace Kao, Kelly Stamper Balistreri and Kara Joyner, “Asian American Men in Romantic Dating Markets,” *Contexts* 17, no. 4 (2018): 48-53.

② Frantz Fanon, *Black Skin, White Masks*, trans. Constance Farrington (London: Pluto, 1967), pp. 41-62.

Camfess 中出现的这位白人女性为例，如她所述，在她的成长过程中，她没有遇到过亚裔。因此在切身层面上，她对于亚裔并无感知。或许在“少女心事”中，男主角从来不会是黄皮肤的人。她对于亚裔的认知/无认知很大程度上都基于大众媒体。但大众媒体所传输的信息背后存在着话语权的博弈，其传递的意识形态很有可能是带有偏见的。

大众媒体如何定义交友过程中的吸引力？审美又是如何具有了种族/地区属性的？当今学界极具影响力的美国哲学家、身份研究学者巴特勒（Judith Butler）在 20 世纪提出了性别表演理论（gender performance）。延续法国社会理论家福柯（Michel Foucault）的传统，她认为性别的范畴在一开始就是具有规范性的。人并非完全通过自己的主观能动性塑造自身，而往往是去重复表演社会上已经存在并受到广泛认可的刻板印象。在某种意义上，社会性别是一种表演，我们需要去按照既有的剧本行事，否则就会被视为异端。这种表演性不仅表现在性别上，还可以应用到更为广泛的对身份问题的分析上。

从发稿男生的角度来看，他的“自我厌恶”在某种程度上来源于社会中对于肤色的隐性强调与区隔。“白人”是成长的标杆，“白人”是行事的模范，“白人”的世界才是文明的世界。非白人则需要不断学习白人的习惯，塑造以白人为中心的主体性。但矛盾的是，即便他努力将自己“塑造”为一位“白人”，但肤色还是作为一道直接的门槛将他阻拦在外。

性别因素使得这种基于肤色的区隔变得更为复杂。亚裔男性在西方婚恋市场上可能并不受欢迎，但亚裔女性的情况恰好相反。“Asian Fetish”（对于亚裔的狂热）即描述了一种白人男性追求亚裔女性的风向。但这种追求往往是病态的：女性在这个过程中并未被当作一个人来尊重，而是被物化、性化。菲律宾裔美国电影制片人和文化学者席琳·帕雷尼亚斯·清水（Celine Parreñas Shimizu）指出，这种对亚裔女性的狂热浪潮出现于美国参与了亚洲的战争之后。相应的影视和艺术品将亚洲女性类化成性感但温顺的形象。亚裔女性成为白人男性的东方想象。①

种族与性别的交织，使得吸引力、婚姻与恋爱变得并非如童话中纯洁。感情世界往往不是一维的，而是多面的、复杂的、矛盾的。爱、关系乃至家庭成为各种社会等级观念以及文化规则的交会点，进而成为一个具有矛盾等级关系的复杂体。

二、“冒名者综合征”

剑桥之美，常让人误以为自己进入了《哈利·波特》中的霍格沃茨城堡。但很多人会觉得自己是魔法世界里的麻瓜。

在入读剑桥前，我对剑桥生活想象是：穿着黑色长袍的学生们步履匆匆地穿过霍格沃茨式的建筑，在中世纪起即存在的学院大厅里吃晚宴。来自不同学科的学生和教授，在刀叉和盘子的轻微撞击声中、在幽暗的蜡烛灯光下，激烈讨论柏拉图、尼采、牛顿或维特根斯坦；又或是上完课的学生们，结伴泛舟于康河之上，窄窄的小船在摇曳的水草之上漂浮。

但真正来到剑桥，还没来得及穿上特制的长袍来感受我想象中的图景，我就发现难以把自己放置进这些美好的想象中。

我在剑桥学到的第一个新单词是“冒名者综合征”（imposter syndrome）。《韦氏词典》给出的解释是：一种持续性对自己的能力或成就产生怀疑的心理状态，同时伴随着对自己的“成就”被人认为是名不副实的担忧。随后，“冒名者综合征”这个词高频地出现在我的生活里。系里的新生周专门用一节课的时间来教我们如何去应对“冒名者综合征”；学校的网络树洞上，这个词也高频次地出现。

不管是学校，还是学生当中，都意识到了这种普遍的心理状态：总

---

① Celine Parreñas Shimizu, *The Hypersexuality of Race: Performing Asian/American Women on Screen and Scene* (North Carolina, Durham: Duke University Press, 2007).

认为自己不足够，觉得自己需要有一些特定的品质或技能，才能配得上“剑桥”的名字。

这些特定的品质和技能，不仅来源于学术上的认可，还来自剑桥通行的一套潜在行为规范。比如，能够掌握泛舟康河的技术，懂得如何去社交，知道特定的行为礼仪。

Camfess 上有这样一条高赞发言：“剑桥让我觉得自己很蠢。不是智商上的蠢，在课堂上我能够获得很好的成绩；但在与人们的聊天中，我觉得自己与这里格格不入。别人可以对一些哲学家、作家甚至歌手展开深入的探讨，而我甚至都不知道他们的存在。甚至关于政治之类的话题，一些我原以为我很了解的领域，这里的聊天都完全超出了我的理解范围。我觉得我错过了一些东西，一些这里的其他人好像都有但我却不知道的东西。”

或明显或隐性的，剑桥存在着一套被广泛认同与实践的行为方式。符合这套规范的人可以在社交场合游刃有余。对这套规范不甚熟悉的人，则可能会觉得自己在此处格格不入。这套方式并不单单产生于剑桥本身，而来自更广泛的教育体系与社会结构。

处于这套逻辑中的家庭与教育单位，在孩子很小的时候就被告知，在社交场合应该如何举杯、谈论什么话题。我曾经与我们学院一位从伦敦的一所普通公立中学考进剑桥的学姐聊起学院晚宴这种社交场合。她说她在上大学前从来没有过这种经历，但当她本科有一次去伦敦参加一个律师会议，发现会议的晚餐布置和流程与三一学院简直一模一样，而且那些西装革履的社会精英，有很大一部分也毕业于牛津和剑桥。这种场合，对于学姐来说可能比较新鲜，对于另一些人来说却习以为常。比如，另一位隔壁圣约翰学院、中学毕业于私立学校的英国同学，对此倒是见怪不怪：“我们家人聚餐的时候也会这么穿/喝。”

三、高等教育中的社会区隔

法国当代社会学家布迪厄（Pierre Bourdieu）通过研究高等教育，提出了著名的社会区隔理论。社会中流动的不仅有以金钱为代表的经济资本，还有文化资本和社会资本——这些资本更为隐性而不可查，但在区分群体界限上起到了重要作用。这些隐性的区分也渗透到了教育场域。教育不一定促进社会平等，反倒可能会固化群体间的区别。

那不属于这套模式中的人，当他们进入了像剑桥这样的高等教育机构，会面临怎样的处境呢？

在《回归故里》一书中，法国当代社会学家迪迪埃·埃里蓬（Didier Eribon）真诚而深刻地书写了他作为工人阶层的后代，在进入高等教育系统后，自己的身份挣扎：优秀不仅仅是学业意义上，更是社会意义上的。学校所要求的自处方式，与自己长大的环境中所获得的方式不兼容。为了达到自洽，在埃里蓬的前半生中，他选择拥抱学校教育，而与自己的故地一点点分离，甚至完全逃离。①

这种对超越自己出身的渴望，以及拥抱更高质量、更美好生活的渴望，对中国留学生来说并不陌生。

项飚老师曾在《把自己作为方法》一书中，评论当代中国青年为缺乏“在地感”的一代。从小我们就被告知，也自我内化——应该要朝远处看、要出人头地、不要拘泥于自己的社区里。自己身边的世界不足为道，值得向往的在远方。而当我们真正来到了“远方”，来到了小时候憧憬的校园，却可能会发现，流动并未保证包容与多元，反而带来了困惑与不解。每个体系中的人有着自己笃定的信仰和自己熟识的习惯。

① Didier Eribon, *Returning to Reims* (London: Penguin, 2018).

穿梭于其中的人，不一定能够找到自己的位置，而是在不断戴起不同的面具。

当代中国的年轻人有不少可能难以把自己周遭的事物描绘清楚。但除了朝远处看的期盼外，“没有在地感”，不仅是因为年轻人对于自己的生活世界丧失兴趣，还有可能是因为人们缺乏足够的语言来感知并描绘现实，进而把自己的生活投射在了单一价值观的想象里。

以剑桥的“冒名者”为例，当他们体会到剑桥的生活和自己熟悉的生活大相径庭，当他们自己内化了一种所谓“精英”的行为标准，那他们曾经的生活经验，是否还有用处？是否会成为他们“成功”路上的阻碍？“冒名者”，往往意味着对于自己话语体系的否定，以及对一套外在的看起来更具有优势话语的接受。

就我自己而言，我对于剑桥这一套仪式的情感是十分矛盾的。比如，穿正装参加晚宴，在很大程度上满足了我从小对于剑桥的想象。我曾经向往成为他们的一员。但当我真正来到了这里，当我意识到了仪式背后的社会分化，我再也不能心安理得地去接纳或内化这一套仪式。

但我也知道，存在即有其合理性。或许这些仪式的存在也让剑桥给人带来独特的体验。所有的一切加起来塑造了一个剑桥泡泡。或许每个人都活在自己的泡泡里，戳穿这些泡泡后的世界并不一定会变得更“美”。

我在剑桥的朋友常常戏谑地说，我们是喝着香槟的社会主义者——一群住在舒适的公寓里的学生，一边喝着香槟，一边讨论着世界的差别与“结构性不公”。这个十足的自嘲，体现着作为个体的矛盾、虚荣与无奈：一方面我们享受着优质的教育，借此以去探讨世界、历史和社会；另一方面又觉得，在“结构”面前，个体势单力薄。

所幸的是，越来越多的人意识到了自己身边的隐性区隔。剑桥从20世纪开始逐渐招收女性学生，国际学生与职工的数量也在增加。人的流动带来了社会关系的交会。人们逐渐意识到学校也可能强化社会分层；既有的规范虽然有其历史原因和现实合理性，但即便是穿衣、说话、举止、行为等看起来再私人不过的事情，其背后也会带有社会结构的影子。

就学校而言，系统性的反思带来的是招生上的变化。学院会设立专门的奖学金项目，向出身于较低社会阶层的学生倾斜。学校层面会组织一些研讨会，号召教职工来讨论如何实现更加公平和包容的教育。在学生群体中，大家也广泛地讨论着“冒名者综合征”，来帮彼此较为客观地看待各自的生活经历，让大家不为自己的来路感到羞耻或骄傲，而是尽量去友善包容彼此的不同。我们不需要去割断自己与“故里”的关系，而可以把这些独特的经验带到学校，以此来加深大家对于世界复杂性的理解。

虽然暂时很难直接参与政策制定和执行，但我和我的朋友们决定：在享受晚宴和朋友陪伴的同时，要多对服务我们的人（食堂工作人员以及宿舍清洁人员等）表示感谢，并多去了解他们的人生；在自己的研究中，尽量多地去关注一些“非精英”的、多元的声音；可以学习品尝“香槟”，但也不要忘了“二锅头”的滋味。

四、流动世界的生活叙事

流动让变化成为可能。但流动不一定带来开放，而有可能会深化差异。虽然互联网上有诸多信息，但信息的传递也有圈层。我们极易获得特定的观念和认知，但这种认知多停留在信息层面，而非切身体会。稍有不慎就会人云亦云，陷入他人观点的附庸中。

但或许讲述、理解和解释自己的经历本身，就是寻求改变的第一步。就像法国现象学哲学家梅洛-庞蒂所认为的，时空不是抽象的，而是我们借以生存的实体。① 若要找回自我，需要从体验的本源出发，挖掘经验，进而理解现实。

作为人类学家的项老师提出“把自己作为方法”——把个体经验问题化，去探索经验背后的情景、历史、来源与局限。

如何将个体经验问题化？很多时候，问题化的视角来自理论或者社会中广泛传播的话语。理论和话语固然重要，但有时候也会推使个体感受陷入同质的范式，从而阻断多元沟通以及认识世界复杂性的可能。

比如，我虽然在本文中用福柯、巴特勒、法农、布迪厄的理论去认识附着在个体之上的“种族”“阶层”与“性别”因素，但我也认为理论不是认识生活经验的唯一方式。我们如何交友、恋爱、谈吐、为人……其背后都有社会力量的存在。很难说福柯以及巴特勒的理论会将我们的社会审美、性别观念引向何方。毕竟他们自己也意识到，个体没有完全的自由与解放，在打破了附着于我们身上的枷锁之后，我们仍然需要向内探索以确定自己在世界上的定位。

那么我们该如何运用这些理论与话语，但又不被其所束缚呢？或许问题的答案在于生活本身。

个体受结构束缚，但个体也有自己能动性。学习理论可以帮助我们打开思路，认清自己的“选择”的来龙去脉；帮助我们不会因为社会上既存的偏见，让自己陷入自我厌恶，而可以更有意识地选择、发展和展示自己的吸引力。

我们可以在教育中、在生活中拓展思考和表达的工具。这些工具不仅可以来源于书本，也可以来源于我们对于生活本身的感受、体悟与反思。它们可以帮助我们更好地描述自己的经历，意识到问题的存在，发挥自己的主体性。

更重要的是，流动本身就是重要的思考源泉。多元理论和经验的集

---

① Maurice Merleau-Ponty, *Phenomenology of Perception* (Oxford: Taylor and Francis, 2013).

结，乍一看会觉得混乱，细细品来却是回味无穷。世界是复杂与多元的。不论是世界还是我们自身，都存在诸多因素的杂糅。杂糅可能不仅仅体现为融汇和综合，还可能体现为摩擦和矛盾、争论与质疑。但它也是一直伴随我们的，在困惑中认识自己、在差异中和他者寻求共同生活时思考的养料。

经邦与济世

美元何以支撑美国霸权梦?

熊　岚*

如果说美国霸权的兴起是20世纪最重大的历史事件，那么美国霸权的相对衰落就是21世纪最有影响且正在发生的重要事件，它关系着整个世界政治、经济和社会的发展和演变。要深入观察美国霸权的兴衰，首先从支撑其霸权的三大支柱入手，简言之就是军事、美元和文化。有学者将军事称为美国的“硬实力”，将文化称为其“软实力”，那么美元是硬是软呢？应该说，美元兼具软硬实力。作为纸币概念的美元，也被称为“绿钞”（greenback），是全球最典型的货币象征。不夸张地说，地球上的人都认识美元钞票，这在无形中放大美国的形象，投射美国的影响力；作为金融货币概念的美元，是全球接受度、使用度最高的国际货币，在某些国家甚至比本国主权货币还受欢迎。美国一旦动用金融制裁切断某国的美元使用，对该国经济的打击几乎是致命的。此外，美元还支撑美国军事力量和文化输出，可谓是美国霸权支柱的支柱。因此，从作为金融货币的美元视角来观察美国霸权的兴起以及对其霸权地位的护持再合适不过。

首先，本文简要回顾历史，阐述美国是如何打造美元国际地位，从而将金融货币实力转化为金融权力，进而支持其全球战略和霸权；其次，

---

* 熊岚，北京大学国际关系学院博士生，研究方向为货币政治、国际战略、东亚地区秩序等。

从地缘政治视角出发，以美国打造与新加坡特殊金融货币关系为例，说明东南亚如何成为全球美元体系的有力支撑；最后，分析近年来美元出现的相对衰落趋势，以及美国如何利用现有优势布局未来以延缓美国霸权衰落的速度，是为美国利用金融权力来实现对其霸权的维持。金融霸权既是美国霸权的一部分，又是维系和支撑美国霸权的重要工具和手段。真可谓，美国霸权“成”也金融，“败”也金融。

一、从实力到权力：金融货币对国家的赋能

当代西方著名的国际政治理论大师罗伯特·吉尔平曾毫不讳言地指出，美国霸权的基础，是美元在国际货币体系中的作用和美国的核威慑力量扩大到各个盟国，美国基本上是利用美元的国际地位，解决了全球霸权的经济负担。① 从逻辑上讲，如果美国没有实现并维持全球霸权的需求，则不需要美元的国际地位；正是因为有了美元国际地位的基础，才使美国全球霸权成为可能。因此，要弄清美元如何帮助美国实现并维持全球霸权的来龙去脉，必须要回答三个问题：第一，美元何时以及如何成为全球主导货币？第二，美国为巩固美元地位进行了哪些设计和努力？第三，美国如何利用美元国际地位实现全球霸权？

（一）第一次世界大战加速美元取代英镑成为全球主导货币

学界普遍认为，19 世纪 90 年代末开始美国取代英国成为世界第一大经济体，但在 1914 年第一次世界大战开始时，各国央行外汇储备超过一半以上是英国的英镑，彼时美元在国际货币体系中的角色几乎微不足道。

① 罗伯特·吉尔平：《国际关系政治经济学》，杨宇光等译，上海人民出版社，2020，第 3 版，第 126 页。

显然，当时英镑才是主导货币，而英镑主导国际货币体系则要从金本位制讲起。

1816 年，英国通过《金本位制度法案》，以法律形式承认黄金作为货币的本位（或者说“锚”）来发行纸币。1821 年，英国正式实施金本位制，每 1 英镑对应 7.3 克纯金。在金本位制下，各国货币发行量由黄金储备量决定，黄金在国家之间自由流动，调节国际收支平衡。在一战爆发前，英国一直都是全球最大的贸易国且常年顺差，黄金储备充足，英镑成为主要的国际支付手段，发行英镑的英格兰银行成为事实上的“世界央行”。

美元取代英镑的关键在于价值稳定和他者的信心。一战爆发后，英镑的价格一直处于剧烈波动状态。面对战时庞大的战争预算和国内物价的快速上涨，英国政府即使能够暂时稳定英镑的价值，也难以维持其他国家对英镑的信心。1916 年，美国政府支持英国政府提出的英镑与美元挂钩，随着战争结束，美国撤回了对英国的支持，英镑价值开始下降。① 1919 年初，英国曾一度停止了英镑与黄金的兑换，使得英镑进一步贬值，而美国自始至终保持美元与黄金的平价不变。到了 1924 年，美元在各国央行外汇储备中的比例超过英镑，与此同时，国际金融市场上发行的以美元计价的各种商业融资票据则是英镑的两倍。② 美元从 1914 年的无足轻重发展到 1924 年的风头无两，短短 10 年间其国际地位发生了翻天覆地的转变。

然而，美元超越英镑后又迅速衰落，英镑的复兴主要拜英镑区所赐。根据美国货币政治学者巴里·艾肯格林等学者的研究显示，由于 20 世纪 20 年代各国外汇储备数据信息的不完整性，他们只能根据一些欧洲大国的数据进行分析。研究显示，英镑在 20 世纪 30 年代重新获得储备货币的

① 巴里·埃森格林：《嚣张的特权：美元的兴衰和货币的未来》，陈召强译，中信出版社，2011，第 26 页。

② 同上书，第 32 页。

领先地位，挪威、芬兰、瑞典、葡萄牙、爱尔兰、澳大利亚、新西兰等英镑区国家的主要储备货币仍然是英镑，因为他们习惯将储备存在伦敦。惯性在一定程度上影响国际货币的使用。艾肯格林等指出，美国金融市场的发展是美元克服英镑先发优势的主要因素，反过来，英国在全球GDP中所占比例下降是导致英镑份额下跌的最重要因素。①

（二）美元国际地位是美国精心“设计”的“产物”

艾肯格林等学者指出，国际货币体系一直在演变：从金本位制到战争时期的金汇兑本位制，再到布雷顿森林体系，以及后布雷顿森林时代。不可否认的是国际货币主导地位仅发生了一次重大转变，即从英镑转向美元，而这一转变发生的历史背景在许多方面都极为特殊。② 如果不算一战结束后美元短暂超越英镑，美元真正长时期占据国际货币主导地位要从第二次世界大战之后算起。两次世界大战客观上为美元取代英镑创造了特殊的外部环境，但是从根本上而言，美国政府对于美元国际地位的“设计”和操作才是美元登顶的关键因素。

1. 美联储的设立是美元称霸世界的“第一步”

众所周知，美联储是当今事实上的“世界央行”。美联储每一次货币政策的调整，都深刻影响着世界各国。美联储全称为美国联邦储备系统，依据美国国会1913年通过的《联邦储备法案》（*Federal Reserve Act*）而设立，成立初衷是为了避免再次发生类似1907年银行业危机。美联储承担美国中央银行的角色，但是其决议无须美国总统或者国会的批准，美联储不用接受美国国会的拨款，但服从于美国国会的监督。美联储早期采

① 巴里·艾肯格林、阿尔诺·梅尔和利维娅·齐图：《货币变局：洞悉国际强势货币交替》，符荆捷译，机械工业出版社，2019，第107页。

② 同上书，第14页。

取的金融改革措施包括创造贴现和再贴现机制，为美国金融市场提供必需的流动性支持，解除对美国银行设立海外分支机构的限制，授权美国的银行在贸易承兑汇票市场上交易，等等。基于此，美国的银行才有机会创造出以美元计价的金融工具，打造出极具深度、广度和流动性的金融市场。除此之外，美联储最重要的“角色”之一是全球“最后贷款人”。2008 年全球金融危机期间，美元流动性紧缺，美联储与全球 10 余家央行签署货币互换协议，建立起以美元、美联储为核心的全球外汇互换网络。虽然美联储的做法一定程度上缓解了流动性不足的问题，但是美联储是根据他国与美国“亲疏远近”的原则来确定货币互换对象，通常是“救亲不救穷”，部分真正需要帮助的国家往往得不到美联储的援助。依靠美联储，危急时刻美国的权力远远大于国际货币基金组织。国际清算银行（BIS）曾专门发布报告称，美联储全球最后贷款人的角色，将扩大美元在全球的势力范围。①

2. 布雷顿森林体系奠定美元体系的基础

1944 年 7 月 1—21 日，44 个二战同盟国的 730 名代表在美国新新罕布什尔州布雷顿森林镇召开了著名的布雷顿森林会议，该会议基本是依照美国“怀特计划”来讨论的。会议的主要成果如下：（1）成立国际货币基金组织和国际复兴和发展银行（或称为世界银行），来执行战后的重建和发展计划；（2）确立以美元为中心的金汇兑本位制和固定汇率制度，即美元同黄金的兑换比率固定为 35 美元兑换 1 盎司黄金，而各国货币与美元保持固定汇率，其波动幅度上下不得超过 1%。美元成为国际贸易中唯一的交易媒介和结算支付工具。伴随着布雷顿森林体系自身

① “US dollar funding: an international perspective,” BIS, June 2020, access July 14, 2022, https://www.bis.org/publ/cgfs65.pdf.

固有的问题,[①] 美国的黄金储备持续下滑。1971 年 8 月 15 日，尼克松总统宣布关闭“黄金窗口”，停止用美元兑换黄金，用国内著名经济学家李晓教授的话说，这是“美国实现了人类历史上最大的一次违约行动”。[②] 1973 年，各国汇率开始自由浮动，标志着布雷顿森林体系彻底终结。然而，布雷顿森林体系崩溃后，美元依然充当各国的本位货币，不同的是，美国强大的政治、经济、金融和军事实力取代黄金，成为支撑美元的“锚”。

3. 金融自由化、金融机构和金融市场三大方略助力美元

简单而言，美国政府推动执行三大方略巩固美元的国际地位。第一，倡导金融自由化理念。20 世纪 80 年代，美国政府一方面推动对内改革，放松对金融业的限制，比如，废除《格拉斯—斯蒂格尔法》，鼓励金融创新、放松金融管制；另一方面在全球推动新自由主义政策，推动国际资本自由流动，充分发挥市场的调节作用。第二，大力发展美国金融机构及其配套产业。除了银行、保险、基金等金融机构外，美国金融信息提供商市场占有率全球领先，美国的彭博、汤姆森-路透占据全球 70%以上的市场份额。此外，全球三大评级机构（标准普尔、惠誉、穆迪）均是美资企业。美国在全球最主要的金融信息传输平台，与环球银行金融电信协会（SWIFT）等相比，具有极强的话语权。第三，积极构建强大的、与实体产业相脱离的金融市场。据统计，2018 年，金融保险业占美国国内生产总值的 7.4%，超过 1.5 万亿美元。其中，银行业资产 17.9 万亿美元，净收入 2 368 亿美元；资产管理行业资产 28.2 万亿美元，管理着全球退休金市场 60%的资产；保险业 2016 年的净承保保费总额为 1.1 万亿

---

① 即“特里芬难题”，指的是美国以外的国家需要美元作为外汇储备，这必须依靠美国国际收支持续保持逆差对外输出美元，但这样做，势必危及美元信用从而动摇美元作为最主要储备资产的地位；反之，美国若要维持国际收支稳定美元，则其他国家的外汇储备将成问题，造成国际清偿能力不足而影响其国际经济贸易的增长，美元因此处于两难境地。

② 《李晓：美元与大国竞争》，清华大学五道口金融学院，https://zhuanlan.zhihu.com/p/416279141，访问日期：2022 年 7 月 14 日。

美元；风险投资业，美国是全球风投行业的发源地，2017 年风投业投资了 840 亿美元；私募股权业，2017 年美国私募股权投资额超过 5 000 亿美元。① 随着美国经济开始金融化，金融资产交易的总额远远超过传统贸易的总额，金融机构、金融工具和金融市场逐渐成为服务于美国对外政策的工具。

（三）美元国际地位对美国全球霸权的支撑

首先，简要了解一下美元在当今国际货币体系中的地位。下面图 1 是 2020 年欧洲央行统计的国际货币体系简介。其中，全球外汇储备美元份额近 60%，国际债券美元计价占比近 65%，国际贷款美元计价占比约 55%，外汇交易量美元占比约 45%，国际支付货币美元占比超过 40%。除国际支付领域外，美元在其他 4 个主要领域占据绝对主导地位。正是因为当今国际货币体系和国际金融体系对美元使用的依赖，赋予了美国无可比拟的金融权力。而这种隐藏在美元及美元主导的金融体系背后的金融权力成就了美国霸权。

其次，美国的金融权力到底有哪些？从权力属性上大体上分为三类：关系性金融权力、制度性金融权力和结构性金融权力。关系性金融权力指美国利用与他国的金融关系影响他国，具体包括政策施压、金融操控和金融强制等，金融制裁就是金融强制的典型手段。制度性金融权力指的是美国利用国际金融和货币的制度安排实现其战略目标，具体包括利用国际金融组织和规则，例如在国际货币基金组织的投票权。结构性金融权力指的是美国利用美元在国际货币体系和国际金融体系的主导地位实现其战略目标，具体包括汲取财富、延迟调整、转移成本等，典型案例包括美国能长期维持巨额赤字，延迟调整。

---

① "Financial Services Industry," Select USA, accessed May 15, 2022, https://www.trade.gov/selectusa-financial-services-industry.

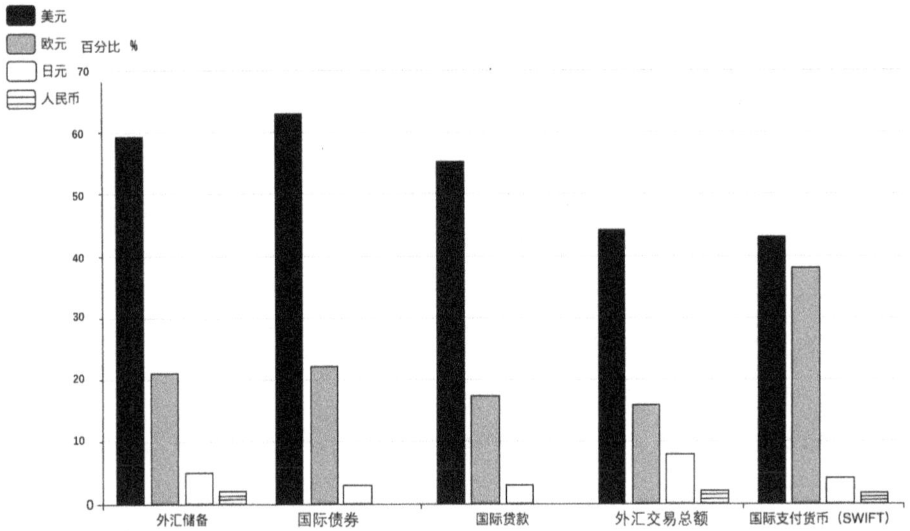

图 1　国际货币体系简介

资料来源：Christine Lagarde, "Foreword," European Central Bank, accessed May 15, 2022, https://www.ecb.europa.eu/pub/ire/html/ecb.ire202106~a058f84c61.en.html。

再次，美国是如何使用金融权力实现其全球霸权的呢？在此以三类典型的金融权力举例说明。第一，关系性金融权力：金融制裁。自认为是世界霸主的美国，看谁不顺眼、谁不听话就要遭殃。美国对意识形态不同、所谓构成其安全威胁的敌对国家实施金融制裁，成为日常外交手段，比如，对古巴、朝鲜、叙利亚、伊朗、阿富汗等。美国对于长期对手俄罗斯更是“穷追不舍”地制裁。2014 年以来，美国因克里米亚并入俄罗斯而对俄罗斯进行数轮金融制裁。2022 年 2 月，乌克兰危机爆发后，美国继续带领西方国家联合对俄罗斯进行史无前例的金融制裁。第二，制度性金融权力：国际货币基金组织的投票权。美国设计了国际货币基金组织的规则，一般事务需要 70%投票权支持才能通过，而重大改革事项则需要 85%以上的支持率才能通过，而美国在国际货币基金组织中占有超过 15%的投票权（目前为 16.52%）。也就是说，美国在国际货币基金组织具有一票否决权，任何重大金融改革如果得不到美国的首肯，都不可能获得通过。第三，结构性金融权力：巨额赤字。美国是世界上最大的债务国，世界上没有第二个国家可以像美国一样承受长期的贸易赤字、财政预算赤字。理论上，赤字国家都需要调整货币政策，从宽松转为紧缩。但是美国却可以将其调整并转移给世界其他国家，通过发行大量美国国债、企业债券等融资，以“安全资产”的名义出售给其他盈余国家。通过债务、美元等方式融资，美国拥有巨大的财力来支撑其高昂的全球军事预算和对外政策目标。用李晓教授的话说，美国改变了世界的金融逻辑，从“债权人逻辑”变成“债务人逻辑”。①

二、由点及面：美国新加坡打造特殊金融货币关系

在简要介绍美元国际地位的兴起，以及美国将美元实力转化为金融权力服务于其全球霸权后，接下来，本文将以美国与新加坡打造特殊金融货币关系为例，阐释地缘政治视角下美国如何使东南亚成为美元体系的有力支撑。毕竟，“美元体系”不是空中楼阁，需要其他国家和地区的配合才能实现。

（一）政治基础是金融货币合作的根基

国与国之间的政治关系稳定是金融合作的先决条件，强国或提供军事保护、或提供资金支持，弱国或争取资源、或对冲风险。美国和新加坡领导人频繁互访标志着两国之间建立起的政治信任，随之产生的战略安全合作是关键。1965 年 8 月 9 日，新加坡脱离马来西亚宣告独立。两天之后，美国国务院发表声明承认新加坡共和国，两国正式建立起外交关系。1966 年，美国在新加坡建立领事馆。1967 年 10 月，李光耀首次以

① 李晓：《美元体系的金融逻辑与权力——中美贸易争端的货币金融背景及其思考》，《国际经济评论》2018 年第 6 期，第 52—71 页。

私人名义访问美国，会见总统林登·约翰逊。1973 年 4 月，李光耀以新加坡总理身份对美国进行第一次国事访问。1985 年 10 月，李光耀再次访问美国，会见总统里根并在美国国会发表演讲。1990 年 11 月，李光耀和美国副总统奎尔签署《1990 年谅解备忘录》（*1990 Memorandum of Understanding*，1990 MOU），为美国空军、海军使用新加坡军事设施提供便利。李显龙主政时期，美新关系更上层楼。2005 年 7 月 12 日，李显龙访美期间与总统布什签订《关于在国防与安全领域建立更紧密伙伴关系的战略框架协议》（*Strategic Framework Agreement for a Closer Cooperation Partnership in Defense and Security*），李显龙称这份协议进一步拓展和深化新美两国的坚实关系。2019 年 9 月 23 日，李显龙与美国总统特朗普签署《1990 年谅解备忘录 2019 年修正议定书》（*The 2019 Protocol of Amendment to the 1990 MOU*），让美军使用新加坡军事设施再延长 15 年。新加坡不是美国的官方盟友，但在安全防务领域严重依赖美国。这种战略安全上的信任是新加坡在金融货币领域追随美国的根基。

（二）贸易、直接投资助力金融货币合作

金融货币在某种意义上是为实体经济、贸易往来提供中介服务的。在美国经济金融化之前，贸易自由化是美国全球战略的重要手段。通过与新加坡开展广泛密切的贸易往来，美国对新加坡的直接投资稳定增长，顺理成章地推动金融货币领域的合作。美国和新加坡的双边自由贸易协定谈判始于 2000 年 11 月。经过为期两年多的磋商，2003 年 5 月 6 日，新加坡总理吴作栋与美国总统布什正式签署《美新自由贸易协定》（*US and Singapore Free Trade Agreement*），这是美国同亚洲国家签署的第一个自贸协定，于 2004 年 1 月生效。当时，美国是新加坡最大的投资者和出口市场，据不完全统计，新加坡出口到美国的市场份额占到新加坡非石油出口总额的 14.8%。新加坡是美国第 11 大贸易伙伴，是美国电子、机械和

仪器产品的最大出口市场，同时，新加坡还在美国进一步拓展东亚市场的过程中发挥“桥头堡”和中转站的作用。美国贸易代表办公室网站最新数据显示，[1] 2020 年，新加坡是美国在东南亚最大的贸易伙伴，是美国在全球第 17 大贸易伙伴，美新双边商品和服务贸易超过 937 亿美元。截至 2020 年，有超过 4 500 家美国公司在新加坡注册，美国是新加坡最大的外国投资者，拥有约 2 708 亿美元的直接投资存量，比 2019 年增长 3.9%。同时，新加坡也是对美国直接投资的主要国家之一，目前约有 273 亿美元的存量。[2] 美新之间紧密的贸易投资往来为新加坡成为美国金融货币体系的重要伙伴创造了条件。

（三）金融自由化是引领美新紧密合作的关键

二战结束，美国成为世界霸主，重要的原因之一是美国发现全球货币体系和全球金融秩序才是世界经济的核心。随着美国自身经济走上金融化的道路，美国在推动经济全球化的同时推动金融全球化，使主要国家向美国金融资本打开自己的金融市场，放松资本管制。无疑，新加坡也在这些国家之列。早在 1968 年，新加坡政府便允许美国银行（美洲银行）的新加坡分行为非居民提供外汇交易及资金借贷业务。打造亚洲美元市场是新加坡成为全球金融中心的重要一步。1998 年新加坡的外汇业务仅次于伦敦、纽约和东京外汇市场。在美新自贸协定谈判涉及的众多议题中，开放资本账户是美方最核心的诉求，也是新加坡最后同意的条款。经过数轮谈判，新加坡金融管理局（以下简称“新加坡金管局”）最终同意美方的要求，并在达成协议的新闻稿中表示，两国关于资本自由流动的协议，一方面保持新加坡的行动自由，以便在发生经济危机时

---

① “Singapore,” Office of the United States Trade Representative, accessed May 15, 2022, https://ustr.gov/countries-regions/southeast-asia-pacific/singapore.

② Ibid.

采取适当措施，另一方面也保护了美国投资者的权利。① 北京航空航天大学教授王湘穗指出，金融化是美国通过其综合国力、美元体系的世界地位和股票、债券市场规模，完成美国金融体系对其他国家金融体系的支配过程，金融全球化也是一个逐步突破主权国家框架的历史进程。② 对于国土面积、人口资源有限的小国新加坡而言，走上金融强国之路不失为一个好的选择。在美国的扶持下，新加坡成为东南亚最大的金融中心，自然也成为美国金融资本进入东南亚的门户。

（四）危机救助突显美新特殊关系

俗话说雪中送炭显真情。在危机时刻，美国第一时间向新加坡“伸出援手”，货币互换是主要工具。第一次危机，2008 年美国金融危机波及全球，美元国际流动性的短缺成为严重问题，美联储作为“最后贷款人”的角色发挥到“淋漓尽致”。2007—2008 年，美联储通过与 14 个国家和欧盟的中央银行建立“临时互惠货币安排”，通过货币互换协议输出美元换回外币。新加坡连同巴西、墨西哥和韩国是 2008 年 10 月最后一批签署货币互换协定的，金额为 300 亿美元。③ 有学者认为，美国拉拢新加坡是为了危机后国际货币金融改革主导权的需要，因为新加坡不仅是二十国集团成员，还是金融稳定论坛新兴经济体成员。但在笔者看来，新加坡是美国全球金融货币版图上辐射东南亚的支点，支援新加坡能够缓解东南亚美元流动性的压力，美国一定会帮助新加坡。第二次危机，2020 年新冠肺炎疫情在全球暴发，疫情造成的不确定性对全球美元资金市场造

---

① “Singapore and US Reach Agreement on the Issue of Free Transfer of Capital,” Organization of American States, accessed May 15, 2022, http://www.sice.oas.org/TPD/USA_SGP/Negotiations/CapTransfers2003_e.pdf.

② 王湘穗：《币缘论——货币政治的演化》，中信出版社，2017，第 290 页。

③ “U.S. Fed launches four new currency swap lines,” Reuters, accessed July 15, 2022, https://www.reuters.com/article/financial-fed-swaps-idUSN2958009320081029.

成极大压力，3 月，美联储与 9 家中央银行建立临时互换安排，缓解流动性压力。其中，美联储与新加坡金管局互换规模达到 600 亿美元，为 2008 年的一倍。2021 年 12 月 31 日，新加坡金管局美元融资机制（MAS US Dollar Facility）到期，新加坡金管局与美联储的 600 亿美元临时互换安排也在同一天到期。① 新加坡金管局表示，美元融资机制共产生 91 笔交易，向本地、区域和国际银行提供了 246 亿美元，帮助新加坡和地区在危机中提供跨境美元融资。自 2020 年 7 月以来，该机制使用量大幅下降，鉴于全球美元资金状况有所改善，美联储将让临时互换额度到期，新加坡金管局也将中止该融资机制的运作。危机状态下，美新之间的特殊关系显而易见。近年来，东南亚国家试图摆脱对美元的过度依赖，不少国家在加强区域内本币结算的合作，但新加坡的积极性并不高，也未参与印度尼西亚、泰国、马来西亚、菲律宾 4 国央行签署的《本币结算框架系列协议》，可见“去美元化”并不符合新加坡的核心利益。

（五）与时俱进抓住热点问题

2017 年以来，中美全面战略竞争态势加剧，美国不忘时时提醒、拉拢新加坡以对抗中国影响。网络安全是新兴领域，美国迅速抓住机会借着网络安全的名义巩固美新金融关系。2021 年 8 月 23 日，美国副总统哈里斯访问新加坡时，宣布美国和新加坡达成 3 项协议，扩大合作范围，具体包括加强美国网络安全和基础设施安全局（CISA）和新加坡网络安全局（CSA）的网络安全合作，加强金融机构、国防领域的网络安全合

① “MAS USD Facility to Expire on 31 December 2021,” Monetary Authority of Singapore, 2021, accessed May 15, 2022, https://www.mas.gov.sg/news/media-releases/2021/mas-usd-facility-to-expire-on-31-december-2021.

作。在金融机构网络安全合作的官方新闻稿中，[①] 美国财政部长耶伦表示，“美国和新加坡有着长期的双边伙伴关系。在相互关联的世界中，美国财政部和新加坡金管局有着共同的目标，即在每个国家的经济和金融系统中保持实力和稳定，以及业务和网络的弹性。网络安全合作协议将有助于提高两国的金融系统的网络复原力”。新加坡金管局董事总经理梅农（Ravi Menon）补充，“该协议有助于巩固两个机构之间已经是强大而富有成效的伙伴关系”。新加坡是东南亚金融中心，美国财政部和新加坡金管局之间的网络安全合作必然涉及数据共享和监测，这为美国进一步掌握东南亚金融交易、资金支付等情况提供便利。

总之，美洲地区有美元，欧洲地区有欧元，而亚洲地区缺乏统一货币充当区域货币，该角色被美元取而代之。这其中既有亚洲国家自身发展阶段的限制和战略选择的因素，更有美国积极布局的影响。

三、无法避免的美元衰落

自从第二次世界大战结束美国登上全球霸主地位后，美国经历过数次“美国衰落论”的考验。从布雷顿森林体系崩溃到美国遭受“9·11”恐怖袭击，再到2007年美国次贷危机引发全球性金融危机。不少学者认为，2008年金融危机是美国开始衰落的分水岭。美国学者乔纳森·科什纳认为，金融危机终结了美国战后秩序，美国的权力和影响力在危机中逐渐减弱，金融危机不仅暴露了美国放松金融监管的弊端，而且使美国经济发展模式在诸多方面失去了合法性。[②] 美国在二战后曾一度占到全球

① *The United States Department of the Treasury and the Monetary Authority of Singapore Finalize a Memorandum of Understanding on Cybersecurity Cooperation*, Monetary Authority of Singapore, accessed May 15, 2022, https://www.mas.gov.sg/news/media-releases/2021/us-treasury-and-mas-finalise-a-memorandum-of-understanding-on-cybersecurity-cooperation.

② 乔纳森·科什纳：《金融危机后的美国权力》，江涛、白云真译，上海人民出版社，2017。

GDP 的 56%，但随着中国等新兴经济体的逐步崛起，这一比例目前降至 25%左右。[①] 反映在金融货币领域，则是美元在全球储备货币中的占比在持续减少。然而，美国为了保住美元的主导地位仍在积极努力。

（一）美元衰落的种种迹象

2022 年 3 月 24 日，国际货币基金组织发布题为《美元主导地位的隐形侵蚀：积极的多样化者和非传统储备货币的崛起》报告。[②] 报告指出，进入 21 世纪以来，国际储备货币体系发生了一系列变化（见图 2）：首先是美元作为储备货币份额有所下降，从 1999 年的 71%下降至 2021 年的 59%；其次是其他传统储备货币如英镑、欧元和日元的份额并没有增加；最后是人民币和其他小国货币作为储备货币的作用在加强，从 1999 年的 2%左右上升至 2021 年的 10%左右。

国际货币基金组织的报告指出，若干因素导致美元储备份额的下降：其一，美国在全球 GDP 的份额，无论是按市场汇率还是按购买力平价计算，这两个指标在该时期均有所下降。另外，美国在全球贸易中的份额以及全球贸易中以美元开具发票的份额也均有所下降。其二，美元份额的变化有可能由过去几年积累大量储蓄的少数中央银行（如瑞士央行、中国央行）的偏好和行为所驱动。其三，拥有超额储备的中央银行开始进行多元化投资，将部分投资转到收益较高的非传统货币，这也导致美元份额发生变化。除此之外，造成国际货币体系偏离美元的原因还包括美国高额的债务和美国滥用金融制裁等。2022 年 2 月 1 日，美国财政部

---

① 《中美"成绩单"带来的启示》，新华网，2022 年 3 月 2 日，http://www.news.cn/globe/2022-03/02/c_1310483010.htm，访问日期：2022 年 7 月 15 日。

② "The Stealth Erosion of Dollar Dominance: Active Diversifiers and the Rise of Nontraditional Reserve Currencies," International Monetary Fund, March 15, 2022, accessed May 15, 2022, https://www.imf.org/en/Publications/WP/Issues/2022/03/24/The-Stealth-Erosion-of-Dollar-Dominance-Active-Diversifiers-and-the-Rise-of-Nontraditional-515150.

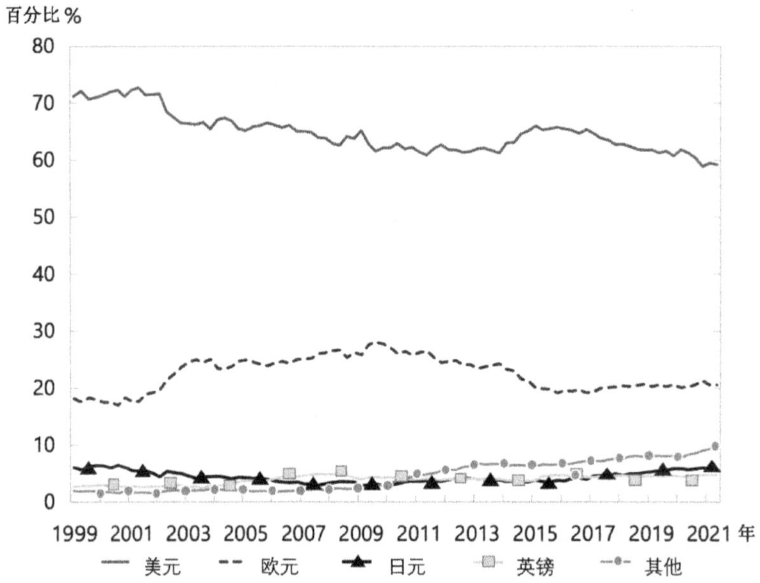

图 2　1999—2021 年全球外汇储备货币构成

资料来源："The Stealth Erosion of Dollar Dominance: Active Diversifiers and the Rise of Nontraditional Reserve Currencies," International Monetary Fund, March 15, 2022, accessed May 15, 2022, https://www.imf.org/en/Publications/WP/Issues/2022/03/24/The-Stealth-Erosion-of-Dollar-Dominance-Active-Diversifiers-and-the-Rise-of-Nontraditional-515150。

报告显示，美国国债总额首次突破 30 万亿美元，创历史新高，庞大的债务问题无疑将影响全球对美元的信心。针对美国滥用金融制裁的问题，美国外交学会高级研究员本·斯泰尔说，这就好比使用抗生素，过度使用就会产生耐药性。他认为，随着美国过度使用金融制裁，受制裁对象将积极寻找美元以外的替代资产，美国的制裁效果将会减弱。彼得森国际经济研究所高级研究员加里·赫夫鲍尔认为，长期来看，美国肆意挥霍造成财政赤字大幅扩张、滥用金融制裁，以及欧元等储备货币地位的提升，都会对美元的现有储备货币地位构成挑战。①

① 引自高攀、许缘、邓仙来：《美不断加码对俄制裁，美元霸权反遭削弱》，新华网，2022 年 3 月 18 日，http://www.news.cn/globe/2022-03/18/c_1310503705.htm，访问日期：2022 年 5 月 15 日。

（二）美国对于美元挑战者的态度和做法

除了美国自身原因对美元造成影响外，外部挑战者也对美元形成竞争压力。美元的挑战者主要分为两类：一类是传统主权货币，包括欧元和人民币；另一类是非主权货币，比如比特币、天秤币等。对于第一类挑战者，美国的态度非常明显：唱衰或漠视。就欧元而言，美国的态度是强调其缺乏统一财政预算的机制缺陷，唱衰欧洲经济发展的长期远景；就人民币而言，美国的态度是静观中国国内的金融改革和对外开放，一方面利用华尔街金融机构布局中国市场谋利，一方面在全球唱衰中国经济。针对中国推动的央行数字货币议程，美国在国际层面采取漠视的态度，刻意回避中国在该领域的先发优势。美国财政部长耶伦近期公开表示，“美元眼下不存在任何有威胁性的竞争，而且在很长一段时间内也不太可能出现”,① 美国官方显然没有把欧元和人民币放在眼里。对于比特币、天秤币等非国家发行的加密货币，美国的态度比较暧昧。一方面，官方利用各种法规政策将其纳入监管体系。比如，纽约州金融服务局对数字货币的业务监管建立了规范框架，发出数字货币业务经营许可证等。另一方面，继续维持美元作为虚拟数字货币交易结算的基础，比如，美国银行业监管机构美国财政部货币监理署（OCC）宣布，允许美国银行可以使用公共区块链和美元稳定币进行结算。就连前几年讨论比较火热的美国社交媒体公司脸书拟发行的天秤币，美国监管机构提出的调整要求之一也是要求其绑定单一货币作为锚，可能性最大的显然是美元。总之，美元的国际地位已经成为美国的核心国家利益，任何对美元地位的威胁都会被视为对美国国家安全的威胁，美国始终是从国家安全的战略

---

① 《耶伦坚称制裁不会动摇美元主导地位，投行热议：背后真相究竟如何?》，新浪财经，https://finance. sina. com. cn/money/forex/forexinfo/2022-03-14/doc-imcwiwss5954792. shtml，访问日期：2022 年 5 月 15 日。

层面来考虑美元地位。

（三）未来的国际货币体系和美国霸权

英国《金融时报》首席经济评论员马丁·沃尔夫 2022 年 3 月 30 日撰文写道，世界将迎来混乱的货币格局，在未来的货币格局中，人民币可能挑战美元地位，但无法取代它，西方与中国两个货币体系可能并行。① 沃尔夫得出这个结论有一个假设，即原则上有四种货币可以替代美元：私人货币（如比特币）；商品货币（如黄金）；一种全球法定货币（如国际货币基金组织的特别提款权）；或者另一个国家的货币（作者称“很明显是中国的人民币”）。当前三种可能性都不大的时候，那么第 4 种的可能性自然就相对较大。结合前文的分析，笔者认为，如果“未来”是遥不可及的未知，那么一切皆有可能。美元、欧元、英镑、日元、人民币、澳元、加元、韩元、卢布等可能“均分天下”，但国际货币基金组织的特别提款权也可能“一统天下”。如果“未来”指的是较长的一段时间，如果一定要给美元找个竞争对手，似乎看好人民币的人比看好欧元的多，那么很可能是美元为代表的西方和人民币代表的非西方两个货币体系并行。如果“未来”指的是中短期，储备货币格局仍可能是“一超多强”的局面，美元份额继续缓慢下降，人民币份额缓慢提升，其他非传统货币也同比例增长。这些情境都是默认现有行为体不改变其战略意图的前提下，除非发生第三次世界大战或者美国经济突然出现崩溃，否则美元国际主导地位还将维持很长的一段时间，这也意味着美国利用美元维护其国际霸权的时间还很长。

21 世纪进入第三个十年，世界整体进入“乱时代”，全球债务高企，通货膨胀飙升，新冠肺炎疫情仍然严峻，地缘政治局势愈加紧张。从第

---

① 马丁·沃尔夫：《世界将迎来混乱的货币格局》，FT 中文网，http://www.ftchinese.com/story/001095696?full=y&archive，访问日期：2022 年 5 月 15 日。

二次世界大战结束算起，美元占据国际货币主导地位已经超过 70 年。从美国的角度看，美元无疑成就了美国的霸权梦，但是对于全球其他国家而言，大家面对的是一个不确定性越来越高的未来。美元“一家独大”的国际地位到底为动荡时期的世界经济提供了“避风港”，还是搅乱时代的一股“龙卷风”？这个问题值得世界上多数国家和组织深思并做出积极的应对。

加密币“发烧”，土耳其经济走向何方？

秦彦洋*

2018年以来，土耳其经济领域困难丛生，但以“比特币”为代表的数字加密货币市场却十分火热——在防止财富贬值、追求高额回报的心态驱使下，许多土耳其人斥资购入价值不菲的加密货币，大胆投身新兴的全球加密货币浪潮。在刺激经济领域活力的同时，加密货币热也给土耳其政府的金融监管带来新挑战。同时，新冠肺炎肆虐、通货膨胀加剧、旅游市场萎缩、民众消费能力下滑等各种问题叠加，使土耳其经济前景充满了不确定性。

一、危机下的交易热

2021年，土耳其里拉对美元汇率下跌约45%，消费品的通货膨胀幅度逼近40%。2021年12月中下旬，里拉对美元汇率甚至出现单个交易日约20%的“历史性暴跌”（参见图1）。国际评级机构和投资者对土耳其里拉的前景感到担忧，“里拉危机”一词频频见诸全球财经媒体报端。在

* 秦彦洋，北京大学区域与国别研究院2020级博士研究生，研究方向为土耳其现当代问题、中东国际政治。

艰难的经济形势下，土耳其人被笼罩在“财富蒸发”的恐惧中，试图寻找可靠的投资渠道以保住手中的财富。不同于以往发生危机时人们的美元、欧元储蓄偏好，受全球数字加密货币飞涨影响，“比特币”等加密货币成为土耳其人“尝鲜”的新选择。

图 1　2017—2022 年土耳其里拉兑换美元价格变化

资料来源：XE, July 18, 2021, https://www.xe.com/currencycharts/?from=TRY&to=USD&view=5Y。

根据专业数据提供商 Chainalysis 于 2021 年发布的全球加密货币趋势报告，2020 年 7 月至 2021 年 6 月，土耳其是中东地区加密货币交易量最高的国家，其交易量增长了约 1 500%，高达 1 324 亿美元。① 土耳其的加密货币交易平台主要有 BtcTurk、Paribu、Koinim、Bitlo、BitTurk 等。世界经济论坛 2021 年 2 月发布的调查报告显示，大约 16%的土耳其人使用或拥有过加密货币，比特币交易量位居世界前列。② 在谷歌搜索引擎的土耳其版本页面，输入加密货币的土耳其语“kripto para”，搜索结果高达 6 120万个；从谷歌趋势网站（Google Trends）频次指数上看，2021 年“kripto para”搜索频次出现大幅增长，并在 4 月达到最高峰（当月土耳

① *The Chainalysis 2021 Geography of Cryptocurrency Report*, Chainalysis, 2021, accessed February 1, 2022, https://go.chainalysis.com/2021-geography-of-crypto.html.

② *Digital Currency Governance Consortium White Paper Series*, World Economic Forum, November 19, 2021, accessed February 1, 2022, https://www3.weforum.org/docs/WEF_Digital_Currency_Governance_Consortium_White_Paper_Series_2021.pdf.

其个别加密货币交易平台发生崩盘事件），之后保持比较高位状态。

土耳其金融市场高度开放，对发达国家的金融创新举措反应敏锐。土耳其谷登国际法务公司（Guden International Law Firm）的一份报告认为，早在比特币出现的第二年即2009年，土耳其的投资者和企业家就迅速介入其中。2013年，土耳其银行业监管局①以新闻稿承认加密货币交易，认为加密货币本身不符合土耳其法律规定的电子货币特征标准，但未推出相应的监管法规，只是将加密货币作为一种金融衍生品来管理。②

近几年，加密货币在土耳其日趋火热并非空穴来风。Chainalysis分析报告认为，土耳其加密货币交易量与里拉兑美元汇率有显著相关性，里拉币值下行会带来加密货币交易量显著增长。③ 2018年之后，土耳其深陷货币贬值泥潭，里拉对世界主要货币的币值缩水约80%（参见图1），比特币等加密货币开始进入土耳其投资者视野。2021年上半年，土耳其里拉出现明显贬值后，加密货币交易量显著增长。加密货币热从专业领域向公众蔓延，“比特币保值”“比特币暴富”成为普通民众茶余饭后讨论的热点。

一些加密货币平台为吸引普通民众的投资，投入大量广告推广费，在各种媒体提高曝光度。比如，大型加密货币交易平台BtcTurk斥巨资成为土耳其足球队参加欧锦赛的最大赞助商之一，甚至足球比赛中场休息的电视广告也在播放加密货币的优点。从公务员到学生，从商人到工人，许多土耳其人相信，“世界正在向数字货币时代转型，加密货币是未来实现财富自由的捷径”。在里拉剧烈波动和贬值的大背景下，由于对本国货币缺乏信心，越来越多的人将资产存入加密货币交易账号，然而在此之前，他们甚至没有金融投资的基本经验。

---

① 即Banking Regulation and Supervision Agency，土耳其语缩写为BDDK。

② Ali Güden, Doğa Girinti, “Legal Status of Cryptocurrencies in Turkey,” Guden International Law Firm, February 1, 2024, https://guden.av.tr/legal-status-cryptocurrencies-turkey/.

③ *The Chainalysis 2021 Geography of Cryptocurrency Report*, Chainalysis, 2021, accessed February 1, 2022, https://go.chainalysis.com/2021-geography-of-crypto.html.

正如《金融时报》在一篇报道中援引加密货币交易员的话："政府不应寻求监管数字资产，而应研究其吸引力的根本原因。为什么人们对加密货币感兴趣？他们为什么要冒这个险？……当没有稳定性时，人们会寻找替代解决方案。"①

二、高风险与迟监管

2021年12月中旬，土耳其股市、债市和汇市出现大幅波动，为防止里拉贬值失控，土耳其央行对居民兑换美元、欧元等外币做出限制。在里拉大幅贬值的趋势下，一部分土耳其民众用钞票做出"投票"，大量购买比特币等加密货币。加密货币平台的交易额之大出乎土耳其政府意料。大笔里拉资金无限制地涌进加密货币平台，兑换为比特币等加密货币，甚至可以实现自由跨境流动，而此时，土耳其政府和监管部门才发现，此前对加密货币交易平台的管理主要采取行政手段，并没有设立针对加密货币的专门性法规，监管措施在加密货币热潮面前如同"牛栏关猫"。

2021年12月危机发生后，土耳其总统埃尔多安随即表示，执政党正义与发展党很快将向议会提交一项加密货币法。土耳其央行行长沙哈普·卡夫奇奥卢当月与外国投资者交谈时表示，他对流入加密货币平台的惊人资金数量"感到不安"，认为这种局面不利于里拉币值稳定，也不利于官方对本国货币系统的控制。世界多数国家的央行都对加密货币高度警惕，认为加密货币具有极大波动性和投机性，必然削弱中央银行货币政策的有效性，数字资产也可能助长洗钱和恐怖主义融资等非法活动。

当年12月25日，土耳其金融业犯罪调查委员会②向交易平台 Biance

① "Turks flock to cryptocurrencies in search of stability," *Financial Times*, January 23, 2022, accessed February 3, 2021, https://www.ft.com/content/02194361-a5b9-4bf0-9147-f36ba7759cf1.

② 即 Financial Crimes Investigation Board，土耳其语缩写为 MASAK。

处以800万里拉（约合70万美元）的高额罚款，理由是该平台在向监管部门提供用户信息时存在违规行为，这也是土耳其政府首次对加密货币平台进行罚款处罚。① 12月29日，土耳其大国民议会举行关于比特币监管问题的讨论，引起土耳其各大媒体跟踪报道。② 尽管这次讨论的内容没有对外发布，但坊间传言，政府将向加密货币交易者征收40%的所得税。尽管执政党正义与发展党的议会党团副主席穆斯塔法·阿里塔什对此予以否认，但无论政策如何落地，围绕加密货币的监管和立法，已经列入土耳其的主要经济议程之一。

据土耳其媒体报道，2022年1月25日，在土耳其正义与发展党中央执行委员会会议上，埃尔多安要求官员加强对加密货币和元宇宙等新兴事务的学习，并从法律监管层面加强跟踪。这是公开报道中埃尔多安首次对加密货币政策做出表态，尽管加密货币交易平台的风险早在2021年上半年就已初露端倪。

2021年4月，土耳其部分加密货币平台出现提现困难，土耳其中央银行和金融业犯罪调查委员会等金融监管部门迅速介入。4月16日，土耳其央行表示，将从4月30日起禁止在商品和服务支付中使用加密货币和加密资产，理由是加密货币的匿名持有制带来了“不可挽回的”损害和重大交易风险。同时，土耳其金融监管部门要求在该国运营的比特币交易平台向政府提供用户账户及资金信息。

这些举措引发投资者对监管政策收紧的担忧，一些资金开始撤出交易平台。4月21日，拥有70万用户的土耳其本土加密货币平台Thodex突然宣布停止交易，其首席执行官法鲁克·厄扎尔携巨款跑路出境。4月

① 参见土耳其阿纳多卢通讯社报道《土耳其首次处罚加密货币资产平台》，原文如下：“Türkiye'de kripto varlık platformlarına yönelik ilk ceza geldi,” Anadolu Agency, December 25, 2021, accessed March 3, 2021, https://www.aa.com.tr/tr/gundem/turkiyede-kripto-varlik-platformlarina-yonelik-ilk-ceza-geldi/2457158。

② 参见土耳其广播电视总台报道《比特币法会带来什么?》，原文如下：“Kripto para yasasında neler olacak?” TRTHaber, Novermber 29, 2021, accessed March 3, https://www.trthaber.com/haber/ekonomi/kripto-para-yasasinda-neler-olacak-640145.html。

23 日，另一家平台 Vebitcoin 也因资金断裂而中断交易。Thodex 和 Vebitcoin 的相继崩盘，造成一大批投资者的财富灰飞烟灭，中小型投资者受到的打击尤其沉重。① 在加密货币热潮中，许多并不具备投资知识的人群涌入，其中以学生、工人等中低收入者占多数。

可见，投资加密货币绝非高枕无忧的保值良方，政府监管的缺失、交易平台的诚信问题以及价格的起伏使投资者承担极高的投资风险。以比特币为例，2021 年 11 月顶峰时币值高达 67 000 美元，2022 年 1 月跌至约 35 000 美元，两个月时间币值接近“腰斩”。但在重重风险之下，土耳其人依然选择投资加密货币，本文认为存在以下两大原因。

一是土耳其里拉中长期的贬值态势。宏观经济形势催生了土耳其人对避险资产的强烈需求。尽管土耳其政府推出一些稳定里拉汇率的应急举措，但中长期来看，里拉缺乏保值升值的政策基础。业界认为，通过适度通货膨胀和本币贬值，进而刺激出口与消费，或成为“新冠肺炎疫情时期”土耳其财经政策的基本方向。犹如 2001 年经济危机和 2018 年货币危机时土耳其人对美元、欧元的渴求，如今加密货币火热也折射出财富保值焦虑。

二是极度宽松的货币政策。在市场流动性过剩等因素影响下，土耳其通货膨胀率屡破新高。如果计算贬值和通胀因素，从土耳其银行借贷的里拉实际资金成本为负。这催生了土耳其民众对投资获利甚至一夜暴富的热情，加密货币的特性恰恰迎合了短线热钱投资的需要。

总之，“比特币热”是土耳其经济的一个缩影，其背后是宽松货币信贷和部分经济行业的“非理性繁荣”，归根结底要从土耳其经济政策上寻找原因。

---

① 参见土耳其《晨报》报道《交易所崩盘与土耳其加密币热》，原文如下：“Collapses of exchanges vs. Turkish crypto boom,” *Daily Sabah*, April 25, 2021, accessed March 3, 2021, https://www.dailysabah.com/business/finance/collapses-of-exchanges-vs-turkish-crypto-boom。

三、“降温药”何在?

土耳其是中东地区数一数二的经济大国，也是二十国集团成员和经济增长速度较快的新兴市场国家。2017 年以来，土耳其经济高通胀、高失业率和经常性账户赤字等问题严重，特别是金融市场数次发生大幅波动，给地区乃至全球金融稳定造成风险。加密货币之所以“高烧不退”，既是投资者风险偏好致使，更反映出土耳其民众对货币币值稳定性的担忧。一跌再跌的货币里拉，一定程度上是土耳其经济模式的必然产物。

回顾历史，正义与发展党 2002 年赢得土耳其大选后，在执政前 10 年获得了巨大的经济成就，土耳其一度成为世界第 16 大经济体，人均国民生产总值也曾标志性地突破 1 万美元,① 被视为中东地区经济发展的模范生。21 世纪之初土耳其经济成就的取得，一方面基于 20 世纪 80 年代起实施的出口导向型发展模式，另一方面也受益于低储蓄、高投资、高外债的积极经济刺激策略。这种模式帮助土耳其以相对短的时间、相对低的损失渡过了 2008 年金融危机后的世界经济不景气。但 2014 年后，美国、欧盟等发达经济体由于自身经济形势逐渐向好，相继退出量化宽松政策，国际宽裕资本随即回流入发达经济体，导致土耳其不得不以更高成本从国际资本市场融资与还贷，其经济的脆弱性充分显露。

经济学家一般认为，在此背景下，土耳其中央银行应该选择加息以抑制通货膨胀、保持币值稳定。但土耳其领导人埃尔多安对央行加息举措持不同意见，主张通过低利率扩大生产和供给，进而平抑物价上涨。由于银行法规定了中央银行的独立性，因此，土耳其政府不能直接干预央行货币政策委员会的利率决策。埃尔多安使用总统权威进行施压，

① 参见世界银行数据，https://data.worldbank.org/country/turkiye。

在演讲中批评央行“保守”的货币政策，甚至多次撤换中央银行行长。埃尔多安认为“高息是万恶之母”，主张以低利率为标志的扩张型货币政策，从而促进土耳其经济增长，被西方媒体称为“埃尔多安经济学”（Erdoğanomics）。①

“埃尔多安经济学”颇具争议。有一种声音认为，低利率政策符合伊斯兰教金融理念，是埃尔多安吸引宗教保守派民众的政治举措。埃尔多安也曾用宗教语言为自己在升息方面的迟疑做辩护。然而，宗教和政治因素不足以解释“埃尔多安经济学”的低利率偏好。从经济学理论看，围绕“埃尔多安经济学”的争议实质是宏观经济调控工具中凯恩斯主义与新费雪主义（Neo-Fisherism）的争议。

凯恩斯主义的经济学理论一般认为，高利率会控制信贷增长、收紧流动性、防止经济局部过热，进而控制通货膨胀。埃尔多安及其幕僚对坚持低利率政策给出经济学依据：一是低利率政策有利于促进投资，增加就业岗位，进而增加消费品供给、平抑物价，最终实现低通胀率；二是埃尔多安相信“新费雪主义”的利率理论，认为抑制通货膨胀需要降低名义利率，而不是提高名义利率；三是埃尔多安希望低利率政策刺激房地产市场发展；四是部分幕僚认为大幅加息可能适得其反。20 世纪 80 年代，面对相似的环境时，正是由于实施了大幅度升息等激进的紧缩政策，阿根廷、巴西等国的经济才会陷入更为严重的衰退之中。

经济学家认为，凯恩斯的理论侧重名义利率而费雪的理论偏重实际利率，凯恩斯的理论强调短期而费雪的理论关注长期，凯恩斯的理论的短期货币非中性与费雪的理论的长期货币中性不直接冲突。② 在质疑土耳其经济前景的声浪中，也有经济学家认为，土耳其采取一种低利率的扩张型财政政策、货币政策，或许能够在短期内避免经济急速下滑。然而，

---

① 英国《经济学人》曾使用英文合成词 Erdoğanomics 概括埃尔多安的经济治理理念。

② 缪延亮：《央行“低利率”困境：当凯恩斯遇见费雪》，《金融博览》2022 年第 2 期。本文引用的凯恩斯理论和费雪理论意思是凯恩斯的理论和费雪的理论。

扩张型的金融政策不能从根本上解决土耳其经济的结构性问题。长远来看，土耳其人克服货币贬值危机、打赢“财富保卫战”，必须跨越中等收入陷阱，保持经济行为的国家自主性，降低对国际资本的依赖，提高关键产业核心竞争力。

非洲法郎机制的来龙去脉

周心培*

非洲法郎机制是世界迄今存续时间最长的区域性货币制度，也是法国维系“法非特殊关系”（Françafrique）的主要金融手段。[①] 它1945年12月正式创设，根据四项原则运行：一是非洲法郎与法国法郎（自2002年以后与欧元）无限制自由兑换，由法国财政部做担保。二是非洲法郎与法国法郎保持固定汇率，其间经两次贬值、两次换币，但基本保持币值稳定。三是非洲法郎区资本自由流通，但限于相应货币区内。西非法郎与中非法郎币值相同，却实行外汇管制，不相互流通。四是成员外汇储备上缴法国管理。最初全部上缴，自1975年起该比例逐步下降，2005年至今为50%。此外，法国还直接参与非洲法郎区央行管理，并保留央行行长任命权与决策否决权。[②] 非洲法郎机制自诞生以来就毁誉参半，褒

* 周心培，复旦大学国际关系与公共事务学院政治学专业（国际政治经济学方向）2022级硕士研究生，研究方向为国际发展与全球治理、撒哈拉以南非洲政治经济。

① 彭姝祎：《从戴高乐到马克龙：法国的非洲政策变化轨迹与内在逻辑》，《西亚非洲》2019年第2期，第89页。“法非特殊关系”常见于法文媒体，一般用作贬义，指代法国与非洲前殖民地之间的新殖民关系。

② 张延良、木泽姆：《非洲法郎区的演进及运行机制》，《西亚非洲》2003年第2期，第50—51页；郭华：《非洲法郎区货币合作路径探析》，《西亚非洲》2007年第2期，第44页；Anne-Marie Gulde and Charalambos G. Tsangarides (eds.), *CFA Franc Zone: Common Currency, Uncommon Challenges* (Washington, D. C.: International Monetary Fund, 2008), p. 30。

贬不一，既有人赞其为“坚实的货币”,① 也有人指其为“货币奴役”（la servitude monétaire）。②

在法国与西非的共同推动下，西非法郎将被新货币“埃科”（Éco）取代。2019 年 12 月，马克龙访问科特迪瓦，签署西非法郎改革法案，这次改革包括的三大变化如下：一是废除西非法郎，西非国家经济共同体（简称“西共体”）统一使用新货币“埃科”；二是法国不再向西非经济货币联盟（简称“西非经货联盟”）派驻代表；三是成员不再上缴 50%的外汇储备给法国，而能自由配置外汇组合。同时，维持两个“不变”：一是“埃科”仍与欧元挂钩，维持固定汇率不变，保持币值稳定；二是法国对西非国家的救援承诺不变，一旦西非出现危机，法国仍将提供紧急支援。③ 受疫情影响，多国未如期达到“埃科”发行标准。鉴于此，2021 年 6 月，西共体首脑峰会宣布“埃科”发行延至 2027 年，路线图已获各国批准。届时，“埃科”将取代非洲法郎及其余 7 国各自的货币，成为西共体 15 国的共同货币。本文系统梳理非洲法郎机制的来龙去脉，致力于回答如下两个问题：其一，应当如何理解非洲法郎机制，法国与西非各从中获得了什么，随着时间推移，该机制发生了哪些变化？其二，西非共同货币未来将何去何从？

---

① 科特迪瓦总统瓦塔拉多次为西非法郎辩护，赞为其“坚实”，稳定经济。参见 « Franc CFA-éco: où en est-on ? » *Le Point Afrique*, le 29 décembre 2020, consulté le 10 novembre 2022, https://www.lepoint.fr/afrique/franc-cfa-ou-en-est-l-afrique-de-l-ouest-29-12-2020-2407405_3826.php。

② 非洲本土经济学家有不少关于“货币奴役”的论述，参见 Kako Nubukpo, et al., *Sortir l'Afrique de la servitude monétaire : à qui profite le franc CFA ?* (Paris : La Dispute, 2016); Joubert Nouafo, *La décolonisation économique de l'Afrique noire française* (Paris : L'Harmattan, 2018) ; Joseph Tchundjang Pouemi, *Monnaie, servitude et liberté : la répression monétaire de l'Afrique* (Ouranos : Éditions Ouranos, 2020)。

③ 齐冠钧：《从西非法郎到 ECO 的转变》，《中国投资》2020 年第 2 期，第 80—81 页；齐建华：《非洲法郎的功能利弊和前景展望》，《中国投资》2021 年第 11 期，第 90—91 页；Désiré Avom, « Zone franc : fin et réincarnation, » *Politique étrangère*, no. 2 (2020) : 115-127。

一、非洲法郎机制：谁受益，谁埋单？

如果单独考虑非洲法郎区，该区域远非最优货币区。然而，本文将法国的担保与背书考虑在内，有关非洲法郎机制的来龙去脉就会变得清晰明了。[①] 事实上，非洲法郎机制与法国的对非战略调整形影相随、密不可分。非洲法郎机制本质上就是“法非特殊关系”在金融领域的表现。在这一货币体系中，法国是主导国，法郎区国家是追随国，双方各取所需。下面，本文考察主导国与追随国分别从非洲法郎机制中获得何种利益及其历史变迁。

（一）对于主导国：从特权区到鸡肋骨

由于带有浓重的殖民印记，“法非特殊关系”向来是国际舆论攻击的靶子。法国常被指责通过法郎机制等手段，持续从非洲攫取大量利益。2019 年 1 月，意大利副总理迪马约因法国对非洲政策而号召欧盟制裁法国。他宣称，没有非洲，法国只能位列世界经济体第 15 名，而非前 6 名。[②] 但早在 2006 年，法国前总统萨科齐访问马里时就扬言：“法国经济上不再需要非洲。”[③] 那么，法郎机制之于法国，到底是营利工具，还是历史包袱？本文从金融与贸易等角度一探究竟。

首先，作为法国货币外交的重要武器，法郎机制无论是 1945 年正式

---

① James Boughton, “The CFA Franc: Zone of Fragile Stability in Africa,” *Finance & Development* 29, no. 4 (1992): 34.

② Ian Taylor, “France à Fric: The CFA Zone in Africa and Neocolonialism,” *Third World Quarterly* 40, no. 6 (2019): 1064.

③ Fanny Pigeaud et Ndongo Samba Sylla, *L'arme invisible de la Françafrique : une histoire du franc CFA* (Paris : La découverte, 2018), p. 141.

设立，还是 1960 年非洲独立之后的存续，都与抗衡美元体系息息相关。[①] 由美国主导的布雷顿森林体系起始于 1945 年，登峰造极于 1958 年，瓦解于 1973 年。法国一贯抨击美元"嚣张的特权"，[②] 并以大量挤兑黄金等方式与之不懈抗争。[③] 据时任法国财长的普利文称，法郎创制是为了"展现慷慨无私"，不把战后法国贫穷、法郎贬值的恶果加给"遥远的女儿"，为非洲设定不同汇率；[④] 而法郎存续则是借助前殖民地体量，缓冲或消解美元对法郎的负面影响的一种方式。齐建华教授形象地指出，法郎体系是"在布雷顿森林体系以外搞了一个以法郎为本位的货币体系小花园"。[⑤] 事实上，布雷顿森林时期（1945—1973 年），固定汇率制度在世界范围内司空见惯，只不过大多数货币与美元挂钩。1960 年以来，随着全球资本市场迅猛发展，固定汇率制度愈显难以为继。当布雷顿森林体系瓦解，世界主要货币均已调整为浮动汇率制，而保留固定汇率制度的发展中国家也纷纷于 80 年代进行调整，提高汇率制度的灵活性。1976 年，发展中国家有 63% 将本国货币与单一货币挂钩，1989 年仅剩 38% 仍如此。[⑥] 布雷顿森林体系瓦解后，对于法国而言，维系法郎机制的成本不断攀升，对抗美元的意义却不复显著。

其次，非洲法郎区是法国重要的原料产地与销售市场，但非洲独立以来双边贸易高开低走，如图 1 所示。从 1960 年至今，法国占其非洲前殖民地的贸易额从近 70%跌至约 10%，其间，贸易差额主要由欧洲其他国

---

① Daniel Bourmaud, "France in Africa: African Politics and French Foreign Policy," *A Journal of Opinion* 23, no. 2 (1995): 60.

② Barry Eichengreen, *Exorbitant Privilege: The Rise and Fall of the Dollar and the Future of the International Monetary System* (Oxford: Oxford University Press, 2011).

③ 乔纳森·科什纳：《货币与强制：国际货币权力的政治经济学》，李巍译，上海人民出版社，2020，第 205—213 页。

④ Fanny Pigeaud et Ndongo Samba Sylla, *L'arme invisible de la Françafrique : une histoire du franc CFA* (Paris : La découverte, 2018), p. 24.

⑤ 齐建华：《非洲法郎的功能利弊和前景展望》，《中国投资》2021 第 11 期，第 90—91 页。

⑥ Jean-Claude Tchatchouang, "The CFA Franc Zone : A Biography," in Célestin Monga and Justin Yifu Lin (eds.), *The Oxford Handbook of Africa and Economics* (Oxford: Oxford University Press, 2015), pp. 120-121.

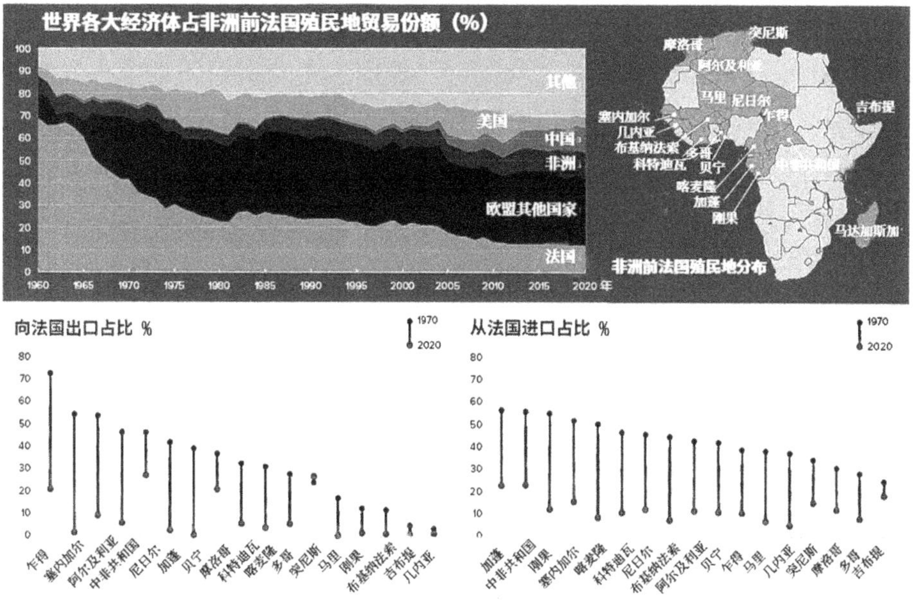

图 1　法国与前殖民地贸易变迁（1960—2020 年）

资料来源："France Will Seek to Regain influence in Africa," *Oxford Analytica*, September 2, 2021, accessed March 15, 2022, https://dailybrief.oxan.com/Analysis/GA263867/France-will-seek-to-regain-influence-in-Africa。

注：吉布提相关数据从 1981 年始。

家取代。2000 年以来，这一区域与中国的贸易额稳步增长，与非洲其他国家的贸易额也有所提升。传统法非贸易之所以降温，一方面是非洲国家有意识地使合作伙伴多样化，提高经济自主性；另一方面是法国企业转向法郎区以外的广袤市场。此外，欧盟统计局数据显示，除却希腊，法国是去工业化最严重的欧盟国家。2019 年，法国制造业占 GDP 份额仅 19.47%，增加值占比仅 8%。① 伴随去工业化进程，法国对非洲许多原料的需求也不断降低。有研究称，货币主导国至少应当占追随国贸易的 50%。作为法郎机制主导国，法国 20 世纪 60 年代满足这一条件，自 70

① Statistical Office of the European Union, *Quality Report on National and Regional Accounts: 2019 Data* (Luxembourg: Publication Office of the European Union, 2020). 使用 2019 年数据是为了排除新冠肺炎疫情影响。

年代起便不再满足。①

不过，尽管双边贸易额占比下降，法郎区于法国经济的重要性仍不容小觑，特别是在战略物资供给方面。如，法国电力生产约80%为核电，而尼日尔的铀是法国核燃料的主要来源。又如，法国航空与军工离不开从法郎区进口锰、铬与磷酸盐等矿产资源。② 此外，由于非洲法郎汇率固定且总被高估，更兼易于兑换与自由转移，活跃在非洲的法国企业能利用货币政策谋取利润，并将利润顺利汇出非洲大陆。在殖民时期，法国企业常以世界通行价格的一半从法郎区进口原料，而以世界通行价格的120%—130%向法郎区出口工业制成品。③ 如今，法国欧安诺集团（前身为阿海珐集团）向尼日尔支付的铀矿开采费用仍然很低，以至于尼日尔被调侃，“铀矿在开采40多年后，盈利还不如本地洋葱出口”。④

事实上，非洲法郎机制之于法国，也曾是“嚣张的特权”。通过这一机制，法国能以本国货币直接从非洲法郎区进口原料，而无须经过美元；并且能轻易化解与法郎区之间贸易长期的不平衡，而无须调整贸易模式或外汇储备。20世纪60年代，法郎还未完全放开兑换，法郎区国家还必须向法国提交年度预算，以申请从法郎区外进口的许可，汽车、冰箱、空调等商品有最高进口限额；成员从法国进口却有最低限额。此外，为

---

① J. Willamson, “Advice on the Choice of an Exchange Rate Policy,” in E. M. Classen (ed.), *Exchange Rate Policies in Developing and Post Socialist Countries* (San Fransisco: International Centre for Economic Growth and ICS Press, 1991), quoted from Jean-Claude Tchatchouang, “The CFA Franc Zone: A Biography,” in Célestin Monga and Justin Yifu Lin (eds.), *The Oxford Handbook of Africa and Economics* (Oxford: Oxford University Press, 2015), p. 124.

② Ian Taylor, “France à Fric: The CFA Zone in Africa and Neocolonialism,” *Third World Quarterly* 40, no. 6 (2019): 1065.

③ Alexander J. Yeats, “Do African Countries Pay More for Imports? Yes,” *The World Bank Economic Review* 4, no. 1 (1990): 1-20; Federico Tadei, “Measuring Extractive Institutions: Colonial Trade and Price Gaps in French Africa,” EHES Working Papers in Economic History, no. 109 (2017), quoted from Fanny Pigeaud et Ndongo Samba Sylla, *L'arme invisible de la Françafrique : une histoire du franc CFA* (Paris : La découverte, 2018), p. 141.

④ « Uranium : Chine et France à fronts renversés, » *Jeune Afrique*, 21 juin 2010, quoted from Fanny Pigeaud et Ndongo Samba Sylla, *L'arme invisible de la Françafrique : une histoire du franc CFA* (Paris : La découverte, 2018), pp. 141-142.

独占“自留地”(pré carré),[①] 法国还曾禁止成员在法郎区外买卖债券、股票或投资。[②] 实证研究表明，在“法非特殊关系”的黄金时期，即1960—1989年，法国向法郎区出口明显多于其他地区，且远多于从法郎区进口。同时，法非贸易相互依赖不对称性被另一个发现所佐证：贸易扭曲在法国缺乏全球竞争力的行业表现得更明显。[③] 还有一项实证研究显示，非洲法郎并不一定刺激法非贸易。[④] 如今，随着法郎机制限制放宽，成员的合作选择趋多，法国继续借该机制攫取利益难度上升，因而希望从中抽身也不难理解。

最后，出于政治利益考虑，法国继续维系法郎机制也不合算。非洲独立后，法国以私人关系网维持“法非特殊关系”。但冷战结束后，非洲在意识形态阵地的重要性下降。[⑤] 同时，非洲独立后第一代法国与非洲领导人相继过世，私人关系网逐渐凋敝。法国援助转变为以民主转型为条件，而扶持“非洲民主样板”成本很高。[⑥] 法国为西非反恐投入数十亿美元，牺牲53名士兵，到头来换得一片嘘声。[⑦] 2021年马里撤军说明，法郎区之于法国愈显“鸡肋”，食之无味，弃之可惜。与之相适应，20

① “自留地”或“自家后院”(pré carré)原指中世纪领主的领地，后指留有特权的行政区。20世纪80年代以来，该词多用于形容法国将非洲视为排他性的势力范围，含讽刺法国对非洲的新殖民主义的意味。

② Kai Koddenbrock and Ndongo Samba Sylla, “Towards a Political Economy of Monetary Dependency: The Case of the CFA Franc in West Africa,” Paris: Max Planck Sciences Po Center on Coping with Instability in Market Societies, MaxPo Discussion Paper, No. 19/2, 2019, p. 15.

③ Emmanuelle Lavallée and Julie Lochard, “The Empire Strikes Back: French-African Trade after Independence,” *Review of International Economics* 27, no. 1 (2018): 17.

④ Christine O. Strong, “Did Mali Benefit from Joining the CFA Zone? An Analysis Using the Synthetic Control Method,” *Review of Development Economics* 25, no. 2 (2021): 931.

⑤ 彭姝祎:《从戴高乐到马克龙：法国的非洲政策变化轨迹与内在逻辑》,《西亚非洲》2019年第2期，第86—87页。

⑥ Clélestin Monga, “African Monetary Unions,” in Célestin Monga and Justin Yifu Lin (eds.), *The Oxford Handbook of Africa and Economics* (Oxford: Oxford University Press, 2015), p. 153.

⑦ “France announces military withdrawal from Mali after nine years,” *The Guardian*, February 17, 2022, accessed July 14, 2022, https://www.theguardian.com/world/2022/feb/17/france-announces-military-withdrawal-from-mali-after-nine-years.

世纪60年代以来，法国占非洲法郎区官方发展援助份额整体呈走低态势，如图2所示。

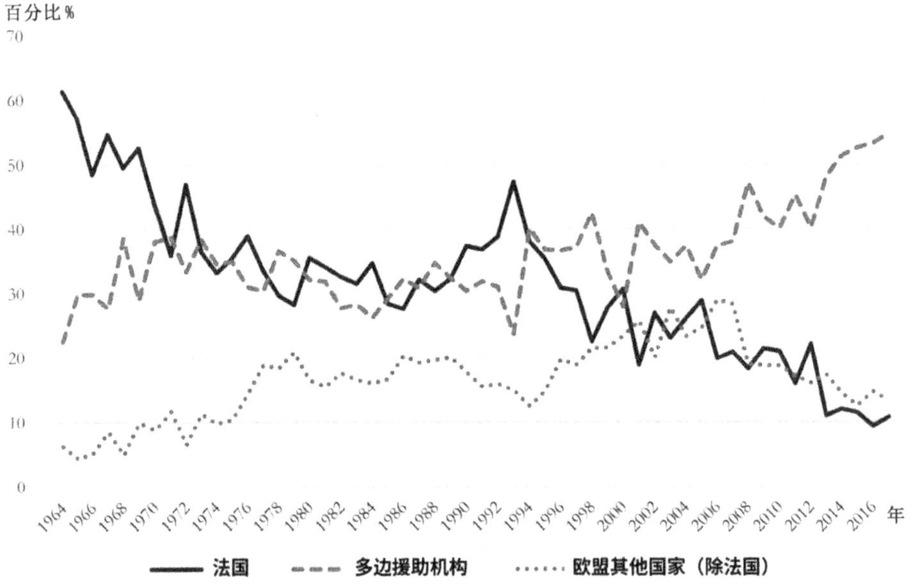

图2　法国占非洲法郎区官方发展援助份额变迁（1964—2016年）

资料来源：James Wilson, "Losing currency? The Shifting Landscape of the CFA Franc Zones," *Third World Quarterly* 42, no. 4 (2021): 742。

注：多边援助机构主要包括联合国发展系统、国际金融机构与区域性援助机构。

（二）对于追随国：从定海针到绊脚石

尽管法国在发行与管理非洲法郎中起主导作用，非洲法郎机制仍是双向互动的产物，接受这一机制是成员自主选择的结果。基欧汉指出："霸权理论不仅要解释主导国决定介入规则制定和执行问题，还应该探究非主导国为何服从主导国领导。"① 多哥经济学家努布波则称，参与法郎

① Robert Keohane, "The Theory of Hegemonic Stability and Changes in International Economic Regimes, 1967-77," in *Change in the International System*, Ole Holsti, et al., eds. (CO: Westview Press, 1980), p. 139.

机制是“自愿奴役”，牺牲货币主权与发展远景为失败的治理兜底。[①] 那么，非洲法郎究竟是治理的“定海针”，还是发展的“绊脚石”？本文着眼经济激励，兼顾非经济激励。

要理解非洲国家为何加入法郎区，首先应理解汇率制度决策背后的国内水平分配与权衡取舍。非洲法郎先后与法国法郎、欧元挂钩，可信度高，灵活度低，扮演强势的“锚货币”。[②] 一方面，成员的外向型资本家能轻而易举从中谋利。与常识相反，尽管信贷融资水平低，西非货币联盟的银行系统却享有世界最高的利润率。这个寡头垄断的银行系统倾向于套利，利用差价赚取零风险利润，而非向中小企业发放信贷。[③] 同时，根据无限制可兑换与自由转移原则，非洲精英享受与本国发展水平不相称的超强国际购买力。2017 年，西非国家中央银行向高层管理人员贷款总额达 528 亿非洲法郎，比同年贷与几内亚比绍企业的总额高出 233 亿。[④] 由此可见，非洲法郎机制实乃非洲精英与法国共谋的结果。另一方面，非洲法郎机制给国内生产商带来压力。法郎区国家尚未实现工业化，依赖附加值较低的原材料出口。如今，出口市场广泛分布在欧盟以外地区，而国际大宗商品贸易则统一以美元计价。欧元币值坚挺，比美元升多降少，如图 3 所示。这势必增加生产成本，加大出口难度。[⑤] 又因非洲

---

① Kako Nubukpo, « Du franc CFA à l'éco en Afrique de l'Ouest, » *Études*, no. 3 (2021): 23.

② 孙红：《非洲法郎机制及其对区域国家经济的影响》，《国际研究参考》2019 年第 3 期，第 14 页。

③ Kai Koddenbrock and Ndongo Samba Sylla, “Towards a Political Economy of Monetary Dependency: The Case of the CFA Franc in West Africa,” Paris: Max Planck Sciences Po Center on Coping with Instability in Market Societies, MaxPo Discussion Paper, No. 19/2, 2019, pp. 16–17.

④ BCEAO (Banque Centrale des États de l'Afrique de l'Ouest), *États financiers de la BCEAO au* 31 *décembre 2017*, février 2018, Dakar : BCEAO, p. 53 ; BCEAO, *Rapport sur les conditions de banque dans l'UEMOA 2017*, juin 2018, Dakar : BCEAO, p. 26, quoted from Kai Koddenbrock and Ndongo Samba Sylla, “Towards a Political Economy of Monetary Dependency: The Case of the CFA Franc in West Africa,” Paris: Max Planck Sciences Po Center on Coping with Instability in Market Societies, MaxPo Discussion Paper, No. 19/2, 2019, pp. 17–18.

⑤ 孙红：《非洲法郎机制及其对区域国家经济的影响》，《国际研究参考》2019 年第 3 期，第 15 页。

法郎购买力虚高，国内消费者也倾向于用外国产品代替本国产品。这两重因素不利于成员发展产业竞争力，而产业竞争力是融入全球产业链的前提。① 可以说，法郎区为扩大购买力而牺牲了竞争力。

图 3　单位欧元兑美元汇率变迁（2000—2020 年）

资料来源："Daily Euro Dollar Exchange Rate (EUR USD)-Historical Chart," Macrotrends, accessed April 20, 2022, https://www.macrotrends.net/2548/euro-dollar-exchange-rate-historical-chart。

相较撒哈拉以南非洲其他国家，非洲法郎区最显著的特点是价格水平稳定（如图 4 所示），但在经济增长方面却并无明显优势（如图 5 所示）。除了科特迪瓦之外，西非法郎区其余 7 国均名列最不发达国家（LDC）。20 世纪 70 年代以来，西非法郎区两大经济巨头（科特迪瓦与塞

① Clélestin Monga, "African Monetary Unions," in Célestin Monga and Justin Yifu Lin (eds.), *The Oxford Handbook of Africa and Economics* (Oxford: Oxford University Press, 2015), p. 153.

内加尔）长期经济表现也远不如西共体的两大经济巨头（尼日利亚与加纳）。[①] 货币机制当然不是影响经济表现的唯一因素，但这至少说明法郎机制并非谋求发展的灵丹妙药。随着非洲独立货币的表现好转，非洲法郎币值稳定的优势持续削弱。加纳等非法郎区国家在 20 世纪 80 年代与 90 年代常常会陷入通货膨胀与货币危机，过去 20 年间却能基本保持货币稳定，如图 6 所示。21 世纪 10 年代通货紧缩时，缺乏灵活性的非洲法郎机制非但未能促进经济增长，反而可能阻碍信贷扩张与金融自主发展，也不利于法郎区公共部门上调工资。[②] 换言之，法郎机制并未有效促进成员经济增长，更何况维系法郎机制的首要收益下降，而机会成本上升，无怪乎非洲要呼吁改革。

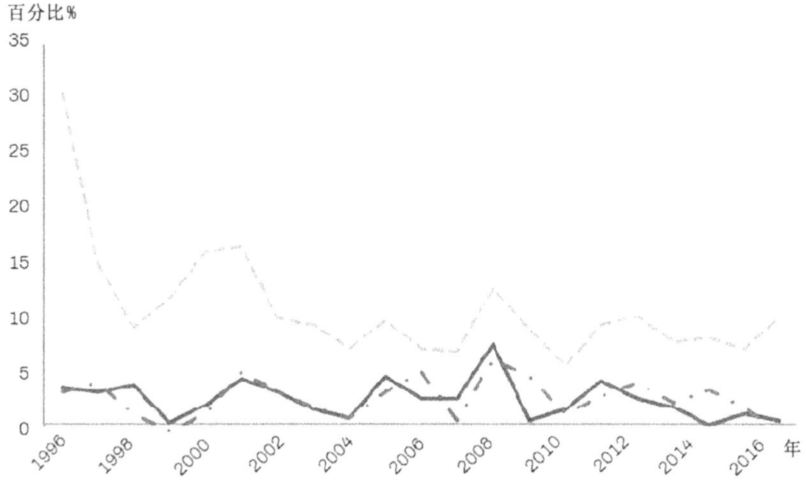

图 4　撒哈拉以南非洲与法郎区通货膨胀比较（1996—2016 年）

资料来源：Patrick Guillaumont et Sylviane Guillaumont Jeanneney, « La Zone franc en perspective, » *Revue d'économie du developpement* 25, no. 2 (2017): 17。

① Kai Koddenbrock and Ndongo Samba Sylla, "Towards a Political Economy of Monetary Dependency: The Case of the CFA Franc in West Africa", Paris: Max Planck Sciences Po Center on Coping with Instability in Market Societies, MaxPo Discussion Paper, No. 19/2, 2019, p. 18.

② James Wilson, "Losing Currency? The Shifting Landscape of the CFA Franc Zones," *Third World Quarterly* 42, no. 4 (2021): 747.

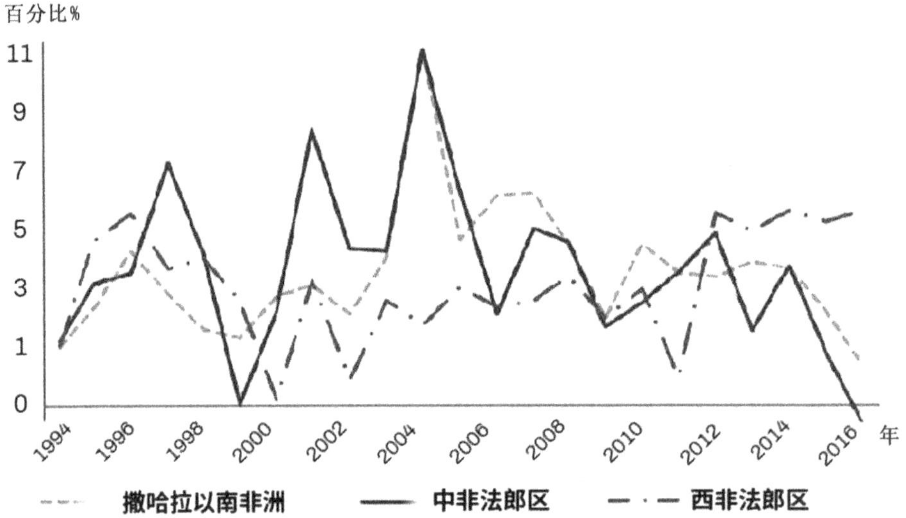

图 5　撒哈拉以南非洲与法郎区经济增长比较（1994—2016 年）

资料来源：Patrick Guillaumont et Sylviane Guillaumont Jeanneney, « La Zone franc en perspective, » *Revue d'économie du développement* 25, no. 2 (2017): 20。

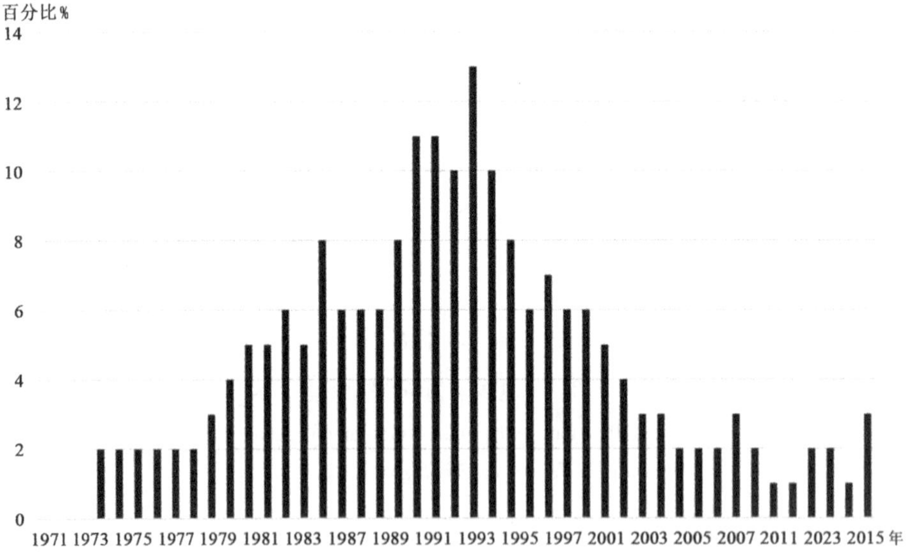

图 6　撒哈拉以南非洲货币危机频率变迁（1974—2015 年）

资料来源：James Wilson, "Losing currency? The Shifting Landscape of the CFA Franc Zones," *Third World Quarterly* 42, no. 4 (2021): 747。

注：货币危机被定义为 12 个月内的通货膨胀率持续超过 40%。

此外，法国的恩威并施也发挥着重要作用。1958 年，法国让前殖民地选择独立后是否留在非洲法郎区。大多数国家希望继续与法国合作。唯有几内亚拒绝加入法郎区，并于 1960 年自主发行货币。几内亚国父杜尔慷慨陈词，掷地有声："宁贫穷于自由，不富足于奴役。"① 作为回应，戴高乐履行先前的警告，停止对几内亚的一切援助，并撤走所有法国专家。尽管能从苏联获得一些替代性支持，几内亚经济仍遭受重创。② 多哥也曾计划发行条件更宽松的"多哥法郎"，但该计划随着其国父奥林匹欧 1963 年遇刺身亡而流产，继任者旋即向法国示好，并迅速加入货币联盟。③ 类似的，在其国父凯塔领导下，马里于 1962 年退出法郎区，却很快陷入国际收支危机、消费品短缺与通货膨胀，被迫于 1984 年回归法郎区。凯塔政府也于 1968 年被推翻，其继任者同样选择亲法路线。④ 可见，非洲法郎区国家独立后之所以选择继续使用非洲法郎，很大程度上是由法国促成的。

最后，非洲货币一体化还有一个特殊的驱动力：泛非主义的内生价值支撑。泛非主义兴起于 19 世纪末，既是一种思想理论，也是一场政治运动。1900 年，第一次泛非会议的召开宣告了泛非主义诞生。泛非主义尊崇强烈的"非洲一体性"，主张追求非洲人民大团结，先推翻殖民主义和种族主义的统治，取得非洲大陆的独立（已基本实现），并希望最终实

---

① Fanny Pigeaud et Ndongo Samba Sylla, *L'arme invisible de la Françafrique : une histoire du franc CFA* (Paris : La découverte, 2018), p. 66.

② James Wilson, "Losing currency? The Shifting Landscape of the CFA Franc Zones," *Third World Quarterly* 42, no. 4 (2021): 738; Fanny Pigeaud et Ndongo Samba Sylla, *L'arme invisible de la Françafrique : une histoire du franc CFA* (Paris : La découverte, 2018), pp. 65–70.

③ Emmanuel Pinto Moreira, "From CFA to ECO: Opportunities and Challenges of Economic and Monetary Cooperation in West Africa," Rabat: Policy Center for the New South, Research Paper, 2021, p. 8; Fanny Pigeaud et Ndongo Samba Sylla, *L'arme invisible de la Françafrique : une histoire du franc CFA* (Paris: La découverte, 2018), pp. 76–80.

④ 乔纳森·科什纳：《货币与强制：国际货币权力的政治经济学》，李巍译，上海人民出版社，2020，第 153—156 页；Fanny Pigeaud et Ndongo Samba Sylla, *L'arme invisible de la Françafrique : une histoire du franc CFA* (Paris : La découverte, 2018), pp. 70–76。

现非洲大陆的统一，进而建立非洲合众国。[①] 刘鸿武教授指出，非洲的一大特点是一体化运动始于前而民族国家成于后。[②] 这就解释了为什么非洲领导人会一面高举泛非主义大旗，对抗法国殖民主义，另一面对货币一体化又怀有特殊情结，接受度普遍较高。[③] “埃科”方案即是摆脱法国而自主推进货币一体化的尝试。

总之，非洲法郎区目前的汇率制度，可以视作三项驱动力共同作用的结果：一是国内水平分配效应，二是法国霸权指挥效应，三是泛非主义思潮影响。

此处小结如表 1 所示。[④] 左栏为受益者与受益方式，右栏为埋单者与埋单方式。前半部分为法非双边关系，后半部分关注法郎区国家内部分配。

表 1　非洲法郎机制“赢家”与“输家”汇总

—	谁受益？	谁埋单？
法非双边关系		
政治影响	法国：维持地缘与全球影响力	法郎区国家：舆论不满与反抗
	法郎区国家：法国扶持与帮助发声	法国：含殖民色彩，成历史包袱
经济效益	法国：低价买入原料，高价出售成品，获取战略物资，但利好下降	法郎区国家：缺乏竞争力，始终处于产业链低端，不利于长远发展
	法郎区国家：汇率、物价均稳定，享受法国优惠待遇，但利好下降	法国：央行运营账户有管理成本，财政部有兜底责任与透支风险

---

① 舒运国：《泛非主义与非洲一体化》，《世界历史》2014 年第 2 期，第 27 页。

② 刘鸿武、杨惠：《非洲一体化历史进程之百年审视及其理论辨析》，《西亚非洲》2015 年第 2 期，第 73—94 页。

③ 泛非主义代表人物有加纳国父恩克鲁玛等，参见 Keith Somerville, *Africa's Long Road since Independence: The Many Histories of a Continent* (London: Hurst & Company, 2015), pp. 31-33; Célestin Monga, “African Monetary Unions: An Obituary,” in Célestin Monga and Justin Yifu Lin (eds.), *The Oxford Handbo of Africa and Economics* (Oxford: Oxford University Press, 2015), p. 133; Joseph Tchundjang Pouemi, *Monnaie, servitude et liberté : la répression monétaire de l'Afrique* (Ouranos : Éditions Ouranos, 2020), pp. 151-158。

④ 参考 Kai Koddenbrock and Ndongo Samba Sylla, “Towards a Political Economy of Monetary Dependency: The Case of the CFA Franc in West Africa,” Paris: Max Planck Sciences Po Center on Coping with Instability in Market Societies, MaxPo Discussion Paper, No. 19/2, 2019, p. 22。

续表

—	谁受益?	谁埋单?
法郎区国家内部分配		
社会阶层	精英：通货膨胀少，货币购买力高；汇率风险低，可无限制自由兑换	底层民众与劳工：通货紧缩，缺乏体面工作机会；工资难获得上调
经济类型	金融经济：寡头垄断，汇率稳定，易套利，但发展畸形，缺乏自主性	实体经济：缺乏银行信贷；出口、销售困难，难以形成国际竞争力

资料来源：笔者自制。

二、西非共同货币：新方案，新挑战?

时过境迁，无论是从法国的角度看，还是从非洲的角度看，非洲法郎机制的存续基础都已明显动摇。① “埃科”共同货币方案推出，预示西非货币一体化进入一个新的关键节点。在这个关键节点上，任何货币制度安排都可能对未来的货币联盟与汇率政策产生持久而深远的影响。不过，要打破路径依赖并不容易。哪怕法非双方都愿意切断这根备受诟病的“脐带”，西非共同货币的方案设计与落地依然艰难，过渡将伴随动荡，稍有不慎就可能“将婴儿与洗澡水一同倒掉”。

（一）目前的进展：从西非法郎到“埃科”

马克龙上台后，努力推动法非关系开启新篇章，推出“埃科”方案即是法国“重返非洲”战略的重要举措之一。一些媒体怀疑，法国这一战略调整目的在于扩张法郎区，吸纳法郎区外的西非国家加入，继续通

① James Wilson, “Losing currency? The Shifting Landscape of the CFA Franc Zones,” *Third World Quarterly* 42, no. 4 (2021): 749.

过货币机制坐拥其利。事实上，考虑到沉重的财政负担，法国不太可能在扩大的西非共同货币区中持续扮演担保人角色。目前，法国维持货币承诺的成本不高。2017 年，2 个法郎区、共 14 个成员的 GDP 总和仅占法国的 7.5%，基础货币总量仅占法国 GDP 的 2%，还不足法国当年财政收入的 5%；[①] 而尼日利亚的 GDP 占法国的 9%，一旦加入，势必引起财政层面的担忧，更遑论从政治层面沟通英语区，说服欧元区。因此，法国真正意图应当是从西非法郎区抽身而去，只不过采取了渐进方式。

通过分析"埃科"方案的内容，本文发现，这次改革象征意义大于实质意义。第一，最表层变化要数货币名称。从带有法国印记的"西非法郎"，到由西共体简称提炼而来的"埃科"，这一改变彰显非洲自主性。不过，西非货币区曾计划采用的货币也名"埃科"，这是否也意味着西非货币区先前欲与西非法郎区并驾齐驱，进而合并的方案不了了之？[②] 西非共同货币区范围由原先的西非经货联盟 8 国扩展到西共体 15 国则将带来艰巨挑战，先不谈西非内部的复杂矛盾，光是各国分别达到货币一体化标准就不容易，[③] 与欧盟缔约也将经过严格的审查。[④] 第二，法国代表退出西非央行的两个机构，使西非央行从组织层面独立。为了法国继续担保，与之相匹配的或是西非方面透明义务，如向法国政府提交必要文件。[⑤] 由于法国与西非的合作协议尚未公布，具体操作方式还不得而知。

---

① OECD tax database, quoted from James Wilson, "Losing currency? The Shifting Landscape of the CFA Franc Zones," *Third World Quarterly* 42, no. 4 (2021): 740.

② James Wilson, "Losing Currency? The Shifting Landscape of the CFA Franc Zones," *Third World Quarterly* 42, no. 4 (2021): 749.

③ 要求成员预算赤字不超过 3%，通货膨胀率低于 10%，债务低于 GDP 的 70%，有初级、二级趋同标准，详见 Emmanuel Tweneboah Senzu, "The Advanced Proposed Architecture of Eco-currency: Technical Analysis of West Africa Single Currency Program," Freetown: Central Bank of Sierra Leone, Policy Paper, 2020, pp. 13-22。

④ 根据《马斯特里赫特条约》第 109 条第 3 款，根据特定多数票决定，详见 Patrick Guillaumont et Sylviane Guillaumont Jeanneney, « Afrique de l'Ouest: la fin du franc CFA, » *Commentaire* 169, no. 1 (2020): 72。

⑤ Patrick Guillaumont et Sylviane Guillaumont Jeanneney, « Afrique de l'Ouest: la fin du franc CFA, » *Commentaire* 169, no. 1 (2020): 71.

第三，法国将取消相关运营账户，退还西非外汇储备。外汇储备的重要作用，不仅在于缓解国际资本冲击，① 还在于增强进口能力。等量的外汇储备对于小国更为珍贵。② 2018 年，法国运营账户持有西非外币储备共 70 亿欧元。③ 一个常见的批评是，法国借这笔外汇储备，补贴政府支出。④ 这一批评或陷入两个误区：其一，外汇储备是存量，而非流量，因此无法补贴法国政府支出；其二，2018 年法国政府支出 13 180 亿欧元，这笔外汇储备仅占 0.5%，微不足道。为平衡外汇储备，法国发行国债，而至 2019 年底，法国 10 年期国债收益率仅 0.12%，远低于运营账户需支付利息。与批评者的看法相反，法国在运营账户与外汇储备方面做出让步的损失很小。⑤

西非共同货币方案成败，关键在于汇率制度与财政制度能否与当地政治经济情况相适应。短期内，西非仍将维持由法国担保、与欧元挂钩的固定汇率制度。科特迪瓦总统瓦塔拉代表西非经货联盟表示，改革有赖于对货币价值的信心，法国外部担保是重要支柱。⑥ 由于未能切断货币挂钩制度，法国与西非之间的货币依赖不对称性依然如故，这次改革被批评为“换汤不换药”。不过，汇率调整需要从长计议，还需要配套财政支持，主要包括三大支柱——共同的财政规则、共享的公共财政管理制

---

① Corinne Deléchat and Jan Kees Martijn, “5. Reserve Adequacy in the CFA Franc Zone,” in Anne-Marie Gulde and Charalambos G. Tsangarides (eds.), *CFA Franc Zone: Common Currency, Uncommon Challenges* (Washington, D. C.: International Monetary Fund, 2008), p. 90.

② 乔纳森·科什纳：《货币与强制：国际货币权力的政治经济学》，李巍译，上海人民出版社 2020 年版，第 13 页。

③ 运营账户由法国央行管理，具体运作方式参见 Patrick Guillaumont et Sylviane Guillaumont Jeanneney, « La Zone franc en perspective, » *Revue d'économie du developpement* 25, no. 2 (2017): 28-35。

④ Ian Taylor, “France à Fric: The CFA Zone in Africa and Neocolonialism,” *Third World Quarterly* 40, no. 6 (2019): 1070.

⑤ James Wilson, “Losing Currency? The Shifting Landscape of the CFA Franc Zones,” *Third World Quarterly* 42, no. 4 (2021): 740.

⑥ 参见 Patrick Guillaumont et Sylviane Guillaumont Jeanneney, « Afrique de l'Ouest: la fin du franc CFA, » *Commentaire* 169, no. 1 (2020): 70-71。

度与明确的成员国财政政策协调机制。① 努布波指出，从西非法郎过渡到“埃科”，大致有四种方案：一是固定汇率制度与财政联邦制度，相当于扩大版的西非法郎区。这一方案需要保留锚定的汇率、集中的外汇储备与统一的财政管理，对制度框架强制力要求也最高。二是浮动汇率制度与财政协调制度。在这种情形下，西非的“三巨头”科特迪瓦、尼日利亚与加纳应当发挥领导力，成为“埃科”体系的引领者与担保者。同时，只有区域经济真正趋同，周期尽量同步，才能充分发挥货币政策的逆周期调节作用。三是浮动汇率制度与财政联邦制度。这是努布波眼中最理想的策略，也是西共体采纳的方式，见下页表 2。四是采用共同货币而非单一货币。不能或不愿放弃本国货币的国家可与共同货币锚定，间接参与一体化。此外，“埃科”与一篮子货币挂钩，西非回旋空间更大，会更理想。② 无论采取何种方式，货币一体化都对西非治理能力提出了考验。

2021 年 5 月，来自联合国、西共体的专家在多哥首都洛美举行座谈，讨论货币过渡方案，通过《洛美宣言》并发布路线图。同年 6 月，西共体首脑峰会在加纳首都阿克拉举办，并宣布将于 2027 年前启动路线图。《洛美宣言》声明，西共体的共同货币将采取浮动汇率制度与财政联邦制度，方式如表 2 所示。③

---

① *West African Economic and Monetary Union: Selected Issues*, African Department of the International Monetary Fund 2021, no. 50 (March 2021): 35.

② Massimo Amato and Kako Nubukpo, “A New Currency for West African States: The Theoretical and Political Conditions of Its Feasibility,” *PSL Quarterly Review* 73, no. 292 (2020): 16–23.

③ Massimo Amato et Kako Nubukpo, « Après les ‘états généraux de l’éco’ : vade-mecum pour un agenda ouest-africain d’émancipation monétaire, » *Afrique contemporaine*, no. 271–272 (2021): 261–277.

表 2　浮动汇率制度与财政联邦制度方式示意

—	浮动汇率制度	财政联邦制度
措施	未来央行不再捍卫固定汇率，除非汇率已接近干预带	对所有遵守名义趋同标准的国家实行财政联邦制
优点	货币逆周期调节，应对对称冲击	财政联邦制，应对不对称冲击
缺点	汇率相对不稳定，可能为生产经营带来不确定性	对强制力要求高，迫使成员进行财政合作
—	西共体委员会	
手段	通过未来央行应对对称冲击，通过财政联邦应对不对称冲击	

资料来源：Massimo Amato et Kako Nubukpo, « Après les ‘ états généraux de l'éco' : vade-mecum pour un agenda ouest-africain d'émancipation monétaire, » *Afrique contemporaine*, no. 271–272 (2021): 273。

（二）潜在的困难：从经济趋同到合作

21 世纪以来，西非经历曲折发展，货币合作也随之历经跌宕起伏。由于尼日利亚大宗商品价格“跳水”，加上埃博拉病毒的暴发和蔓延，西非经济年均增长率由 2001 年至 2014 年的 7.1%跌至 2016 年的 0.6%。① 不过，2019 年“埃科”方案推出前后，西非经济出现回暖。然而，一波未平一波又起，新冠肺炎疫情又使西非陷入 50 年来最严重衰退，公共政策转向疫情防控与经济复苏，货币合作优先级下降。在这一缓冲期，西共体须重新审视共同货币方案，应对潜在挑战。相较西非经货联盟，西共体情况更为复杂：一是有区域霸权国，即尼日利亚。该国 GDP 占西非的 70%，人口占 52%，可谓举足轻重；二是显著“二元性”，大致可分为法语区与英语区（葡语区分量不重）、法郎区与非法郎区，且货币地缘与

① Emmanuel Pinto Moreira, “From CFA to ECO: Opportunities and Challenges of Economic and Monetary Cooperation in West Africa,” Rabat: Policy Center for the New South, Research Paper, 2021, p. 15.

语言地缘基本重合。①

要认识整个西共体范围内推行货币一体化的趋同难题，首先须正视尼日利亚这头“房间里的大象”。② 一方面，尼日利亚的体量高达西共体的60%至70%，相形之下，号称西欧“火车头”的德国仅占欧元区的25%。③ 更何况，尼日利亚经济体量虽大，质量却不高，很难扮演好“西非德国”。④ 它饱受通货膨胀困扰，法币奈拉不断贬值。这也让邻国担忧，一旦尼日利亚主导西非货币一体化进程，“劣币驱逐良币”，“埃科”会“奈拉化”，拖累全西非通货膨胀。⑤ 另一方面，以石油为主的化石燃料占尼日利亚出口总量的94%。对未来的货币联盟而言，这或许是难以弥合的“致命伤”，因为尼日利亚与其他国家经济周期很可能颠倒。比如，当油价暴涨时，由额外收入带来的消费会引发通货膨胀，未来的货币联盟央行不得不提高整个西共体的利率以应对。这对石油净进口国、棉花出口国贝宁而言是双重打击：石油进口与棉花生产难度双双上升，

① Kako Nubukpo, « Du franc CFA à l'éco en Afrique de l'Ouest, » *Études*, no. 3 (2021): 27–28. 西非法语区包含布基纳法索、科特迪瓦、马里、尼日尔、塞内加尔、几内亚、贝宁和多哥8国；英语区包含冈比亚、加纳、利比里亚、尼日利亚与塞拉利昂5国；法郎区则在法语区基础上，刨去几内亚，增加葡语国家几内亚比绍。

② Massimo Amato et Kako Nubukpo, « Après les 'états généraux de l'éco': vade-mecum pour un agenda ouest-africain d'émancipation monétaire, » *Afrique contemporaine*, no. 271–272 (2021): 273.

③ Agnes Benassy-Quere, « Fin du franc CFA : comment réussir la nouvelle union monétaire ? » *Les Echos*, le 27 août 2021, consulté le 7 décembre 2022，德国霸权是欧洲货币体系成功的关键，参见 Matthhias Kaelberger, *Money and Power in Europe: The Political Economy of European Monetary Cooperation* (Princeton, NJ: Princeton University Press, 1996)。

④ Agnes Benassy-Quere, « Fin du franc CFA: comment réussir la nouvelle union monétaire ? » *Les Echos*, le 27 août 2021, consulté le 7 décembre 2022, https://www.lesechos.fr/idees-debats/cercle/fin-du-franc-cfa-comment-reussir-la-nouvelle-union-monetaire-1161110.

⑤ Pierre Jacquemot, « La fin du franc CFA et le défi de la monnaie ouest-africaine, » *Alternatives Économiques*, no. 399 (2020): 61.

其他国家也类似。[1] 西非要想实现自主联合与平衡发展，尼日利亚先要整顿国家财政，改善出口结构。[2]

另外，西非货币一体化，需要整合区域市场来支撑。理论上，市场整合既是货币联盟的前提，也是货币联盟的结果，即货币联盟反过来也能促进市场整合。具体而言，成员工资与价格灵活度会更大，外来冲击的作用会更对称；成员间劳动力与资本流动性会更强，彼此开放程度会更高，贸易往来会更多。但实证研究表明，西非法郎区并未产生明显的整合效应。[3] 该区域异质性强，包含三类经济结构："靠天吃饭"的萨赫勒经济（马里、布基纳法索与尼日尔），第二、第三产业相对发达的工业化经济（科特迪瓦与塞内加尔）以及高度依赖进出口贸易的沿海经济（贝宁与多哥）。[4] 成员公民原则上能自由迁徙，但实际上穿越国境阻力重重。资本流动也严格受限于国家法令。由于补贴普遍存在，石油等战略物资调配则不完全遵循市场逻辑。[5] 2018 年，西非区内贸易仅占贸易总量的 9%，而欧元区达 46%（整个欧盟为 64%）。[6] 这是由于长期受殖

---

① Agnes Benassy-Quere, « Fin du franc CFA: comment réussir la nouvelle union monétaire ? » *Les Echos*, le 27 août 2021, consulté le 7 décembre 2022, https://www.lesechos.fr/idees-debats/cercle/fin-du-franc-cfa-comment-reussir-la-nouvelle-union-monetaire-1161110; Edgard Gnansounou, « Eco-franc CFA : et si le pétrole était un obstacle à l'intégration ? » *Jeune Afrique*, le 21 mai 2021, consulté le 11 novembre 2021, https://www.jeuneafrique.com/1176073/economie/eco-franc-cfa-et-si-le-petrole-etait-un-obstacle-a-lintegration/.

② 关于经济趋同与商业周期，参见 Catherine Pattillo, et al., "11. Growth and Convergence in the CFA Franc Zone," in Anne-Marie Gulde and Charalambos G. Tsangarides (eds.), *CFA Franc Zone: Common Currency, Uncommon Challenges* (Washington, D. C.: International Monetary Fund, 2008), pp. 299–334。

③ Gnanderman Sirpe, "Monetary Union and Bilateral Trade among CFA Franc Zone Member Countries: An Empirical Analysis," *Modern Economy* 10, no. 2 (2019): 412–428; Blaise Gnimassoun and Désiré Avom, "Is Regional Integration in the CFA Zone Sustainable?" *Applied Economics* 50, no. 48 (2018): 5220–5237.

④ Kako Nubukpo, « Du franc CFA à l'éco en Afrique de l'Ouest, » *Études*, no. 3 (2021): 26.

⑤ Emmanuel Pinto Moreira, "From CFA to ECO: Opportunities and Challenges of Economic and Monetary Cooperation in West Africa," Rabat: Policy Center for the New South, Research Paper, 2021, p. 12.

⑥ IMF The Direction of Trade Statistics, 2018 figures, quoted from James Wilson, "Losing currency? The Shifting Landscape of the CFA Franc Zones," *Third World Quarterly* 42, no. 4 (2021): 744.

民影响，西非处于产业链底端，商品以出口为主，基础设施服务出口；区内市场狭小，交通不便。① 纳入非法郎区后，西非市场融合趋势如何有待观察。一些分析称，西共体内部贸易源远流长，比西非法郎区积淀更深厚，甚至有望向最优货币区靠拢。② 但无论如何，为推动一体化，西共体应进一步清除市场整合障碍，促进要素流动，加深经贸联系。③

相较经济基础，西非共同货币在政治合作方面挑战更为严峻。首要问题仍出在尼日利亚。为保护本国中小企业，尼日利亚 2018 年拖延签署以泛非主义理念为指导的非洲大陆自贸区协定。此外，它于 2019 年 8 月单方面宣布关闭本国与贝宁、尼日尔等国的边境，以彻底禁绝二手车、大米等货物走私。这一边境封闭持续了超过 16 个月，对本国与邻国均造成较大负面影响。④ 这些保护主义行为都让人怀疑，尼日利亚是否真的愿意并能够承担起西非货币一体化领导者的责任？目前，它抗拒新货币与欧元挂钩，却未能提供有效替代方案。反观科特迪瓦，它也缺乏引领货币一体化的政治意愿。与尼日利亚相反，它表现出对法国的依赖。2016 年，谈及西非法郎带来的低通货膨胀率时，科特迪瓦总统瓦塔拉说："我们还奢求什么呢？"⑤ 因此，在磋商谈判中，瓦塔拉力保挂钩制度，不愿法国离开西非共同货币机制。民族主义抬头也成问题，科特迪瓦前总统

① Jean-Claude Tchatchouang, "The CFA Franc Zone: A Biography," in Célestin Monga and Justin Yifu Lin (eds.), *The Oxford Handbook of Africa and Economics* (Oxford: Oxford University Press, 2015), pp. 119-125.

② Eswar Prasad, « Union monétaire de la Cédéao : options et considérations, » Université de Cornell, Brookings Institution, et NBER, (mai 2019), quoted from Kako Nubukpo, « Du franc CFA à l'éco en Afrique de l'Ouest, » *Études*, no. 3 (2021): 27.

③ 关于西非区内贸易，参见 Manuela Goretti and Hans Weisfeld, "13. Trade in WAEMU: Developments and Reform Opportunities," in Anne-Marie Gulde and Charalambos G. Tsangarides (eds.), *CFA Franc Zone: Common Currency, Uncommon Challenges* (Washington, D. C.: International Monetary Fund, 2008), pp. 364-392.

④ Pierre Jacquemot, « La fin du franc CFA et le défi de la monnaie ouest-africaine, » *Alternatives Économiques*, no. 399 (2020): 61.

⑤ James Wilson, "Losing Currency? The Shifting Landscape of the CFA Franc Zones," *Third World Quarterly* 42, no. 4 (2021): 749.

贝迪埃推广“科特迪瓦性”，激化移民与宗教矛盾。[1] 囊括15个国家、8种货币并非易事，唯尼日利亚与科特迪瓦保持开放，精诚合作，形成类似“法德轴心”机制，西非货币一体化方有成事之望。小结如表3所示。

表3 “埃科”方案实质进展与潜在挑战

—	实质进展	
	变化	意义
货币名称	从带有法国“印记”的“西非法郎”改为由西共体简称提炼而来的“埃科”	法郎区国家：彰显非洲自主性 法国：甩掉旧殖民历史包袱
机构人员	法国代表退出西非央行的两大机构，使西非央行得以从组织层面实现独立	法郎区国家：独立决定货币政策 法国：放弃西非央行否决权
外汇储备	法国取消为非洲法郎机制专设的运营账户，退还并不再经手西非外汇储备	法郎区国家：自主管理外汇储备 法国：让步的实际损失很小
—	潜在挑战	
	困难	对策
经济质量	尼日利亚经济体量占西共体的2/3，但经济质量不高，自身通货膨胀严重	尼日利亚应整顿国家财政，树立政府公信力，降低恶性通货膨胀率
商业周期	尼日利亚为石油净出口国，西非其他国家为石油净进口国，商业周期颠倒	尼日利亚应调整产业结构与产品出口结构，避免过度依赖油气产业
市场整合	西非经济结构异质性强，非洲法郎机制未有效促进市场整合，劳动力、资本、战略物资等要素跨境流动阻力重重	西非应进一步清除市场整合障碍，将区域层面政策落实到国家层面，促进要素流动，加深区域内经贸联系
政治合作	尼日利亚国内保护主义横行，科特迪瓦对法国依赖强，难以发挥领导作用	尼日利亚与科特迪瓦需保持开放，精诚合作，形成西非货币一体化轴心

资料来源：笔者自制。

① Kako Nubukpo, « Du franc CFA à l'éco en Afrique de l'Ouest, » *Études*, no. 3 (2021): 26.

世相与国情

大国梦：印度的雄心与矛盾

隋雪濛*

印度，这个有着数千年历史的邻近大国，从古到今都与中国有着千丝万缕的联系，但却时常被中国忽视。有人说，21 世纪是中国和印度的世纪，对印度的研究在这个时代显得愈发重要。然而，中国对印度的了解并不充分，印度神曲、街头美味又“卫生”的食物、难以置信的坊间传闻在网络上广为流传，它们虽然是印度的一部分，但并非全部。

一、印度的三种矛盾

印度是一个不可思议的国家，从内到外充满诸多矛盾，这一点在政治领域同样突出。在民主制度方面，印度既强调其民主特性，又想以民主价值观为纽带融入美国为首的“民主阵营”；在外交政策方面，印度既关注军事力量、经济发展等硬实力，又以包容、和平的理念塑造软实力；在国际事务方面，印度既以自己“在某种程度上是世界正义和客观真理的宝库”为傲，[①] 将自己定位为全球领导者，又被贫困、地区事务等诸

* 隋雪濛，北京大学国际关系学院博士生，研究方向为“印太”地区研究、中印关系等。

① Amrita Narlikar and Aruna Narlikar, *Bargaining with a Rising India: Lessons from the Mahabharata* (Oxford: Oxford University Press, 2014), p. 8.

多问题缠身而难以放开手脚。这些矛盾让这个国家看起来有些“纠结”，但在某种程度上却是可以理解的。

（一）民主制度：普遍性与特殊性

文化相对主义认为，每种文化对于操纵现实世界有自己独特的范畴系统和逻辑体系，使得这种文化中的信条与其他文化不可通约。[①] 从文化相对主义视角来看，不同国家走的是不一样的民主发展道路，不能以单一标准来评判。印度民主是普遍民主标准与印度特性的结合，这主要体现在如下方面。

第一，印度的民主是在其自身环境中孕育出来的。从古印度到独立之后的实践表明，印度自身具有民主传统。莫迪在 2021 年 12 月的“民主峰会”上列举了印度作为世界上最大民主国家的民主源头，例如，利查维和沙基亚等民选共和城市国家在 2500 年前的蓬勃发展、10 世纪编纂民主参与原则的“Uttaramerur”铭文、[②] 独立后民主建设的实践，这些都表明民主精神是其文明精神的重要组成部分。[③] 印裔加拿大国际问题专家阿米塔·阿查亚表示，我们总是认为西方制度占主导地位，但实际上西方制度的基础——古希腊思想也受到了非洲、亚洲思想传统的塑造与影响。古印度民主实践中的选举和公民对话，如“倾听不同意见的意愿”

---

① 帕尔塔·查特吉：《民族主义思想与殖民地世界：一种衍生的话语?》，范慕尤等译，译林出版社，2007，第 20 页。

② Uttaramerur 是历史上位于泰米尔纳德邦的一个村庄，该村庄的墙壁上刻有较为完善的选举制度。参考 T. S. Subramanian, “Uttaramerur model of democracy,” *The Hindu*, March 13, 2010, accessed May 9, 2022, https://www.thehindu.com/news/national/tamil-nadu/Uttaramerur-model-of-democracy/article16566830.ece。

③ “National Statement by Prime Minister Narendra Modi at the Summit for Democracy,” Ministry of External Affairs, Government of India, December 10, 2021, accessed January 30, 2022, https://www.mea.gov.in/Speeches-Statements.htm?dtl/34637/National_Statement_by_Prime_Minister_Narendra_Modi_at_the_Summit_for_Democracy.

等，一定程度影响了古希腊思想。[①] 印度《自由报》主编穆罕默德·齐尚（Mohamed Zeeshan）则认为，独立后印度通过自我探索建立起了民主制度。当其他一些后殖民国家滑向暴政、武装叛乱和动荡时，印度已成长为一个日益成熟的民主国家。他列举了尼赫鲁对“民主体制神圣性”的尊重和英迪拉从“紧急状态”回归民主的案例，认为印度的民主并不漂亮，但却是一种“有组织的混乱”（organized chaos）。[②]

第二，印度民主的关键是在多元化社会中维护国家统一。在独立之前，次大陆被认为并不存在一个作为统一民族国家的印度。这片土地由诸多土邦组成，存在着多元的民族、语言、政权与规范。在独立后，如何在多元社会中建立一个具有内在稳定性、能够维护国家统一的政治制度尤为关键，制宪者们最终选择建立议会民主制和联邦制相结合的民主制度。《印度政治制度》这本书认为，印度是成功应对了多元化挑战并建立起稳定民主制度的少数国家之一，具有较高的包容性和适应性，避免了在多样化中走向混乱。[③] 该书引用美国比较政治学研究专家阿尔弗雷德·斯特潘（Alfred Stepan）的话称，印度的联邦制是“保持在一起”（Holding-Together），而不是美国的“汇聚在一起”（Coming-Together）。[④] 此外，与西方追求个人主义的社会不同，印度的社会是以群体为单位的——传统的种姓制度与人们的职业、婚姻、饮食等方面息息相关。随着印度现代化发展，以种姓制度为主的传统社会秩序并没有消失，而是与现代政治制度、贫富阶层相互叠加。因此，印度的民主与西方以保障个人权利为核心的民主有一些相异之处。

第三，印度的民主是内向的民主，同时也不愿别国干涉自己的内政。

---

① 阿米塔·阿查亚：《重新思考世界政治中的权力、制度与观念》，白云真译，上海人民出版社，2019，第 68—69 页。

② Mohamed Zeeshan, *Flying Blind, India's Quest for Global Leadership* (India: Penguin Random House, 2021).

③ 谢超主编《印度政治制度》，中国社会科学出版社，2021，第 408—409 页。

④ 同上书，第 409 页。

自2019年以来，印度外交部拒绝了美国、欧盟和英国立法机构就克什米尔封锁、《公民身份修正案》等争议决策的干预。有学者认为，美国是“外向的民主”，而印度是“内向的民主”。[①] 美国领导的“自由秩序”是对自由绝对主义和自由普遍性的追求所驱动的，而印度的世界秩序观是建立在基于包容性社区的文明国家概念上的，因此，它满足于国内的自由民主状态。[②] 他还表示，印度更倾向于强调主权和不干涉内政原则的威斯特伐利亚国际主义（Westphalian internationalism），而西方则受到主张干预他国以普及自由主义价值观的自由国际主义的指导，这导致印度和西方在主权自治、人类安全和促进民主方面有不同的观点，例如印度不支持西方部分国家通过干预别国内政来推广民主的做法。[③] 印度外交部顾问玛纳斯·普里塔姆（Manasi Pritam）在探讨美国和印度例外主义的区别时表示，尽管印度一直致力于塑造自己的民主国家形象，印度对推广民主或干预别国内政的方式持谨慎立场。[④]

（二）外交政策：现实与理想

印度在对外政策上同样具有矛盾性：一方面，印度主张包容多元的文化、以非暴力实现和平独立、推动不结盟运动的历史；另一方面，印度日益加剧的国内族群矛盾，不断升级的双边冲突和大国博弈又表现出考底利耶式的现实主义。这种两面性塑造了印度多样的外交政策取向。按照时间顺序，印度不同时期的对外政策背后体现了以下三种政治文化。

第一种是考底利耶与实力至上的现实主义。考底利耶是孔雀王朝的

---

① Johnson Singh Chandam, “India’s Interplay with Liberal International Order: Potentials and Constraints,” *India Quarterly* 77, no. 3 (2021): 332.

② Ibid.

③ Ibid., p.338.

④ Manasi Pritam, “Examining exceptionalism in national security cultures: a comparative study of the United States and India,” *India Review* 20, no. 3 (2021): 308.

开国君主月护王（“旃陀罗笈多一世”）的辅佐大臣，被认为是古代印度治国安邦经典著作《政事论》的作者（该书是否由考底利耶撰写仍存在争议）。不论是月护王的统治方式还是《政事论》的内容都具有典型的现实主义色彩。作为孔雀王朝的建立者，月护王在统治中强调军事力量和严格的官僚统治。据称，孔雀帝国被划分为不同的区，由帝王最近的亲戚或最信赖的将军管理，并建立了庞大的军队。孔雀帝国的官员通过严格的方式选拔出来，并受到严密的监视。此外，月护王不断巩固对北印度的统治，试图将帝国势力扩大到印度河流域及以外地区，还与外国签订协议确定了帝国的西部边界。①

《政事论》作为古代印度治国安邦的经典，反映出现实主义的理念。该书提出了“曼荼罗”体系，被认为是印度版的均势思想。概括来说，在“曼荼罗”体系中，各国的关系为“邻国都是敌人，敌人的敌人是朋友，敌人的朋友也是敌人”。② 该书将国家间关系分为敌对、友好、中间状态和中立四种。国家间关系受到地理位置、双方实力对比和意图三种因素的影响。③ 书中提出，各国在“曼荼罗”体系中可以采取六种对外政策，包括媾和、作战、静待、备战、结盟和两面政策。除作战和备战属进攻性战略、两面政策属攻防兼备战略外，其他都属于防御性战略。④ 六种对外政策是一种动态组合，国家采取何种对外政策主要取决于本国与他国实力的对比。《政事论》认为，君主应该优先考虑进攻性策略，不得已才会采取防御性策略。⑤ 这反映出《政事论》所持有的权力制胜观：战争是常态的；国家目标是追求权力和成就；强国应优先选择战争以增进权力，这都是现实主义的观点。

---

① 斯坦利·沃尔波特：《细数恒河沙：印度通史（上）》，李建欣、张锦冬译，东方出版中心，2019，第 59—64 页。

② 曾祥裕、魏楚雄：《〈政事论〉国际政治思想研究》，时事出版社，2019，第 74 页。

③ 同上书，第 75 页。

④ 同上书，第 79—80 页。

⑤ 同上书，第 82 页。

第二种是阿育王与道德至上的和平主义。阿育王是孔雀王朝的第三位帝王，月护王的孙子。在阿育王统治前期，他通过非常残暴的方式巩固和强化自己的权力。但后来，他逐渐厌倦了暴力和杀戮，并在统治后期皈依了佛教。信仰改变了阿育王的统治方式，他更强调慈悲、普爱和非暴力，将所有印度人称为我的孩子们，并通过软硬兼施的方式保证域内一切生灵的安全、自制、平静和幸福。① 在民众中，他鼓励民众遵守道德规范，包括听父母的意见、慷慨地对待朋友、亲人、婆罗门和苦行者、防止杀害生灵，做到包容、慈悲和诚实。② 他还大兴佛教，多次主办佛教大集会、兴修佛教雕塑、寺庙、窣堵坡，③ 宣扬佛教中的众生平等、尊重生命、心怀慈悲的思想。此外，阿育王对印度的多元文化和其他宗教保持宽容。他通过向印度各地和海外派遣佛教僧侣的方式，④ 向外推广佛教仁慈、和平、不杀生的理念。圣雄甘地的政治理念也符合这种政治文化。在印度独立过程中，甘地领导了20世纪20—40年代的非暴力不合作运动和文明不服从运动。在甘地的非暴力呼吁下，全印不同阶层、不同族群和不同信仰的民众共同参与大规模民族独立运动，绝大部分参与运动的民众在统一领导下有序地表达诉求。以其名字命名的甘地主义，是印度提倡非暴力抵抗的重要政治学说。甘地主义者认为，在一个不可分割的相互联系的宇宙中，任何形式的暴力最终都是自我毁灭，印度应该用非暴力不合作来对抗暴力。⑤

第三种是以上两种文化的融合物。一是尼赫鲁道德至上的考底利耶式。作为印度的开国总理，尼赫鲁在印度独立之初的外交思想具有国际主义与和平主义的色彩。他认为印度具有深厚的软实力和精神力量，因

① 斯坦利·沃尔波特：《细数恒河沙：印度通史（上）》，李建欣、张锦冬译，东方出版中心，2019，第66页。

② 同上书，第67页。

③ 窣堵坡，即佛教中用于供奉佛陀、高僧舍利所用的坟冢或佛塔，也叫舍利塔、浮屠塔。

④ 尚会鹏：《印度文化史（第三版）》，浙江大学出版社，2016，第112页。

⑤ 戴永红、张婷：《印度的东南亚研究：议题设置与研究取向》，《东南亚研究》2020年第6期，第13页。

此将印度视为和平的缔造者，积极倡导和平共处五项原则、推动不结盟运动。与甘地的理想主义和平不同，尼赫鲁是一位现实主义和平者，强调国家实力和利益。他将国家地位的提升视为优先利益，认为在获得物质力量之前必须依靠价值观、软实力和精神力量。但有学者认为，尼赫鲁忽视了权力平衡的关键（是物质实力），对国家利益的定义和泛亚角色的定位无法保护印度的物质利益。① 还有学者将尼赫鲁统治下的印度比喻为“吃草的老虎”，认为印度因对自己的错误认知，错过了满足自己需求的机会。② 从 1947 年印度独立之后尼赫鲁主义一直居于主导地位，直到 1962 年中印边境冲突，印度所受的打击充分暴露了其国家力量的脆弱性，迅速削弱了尼赫鲁苦心缔造的国际影响力。二是英迪拉·甘地硬实力至上的考底利耶式。英迪拉政治立场强硬，注重印度军事力量建设，包括推动印度核试验。她将关注点聚焦在印度周边地区，强调印度在南亚地区的主导地位，主张通过硬实力获得地缘政治优势。与尼赫鲁对民主的坚定立场不同，英迪拉因在任期内短暂实施过“紧急状态”而曾被指控实行“独裁统治”。

（三）国际事务：内敛与例外

对于国际事务，印度存在以道德典范自居的例外主义（exceptionalism）与更关注国内问题的内敛性之间的矛盾。

印度的例外主义源于印度的文化自信甚至自恋，表现为积极参与多边外交，传播自身的道德观。例外主义指国家相信自己拥有与众不同的

---

① Zorawar Daulat Singhand Sudhanshu Tripathi, “Debating the Relevance of Non-alignment in Indian Diplomacy,” *India Quarterly* 77, no. 3 (2021): 503.

② Mohamed Zeeshan, *Flying Blind, India's Quest for Global Leadership* (India: Penguin Random House, 2021).

特性，利用宗教、历史、物质力量、语言、文化和地理区分自己与他国，[1] 界定自己在国际体系中的身份，并根据自我身份与世界其他国家建立联系。普里塔姆引用加拿大政治学家郝思悌（K. J. Holsti）的观点，阐述了例外主义的五个基本特征：认为自己有义务“解放”他国；认为自己具有超越影响“一般”国家间关系的国际义务，并有意实行孤立主义；感知到被敌对势力边缘化的可能性和威胁；有意制造外部敌人或威胁；把自己描绘成无辜的受害者或邪恶势力和流氓国家的目标。[2] 印度具有例外主义特征，它寻求在道德基础上巩固自己的权力，鼓励建立一种基于信任、共存、和平与友谊的世界秩序，并寻求成为宣扬这些价值观的世界典范。[3] 例外主义源于印度对其古老文明的骄傲，[4] 它认为自己“在某种程度上是世界正义和客观真理的宝库”。[5] 不结盟优先主义者（Nonalignment Firsters）是印度独立初期不结盟立场的坚定维护者，其思想凸显了印度的例外主义特征。该学派关注印度古老历史和文化遗产的包容性，认为印度是反殖民和追求世界和平等国际理想的道德声音（moral voice）。不结盟优先主义重视印度与发展中国家和近邻的关系，支持印度在多边机构中的获得“应有的”领导地位，其目标核心是“达成世界和平共识”。[6]

然而，印度对外政策也有明显的内敛特征，即关注国内目标和选民，不愿为国际社会提供过多的公共物品。考虑到印度广袤的国土和多样的内部环境，人们普遍认为，印度的对外战略取决于国内的成功，摆脱贫

---

① Manasi Pritam, “Examining exceptionalism in national security cultures: a comparative study of the United States and India,” *India Review* 20, no. 3 (2021): 295.

② Ibid., p.298.

③ Ibid., p.310.

④ Teresita C. Schaffer and Howard B. Schaffer, *India at the Global High Table: The Quest for Regional Primacy and Strategic Autonomy* (Washington, D. C.: Brookings Institution Press, 2016), p. X.

⑤ Amrita Narlikar and Aruna Narlikar, *Bargaining with a Rising India: Lessons from the Mahabharata* (Oxford: Oxford University Press, 2014), p. 8.

⑥ Teresita C. Schaffer, Howard B. Schaffer, *India at the Global High Table: The Quest for Regional Primacy and Strategic Autonomy* (Washington, D. C.: Brookings Institution Press, 2016), pp. 65–69.

困才是印度的终极目标。① 正是在内敛特征的影响下，印度的领导人在几个世纪的殖民统治中几乎没有发挥过国际作用。② 印度在国际事务中时常保持骑墙者立场，不愿涉入其他地区的敏感政治问题。随着时代的发展，印度要做一个领导者而非大国博弈的平衡者的意愿增强，但它也认识到了全球领导者所需要承担的责任和成本，总是不愿在国际事务中投入过多的成本。③

二、三种矛盾的当代演化

上述三种矛盾性在当代发生了演变，并引出了侵蚀、融合、阻碍三种现象。这些现象的发生既有印度自身的因素，也受到当下国际环境变动的驱动。侵蚀是对既有资源的削弱，在民主制度上表现为民主外向化趋势和对周边国家民主进程关切的上升；融合是对既有资源的灵活运用，在外交政策上表现为莫迪分别运用阿育王道德至上的和平主义和考底利耶的现实主义塑造软硬实力；阻碍是既有资源对印度当下目标的阻力，在国际事务上的内敛性削弱了印度提升国际影响力的能力和意愿。

（一）民主制度：被侵蚀

近年来，印度出现了民主外向化的趋势。印美有意加强以民主价值观为纽带的战略伙伴关系，存在共建“民主价值观”同盟的可能性。早在 2020 年 10 月底，美国国务卿蓬佩奥访问南亚三国时，就多次强调美国

---

① Teresita C. Schaffer, Howard B. Schaffer, *India at the Global High Table: The Quest for Regional Primacy and Strategic Autonomy* (Washington, D. C.: Brookings Institution Press, 2016), pp. 63–64.

② Ibid., p. 64.

③ Ibid., p.306.

与南亚三国的民主共性，企图以此为纽带加强伙伴关系。美国国务院在美印会后发文称，“作为世界上最古老，规模最大的民主国家，美国和印度都享有根深蒂固的民主传统”。① 拜登于2021年底主持召开“民主峰会”，邀请了印度等国，总理莫迪欣然接受邀请并积极参与。2022年2月11日发布的《美国印太战略》中声称，美国的“印太战略”“将以民主韧性（democratic resilience）为基础”，美国“将成为加强民主机制、法治和负责任的民主治理的伙伴”，与印度等国家共同努力为自由开放的“印太”做出贡献。

同时，印度政府关注周边国家民主问题的意愿上升。印度政府对缅甸政变、阿富汗变局等问题多次表示关切，曾就南亚一些国家的政局发表言论。印度一直密切关注阿富汗局势，2021年8月，印度以安理会轮值主席国身份就阿富汗问题组织多轮磋商，聚焦反恐、维护民主与和平、保护人权等问题。同年11月，印度邀请俄罗斯、伊朗和中亚五国出席由印度举办的阿富汗问题安全对话会议，讨论阿富汗的安全议题。印度还多次呼吁推进缅甸的民主进程。在2021年美国“民主峰会”召开前夕，印度外交部发布了关于“支持缅甸民主进程”的声明。声明称，缅甸必须维护法治和民主进程，任何破坏这些进程并加剧分歧的事态发展都令人关切，希望各方积极与缅甸对话。前印度外交秘书哈什·瓦尔丹·什林拉（Harsh Vardhan Shringla）在2021年12月底访问缅甸军政府时称，缅甸应该尽早恢复民主，停止暴力、通过对话解决问题、释放被拘留者和囚犯。②

---

① “U. S. -India: Great Democracies, Global Powers, and Good Friends,” U. S. Department of State, October 27, 2020, accessed January 30, 2022, https://www.state.gov/dipnote-u-s-department-of-state-official-blog/u-s-india-great-democracies-global-powers-and-good-friends/.

② “Visit of Foreign Secretary Shri Harsh Vardhan Shringla to Myanmar,” Ministry of External Affairs, Government of India, December 23, 2021, https://mea.gov.in/press-releases.htm?dtl/34723/Visit+of+Foreign+Secretary+Shri+Harsh+Vardhan+Shringla+to+Myanmar+December+2223+2021.

（二）外交政策：融合

在外交方面，莫迪在阿育王式和考底利耶式两种政治文化中寻找到了中间道路。

莫迪政府在硬实力上采取考底利耶的现实主义，维护国家安全、增强国家战略优势。在莫迪担任古吉拉特邦首席部长时，其现实主义的政策取向已有表现。古吉拉特邦本身就是印度政治文化矛盾的缩影——它既是圣雄甘地的出生地，也曾发生过骇人听闻的教派冲突，目前是印度工业中心和跨印度洋贸易路线上的重镇。莫迪在任期内大力发展地方经济，将该邦建设成了一个充满活力的经济引擎。与此同时，他却放任印度教徒对穆斯林的屠杀，致使该邦于 2002 年发生了死亡人数众多的血腥暴乱。道德与和平理想并不是莫迪执政的重心，提升硬实力才是其目的。2014 年以来，莫迪领导的印度人民党（以下简称“印人党”）与印度教右翼组织——国民志愿服务团（RSS）通过党团互助扩大印人党规模和影响力。在国内，莫迪政府有意煽动印度教民族主义，被控在多地逮捕迫害异见人士，并于废除宪法第 370 条后对克什米尔地区实施强力镇压。在中印边境地区，印度持续增强军力部署。在印度洋地区，印度逐渐脱离不结盟运动，转向追求灵活的战略自主，与美、日、澳等国深化“印太战略”，与东南亚、欧洲多国加强互联互通和海上安全合作。

在软实力方面，莫迪政府采取阿育王道德至上的和平主义，提升印度的国际影响力。在莫迪的倡议下，2014 年 12 月，联合国宣布设立国际瑜伽日。2021 年 8 月，印度作为安理会轮值主席国，在阿富汗变局期间多次呼吁国际关注阿富汗的和平进程，鼓励各国为阿富汗提供人道主义援助。

（三）国际事务：阻碍

内敛与例外主义交织则让印度国内在“应如何深入参与全球治理”“在发展国际合作伙伴上应该走多远”“是否要为实现国际目标而在国家利益上做出部分妥协”等问题上争论不休，这阻碍了印度在国际事务中发挥作用。2021 年 8 月，印度在以安理会轮值主席国身份高呼其道义主张的时候，却拒绝巴基斯坦和伊朗参加 8 月 16 日举行的阿富汗问题紧急会议，使两个重要利益相关国无法参与磋商。与此同时，迫于国内压力，印度政府在阿富汗变局初期不愿公开与塔利班接触，结果在处理阿富汗问题上影响力明显式微。2022 年 4 月的“瑞辛纳对话”期间，印度外交部国务部长穆拉里德哈兰（Shri V. Muraleedharan）在致辞中提到，印度国内政策和外交政策之间的界限越来越模糊，但外交政策和全球愿景将继续由其在国内发展的优先事项来塑造，外交政策不能脱离国内现实。①

三、印度矛盾的自我定位

不论是印度在民主制度、外交政策上，还是其在国际事务中的矛盾性，都可以概括为下面这个问题：印度如何在国际体系中定位自己？

如果印度将自己定位为未来的全球领导者，本文可以从两个具体问题来探讨上述疑惑。

第一，它有哪些资源和阻力。民主制度可以作为它参与美方阵营的

---

① “Opening Remarks by Minister of State for External Affairs, Shri V. Muraleedharan at Raisina Dialogue 2022 on ‘India @ 75: New Approaches for Foreign Policy’,” Ministry of External Affairs, Government of India, April 26, 2022, https://mea.gov.in/Speeches-Statements.htm?dtl/35230/Opening+Remarks+by+Minister+of+State+for+External+Affairs+Shri+V+Muraleedharan+at+Raisina+Dialogue+2022+on+India75+New+Approaches+for+Foreign+Policy.

敲门砖。但是作为不结盟运动的创始国之一、如今的发展中国家和新兴经济体，印度如何在不干涉原则和推进他国“民主进程”之间寻找平衡点？现实主义和道德主义是莫迪提升硬实力与软实力的两种理念。但在平行推进两种理念时，如何避免言行不一致或两种理念的相互削弱？印度拥有诸多提升全球领导力的资源。但是印度国内事务、提供公共物品的有限能力和意愿、在敏感问题上的骑墙派作风、在国际事务上的话语权欠缺都是其成为领导者的阻力。

第二，它追求什么样的领导地位。首先，是地区性的还是全球性的？古印度的国际视野狭隘，帝国扩张到次大陆边界之外的例子很少。其境外扩张大多是在经济、文化和宗教领域而非政治领域，推动者多是普通民众而非国王。① 独立之后，印度国内各邦之间的交流活动远比印度与世界其他地区的交流多。② 虽然在现实主义理念的影响下，印度当下的国际视野更广阔，但是南亚地区事务仍具有优先性。其次，是象征性的还是实质性的？印度希望世界能够认可印度的独特性和大国地位，并在全球权力结构中赋予其更大权重。但考虑到领导地位可能带来的成本和责任，印度是否会选择一些更具象征性的位置，避免付出过多实质成本。再次，是排他性的还是包容性的？印度声称追求和平、多元的包容性国际秩序。在 2018 年香格里拉对话中，莫迪呼吁建设“一个自由、开放和包容的印太地区”,③ 表示愿意将中国纳入“印太”地区的包容性结构中,④ 将中

① Mohamed Zeeshan, *Flying Blind, India's Quest for Global Leadership* (India: Penguin Random House, 2021).

② Ibid.

③ "South Asia in the Indo-Pacific Context", Ministry of External Affairs, Government of India, November 1, 2018, accessed October 31, 2021, https://www.mea.gov.in/Speeches-Statements.htm?dtl/30556/address+by+foreign+secretary+at+the+regional+connectivity+conference++south+asia+in+the+indopacific+context.

④ Huma Siddiqui, "India's concept of Indo-Pacific is inclusive and across oceans", Ministry of External Affairs, Government of India, November 8, 2019, accessed October 31, 2021, https://www.mea.gov.in/articles-in-indian-media.htm?dtl/32015/indias+concept+of+indopacific+is+inclusive+and+across+oceans.

国和俄罗斯视为印度战略自主范围内的合作伙伴。① 但同时，莫迪领导的印人党也在推行塑造“外部敌人或威胁”“把自己描绘成无辜的受害者或邪恶势力和流氓国家的目标”的例外主义。最后，印度是否愿意与其他大国共管世界，它更倾向于参与既定框架还是“另起炉灶”建立一个新的框架？这些问题都值得进一步观察与思考。

① Jagannath Panda, "India's Continental Connect on Indo-Pacific and Quad 2.0," *East-west Center*, September 26, 2018, accessed October 31, 2021, https://www.eastwestcenter.org/publications/indias-continental-connect-indo-pacific-and-quad-20.

沙特的绿色雄心：2060 年实现碳中和

刘庆龙*

提起沙特阿拉伯（以下简称“沙特”），人们首先想起阿拉伯半岛上连绵不绝的沙漠和漫天黄沙下埋藏的石油，过去几十年里，沙漠的黄色和石油的黑色成为沙特国家发展的主色调，如今，沙特已决心更换自己国家发展的调色盘。2021 年 10 月 23 日，沙特王储穆罕默德·本·萨勒曼（Mohammed bin Salman bin Abdulaziz Al-Saud）在首届绿色沙特倡议论坛致开幕词，第一次正式宣布沙特将于 2060 年实现碳中和，可持续发展成为沙特全新的绿色梦想。

沙特 2060 年实现碳中和的政治承诺需大力发展可再生能源，这源于宏大的国内外变革背景和自身绿色发展路线。本文将从全球能源格局变动、沙特经济结构改革和沙特绿色发展路线三个维度出发，构筑横向沙特国内外联动与纵向经济多元化改革历史相互结合的研究框架，对 2060 年实现碳中和的绿色雄心进行深入分析。

一、全球能源格局变动的危局

在页岩革命和气候议题的推动下，国际能源市场和全球能源格局的

* 刘庆龙，北京大学国际关系学院博士研究生，研究方向为中东、沙特问题。

剧烈变动是沙特承诺2060年实现碳中和的首要动因。

（一）页岩革命的撬动

美国“页岩革命”的迅猛发展促使穆罕默德王储提出了2060年实现碳中和的能源转型承诺。

页岩革命颠覆人们从地表浅层开采油气资源的习惯，改从数千米的页岩层中大规模地开采石油和天然气，这被誉为油气工业的第三次革命。20世纪初，美国页岩气技术已经成熟，2006年，美国将页岩气开发中积累的相关理论与勘探开发技术逐步运用到页岩油开发中取得巨大进展。[①] 在这场革命中诞生了一批亿万富翁，其中的代表人物有俄克拉荷马城的著名商人奥布里·麦克伦登（Aubrey McClendon）。凭借在页岩革命中积累的财富，他于2006年收购了美国男子职业篮球联赛（以下简称“美职篮”）西雅图超音速队，并在2008年把球队迁到了自己家乡俄克拉荷马城，更名为雷霆队。接下来几年里，雷霆队分别选中凯文·杜兰特、拉塞尔·威斯布鲁克、詹姆斯·哈登等一批实力新星，成为美国职业篮坛颇具实力的一支新军，大有撬动联盟格局之势。

雷霆队的诞生改变了美职篮格局，造就它的页岩革命则撬动了整个国际能源市场和全球能源格局。2013年第四季度，美国页岩油的平均产量已达每日322万桶。页岩油产量的增长改变美国原油市场的供需平衡，纽约商业交易所上市的西得克萨斯轻质原油（WTI）采用的交易市场定价为交割地美国中部库欣（Cushing）地区的原油交割价格，这一定价机制放大了页岩油对北美原油价格走势的影响。[②]

美国的页岩油很快影响了国际能源市场。全球能源论坛执行总监肯特·莫尔斯（Kent Moors）认为，页岩革命将演变为一种全球性现象，从

---

① 格雷戈里·祖克曼：《页岩革命》，艾博译，中国人民大学出版社，2014，第197—202页。

② 侯明扬、张杨：《页岩油开发对国际油价的影响研究》，《国际石油经济》2014年第10期。

根本上改变全球能源供需状况，推动能源供应重心转向亚洲。在此背景下，亚洲将有机会告别“亚洲溢价”，石油输出国组织（OPEC，以下简称“欧佩克”）特别是其成员沙特将无法再以出口指导原则决定全球石油市场的定价而向亚洲能源进口国索取高额利润。①

几十年来，沙特稳居世界第一大产油国地位，依靠巨大的石油资源、生产能力和市场份额，通过增产减产便可操控国际石油价格，实现自身战略目的。这种状况自 2013 年后发生改变，页岩油采油技术大大增加了美国的石油产量，对沙特在国际能源市场的主导地位构成巨大挑战。2014 年，为打压页岩油企业，维护自己在全球能源格局中的霸主地位，沙特主动发起石油价格战。

（二）沙特失败的价格战

国际能源市场上有一种“生产调节者”理论，其背后的依据是，强大的石油生产者能够通过增加或者减少自身产量来影响市场，长期以来，沙特一直奉行该理论来影响全球石油价格。但这一理论的实施有两大前提条件，首先是其他产油国已经达到满负荷生产，其次是全球市场的供需已经或者即将达到平衡状态。如果有一个条件未能满足，依靠该理论操控市场的努力就会被严重削弱。

2014 年 11 月 27 日，沙特领导欧佩克放弃减产保价，宣布 12 个成员将遵守当前每日 3 000 万桶的产量上限，此举引发国际油价急剧下滑。②俄罗斯第二大石油巨头卢克石油（Lukoil）副总裁兼董事会成员列昂尼德·费顿（Leonid Fedun）表示，“每桶 70 美元的油价对部分美国页岩油探钻商来说，已经不具有获利空间；等到 2016 年，欧佩克就能清空美国

---

① 肯特·莫尔斯：《页岩油气如何重构全球能源贸易》，《博鳌观察》2014 年第 4 期。

② 张茂荣、徐刚：《近期国际油价暴跌的原因与影响》，《国际研究参考》2014 年第 12 期。

边际市场，油价将再度回升”。[①]

欧佩克价格战的冲击立即显现，半年内，纽约商品交易所西得克萨斯轻质原油和伦敦北海布伦特原油（Brent）期货价格分别从6月20日的每桶107.26美元和114.81美元跌至12月16日的每桶55.93美元和59.86美元，跌幅均达到47.9%；至2016年初，油价最低跌破每桶30美元，跌幅超过70%。在全球能源市场上，下跌超过20%便被认为进入熊市，此轮暴跌表明油价已跌入“深渊”。[②] 但沙特想要打压页岩油生产的计划未能实现，暴跌的油价加速页岩油行业整合，规模较小的页岩油公司相继被资本雄厚的大公司兼并，反而提升页岩油行业的整体实力。根据英国石油公司（BP）和国际能源署（IEA）数据库的统计，在页岩油不断发展的支持下，2018年以来美国已超越沙特成为全球最大产油国，每日原油生产可保持在1 700万桶左右。[③]

沙特不得不放弃阻击页岩油公司，接受第一次价格战的失败。2016年12月，为挽救极端低迷的石油市场，沙特与俄罗斯达成“维也纳联盟”采取限产保价措施。2016—2019年，沙特一直在超额执行限产配额，最高执行到位率高达配额的130%，[④] 以此抬升全球石油价格。

2019年7月2日，第六届欧佩克与非欧佩克部长级会议在维也纳举行，会上，欧佩克和俄罗斯等非欧佩克产油国达成协议，将2016年底达成的原油减产协议延长至2020年3月底。2020年3月6日，在维也纳举行的第八届欧佩克与非欧佩克部长级会议上，俄罗斯提出保持现有条款，沙特则要求进一步减少石油产量。谈判破裂后，作为“欧佩克+”成员的领头者俄罗斯表示，从2020年4月1日起，“欧佩克+”的参与者都不再

① 吕行、林琴思：《OPEC打响石油战》，《第一财经日报》2014年12月1日，第A07版。

② 张茂荣、徐刚：《近期国际油价暴跌的原因与影响》，《国际研究参考》2014年第12期。

③ “Statistical Review of World Energy,” London: BP p. l. c. , accessed May 12, 2022, https://www.bp.com/en/global/corporate/energy-economics/statistical-review-of-world-energy/oil.html#oil-production.

④ 陆如泉：《价格战真相：对“石油权力”的争夺》，《中国石化报》2020年3月27日，第005版。

承担任何限产义务。对此，沙特再度打响全面油价战，宣布增产并大幅下调官方原油售价。[①] 4 月初，沙特日产原油从 3 月 970 万桶增至 1 200 万桶，每日出口达 950 万—1 000 万桶，在全球经济已经饱受新冠肺炎疫情打击的情况下，此举使国际能源市场陷入混乱。4 月 20 日，油价创下一项新纪录，5 月份美国西得克萨斯轻质原油期货价格暴跌创下历史新低，历史首次跌为负值，一度跌至每桶-33 美元，这是自石油期货从 1983 年在纽约商品交易所开始交易后首次跌入负数交易。进入 5 月，沙特无法承担负油价带来巨大影响，被迫调整政策，7 日起大幅降低油价折扣，沙特阿美石油公司（Saudi Aramco，以下简称“阿美公司”）上调对亚洲市场大多数等级原油的价格，11 日宣布在 6 月额外每日减产 100 万桶，帮助油价逐步稳定。[②] 沙特干预国际能源市场的第二次价格战再度失败。

（三）气候议题下能源转型的加速

沙特在全球能源格局中的地位不仅面临页岩革命的冲击，也遭到全球气候议题下能源转型加速的挑战。

2020 年 11 月 7 日，约瑟夫·拜登在美国总统大选中胜出后，美国在全球气候变暖议题上的态度发生重大变化。前国务卿约翰·克里出任总统气候特使，在 2021 年 2 月 19 日的慕尼黑安全会议上表示美国重新加入《巴黎协定》；4 月 22 日，拜登举行线上气候峰会，表明美国将采取严肃的环境政策并在这一议题上承担领导角色，[③] 承诺到 2030 年温室气体排放将降到 2005 年的水平，到 2050 年实现“碳中和”。[④] 美国的重视进一

---

① 富景筠：《沙特打响价格战，俄罗斯陷低油价危机?》，《世界态势》2020 年第 7 期。

② 于宏源：《地缘政治视域下国际石油价格的震荡及应对》，《国际展望》2020 年第 6 期。

③ “Lexington: John Kerry, Eco-Warrior,” *The Economist*, February 20, 2021, p. 34.

④ “Joe Biden's Climate Summit: Promising the Earth,” *The Economist*, April 24, 2021, p. 33.

步增强气候议题在国际事务中的重要性，加速全球能源格局的变化。

2021年11月，在苏格兰格拉斯哥举行的第26届联合国气候变化峰会（COP26）上，各国代表针对全球变暖问题展开激辩，吸引了世界的目光。最后，该峰会再次重申《巴黎协定》确定的目标，将全球平均气温较前工业化时期上升幅度控制在1.5摄氏度以内，并宣布于2022年11月在埃及阿姆沙伊赫举行新一轮峰会前确立未来10年的减排方案。分析称，根据欧、美、中、日等主要经济体设置的碳达峰和碳中和目标，2030年全球将减少17亿—20亿吨碳排放，① 至2036年全球经济对石油和天然气的需求将大幅下降，全球半数化石能源将失去价值，从25万亿美元降至14万亿美元。②

正像石油替代煤产生的历史性变革一样，可再生能源对化石能源的替代将使其迅速贬值，导致能源产业价值链、国际贸易和地缘政治进行深刻调整。研究证实，可再生能源带来的全球能源格局转型已经正在发生，石油及其相关产品汽油、燃油等在电力、交通、供暖、钢铁技术中的使用率已呈下降趋势。1871年，煤炭在全球能源消耗占比达25%，80多年后，石油于1953年达到同样比重，③ 在净零排放气候政策的推动下，可再生能源替代化石能源的趋势大大提速，锐不可当。更重要的是，2021年11月的研究发现，减少化石能源使用的进口国将会产生正收益，失去能源市场份额的出口国则将会产生负收益，两者的收益波动都远大

① "After Cop26: Out of Reach?" *The Economist*, November 20, 2021, pp. 65–66.

② Jonathan Watts, Ashley Kirk, Niamh McIntyre, Pablo Gutiérrez and Niko Kommenda, "Half World's Fossil Fuel Assets Could Become Worthless by 2036 in Net Zero Transition," *The Guardian*, November 4, 2021, accessed May 12, 2022, https://www.theguardian.com/environment/ng-interactive/2021/nov/04/fossil-fuel-assets-worthless-2036-net-zero-transition.

③ Jean-François Seznec and Samer Mosis, *the Energy Transition in the Arab Gulf: from Vision to Reality*, Atlantic Council, August 2, 2021, accessed May 12, 2022, https://www.atlanticcouncil.org/in-depth-research-reports/report/the-energy-transition-in-the-arab-gulf-from-vision-to-reality/.

于应对气候变化的实际成本。① 这迫使产油国加大可再生能源领域的投入以应对能源转型加速带来的挑战，以石油立国的沙特首当其冲，感受到切肤之痛。

二、沙特国内经济结构改革的新局

压力产生动力，半个多世纪以来，沙特一直在谋求经济多元化，全球能源格局的剧烈变动成为沙特国内经济结构改革的巨大动力。特别是在2030愿景（全称为《我们的愿景：沙特为阿拉伯—伊斯兰世界的中心、投资强国、三大洲的枢纽》）进入新阶段、沙特确立石油产业哺育多元化的战略后，2060年实现碳中和目标成为推动沙特国内经济结构多元化改革的重要举措。

（一）历史上的经济改革

早在费萨尔（Faisal bin Abdulaziz Al-Saud）国王执政时期，就曾提出要将沙特建成一个“受安拉庇护，农业自给，国民收入多样化的工业国家”。② 1970年第一个五年计划便将实现经济结构多元化列入三大主要目标之一。③ 兴建工业城以多元化补充石油产业，是沙特历届政府采取的一个重要举措。自1975年沙特第二个五年发展计划起到2004年第七个五年

---

① J. F. Mercure, P. Salas, P. Vercoulen, G. Semieniuk, A. Lam, H. Pollitt, P. B. Holden, N. Vakilifard, U. Chewpreecha, N. R. Edwards and J. E. Vinuales, “Reframing Incentives for Climate Policy Action,” *Nature Energy*, November 4, 2021, accessed May 12, 2022, https://www.nature.com/articles/s41560-021-00934-2#Sec4.

② 威廉·匡特：《石油巨人——八十年代的沙特阿拉伯》，李国富、伍永光译，梅平校，世界知识出版社，1986，第385页。

③ 戎云飞：《沙特四个经济发展五年计划实施情况分析》，《世界经济与政治论坛》1991年第1期。

发展计划结束，沙特在全国兴建十多座工业城，吸引投资以促进多元化发展，作为经济结构中石油产业的补充，包括利雅得1期、利雅得2期、吉达、达曼1期、达曼2期、麦加、卡西姆、阿哈萨、麦地那、阿希尔、朱夫、塔布克、哈伊勒、纳吉兰等工业城，其中最成功也是最有名的当属朱拜勒和延布工业城。①

2005年阿卜杜拉（Abdullah bin Abdulaziz Al-Saud）国王继任后，继续兴建工业城，推动多元化发展。最著名的当属拉比格经济城，又被称为阿卜杜拉国王经济城。该城于2005年11月20日启动，曾是沙特最大的私营投资项目，占地168平方公里，包括35公里海岸线，该经济城由6个部分组成——现代化的世界级海港、工业区、金融岛、教育区、度假区和居住区。② 此外，还有哈伊勒经济城，也被叫作阿卜杜勒-阿齐兹·本·穆萨德王子经济城，2011年9月兴建于沙特北部哈伊勒地区，占地156平方公里，主要集中在物流、矿产开发、农业综合生产、基础建材等领域。③ 2006年6月19日奠基的麦地那经济城，又叫作知识经济城，是沙特第一座以高科技产业和知识密集型产业为主的工业园区，先后与信息技术和网络行业巨头思科、全球信息通信技术领域最大、最具影响力的行业协会美国计算机行业协会等知名企业和机构签订协议，聚焦全球科技前沿领域。④

多元化补充石油产业的发展方式效果有限，无法从根本上改变沙特经济发展对石油产业的路径依赖，也无法实现经济结构多元化的目标。

---

① 孙承熙：《朱拜勒、延布——建立在荒滩上的两座现代化工业城》，《阿拉伯世界》1997年第3期。

② Bernd Debusmann Jr., "Inside Saudi Arabia's King Abdullah Economic City," *Arabian Business*, September 13, 2019, accessed May 12, 2022, https://www.arabianbusiness.com/travel-hospitality/427948-inside-saudi-arabias-king-abdullah-economic-city.

③ *Prince Abdulaziz Bin Mousad Economic City Master Plan*, SCB, accessed May 12, 2022, https://www.scb.com/project/prince-abdulaziz-bin-mousad-economic-city-master-plan/.

④ *KEC Master Plan*, KEC, accessed May 12, 2022, https://www.madinahkec.com/.

（二）2030 愿景受挫

2016 年 4 月 25 日，沙特内阁正式批准 2030 愿景，穆罕默德·本·萨勒在《我们的愿景：沙特为阿拉伯—伊斯兰世界的中心、投资强国、三大洲的枢纽》中介绍沙特未来发展规划的三大目标，其中核心目标是创造“蓬勃发展的经济”，即实现经济结构多元化。[①] 为此，愿景提出三条发展路径：一是实现“开放经济”，继续工业城建设，包括振兴经济城、重组阿卜杜拉国王经济城等，并在 2018 年初宣布开建未来城（NEOM）；[②] 二是提供“富有成效的机会”，通过投资培育中小企业，将中小企业在 GDP 中的占比从 20%提升至 35%；三是放眼“长期投资”，构建非石油产业的新支柱，其中可再生能源被选作重点行业，进行支持和培育。

2016 年 6 月 7 日，沙特内阁会议通过 2020 国家转型计划，将 2030 愿景中各项目标细分拆解给政府各相关部门，成为阶段性可量化考核的关键绩效指标。2015—2020 年 5 年里，国内经济社会改革进展并不顺利，大部分目标未能完成。2020 年，沙特非石油经济为 3 580 亿里亚尔（约 954 亿美元），仅完成设定目标的 67.5%；截至 2019 年，沙特石油产业的国内优势和国际优势指标居高不下，经济依旧依赖于石油行业，2021 年第三季度，在石油行业 9.0%高增长的推动下，国内经济增长率高达

① *2030 Vision*, p. 2, accessed May 12, 2022, https://www.vision2030.gov.sa/v2030/overview/.

② 未来城“NEOM”一词来自自希腊语和阿拉伯语，“NEO”是希腊语“新”的意思，“M”是阿拉伯语未来的缩写，合起来意为“新的未来”。

6.8%，[①] 石油行业在沙特 GDP 中的占比徘徊于 30%左右，[②] 石油收入在财政收入占比却远超 60%。2030 愿景希望打破石油产业在国内经济中锁定效应的目标未能实现，经济结构多元化改革陷入僵局。

继 2030 愿景和 2020 国家转型计划，沙特公布了国家工业发展和物流规划，该规划旨在抓住第四次工业革命的契机，最大化释放沙特国内能源领域的潜力和价值，在可再生能源领域构建自身竞争力，提升其在国际能源市场的竞争力，因此，该规划设置了提高可再生能源在能源结构占比和增强能源部门竞争力两个目标。其中，可再生能源计划要求至 2020 年实现可再生能源发电 3450 兆瓦，但是实际只实现太阳能发电 1 200 兆瓦，[③] 完成率不足 35%。沙特统计局数据显示，到 2020 年，可再生能源在国内能源消耗占比仅有 4%。[④]

2030 愿景受挫的一个重要原因在于设立的这些指标过高，期望迅速实现多元化取代石油产业的目标不切实际、难以完成，2030 愿景是否能继续推进受到外界质疑。

除此之外，另一个重要原因在于沙特当局将过多的资源和精力投入地区领导权争夺中，对国内改革关注不足。2015 年 1 月 23 日，萨勒曼·本·阿卜杜勒-阿齐兹（Salman bin Abdulaziz Al-Saud）继任国王，此时，正值“阿拉伯之春”后中东地区格局大变动时期，阿拉伯世界的领导权从埃及转向海湾地区，沙特视此为重要战略契机。因此，在 2015—2020

---

① *Gross Domestic Product Third Quarter of 2021*, General Authority of Statistics, accessed May 12, 2022, https://www.stats.gov.sa/sites/default/files/press_release_GDP%20nowcasting%20report%20EN%20Q3_2021.pdf.

② *Gross Domestic Product Second Quarter 2021*, General Authority of Statistics, accessed May 12, 2022, https://www.stats.gov.sa/sites/default/files/GDP%20release%20report%20Q2_2021%20EN.pdf.

③ *National Industrial Development and Logistics Program, The Annual Report of 2020*, accessed May 12, 2022, https://www.vision2030.gov.sa/v2030/vrps/nidlp/.

④ *Indicators of Renewable Energy in Saudi Arabia 2018*, General Authority of Statistics, accessed May 12, 2022, https://www.stats.gov.sa/sites/default/files/indicators_of_renewable_energy_in_saudi_arabia_20182lnskh_lmtmd_0.pdf.

年执政的第一阶段，沙特的战略重心不在国内经济社会改革，而在争夺地区主导权，奉行反什叶派、反穆兄会的进攻性外交政策，这一政策消耗了沙特巨大财力、物力资源却成果有限。

同时，2020 年新冠肺炎疫情使全球经济受到重创并出现负增长，国际货币基金组织数据显示，全球经济增长率为-3.3%，沙特受到巨大冲击，经济增长率为-4.1%。[①]

（三）2030 愿景新阶段

2021 年是沙特提出 2030 愿景 5 周年，4 月 27 日，穆罕默德王储接受阿拉比亚电视的专访，就过去 5 年内的经济社会改革进行总结，并对批评质疑予以回应。在一个半小时的采访中，王储主要回答了 21 个问题，其中重点阐述经济多元化的进展和构想，坚定沙特国内经济结构改革的信念。[②]

沙特改革要想打破僵局，首先面临的是如何走出传统发展路径、处理石油产业和经济多元化发展的关系。在经历了多元化补充石油产业和多元化替代石油产业的探索过程后，沙特政府提出石油产业哺育多元化的新战略，标志着 2030 愿景进入新阶段。

2021 年新冠肺炎疫情有所好转，全球经济强力复苏，沙特加快 2030 愿景新阶段的改革步伐，3 月 28 日和 30 日先后向外界公布“沙特制造”倡议（“Made in Saudi” Initiative）和沙特伙伴计划（Saudi Arabia’s Partner Program），二者共同构成了“沙特制造”这一宏大概念。

---

① *World Economic Outlook, April 2021: Managing Divergent Recoveries*, International Monetary Fund, March 23, 2020, accessed May 12, 2022, https://www.imf.org/en/Publications/WEO/Issues/2021/03/23/world-economic-outlook-april-2021.

② “Saudi Crown Prince Mohammed bin Salman gives TV interview on Vision 2030 progress,” *Alarabiya News*, April 28, 2021, accessed May 12, 2022, https://english.alarabiya.net/News/gulf/2021/04/27/Saudi-Arabia-s-Crown-Prince-Mohammed-Bin-Salman-to-give-television-interview.

沙特工业和矿产资源部部长兼沙特出口发展局主席班达尔·本·易卜拉欣（Bandar bin Ibrahim Al-Khorayef）在对外公布“沙特制造”倡议时，指出该倡议旨在国内和全球范围支持沙特产品和服务的发展，其核心是通过培养对沙特民族品牌的忠诚文化来推动多元化发展。班达尔提道，“创建一个令我们感到骄傲的工业形象是沙特国家发展的重要项目，是沙特发展为先进工业国的重要支撑”。① 为达成该目标，沙特在生产端强调国内国营和私营企业共同合作，推动多元化发展，目标是到 2030 年将沙特私营经济的占比从目前的 40%提升到 65%，将非石油出口的占比从现在的 25%提升到 50%；该倡议强调培养沙特人对本国产品和服务的信心与忠诚。②

穆罕默德王储公布的沙特伙伴计划进一步肯定沙特制造倡议的目标，明确其发展路径。该计划的主要措施是，以阿美公司和沙特基础工业公司（Saudi Basic Industry Corporation，SABIC）为首，在未来 10 年向国内私营企业领投 5 万亿里亚尔（约 1.3 万亿美元）。③ 作为全球能源巨头，阿美公司长期重视能源领域的研究和发展，在“沙特制造”框架下加大对可再生能源领域的关注，投入资金驱动可再生能源行业的发展，助力实现 2030 愿景经济结构多元化的目标。

---

① “‘Made in Saudi’ Initiative Launched to Support National Products and Services,” *Alarabiya News*, March 28, 2021, accessed May 12, 2022, https://english.alarabiya.net/News/gulf/2021/03/28/Vision-2030-Made-in-Saudi-initiative-launches-supporting-national-products-and-services.

② “‘Made in Saudi’ to Create 1.3mln Mining, Industrial Jobs for Saudis, Minister Says,” Zawya, April 1, 2021, accessed May 12, 2022, https://www.zawya.com/mena/en/economy/story/Made_in_Saudi_to_create_13mln_mining_industrial_jobs_for_Saudis_minister_says-SNG_206224127/.

③ 《王储启动“合作伙伴”计划以加强与私营部门“合作关系”》，《利雅得报》（*Alriyadh*），2021 年 3 月 31 日，https://www.alriyadh.com/1878060，访问日期：2022 年 5 月 12 日。

三、沙特的绿色发展路线

一方面，全球能源格局变动的危局和国内经济结构改革的新局要求沙特大力发展可再生能源；另一方面，沙特在 2030 愿景框架下持续探索绿色发展道路，压力与探索汇合造就 2060 年实现碳中和的绿色雄心。

（一）绿色发展理念

早在 2016 年全面经济社会改革蓝图——2030 愿景中，沙特便重视以可再生能源为核心的绿色发展。为此，沙特发布了一系列计划和倡议，进行相关制度和机制建设。

2017 年，沙特公布国家可再生能源计划，启动萨勒曼国王再生能源倡议，并成立沙特投资回收公司和国家能源服务公司；2018 年，组建皇家储备委员会，颁布国家环境战略；2019 年，加入国际太阳能联盟，成立国家环境中心，并颁布绿色利雅得计划（Green Riyadh Project）。绿色利雅得计划成为沙特首都发展规划中的重要一环，在利雅得是沙特全国政治、经济、社会中心的基础上，计划将其进一步打造为文化中心，提升现代城市的综合服务能力，以绿色发展的理念提高沙特人的生活质量。

至此，沙特的绿色发展从机构制度建设上升到理念构建。2020 年 11 月 21—22 日，沙特利用担任二十国集团轮值主席国的机会，提出循环碳经济（Circular Carbon Economy，CCE），即通过减量化、再利用、回收和去除，将线性经济模式转变为循环经济模式。

循环碳经济以“4Rs”① 作为碳管理和碳减排的框架，首先是减量

① 4Rs，即减量化（Reduce）、再利用（Reuse）、回收（Recycle）和去除（Remove）。

化，降低化石能源的使用率，以可再生能源、水电、核能和生物能源等低碳能源来替代化石能源；其次是再利用，利用创新技术捕获释放的二氧化碳，将其在燃料、生物能源、化学品、建筑材料、食品和饮料等领域重新使用；再次是回收，将排放的二氧化碳通过化学反应转化为化肥、水泥等新产品，或转化为合成燃料等他形式的能源；最后是去除，利用技术捕获、储存二氧化碳，同时通过扩大绿化、增强光合作用吸收二氧化碳。在沙特的推动下，循环碳经济的概念被二十国集团采纳，作为应对温室气体排放挑战和管理所有可用技术的综合框架，协调能源需求和气候变化之间的关系，推动国际社会实现可持续增长。

（二）绿色沙特与绿色中东

很快，沙特将自己的绿色发展理念从国内经济社会改革拓展到地区和国际舞台。2021 年 3 月 27 日，穆罕默德王储对外公布了两个雄心勃勃的倡议——绿色沙特倡议（Green Saudi Arabia Initiatives）和绿色中东倡议（Green Middle East Initiatives），针对全球气候议题，沙特提出应对的重要举措，展现出自己的绿色雄心。

绿色沙特倡议提出：首先，在未来的几十年，沙特将种植 100 亿棵树，修复约 4 000 万公顷的退化土地，将国内的植被覆盖面积增加 12 倍；其次，沙特将国内被保护土地的比例提升至 30%，远超国际上 17% 的平均目标，预计将达到 60 万平方公里；最后，采取垃圾填埋转移、保护海洋和海岸线生态环境等系列措施。更重要的是，将致力于研发可再生能源和减少碳排放，到 2030 年国内生产的可再生能源占比将达到 50%，减少 1.3 亿吨碳排放，其占全球碳排放的 4%。①

沙特还把绿色计划扩展到中东地区，提出绿色中东倡议。沙特倡议

① 《沙特在气候峰会上阐释绿色沙特倡议》，《利雅得报》（*Alriyadh*），2021 年 11 月 6 日，https://www.alriyadh.com/1917004，访问日期：2022 年 5 月 12 日。

海湾阿拉伯国家和中东地区的其他国家在未来几十年完成种植500亿棵树的目标，沙特除自己将种植100亿棵树外，还呼吁其他国家一同完成剩下400亿棵的种植目标。这一全球最大的植树造林计划，将恢复中东地区200万平方公里的退化土地，是非洲联盟主导的重点环境保护项目工程、联合国可持续发展大会的旗舰计划——第二大撒哈拉绿色长城（Great Green Wall）项目规模的2倍，预计将减少中东地区60%的碳排放。① 由此可见，沙特执政者萨勒曼父子矢志突破沙特和中东地区因地理环境所决定的传统生产和生活方式，探索中东地区社会发展新路径的绿色雄心。

2021年3月28日，穆罕默德王储与多位地区国家领导人电话沟通绿色中东倡议，得到科威特埃米尔纳瓦夫、巴林国王哈马德、卡塔尔埃米尔塔米姆、苏丹最高权力机构主权委员会主席阿卜杜勒·法塔赫·布尔汉和伊拉克总理穆斯塔法·卡迪米等人的回应，并受到阿盟和伊斯兰合作组织的称赞，认为这两个倡议表明阿拉伯国家对未来发展的关切和全球重大议题的重视，显示沙特在国际事务中扮演着重要角色，发挥着积极作用。②

此后，萨勒曼父子在多个双边和多边重要外交场合努力推广这两项绿色倡议，在全球气候议题上发出沙特声音。4月23日，阿拉伯议会联盟正式宣布采纳绿色沙特和绿色中东倡议。9月22日第76届联合国大会的发言中，萨勒曼国王特别强调绿色沙特和绿色中东倡议，表示沙特将在气候环保议题中积极参与并发挥作用。③ 在沙特不懈的努力下，这两项倡议已产生一定影响。

---

① 《王储宣布“绿色沙特”和“绿色中东”两项倡议》，《利雅得报》（*Alriyadh*），2021年3月28日，https://www.alriyadh.com/1877435，访问日期：2022年5月12日。

② “Saudi Crown Prince Discusses Green Initiatives with Region’s Leaders,” *Arab News*, March 29, 2021, accessed May 12, 2022, https://www.arabnews.com/node/1833351/saudi-arabia.

③ 《沙特国王在第76届联合国大会上的讲话》，联合国2021年9月22日，https://estatements.unmeetings.org/estatements/10.0010/20210922/QsJ9c7IoOl5b/Iy5UXfW5GuaK_en.pdf，访问日期：2022年5月12日。

为推动绿色沙特倡议，2021 年 10 月 23 日，首届绿色沙特倡议论坛（Saudi Green Initiative Forum）在利雅得正式召开。穆罕默德王储在开幕致辞中发表沙特应对气候环保议题的路线图，提出到 2030 年每年减少 2.78 亿吨碳排放，是之前提出减排目标的两倍多；并确认第一阶段植树造林计划将种植超过 4.5 亿棵树木，恢复 800 万公顷退化土地，划分新的保护区，使沙特保护区面积超过国土总面积的 20%。① 其中最令人瞩目的是，沙特首次正式宣布将在 2060 年实现碳中和。

为实现 2060 年碳中和目标，王储表示，首先将提供超过 7 000 亿里亚尔（约 1 850 亿美元）的资金，主要用于培育和发展可再生能源行业，助力绿色经济、创造就业机会。②

四、结论：绿色雄心

国际能源地位危局和国内经济改革新局，要求沙特加速对可再生能源领域的投入和发展，绿色发展路线的层层递进铺垫了沙特 2060 年碳中和政治承诺之路，2060 年碳中和展现出沙特的绿色雄心。

（一）绿色雄心背后的政治支持

沙特 2060 年碳中和绿色雄心背后拥有强大的政治支持。

一方面，2015 年 1 月 23 日萨勒曼国王继任之后，通过两次废储让自己的儿子穆罕默德进入王位继承序列，从此，萨勒曼父子开始大力推行

---

① "Saudi Green Initiative Forum," *Arab News*, October 23, 2021, accessed May 12, 2022, https://www.arabnews.com/node/1953431/saudi-arabia.

② 《王储颁布沙特保护环境和应对气候变化挑战的路线图》，《利雅得报》（*Alriyadh*），2021 年 11 月 23 日，https://www.alriyadh.com/1914452，访问日期：2022 年 5 月 12 日。

改革、践行承诺。

另一方面，穆罕默德王储是沙特王室中的第三代成员，他与家族内的二代亲王们有着本质差别，他出生和成长的环境已是沙特经历石油财富后，国家财政富足、人均收入暴涨的年代，与老一代的沙特王室成员相比，作为政治新世代，他更富有创新精神和改革魄力。

在穆罕默德王储主导的2030愿景框架下，沙特在可再生能源领域已实现多项突破。2021年4月，沙特修建产能为300兆瓦的萨卡卡（Sakaka）太阳能发电项目，并有10个在建总容量为3 600兆瓦的太阳能项目；① 8月，启动杜姆特·杨达尔（Dumat Al-Jandal）风电场，规模达400兆瓦并实现全球最低电价进行风能发电；② 10月，沙特红海未来城与华为数字能源技术有限公司（Huawei Digital Power）和山东电力建设第三工程有限公司签订全球最大的光储离网储能项目，储能系统可达1 300兆瓦。据报道，这一全球最大离网储能项目将具有突出的经济优势，生命周期度电成本低于10美分，低于传统发电方式，且模式可快速复制供给全城。③

沙特2060年碳中和绿色雄心最重要的技术依靠是国际能源巨头阿美公司。

阿美公司长期深耕于能源行业，了解掌握这一领域最前沿的技术，与国际顶尖能源公司包括可再生能源公司有深厚合作的基础，此外，诸多可再生能源技术需要基于传统能源技术的迭代发展，阿美公司拥有得天独厚的条件。

2019年，阿美公司和全球领先的工业气体公司空气产品公司（Air

---

① 《萨卡卡“太阳能”发电厂：可再生能源时代》，《利雅得报》（*Alriyadh*），2021年4月9日，https://www.alriyadh.com/1879577，访问日期：2022年5月12日。

② *Vision 2030 Achievements Booklet*, accessed May 12, https://www.vision2030.gov.sa/v2030/achievements/.

③ Andy Colthorpe, “Huawei Signs 1 300 MWh Solar-Charged Battery Contract for Saudi Arabia’s Red Sea Project,” Energy Storage, October 19, 2021, accessed May 12, 2022, https://www.energy-storage.news/huawei-signs-1300mwh-solar-charged-battery-contract-for-saudi-arabias-red-sea-project/.

Products）合作，在位于宰赫兰科技谷中的科技园为沙特第一个加氢站揭幕。该试点站为6辆丰田未来（Mirai）氢燃料电动汽车提供高纯度压缩氢气的燃料。① 2020年9月，阿美公司和日本能源经济研究所以及沙特基础工业公司合作，在日本产业经济省的支持下，建成世界上第一个蓝氨供应链示范，从沙特生产40吨高品位蓝氨，运输至日本用于零碳发电。② 并在此过程中，捕获50吨二氧化碳，其中30吨用于沙特基础工业公司伊本·西那（Ibn-Sina）工厂的甲醇生产，另外20吨用于阿美公司乌斯马尼亚（Uthmaniyah）油田提高石油采收率。

2021年10月23日，穆罕默德王储提出2060年碳中和目标的当天，阿美公司董事长亚西尔·鲁马扬（Yasir Al-Rumayyan）对外宣布，阿美将在2050年前实现公司运营过程中温室气体净零排放的目标，③ 并将循环碳经济作为公司能源转型、推动实现《巴黎协定》目标的重要战略。三天后，阿美公司宣布将进一步加强对绿色氢气、可持续技术解决方案等新兴行业的关注、支持，通过合作研发等手段加强可再生能源领域的研发能力，提升在国际能源市场上的竞争力，和现代工业投资控股集团以及研发绿色氢气的专业机构——洲际能源签署开发一个新的绿色氢和氨生产装置的谅解备忘录；并分别与南极碳资产管理公司和优素福·阿卜杜勒拉赫曼·达比扬东部农业公司签署两个独立谅解备忘录，旨在评估建立国家环保服务公司以创新技术帮助减少温室气体排放解决方案的

① "Supporting the Energy Transition," Aramco, accessed May 12, 2022, https://www.aramco.com/en/sustainability/climate-change/supporting-the-energy-transition/blue-hydrogen-and-blue-ammonia.

② "World's First Blue Ammonia Shipment Opens New Route to a Sustainable Future," The Institute of Energy Economics Japan, September 27, 2020, accessed May 12, 2022, https://eneken.ieej.or.jp/en/press/press200927_en.pdf.

③ "Aramco Expands Climate Goals, Stating Ambition to Reach Operational Net-Zero Emissions by 2050," Aramco, October 23, 2021, accessed May 12, 2022, https://www.aramco.com/en/news-media/news/2021/ambition-to-reach-operational-net-zero-emissions-by-2050.

可行性。①

（二）绿色雄心面临的障碍

2021 年 11 月 10 日，沙特能源大臣阿卜杜勒–阿齐兹·本·萨勒曼在格拉斯哥峰会发言中，强调气候变化是一个全球议题，需要国际社会一同应对，采取系统性措施回应能源安全、经济发展和气候变化三大需求。② 人类社会进入新的发展阶段，沙特作为以石油为命脉、影响全球能源格局的经济体，在这轮剧变中不得不冲锋在前。人类从百年来已经习惯的生产和生活方式中走出来，沙特从地理环境所决定的生产和生活方式中走出来，放弃以往石油时代能源生产的优势，正视现实面向未来，开发新的可再生能源以实现历史性跨越，并不容易。

2060 年碳中和目标从理想到现实仍面临诸多挑战。

首先，沙特在可再生能源研发中并不掌握核心技术。全球主要经济体都在寻找替代传统化石能源的可再生能源，可再生能源的新技术越来越集中在中国、欧洲和美国等少数国家和地区，目前任何一个国家尚不存在绝对控制未来能源供应的可能性，但这些国家和地区在一种或多种可再生能源方面已掌握核心技术，拥有巨大的技术潜力，成为新地缘政治竞争中的主要博弈者，③ 沙特在这轮博弈中并不占据优势。

其次，沙特缺乏集中领导的组织架构和透明清晰的规划，这严重阻

① "Aramco Expands Focus on Emerging Sectors at Future Investment Initiative," Aramco, October 26, 2021, accessed May 12, 2022, https://www.aramco.com/en/news-media/news/2021/aramco-expands-focus-on-emerging-sectors-at-future-investment-initiative.

② See "Saudi Arabia-High-level Segment Statement COP 26," UNFCC, November 11, 2021, accessed May 12, 2022, https://unfccc.int/sites/default/files/resource/SAUDI_ARABIA_cop26cmp16cma3_HLS_EN.pdf.

③ J.-F. Mercure, P. Salas, P. Vercoulen, G. Semieniuk, A. Lam, H. Pollitt, P. B. Holden, N. Vakilifard, U. Chewpreecha, N. R. Edwards and J. E. Vinuales, "Reframing Incentives for Climate Policy Action," *Nature Energy*, November 4, 2021, accessed May 12, 2022, https://www.nature.com/articles/s41560-021-00934-2#Sec4.

碍可再生能源的发展。除能源部外，多个部门和组织参与培育、发展可再生能源发展，但缺少统一协调部署，各方大多以独立方式推进。可再生能源发展包含在多个倡议中，涉及诸多部门和组织。① 这些部门和组织在优先发展方向上并不相同，甚至存在竞争关系，这将严重削弱可再生能源培育和发展的动力。②

再次，能源转型面临既得利益集团的阻碍。几十年来，石油产业一直是沙特的支柱产业，在国内已培养出巨大的利益集团，他们要求不断投入更多资源、强化石油产业的核心主导地位，能源转型将面临这些力量的阻挠。2021 年 3 月，穆罕默德王储提出“沙特制造”，要求阿美公司领头支持，其后，阿美公司首席执行官阿明·纳赛尔（Amin Nasser）在接受采访时则表示，该公司对私营经济投资的驱动力是商业活动本身而非国家政策，并将遵照市场规律规范投资，参与“沙特制造”。不同部门、不同企业以及同一部门、同一企业内部不同力量对可再生能源发展的认识都存在巨大差异，诸多不确定性影响其发展的具体落实。

最后，可再生能源的研发和使用需要高科技的支撑，沙特本国的科技和教育与能源转型之间存在鸿沟。在人才储备方面，沙特教育部显示，截至 2021 年，国内有 29 所公立大学和 36 所私立大学。沙特统计局数据

---

① 这些倡议包括可再生能源产业集群本地化政策（Local Content Policy for Renewable Energy Industry Clusters）、提升可再生能源拍卖条款（Improve the Auction Terms of Renewable Energy）、发展可再生能源领先公司（Develop Leading National Companies in Renewable Energy Industries）、启动可再生能源国王倡议（Launch the Custodian of the Two Holy Mosques Initiatives for Renewable Energy in the Kingdom）、部署私营部门参与的适合机制（可再生能源）［Deploy the Appropriate Mechanism for Private Sector Involvement（Renewable Energy）］、替代能源和可再生能源评估（Evaluation of Alternative and Renewable Energy Source）等；部门组织包括能源部（Ministry of Energy）、工业与矿产资源部（Ministry of Industry and Mineral Resources）、沙特地质调查局（Saudi Geological Survey）、能源部下设的可再生能源项目开发办公室（Renewable Energy Program Development Office，REPDO）、国家产业集群发展计划（National Industrial Clusters Development Program）等。*National Industrial Development and Logistics Program, The Annual Report of 2020*, accessed May 12, 2022, https://www.vision2030.gov.sa/v2030/vrps/nidlp/。

② Jean-François Seznec and Samer Mosis, “The Energy Transition in the Arab Gulf: from Vision to Reality,” Atlantic Council, August 2, 2021, accessed May 12, 2022, https://www.atlanticcouncil.org/in-depth-research-reports/report/the-energy-transition-in-the-arab-gulf-from-vision-to-reality/.

显示，2007—2017 年的 10 年里，沙特培养博士 36 869 人、硕士 117 697 人。2017 年，博士毕业 4 097 人、硕士毕业 18 089 人，博士毕业生中 2 710人毕业于公立学校，1 029 人毕业于私立学校，另有 357 人毕业于国际学校。① 沙特的教育体系里，每年硕博研究生培养数量并不多，其中又有一部分是人文科学、社会科学以及伊斯兰教育领域的学生，能投身可再生能源研发的科技人才数量少之又少，如何填补教育与科技研发间的鸿沟是沙特无法回避的重大问题。

几千年来，贝都因人在黄沙大漠中生生不息；几十年来，海湾人依靠黑金石油获得财富；如今，沙特人想在黄色和黑色的底色上实现全新的绿色梦想，还有很长的路要走。

附件 1 石油产业的国际优势指标

石油产业的国际优势指标是显示性比较优势指数（Revealed Comparative Advantage，RCA），② 即一国某种产品出口值占该国出口总值的份额与该产品世界出口总值占所有产品世界出口总值份额的比率，公式如下。

$$RCA_{ij}=\frac{\text{i 国 j 产业在本国出口总额中的份额}}{\text{全球 j 产业在全球出口总额中的份额}}=\frac{X_{ij}/X_{it}}{X_{wj}/X_{wt}}$$

如果 $RCA_{ij}>1$ 则表示 i 国第 j 产业的产品在世界经济中具有显示性比较优势，RCA_{ij} 数值越大，显示性比较优势越明显。如果 $RCA_{ij}>2.5$，则

① "Education and Training Survey 2017," General Authority of Statistics, accessed May 12, 2022, https://www.stats.gov.sa/en/903.

② 已有学者使用该指标来衡量阿拉伯国家石油产业的国际优势，参见倪晓宁：《石油与阿拉伯世界经济变迁》，对外经济贸易大学出版社，2016，第 135—138 页。

具有极强的竞争优势；如果 1.25<RCA_{ij}<2.5，则具有较强竞争优势；如果 0.8<RCA_{ij}<1.25，该行业具有较为平均的竞争优势；如果 RCA_{ij}<0.8，则不具有竞争优势；如果 0<RCA_{ij}<0.8，则表示 i 国第 j 产业具有比较劣势，且数值越接近 0，比较劣势越明显。2019 年沙特石油产业显示性比较优势指数为 6.21。

英伦“神剧”《是，大臣》的诞生与走红

魏运高丽*

2021年6月26日，英国卫生大臣与女助手在办公室热吻的偷拍视频流出，瞬间引爆舆论。有中国网友在回答“知乎”相关提问时贴出了这样一段台词：“如果你想找乐子的话，一定要看内阁大臣的安全档案。”网友似乎早已看穿一切。

次日，英国媒体再次爆出大新闻，英国国防部的机密文件被遗失在肯特郡某公交车站，引起一片哗然。又有细心的中国网友发现，这一“剧情”可能几十年前就已经上演：“你拿到一份（机密文件）的唯一机会，是有人误把它乱丢。”

以上段子或台词都来自英剧《是，大臣》（*Yes*，*Minister*，YM，包括1984年的圣诞特辑）及其续集《是，首相》（*Yes*，*Prime Minister*，YPM）。事实上，如果你关注英国政治，极有可能也在网络讨论平台上刷到过类似的截图和表情包。从“脱欧”“群体免疫”到“卫生大臣出轨门”和“机密文件丢失事件”，剧中总有几句台词能一语中的、完美贴合当下。

《是，大臣》及其续集广受全世界观众的喜爱，早已被“封神”，有

---

* 魏运高丽，北京大学区域与国别研究院博士后，毕业于北京大学历史学系，研究方向为英国史。本文是在笔者发表在“澎湃号·政务”专栏上的文章修改而成，原文参见魏运高丽：《半部YM治天下：走红41年的英伦神剧诞生记》，2021年8月9日，澎湃新闻，https://www.thepaper.cn/newsDetail_forward_13954919，访问日期：2022年7月20日。

不少中国网友常调侃要为该剧“申遗”，将其作为人类文化遗产保护起来。1980年2月，《是，大臣》第一季开始在英国广播公司（BBC）第二频道播出。而这部20世纪诞生于英国的政治讽刺类情景喜剧能在21世纪的中文互联网焕发新的活力，正是因为它拥有着与众不同的“出身”。今天，我们回顾《是，大臣》这一经典电视剧的诞生和走红历程，既是一种致敬，也是一种反思。

一、两强相遇：《是，大臣》创作想法的形成

刚到英国广播公司工作时，安东尼·杰伊（Antony Jay）一心想成为伟大的板球评论员，不知不觉中却与时事评论和喜剧短片结缘。1972年，杰伊和约翰·克利斯（John Cleese）一起创办了寓教于乐的“影像艺术”（Video Arts）公司，编写有趣的教学培训影片——“人们在睡觉和无聊的时候是学不到东西的”。[①] 在为公司寻觅演员时，克利斯找来了他在剑桥的老友乔纳森·林恩（Jonathan Lynn），二人都是剑桥著名喜剧剧团脚灯社（Footlights Dramatic Club）的成员，在20世纪60年代一起合作出演过自创讽刺剧《剑桥马戏团》（*Cambridge Circus*），[②] 杰伊同林恩因此相识（两人照片参见图1）。

---

① “Our Story,” Video Arts, accessed August 3, 2021, https://www.videoarts.com/our-story/.

② “Cambridge Footlights Revue,” Liqui Search, accessed August 3, 2021, https://www.liquisearch.com/cambridge_footlights_revue/1963_revue/a_clump_of_plinths_%e2%80%94_cambridge_circus.

图 1 《是，大臣》的两位编剧乔纳森·林恩（左）和安东尼·杰伊（右）

资料来源："Yes, Prime Minister press night," Wooller, accessed August 3, 2021, https://wooller.com/yes,_prime_minister_press_night_11400。

彼时，林恩是一位事业正处于上升期的演员，在加入"影像艺术"之前，他最重要的代表作是喜剧《医生当家》（*Doctor in the House*），但同时也尝试撰写剧本并赢得了不错的反响。后来，林恩受邀承担教学影片的编剧任务，和杰伊展开了愉快的合作。创作《是，大臣》的想法来自杰伊。杰伊告诉林恩，他想创作一种不同类型的情景喜剧，聚焦权力中心、政府和公务员，但在林恩看来，这是"很长一段时间以来听过最无聊的建议"，① 他因此拒绝了杰伊，但转行做了两年导演后，林恩改变了想法。

杰伊和林恩的创作初衷并不完全一致。杰伊认为，人们在屏幕里见到的政客只展示了政府运作的四分之一，事实上，政府幕后的新闻部门

① *Comedy Connections S6E2*, Dir. Ellen-Raissa Jackson, Perf. Doon Mackichan, Antony Jay, Jonathan Lynn, BBC, July 25, 2008, Documentary.

和文官们才真正操纵着政府的运行，而不是那些乱哄哄的议员，杰伊想做的是揭开体制背后的秘密，展现封闭的世界。而林恩则对政客充满鄙夷，他想做的是揭露政客的虚伪和矫饰。刚到剑桥读书时，林恩也抱有从政的理想，但他发现不少同学在辩论时浮夸自恋、丑态百出，俨然前座议员，感到十分扫兴。讽刺的是，20 年后那些同学真的成了议员，滑稽而做作。林恩心想，既然与从政无缘，“我对政治界能做的唯一贡献就是嘲笑政治家”。[①] 这种对政客的明察秋毫和绝对讽刺奠定了《是，大臣》的基调。

二、三人成行：不可言说的唐宁街“线人”

虽然杰伊和林恩深谙喜剧之道，早年也曾参与时事评论节目或出演政治讽刺剧，但他们都没有实际从政经验，所以，《是，大臣》事实上还有第三位“看不见”的编剧——来自威斯敏斯特甚至唐宁街十号的“线人”或“知情者”，这使得剧集故事本身不仅有趣，而且真实。

找到高层的爆料者其实并不难，林恩在采访中透露，“级别越高，嘴巴越大”——担心丢饭碗的低级文官往往守口如瓶，议员则是一问三不知，而位高权重的高级文官、政治顾问以及内阁成员简直口无遮拦，只要请他们吃顿美餐，再来一两杯美酒，他们就会跟你分享任何你感兴趣的八卦。[②] 所以两位编剧总是带着线人出入伦敦的各种高级餐厅。

当然，双方的保密工作都十分到位，从 2004 年竞选“英国最佳情景喜剧”的纪录片中，人们才首次得知了两位主要线人的身份：前首相哈罗德·威尔逊的私人秘书马西娅·法尔肯德（Marcia Falkender，照片参

---

① *Britain's Best Sitcom S1E5*, Dir. Andy Devonshire, Perf. Derek Fowlds, Armando Iannucci, Antony Jay, BBC Manchester, February 7, 2004, TV Series.

② Ibid.

见图 2），前首相哈罗德·威尔逊和詹姆斯·卡拉汉的高级政策顾问伯纳德·多诺霍（Bernard Donoughue）。法尔肯德回忆，杰伊和林恩会把剧本带到她家一起研究，大家边讨论边发笑，就这样度过整个上午；多诺霍则通常和两位编剧共进午餐并交流想法，对他而言，这是一种“私密的娱乐”。①

图 2　线人之一马西娅·法尔肯德（左）和前首相哈罗德·威尔逊（右）

资料来源：“Radio pirates said stick pipe smoke Mr. Wilson,” *CWF News*, accessed August 3, 2021, https://consumerwatchfoundation.com/radio-pirates-said-stick-pipe-smoke-mr-wilson。

《是，大臣》的很多情节和灵感都来自线人们的亲身经历，加上编剧的创作，剧中三位重要角色诞生了——略显笨拙又充满理想主义的行政事务部（Department of Administrative Affairs，为编剧虚构部门）大臣吉姆·哈克（Jim Hacker）、狡黠善辩的常务次官（Permanent Under Secretary）汉弗莱·阿普尔比（Humphrey Appleby），还有左右逢源、乐此不疲纠正语法措辞的首席私人秘书（Principal Private Secretary）伯纳

① *Britain's Best Sitcom S1E5*, Dir. Andy Devonshire, Perf. Derek Fowlds, Armando Iannucci, Antony Jay, BBC Manchester, February 7, 2004, TV Series; *Comedy Connections S6E2*, Dir. Ellen-Raissa Jackson, Perf. DoonMackichan, Antony Jay, Jonathan Lynn, BBC, July 25, 2008, Documentary.

德·伍利（Bernard Wooley）。

《是，大臣》的核心剧情是以哈克为代表的政客和以阿普尔比为代表的文官之间的冲突与矛盾，年轻的伍利则周旋于两者之间。这种角色设定实际上也来自两位编剧“左右互搏”后的“殊途同归”，在某种程度上，杰伊是阿普尔比的守护者，而林恩则成了哈克的代言人——杰伊是撒切尔夫人的支持者，但是林恩显然偏左一些，但他们创作的目的和对象是一致的，既不为了政治宣传，也不为了改造社会，只是聚焦于白厅里那些暗潮汹涌的钩心斗角。

三、一鸣惊人：入木三分的台词和剧情

1980年2月25日，《是，大臣》第一季正式开播，三位重要角色分别由保罗·埃丁顿（Paul Eddington）、奈杰尔·霍索恩（Nigel Hawthorne）和德里克·福德斯（Derek Fowlds）饰演（参见图3）。《是，大臣》第一季一共播出了7集，每集大约30分钟，笑点密集，金句频出。

它向我们展示了英国政治运行的潜规则：公务员（文官）在英国政治制度中的地位远比想象中重要——“铁打的公务员，流水的大臣”。部门里的文官承担了管理各部的重要责任，而他们和大臣往往背道而驰：“反对党不过是‘流亡’的反对派，那些公务员才是‘在朝’的反对派。”① 文官为了维持既得利益，努力保持制度不变更，剧中总结了他们的“拖延战术五步曲”：第一步，声称内阁新建，尚有许多事务要处理；第二步，质疑政策施行的方式；第三步，表示当下不是施行政策的恰当时机；第四步，借技术、行政、法律上的托词显示困难重重、举步维艰；

① *Yes Minister S1E4*, Dir. Sydney Lotterby, Perf. Paul Eddington, Nigel Hawthorne, Derek Fowlds, BBC, March 17, 1980, TV Series.

第五步——以上四步大约可以拖延三年——到了最后阶段，告诉大臣：下一届大选近在咫尺，你能确保这项政策通过？①

图 3 《是，大臣》的三位主演

资料来源：“Yes Minister (1980),” The Poster Database, accessed July 21, 2022, https://theposterdb.com/posters/77633。

注：从左至右分别为奈杰尔·霍索恩饰演的汉弗莱·阿普尔比、保罗·埃丁顿饰演的吉姆·哈克、德里克·福德斯饰演的伯纳德·伍利。

---

① *Yes Minister S1E4*, Dir. Sydney Lotterby, Perf. Paul Eddington, Nigel Hawthorne, Derek Fowlds, BBC, March 17, 1980, TV Series.

《是，大臣》对民主政治极尽嘲讽之能事。第一集“开放政府”（Open Government）尖锐地指出，“开放”和“政府”这个短语本来就是互相矛盾的——两者只能二选一。难道公民没有权利了解政府的真相吗？对此，阿普尔比回答道，民主政府的公民拥有的是“无知”的权利，因为“知识代表阴谋和罪行，无知倒有一定的尊严”。① 它露骨地嘲笑议员、大臣和选举制度，“议员并非由人民选出，而是由所在地党派决定的——35 个穿肮脏雨衣的男人或 35 个戴着愚蠢礼帽的女人”。“下院仅有 630 位议员，一个党派超过 300 名席位便可以组成内阁，在这 300 人中，有 100 人既老又蠢，另 100 人乳臭未干，剩下 100 人正好填上了 100 个政府职务，根本无从挑选。他们未经遴选，未受训练，我们不得不为他们代劳”。②

它揭露了外交风云背后的机关算尽。其中大家最熟悉而且被反复证实的就是剧中阿普尔比和哈克关于英国欧洲政策的对话。阿普尔比指出，英国外交部亲近欧洲实际上是为了打入欧洲内部来离间欧洲，“大臣，英国的外交目标至少 500 年来从未变过：创造一个分裂的欧洲。因此，我们先后联合荷兰打西班牙，联合德国打法国，联合法国、意大利一起打德国，又联合法国打德国和意大利。分而治之，您懂的。这个政策效果很好，为什么要改变呢？”③

它还无情戳穿政治家的话术：官方回复“‘在考虑当中’的意思是文件已经丢了，‘在积极考虑当中’的意思是正在找”。④ 在《是，大臣》编剧的笔下，一切事物都成了可以被嘲笑和抨击的对象，甚至连出品方

---

① *Yes Minister S1E1*, Dir. Sydney Lotterby, Perf. Paul Eddington, Nigel Hawthorne, Derek Fowlds, BBC, February 25, 1980, TV Series.

② *Yes Minister S1E3*, Dir. Sydney Lotterby, Perf. Paul Eddington, Nigel Hawthorne, Derek Fowlds, BBC, March 10, 1980, TV Series.

③ *Yes Minister S1E5*, Dir. Sydney Lotterby, Perf. Paul Eddington, Nigel Hawthorne, Derek Fowlds, BBC, March 24, 1980, TV Series.

④ *Yes Minister S1E2*, Dir. Sydney Lotterby, Perf. Paul Eddington, Nigel Hawthorne, Derek Fowlds, BBC, March 3, 1980, TV Series.

英国广播公司都不放过。[1] 正如撒切尔夫人的首席新闻秘书（Chief Press Secretary）伯纳德·英厄姆（Bernard Ingham）所言，这部充满自黑和自嘲的剧非常“英式”。[2]

四、万人空巷：一炮走红的政治喜剧

早在1977年，英国广播公司就陆续拿到了《是，大臣》的剧本，并计划在1979年录制和播出。该剧第一季第一集，也就是试播集，正是在1979年录制完成的。在此之前，主创们并不确定观众是否做好了充分的准备来接受如此辛辣的政治喜剧，但录制现场此起彼伏的笑声给了他们信心。在时任英国广播公司喜剧总监约翰·霍华德·戴维斯（John Howard Davies）的大力推荐下，《是，大臣》旋即获批为正式剧集。从第一季第二集起，《是，大臣》拥有了全新的片头曲、片头动画（参见图4），并换了一位新导演——悉尼·洛特比（Sydney Lotterby）。

然而，政客们是否做好了迎接这一喜剧的准备却并未可知。英国广播公司早已预料到剧集内容的敏感性，为了减少不必要的麻烦、避免影响大选，决定等1979年选举结束后再正式播出《是，大臣》。20世纪70年代末，英国通货膨胀严重，导致“不满之冬”（Winter of Discontent）罢工潮席卷全国，詹姆斯·卡拉汉领导的工党统治岌岌可危。1979年5月保守党在选举中获胜，撒切尔夫人成为英国历史上第一位女首相。次年2月，新政府上台之后，《是，大臣》才开始在电视上播出。

---

① *Yes Minister S1E7*, Dir. Sydney Lotterby, Perf. Paul Eddington, Nigel Hawthorne, Derek Fowlds, BBC, April 7, 1980, TV Series.

② *Britain's Best Sitcom S1E5*, Dir. Andy Devonshire, Perf. Derek Fowlds, Armando Iannucci, Antony Jay, BBC Manchester, February 7, 2004, TV Series.

图 4　英国漫画家杰拉尔德·斯卡夫（Gerald Scarfe）

为《是，大臣》绘制的片头动画形象

资料来源："Yes Minister," Gerald Scarfe, accessed June 28, 2022, https://www.geraldscarfe.com/shop/yes-minister/yes-minister/。

该剧是以情景喜剧的方式录制的，也就是说，剧中的笑声并不是后期合成的，制片方邀请了 250 多名观众到录影棚参与拍摄，将他们的笑声收录其中。据林恩透露，这样做有两个原因：其一，政治喜剧的笑点可能比较隐晦，因此需要有笑声在音轨里加以引导；其二，他指出，"更重要的，也是观众必不可少的真正原因在于，《是，大臣》《是，首相》需要观众提供'安全保障'。做政治喜剧总是有风险的，白厅（政府）的某个人可能会找英国广播公司的人谈话"。[①] 杰伊也表示，如果没有来自观众的认可，人们很可能会指责编剧们"胡说八道"。[②]

正如这部剧需要观众一样，观众也需要这部剧。导演阿尔曼多·扬努齐（Armando Iannucci）2004 年为《是，大臣》竞选"英国最佳情景

① *Britain's Best Sitcom S1E5*, Dir. Andy Devonshire, Perf. Derek Fowlds, Armando Iannucci, Antony Jay, BBC Manchester, February 7, 2004, TV Series.

② Ibid.

喜剧”拉票时说道：“25年前，英国政治圈还是个封闭的世界，我们知道在背后运筹帷幄的人是谁，但是并不知道它具体是如何运作的，电台可以进入威斯敏斯特，所以至少我们可以听到后座议员们的起哄叫嚷，但是那些真正出谋划策、有实权的人还是不露脸的。然而，《是，大臣》横空出世，向人们展示了那个世界，展示了乱七八糟的英国政治。”①

五、头号粉丝撒切尔夫人的“强行客串”

在《是，大臣》中，阿普尔比和哈克精彩的对手戏令人拍案叫绝，一时间，他们俨然成为英国政界“唯一的文官超级巨星”和“最受欢迎的议员”。② 出人意料的是，这部讽刺民主政治的情境喜剧不仅受到普通民众的欢迎，也得到了政界人士的青睐，据说，下院议员们为了追剧曾集体翘班，回家看电视。

在《是，大臣》庞大的粉丝群中，知名度最高的粉丝无疑就是撒切尔夫人了。1984年，该剧获得了“全国视听者协会”（National Viewers' and Listeners' Association，NVALA or National VALA）的奖项，该协会由玛丽·怀特豪斯（Mary Whitehouse）创立，但在领奖前，编剧和演员们获知了一个令人吃惊的消息：颁奖人不是怀特豪斯，而是首相撒切尔夫人！而且，撒切尔夫人还打算在颁奖的时候与两位主演合作表演一段自创的剧本……

作为撒切尔夫人和保守党的支持者，编剧杰伊显然对这个消息感到高兴，因为这在某种程度上意味着对《是，大臣》的最高认可。但林恩和两位主演就不是那么乐意了，不过，想要拒绝首相并非易事，他们只

---

① *Britain's Best Sitcom S1E5*, Dir. Andy Devonshire, Perf. Derek Fowlds, Armando Iannucci, Antony Jay, BBC Manchester, February 7, 2004, TV Series.

② Ibid.

好答应下来。撒切尔夫人和英厄姆共同创作的剧本叫作《首相的计划》(*The PM's Plan*)。[①] 在颁奖礼上，撒切尔夫人本色出演首相，如愿和“阿普尔比”与“哈克”完成了这场简单的演出（参见图5）。

图5　撒切尔夫人同《是，大臣》两位主演合作表演自创剧本

资料来源：Adam Sherwin, “Sir Humphrey would outsmart Dominic Cummings, says Yes Minister writer Jonathan Lynn,” *Inews*, February 26, 2020, accessed June 20, 2022, https://inews.co.uk/culture/television/yes-minister-interview-jonathan-lynn-sir-humphrey-dominic-cummings-397369。

林恩曾多次表达对撒切尔夫人所作剧本的“嫌弃”——“糟糕透了”“太可怕了”，但首相本人“客串”首相这件事实在是太富戏剧性，所以林恩也被他们的表演成功逗笑了。在领奖时，林恩调侃道，“撒切尔夫人终于在喜剧界找对了位置”——后来，他多次满怀骄傲地回忆起这

① 完整剧本参见“Thatcher script,” The Yes (Prime) Minister Files, accessed June 20, 2022, https://yes-minister.com/thatcherscript.htm。

句话，因为这为他赢得了职业生涯以来最响亮的笑声，所以，一切都“值了”。[①] 当然了，政客们是真心喜欢这部剧还是有意迎合就不得而知了，至少从表面上看，他们给足了这部剧“面子”。无论如何，撒切尔夫人的“客串演出”产生了轰动，为《是，大臣》带来了更高的知名度和认可度。

尽管最初只准备了试播集，但在1980—1982年，《是，大臣》接连发行了3季，每季7集，1984年还播出了圣诞特辑，1981年、1982年和1983年，《是，大臣》连续赢得了3届英国电视学院奖（BAFTA TV Award）。在观众的强烈要求下，1986年，《是，大臣》原班人马回归，哈克“升级”为首相，因此续集名为《是，首相》，一共2季16集。续集保持了同样高的制作水准，在1987年和1988年连续摘得英国电视学院奖。在“英国最佳情景喜剧”的角逐中，《是，大臣》及其续集最终在100个竞选者中名列第六。[②]

除了获得专业评委的青睐、赢得无数奖项之外，《是，大臣》也深受全世界观众的喜爱，拥有极高的观众口碑。剧集播出不久就获得了90分以上的观众欣赏指数；[③] 在知名影评网站“烂番茄”（Rotten Tomatoes）上，《是，大臣》爆米花指数高达88%；[④] 在最大的电影数据库“互联网电影资料库”（Internet Movie Database，IMDb）上，《是，大臣》评分高达8.6；[⑤] 在“豆瓣”上，近5万名中国观众给《是，大臣》第一季打出

---

① *Britain's Best Sitcom S1E5*, Dir. Andy Devonshire, Perf. Derek Fowlds, Armando Iannucci, Antony Jay, BBC Manchester, February 7, 2004, TV Series; *Comedy Connections S6E2*, Dir. Ellen-Raissa Jackson, Perf. Doon Mackichan, Antony Jay, Jonathan Lynn, BBC, July 25, 2008, Documentary.

② J. Kamm, "Ignorant Master, Capable Servants: The Politics of *Yes Minister* and *Yes Prime Minister*," in J. Kamm, B. Neumanneds, *British TV Comedies: Cultural Concepts, Contexts and Controversies* (London: Palgrave Macmillan, 2016), p. 116.

③ "Jonathan Lynn," Beyond the Title, accessed August 3, 2021, http://www.beyondthetitle.co.uk/portfolio/jonathan-lynn/.

④ "Yes, Minister," Rotten Tomatoes, accessed July 21, 2022, https://www.rottentomatoes.com/tv/yes_minister.

⑤ "Yes Minister," IMDb, accessed July 21, 2022, https://www.imdb.com/title/tt0080306/?ref_=nv_sr_srsg_0.

了9.8的高分。①

在2015年8月12日"互联网电影资料库"发起的"英国最佳政治剧"评选中，《是，大臣》高居榜首。②《是，大臣》的成功让人们对政治剧产生了前所未有的兴趣，无数影视剧创作者将目光聚焦于威斯敏斯特和白厅，掀起经久不息的创作热潮。在英国，同类题材的作品，如《新政治家》(*The New Statesman*)、《木偶屋》(*Spitting Image*)、《纸牌屋》(*House of Cards*)、《扬鞭》(*Whipping It Up*)、《幕后危机》(*The Thick of It*)等相继问世。这种影响也延伸到世界其他地区，其中，2013年美版《纸牌屋》的爆火再次证明了这一题材的吸引力。但人们最怀念的依然是《是，大臣》。2010年，杰伊和林恩再续前缘，《是，大臣》以舞台剧的形式回归；2013年，舞台剧演员们将"现代版"的《是，首相》搬上了荧屏，该剧一共6集，但无论是观影人数还是评分都无法和20世纪80年代的原版相提并论。③

40多年以后，无论是中国影迷还是英国观众，都能在回望历史的过程中重新感受《是，大臣》经久不衰的影响力。它敢于揭露政治家的虚伪和谎言，充满对民主政治的插科打诨，不避讳、不矫饰，用出色的情节、精湛的表演将观众带入纷繁复杂的政治舞台，使其享受最佳的观影体验，真切感受到来自创作者最大的尊重。随着时间推移，三位主演和编剧杰伊相继与世长辞，但在全世界影迷心中，《是，大臣》作为政治讽刺剧的经典之作，在世界影视史上的地位永远无法撼动。

---

① 《〈是，大臣〉第一季》，豆瓣，https://movie.douban.com/subject/4937405/，访问日期：2022年7月21日。

② "Best British Political Dramas & Comedies," IMDb, August 12, 2015, accessed July 23, 2022, https://www.imdb.com/list/ls074442237/?ref_=otl_1.

③ J. Kamm, "Ignorant Master, Capable Servants: The Politics of Yes Minister and Yes Prime Minister," in J. Kamm, B. Neumann (eds.), *British TV Comedies: Cultural Concepts, Contexts and Controversies* (London: Palgrave Macmillan, 2016), p. 133.

雀巢的印度版图

——方便面里的社会变迁与情感记忆

张　婧*

随着2022年中国央视“3·15”晚会的曝光，方便面巨头康师傅和统一的龙头产品——“老坛酸菜”成了绝对焦点。根据相关调查，方便面中的酸菜实为非常规渠道收购，让人大跌眼镜的是，号称由传统工艺发酵的老坛酸菜多为土坑制作，且生产过程极不规范，卫生环境和食品安全无从保障。脚踩土坑酸菜视频曝光后，不仅涉事的湖南插旗菜业成为众矢之的，统一和康师傅两家方便面巨头更是面临着巨大的舆论压力，第一时间发表致歉声明并下架相关老坛酸菜产品。酸菜包的不规范操作着实让全国无数忠实消费者为之愤怒：1992年康师傅和统一方便面相继进入中国大陆市场，随即红遍了大江南北，两家企业不仅见证了中国经济的飞速发展，更无异于在当时发起了一场饮食革命，使方便面这种快捷、好吃、便宜的快消食品成为所有中国人生活中不可分割的一部分。

虽然康师傅和统一集团30年来积累的声誉和口碑在2022年受到前所未有的挑战，但在世界范围内，方便面企业经历的“至暗时刻”却并不鲜见，比如，2021年韩国农心集团出口至德国的方便面被检测出环氧乙

* 张婧，博士，中国社会科学院信息情报研究院《国外社会科学》（双月刊）编辑，研究方向为印度近现代历史和印度文化。本文中有些食品或方便面的品牌名称没有找到对应的中文翻译，就采用了原文。

烷的含量超出欧盟标准148倍；2022年韩国三养火鸡面被曝在韩国与中国的保质期存在“双标”问题；等等。在全球方便面市场的“翻车史”中，全球最大的食品公司雀巢2015年大规模召回旗下品牌美极（Maggi）方便面的事件在当时引起了极大轰动，其影响延续至今。美极是南亚和东南亚十分畅销的方便面品牌，在印度更是广受欢迎，印度成为美极方便面在世界最大的市场，销售量在该国同类商品中占据了绝大多数的市场份额，巅峰时一度超过市场占有率的90%。2015年6月，美极方便面在印度被检测出铅含量超标，一时间舆论哗然，这也成为印度近些年来波及范围最广、影响最大的食品安全事件之一。随后，印度卫生部禁止出售涉事的美极方便面，并要求生产商雀巢印度公司召回相关商品。为此，雀巢印度公司虽然否认出现了食品安全问题，还是被迫下架并销毁了3.8万吨近4亿包库存，同时退出了印度市场。方便面虽然只占雀巢集团年销售额的一小部分，但铅超标事件无疑在当时对美极的声誉造成了极大的影响。

方便面的食品安全事故常常引起公众普遍的担忧，这与方便面极为畅销的性质以及本身广为关注的健康问题有关；加之一些跨国企业在某国具有绝对的市场占有率，一旦出现安全问题，更容易使矛盾上升至民族和国家层面，引发更大的争议。2015年印度雀巢美极方便面危机便是印度社会对健康的普遍担忧以及民族主义等因素的叠加。但如果不考虑方便面的负面影响，回顾方便面在印度的发展过程，可以从一个侧面了解印度社会变迁的特点。

自1983年进入印度市场以来，美极方便面迅速成为印度人最喜爱的食品之一，与康师傅和统一打开中国大陆市场相比，它提前了近10年的时间，在印度获得了各个年龄层的忠实用户，可以说，伴随着很多印度人的成长，满载着他们对家庭、社会乃至国家的回忆与情感。因此，2015年美极方便面短暂下架后，其他品牌的方便面虽如雨后春笋般填补了它造成的空缺，但美极在当年11月重回货架后，多数印度消费者仍然对其青睐有加。雀巢公司数据显示，2016 年至今，雀巢在印度的销售额逐年上升，而新冠肺炎疫情则进一步促进了方便面和其他快消品市场的发展。仅就方便面而言，2015 年雀巢进入印度以来发生的最大危机虽然给其他品牌创造了拓展市场的机会和可能，但这仍然没有撼动美极方便面在印度的主导地位。本文将围绕美极方便面，通过雀巢在印度获得的成功和教训，探讨方便面这种有别于传统饮食习惯的食品在印度所经历的社会变迁及其触发的情感记忆。

一、社会变迁与生活方式的改变：雀巢何以征服印度消费者?

美极起源于瑞士，1884 年，其创始人朱利亚斯·美极（Julius Maggi）接管了家族的工厂，以提升工人家庭的营养摄入、提供方便的健康食品为目标，开始生产调味品、速食汤料、方便面等多线产品，迅速成为烹调品牌的业界标杆。1947 年，美极被雀巢收购，成为雀巢旗下的品牌，值得一提的是，这一年正值印度独立。而瑞士的食品生产巨头雀巢在印度的商业活动可以追溯至 1912 年，当时它以雀巢英瑞炼乳有限公司（出口）的名义在印度市场从事进口、销售成品等业务。印度独立后，雀巢于 1961 年正式成立雀巢印度子公司并在旁遮普邦的莫加（Moga）设立工厂，应政府要求服务当地的农业部门，发展印度牛奶经济，促进印度的奶牛养殖、作物管理以及设立牛奶收集站等。截至 2022 年，雀巢印度公司已扩至 8 家工厂和 4 个分部，且除美极方便面外，雀巢的咖啡、茶、巧克力棒、牛奶及其他奶制品等商品在印度均占据了可观的市场份额。①

依靠雀巢品牌的强大支持及其在东南亚国家的营销经验，美极方便

① “Presence Across India,” Nestle India, accessed May 5, 2022, https://www.nestle.in/aboutus/presenceacrossindia.

面于1983年正式进军印度市场，而1983年也是印度首次夺得板球世界杯冠军，让所有印度人自豪无比、记忆深刻的一年。随着20世纪80年代印度大众传媒开始发挥重要的传播功能，美极不断出现在广告和各类推广活动中，逐渐走进千家万户，为越来越多的印度家庭所熟知，很快风靡全国。时至今日，“美极”（maggi）在印度俨然成了方便面这一品类的代名词，雀巢的销售功力和美极的品牌影响力可见一斑。

有意思的是，面条并非印度的饮食传统，印度人自古也没有吃面条的习惯，面条在中国却有着四千多年的制作和食用历史，中国的面食不仅形成了极为完备的饮食体系，更经由丝绸之路传向世界，延伸出了不同的形态和民族特色。近代以来，受加尔各答等地华人饮食习惯的影响，炒面（chowmein）、客家炒面（hakka noodles）、满洲面条（Manchuian noodles）、美式炸面条（American Chopsuey）[①] 等面食在印度其他地区传播并流行起来，逐渐成为新的饮食风尚。在饮食结构更多元化的今日印度，上述面食早已成为街头小吃或餐馆菜单中的“常客”而受到印度人的喜爱。但是，在印度日常的家庭饮食中，受中国饮食文化影响的面条还是远远不能取代大米和饼的主要地位。[②]

因此，深谙此点的美极没有试图挑战印度的饮食传统，而是将目光放在了非主餐时段，其主打的2分钟速食功能和针对印度市场研发的玛莎拉（masala）口味对于印度人而言，既新鲜有趣又好吃实用，其软糯入味的口感也更适应印度人的饮食偏好。此外，印度人重视家庭，加之种姓、宗教、族群、阶级等方面根深蒂固的观念，多数印度人更习惯带自家烹煮的食物作为午餐；而印度家庭的晚餐时段常常开饭较晚，因此，中间的漫长非主餐时段常常需要食物来消灭饥饿感，印度的众多小吃便

---

① 也称为炒杂碎，但与美式中餐不同，印度版的炒杂碎以油炸的细面条为主，且分为荤食和素食两种做法。

② 印度南部地区以米做的主食为主。同时，南部地区也有米制的形如细面条的食物，比如，在喀拉拉邦和泰米尔纳德邦等地流行的细米粉（idiyappam，也称 noolappam）。

完美地解决了这一问题。中国人熟知的炒面、咖喱饺（samosa）、饺子（momo）、各具特色的煎蛋卷（omelette）等都具有较小的分量，大多在非主餐时段供应，随着方便面在印度的流行，美极也加入了这一阵营，作为一种餐前小吃的形象逐渐深入人心。

美极的成功还在于它敏锐地把握住了印度经济发展的黄金时期，在时代的变迁中采取符合社会潮流和大众心理的举措。早在拉吉夫·甘地时期，印度已经在朝着市场化改革的方向发展，1991 年，财政部部长（后成为印度总理）的曼莫汉·辛格实行的印度经济自由化改革逐步放开了对外资的管控，助推了外国企业在印度的进一步壮大，同时民企获得了更多的自主性。随着改革的进行，印度国民人均收入有了极大的提升，服务业也日益繁荣，印度的小吃摊和餐车越来越普遍地出现在街头，为外出工作的印度人提供了新的饮食选择。在这一进程中，以美极方便面为主打的小吃摊位也出现在街头，吸引着往来的人群。不知从何时开始，随处可见的美极方便面和令外国游客流连忘返的印度小吃一起，成为印度街头独特的风景线。美极不仅给街头经济带来了商机，校园或单位食堂、餐厅、景区等公共场所乃至众多自媒体平台常常可以觅得美极方便面的身影。

同时，美极方便面进入印度以来，为了拓展印度市场所推出的 2 分钟经典款的售价一直维持在 10 卢比/100 克（合人民币 1 元钱左右），2002 年，美极还推出了 5 卢比/35 克的小分量款，以此深入印度农村地区，也为印度的底层民众提供更为低廉的选择。当然，近年来，由于运营成本的提高，经典款美极方便面的分量越来越小，而价格却略有升高（目前已调整至 12 卢比/70 克）。尽管如此，美极在价格方面仍然具备优势，在网络销售平台的价格则更加便宜，同时雀巢印度公司还发售了更为实惠的家庭量贩装供消费者选择，可见在价格上始终保持亲民也是它成为现象级国民食品的制胜法宝。

经过 30 余年的深耕，美极方便面成为印度社会变迁的见证者，更为重要的是，它改变了印度人的生活习惯和观念。美极方便面已成为街头、食堂或印度千万家庭中极受欢迎的小吃，在制作美极的过程中，印度人不仅在其中加入洋葱、胡萝卜等蔬菜以增加营养，还开创了很多新鲜有趣的吃法，比如，美极煎蛋（maggiomelette）、美极比萨（maggi pizza）、美极煎饼（maggidosa），等等。在美极的官网上，雀巢印度公司更是主推美极的不同烹饪方法和食谱，意在推广由美极主导的生活方式。更重要的是，美极方便面极为难得地成为印度各个阶层的共同喜好。在印度的自媒体平台关于美极的分享中，视频拍摄者既有引领潮流的时尚博主，又有街边的小贩，还常常可以见到一些印度民众烹饪美极的分享，总之，无论是何种职业、种姓、阶级地位，饮食习惯不尽相同的印度人在选择美极方便面的时刻，其身份的差异就已经被放置一旁，进入这一品牌所创造的一种共享的饮食体验之中。

二、情感记忆与身份认同的联结：广告中的印度想象

美极方便面在印度的成功还要得益于广告为其打造的品牌形象。20世纪80年代，随着电视在印度的普及，大众传媒为美极方便面和其他雀巢产品创造了强劲的宣传效果。当然，这和印度的经济发展以及女性地位提高所带来的社会风气转变是密不可分的。初入印度市场之时，美极的宣传重心“接地气”地选择了印度的母亲们。由于越来越多的印度女性走上工作岗位，美极方便面2分钟快速烹饪的特点可以为下班回家疲惫不堪的妈妈们节省时间，用美味的方便面迅速填饱孩子的肚子，平衡工作与家庭的实际需求，这一突破传统印度女性形象、带有女性解放含义的宣传方案一经推出便获得了热烈的反响。直至今日，“妈妈，我饿了”“2分钟”的广告语还让人印象深刻。此外，快熟的面条对于当时的印度人而言还是十分新鲜好玩的事物，对于小朋友而言就更是如此。美

极正是抓住了这一契机，还推出过动画版等充满童趣的广告、附赠礼物的产品以及举办各类校园活动，以此吸引印度的儿童和青少年。

方便面是印度人较为陌生的食品类型，雀巢公司对其最开始的营销推广准确地把握了家庭在印度社会中所发挥的作用，抓住了母亲在家庭中的定位和女性社会地位的改变这两重要素。美极方面广告更巧妙的地方在于，“美极妈妈”均为美丽、知性、贤惠的印度妇女形象，她们身着印度传统服饰，虽然突破了家庭主妇的角色限制，但仍然保有印度文化传统赋予妇女的美好品质。换言之，雀巢的策略是在印度传统框架中推广工业化食品和消费文化，因而“美极妈妈”的塑造虽然带有进步意味，却从未脱离其照顾家庭、相夫教子等传统角色的定位，而且她们更有智慧，可以通过美极方便面创造更加融洽、和谐的家庭氛围。而在很多广告中，这份智慧也借由美极方便面在孩子身上得到了传承。

事实上，母亲角色的内核仍是与孩子之间的情感联系，美极方便面试图用这一最质朴、最真挚、最能产生共鸣的关系为其产品塑造一种安全、温暖、可信赖的印象。同时，由于不同家庭具体的做法不同，美极这种工业化的产品对于个体而言又具有了一种特殊性。美极方便面在广告中成为母子乃至所有家庭成员之间的情感纽带，如果说方便面是一种能指，那么对于消费者来说，美极品牌带来的情感和记忆将家和家的味道联系在一起，母亲、家庭和爱就是雀巢公司所极力营造的所指，这一策略打动了无数消费者，使得美极方便面不但在印度，而且在马来西亚、巴基斯坦等很多国家也都收到了很好的销售效果。

在此基础上，美极方便面将以家庭为中心的情感范围扩展至朋友、恋人、社区之间，这种情感联结甚至上升至全印的层面，使小小的方便面联结了亲情、友情、爱情、邻里之情等。于是，在后来的美极广告中，无论是待嫁的新娘还是寄宿的学生，无论是果阿的渔民还是莫纳利的僧侣，无论是纪律严明的军人还是技艺高超的厨师，印度的各色人群、各个角落都在享受着一碗美极方便面，这类广告试图传递的信息是，美极不仅是“只有妈妈知道的快乐食谱”，更是印度全民共享的“2 分钟里的喜悦”。这一广告策略也应用于在美极的酱料、玛萨拉调味粉等其他产品中，比如，美极的调味品广告致力于通过印度各地风情，展现对印度本土香料的收集和整合；而最新的调味粉（Masala-ae-Magic）则发起了一项活动，强调母亲始终确保为亲人准备的每一道菜都是奇迹（Kamaal），在广告中，这种调味品则向消费者展示了每天放心烹饪“奇迹”的可能性。可见，美极通过广告宣传无形中建构了一种印度人共同的身份联系，深度介入了印度人的日常生活。这一调动国家想象的策略也得到了回报，在庞大的印度留学大军中，很多学生的行李箱中几乎都会备上几包美极方便面，以此缓解思乡之苦，美极由此甚至成为一种身份认同的标志。

2015 年危机后，美极方便面凭借强大的品牌影响力和雀巢公司雄厚的资金支持，仍然占据了印度 60%的市场份额。仅在 2014 年，雀巢对美极方便面的广告促销投入高达 44.5 亿卢比，较 2010 年的 30.2 亿卢比提升了 47%。① 宝莱坞影响力巨大的明星阿米达普·巴强（Amitabh Bachchan）、玛杜丽·迪克西特（Madhuri Dixit）、玖熹·查瓦拉（Juhi Chawla）、新生代影星拉吉库马·拉奥（Rajkumar Rao）以及为中国观众所熟悉的在《摔跤吧！爸爸》中饰演阿米尔·汗二女儿的桑亚·玛荷塔（Sanya Malhotra）等明星都曾为美极方便面代言。宝莱坞电影作为印度文化的代表，在印度人的生活中发挥了非常重要的作用。通过宝莱坞影星的加持，美极方便面在强化文化认同方面得以进一步推进。

也正是凭借着这份情感记忆和文化身份认同，美极方便面才得以让印度的老、中、青三代人均为之埋单。2015 年品牌危机之后，美极组织了“美极，我们也想你”等系列回归活动，在推特、脸书等平台发起相关话题，唤起了很多印度人对往事的回忆，纷纷在网络上讲述自己与美

---

① “Nestle India: Rs. 19 cr for quality testing, Rs. 445 cr for ads,” *The Hindu*, June 7, 2015, accessed May 12, 2022, https://www.thehindu.com/business/Industry/nestle-india-rs-19-cr-for-quality-testing-rs-445-cr-for-ads/article7291557.ece.

极方便面的故事，以感情和回忆重新建立品牌与消费者的联系。这种策略被证明是成功有效的，在印度人追忆往昔美好时光的同时，雀巢印度不仅通过电视、报纸等传统媒体高频率地强调其食品的安全性，更善于利用新媒体宣传，一方面借由新媒体打情怀牌，俘获老消费者的心；另一方面通过倡导新鲜、有趣的生活方式，吸引潜在的消费者。在此基础上，雀巢印度还建立了24小时免费热线服务来解决客户的需求，并在网络销售平台和实体商超进行“欢迎回来，美极”促销活动，推出专门的美极欢迎套装。不难看出，激发印度消费者的怀旧情绪仍然是雀巢保持品牌活力的重要销售思路，而这依赖于印度社会对美极方便面的情感记忆。这份情感记忆充斥着印度人对家庭的依恋乃至身为印度人的归属感，值得玩味的是，它恰恰却是由一个外国品牌所提供和创造的。

三、全球化中的民族主义：印度方便面的困境与未来

美极方便面的商业成功往往使人们忘记了它的外国血统，但其中的矛盾性在于，在印度的民族独立运动中，抵制外国货就是最为核心的反殖民纲领之一。自在20世纪初开始，以圣雄甘地为代表的民族主义领导人将印度经济的衰落归咎于西方现代工业对于印度传统产业和文明的冲击。印度独立后，信奉费边主义的首任总理贾瓦哈拉尔·尼赫鲁在印度主导了一种印度式的社会主义，对外资施行严格的管控，提高税率门槛，限制外来投资和对外贸易，保护民族工业的发展。尽管缺少外资的竞争，一些本土企业虽然得到了国家的扶持，却并没有因为保护主义而得到更好的发展，反而陷入了官僚化的管理窠臼。印度的经济发展仍然“慢吞吞”。20世纪90年代后，随着印度经济自由化进程的展开，政府对外资的管控逐渐放开，民营企业也获得了更多的自主性。在更为友好的营商环境下，整体的社会气氛也随之改变，面对各种外资商品的涌入，印度

人的消费习惯、购物条件、生活方式均受到了不同程度的影响。为此，一些印度教民族主义团体重新高扬起经济民族主义大旗，在 90 年代发起了抵制外国货的活动，可这依然没有改变印度拥抱全球化的趋势。雀巢及其美极方便面正是在这样的社会背景下发展起来的。

但是，2014 年印度人民党的上台部分影响了印度拥抱全球化的趋势，保护主义重新抬头。在以印度教民族主义为核心的政治纲领下，总理纳伦德拉·莫迪提出了“印度制造”（Make in India）的口号，承诺要保护和促进本国的制造业。2015 年美极食品安全事件恰恰给了印度政府施行这一计划的契机，印度人民党议员也不失时机地将矛头对准了“新生代的懒妈妈们”。① 随着美极方便面的大规模下架，知名瑜伽大师兰德福（Swami Ramdev）创立的方便面 Patanjali、印度烟草企业 ITC 旗下的 Sunfeast Yippee!、主打中国口味的 Ching's Secret 等印度国产品牌开始受到消费者的关注。这些品牌抓住了美极退场带来的商机，比如，Patanjali 以更健康的“自产面条”（Swadeshi）为卖点；Sunfeast Yippee! 则请来了板球明星 M. S. 多尼（M. S. Dhoni）做代言，并在面条的口感上进行了改善。此外，印度国产方便面还要面对其他外资品牌的竞争，如以干脆面为特色、在印度东北部十分流行的尼泊尔品牌 WaiWai，具有更辣口感的日清旗下品牌 Top Ramen，在汤上下更多功夫的联合利华旗下的家乐（Knorr）以及发展势头强劲的韩国农心辛拉面和三养火鸡面，总之，这些品牌都能以不同的特色吸引消费者，而消费层级的多元化趋势也将为其带来商机。

世界方便面协会（World Instant Noodles Association）数据显示，自 2018 年起，印度就超越了日本，成为继中国、印度尼西亚、越南之后的

① “‘Lazy’ mothers to blame for rise in Maggi sale: BJP MLA,” *The Indian Express*, June 7, 2015, accessed May 4, 2022, https://indianexpress.com/article/india/india-others/lazy-mothers-to-blame-for-rise-in-maggi-sale-bjp-mla/.

第四大方便面消费国。[1] 在如此庞大的需求之下，雀巢也面临地位不保的风险，毕竟 2015 年被印度检测出铅超标后，美极方便面在巴基斯坦的销量也受到巨大冲击，目前几乎消失在巴基斯坦公众的视野之中。可以肯定的是，铅超标事件之后，美极在印度市场一家独大的局面几乎不复存在，印度方便面“赛道”的竞争已日趋激烈。对于美极而言，其发展困境和未来的不确定主要体现在两个方面。

首先，印度消费者的民族主义情感随时可能被“点燃”，这对于雀巢这样的跨国公司而言是一个潜在的威胁。雀巢印度公司的董事长、执行理事苏雷什·纳拉亚南（Suresh Narayanan）概括了雀巢在印度的经营哲学，即“全球化思考，本土化行动”，美极方便面所开创的生活方式和情感记忆便很好地证明了这种销售策略的成功。然而，2022 年 1 月，雀巢因奇巧巧克力棒包装纸引发争议，这款专门投放印度市场的奇巧“#travelbreaks”系列将印度的神灵形象印在包装纸上，虽意在推广印度奥里萨邦艺术家的文化艺术，但该系列遭到了很多印度教民众的抵制，因为顾客吃完巧克力棒之后极有可能将印有神灵的包装纸扔到垃圾桶、下水道、排水沟或被人踩踏，这被认为是对神明和宗教的侮辱。经历了美极召回事件后，雀巢虽然仍不免“踩雷”，但雀巢在危机处理方面已经积累了不少经验。很快，雀巢发布了道歉声明并召回了涉事产品，因包装纸引发的亵渎宗教风波才告结束。尽管风波不断，但雀巢一直在积极地寻找平衡“本土化”与“全球性”的方式。经过数十年的深耕，雀巢这个跨国企业在印度占据可观市场份额的同时，也对印度本土产业的发展发挥了积极影响。比如，雀巢自 1961 年建厂后，致力于印度母牛的科学养殖，以及为民众提供优质、廉价的牛奶，至今已经建立了母牛养殖、牛奶采购、收集、生产、保存等一系列成熟的模式，这对于印度农民和农业也发挥了很大的指导和促进作用。

---

① 参见《总需求一览表》，世界方便面协会，https://instantnoodles.org/cn/noodles/demand/table/，访问日期：2022 年 5 月 2 日。

其次，方便面本身的营养问题。美极在食品安全和营养上花费了更多的心思，不仅减少盐分并增加铁元素的含量，更推出了菠菜面饼、燕麦面饼等更为健康的选择。当然，对于印度而言，由于近年来国家经济增长不稳定，且国内贫富差异巨大，追求高品质的健康饮食仍然不能成为消费主流。2021 年 6 月，雀巢在一份内部报告中称，该公司 60%的主流食品和饮品不符合公认的健康定义，且无论如何革新，一些品类的产品永远无法做到“健康”。不过，除俄罗斯外，这一负面消息并未引发争论，甚至雀巢的市场占有率也未受到影响。① 有意思的是，作为世界范围内雀巢产品销量位居前列的国家之一，印度尽管也不乏督促政府加强监管的声音，但国内媒体和舆论普遍十分平静，并没有抓住健康和安全问题大做文章；要知道，就在此后美极方便面在印度市场的占有量已无法达到巅峰时的近 80%。而随着新冠肺炎疫情的暴发，印度人对方便面的需求又有了变化。比如，2020 年印度实施封锁措施期间，美极方便面的销售量比封城前提高了 20%—25%。② 可见，虽然越来越多的印度人开始更多地关注饮食健康和食品营养，但方便面快捷、方便的属性仍然可以在不同的场景满足各个阶层的喜好。

在这种情况下，方便面在印度仍将具有很大的发展潜力。面对疫情对印度经济造成的冲击，印度政府采取了一系列措施以进一步吸引外资促进经济增长。然而，2015 年前美极在印度市场一家独大的局面已不复存在，印度方便面“赛道”的竞争已日趋激烈，在与美极和其他外国品牌的角逐中，印度的众多本土品牌仍将面临更多挑战。

---

① “Nestle’s shares not badly affected by ‘unhealthy food’ reports,” capital. com, June 2, 2021, accessed May 3, 2022, https://capital. com/nestle-s-shares-little-affected-by-unhealthy-food-reports.

② “Lockdown impact: Maggi sales shoot up 25% as consumers stockpile instant noodles,” *Business Today*, June 11, 2020, accessed May 5, 2022, https://www. businesstoday. in/latest/economy-politics/story/coronavirus-impact-maggi-sales-shoot-up-25-percent-as-consumers-stockpile-instant-noodles-260935-2020-06-11.

四、结语

美极的案例充分展示了一种工业化食品成为国民美食的奇迹，特别是在印度这样文化传统浓厚的国家，雀巢的尝试可谓开创了一种全新的饮食文化、生活方式和集体记忆。在全球食品巨头雀巢的印度版图中，美极方便面的发展历程见证了印度市场自由化以来的社会变迁，它作为一种工业化食品奇特地浓缩了印度几代人的个体、家庭、社会乃至民族的情感。不过与此同时，美极方便面外来的“血统”也不时会激起全球化浪潮中的民族主义情绪，这是印度自身经济发展与跨国公司开拓全球市场之间必然发生的矛盾。为了更好地本土化，以雀巢为代表的企业所采取的做法如下：一方面在广告宣传、产品研发、食品安全、商品包装等各个环节严加管控，避免刺激敏感的宗教、民族感情；另一方面则与当地政府合作，提供更多的就业岗位，并促进当地农业和工业的进一步提升。不过，在印度本土企业得到扶持和不断腾飞的当下，雀巢虽然仍将继续凭借品牌以往积累的经验和创造的情怀留住忠实的消费者，但依旧面临机遇与挑战并存的局面。

此外，近年来，全球方便面产业受到外卖市场不同程度的冲击，饮食个性化、精致化的趋势越发明显。但在印度这样一个饮食文化差异显著的国家，方便面作为一种工业化食品，其大众化的包装和低廉的价格使其具有一种“中性”的特征，在超越文化区隔，促进消费平等，弥合阶级、种姓和宗教等级差异方面具有一种无法替代的特殊性，越来越成为弥合消费者身份的象征。① 正因如此，自进军印度以来，美极方便面才可以深入人心，被视作家家户户必不可少的国民食品。

---

① 参考 Amita Baviskar, “Consumer Citizenship: Instant Noodles in India,” *Gastronomica* 18, no. 2 (Summer 2018): 5。

与印度相比，中国的方便面又将何去何从？在原材料上涨、消费升级的背景下，除了已臻成熟的外卖行业，中国的方便面企业既要应对螺蛳粉、酸辣粉、米线、粉丝等新型方便食品的挑战，更要对自热火锅、半成品菜等预制类食品的竞争提起十二分精神。而在土坑酸菜这类事件发生后，消费者对方便面企业和产品的信心再次被打了折扣。于是，康师傅和统一也第一时间开始危机管控，比如，统一在事件发酵之时，迅速于微博征集志愿者参观酸菜供应工厂，证明自己在食品安全方面所做出的努力。在“3·15”晚会曝光的一个月后，康师傅、统一的“老坛酸菜牛肉面”均已静悄悄地重新回到了货架。或许，雀巢在印度的发展可以为中国方便面未来的发展提供一些思考：一方面，方便面相对低廉的价格和大众化的属性将使其继续成为人们饮食和生活的一部分，特别是在新冠肺炎疫情的阴霾仍然没有完全消散的背景下，方便面的重要性愈加凸显；另一方面，不断发生的食品安全事件和时代与社会的变迁仍然为前景不甚乐观的方便面产业敲响了警钟。

韩国兵役特例争议折射出的社会矛盾

于婉莹*

笔者在韩国留学期间，有一次难忘的经历。一次在课堂上，有位韩国教授提了一个问题，当时，有位印度男博士生的回答让教授非常满意。但教授又提了一个问题，这个问题让大家都很诧异。教授问："你几岁了？"印度学生回答："25 岁。"教授沉默了一会儿，然后笑着说了一句话，他说："如果韩国男生不用服兵役，博士生中也会有和你一样年轻又优秀的韩国男生。"那一次的课堂内容是什么笔者已经记不起来了，但教授的这句话让笔者记忆犹新，这也成为笔者开始关注韩国社会对兵役复杂情绪的契机。在韩国，兵役问题已经成为涉及方方面面的社会问题，但凡涉及兵役的话题都会引起争议，极为敏感。可以说，兵役问题已经成为集中了韩国社会矛盾的一个火药库，随时有可能被点燃，引发更深层的社会对立。但正因如此，兵役问题也成为一个观察和研究韩国社会的重要窗口。韩国《兵役法》规定，在相关国际艺术、体育赛事上取得优异成绩的艺术、体育特长人员可以享受"兵役优惠"，以艺

* 于婉莹，北京大学区域与国别研究院博士后研究员、政治学博士，主要研究方向为中韩关系、东北亚国际政治。

术、体育要员①身份的服务替代兵役，这在韩国社会一直存在巨大争议。从2020年东京奥运会到2022年韩国男子演唱组合防弹少年团（BTS）年龄最大的成员入伍期限进入倒计时，作为兵役优惠的重要组成部分，兵役特例所引发的争议在韩国再次掀起高潮，这也反映出了韩国社会的诸多矛盾。

一、韩国艺术、体育领域的兵役特例及其调整与收缩

韩国《宪法》与《兵役法》都规定，"韩国男性公民应履行兵役义务"。韩国男性在18岁成为预备役，体检合格后，在20—28岁正式入伍服役。韩国兵役制度从1951年开始实施，其间，经过不断调整，目前陆军的服役时间已经缩短至18个月。兵役是韩国公民完成国防义务的重要一环，而国防与劳动、教育、纳税一起并称为韩国公民四大义务。在兵役问题上，有关享受优惠的标准、军营暴力、腐败等问题不断，导致涉及兵役的问题都异常敏感。因此，韩国的兵役制度也非常严格，为逃避兵役的各类违法行为将被处以罚款、拘留，甚至1年以上5年以下的刑罚。

1973年，韩国出台《兵役义务特例规制相关法律》，兵役优惠对象新增艺术与体育领域特长者，他们与主要基础产业企业及研究机构、理工科大学的特长者共同被纳入"补充役"。从严格意义上讲，这并不意味着"免除兵役"，而是以"服务"形式替代兵役，其目的是培养国家产业、提高竞争力、宣扬国威与文化，"兵役特例"的说法由此而来。随着1993年《兵役义务特例规制相关法律》被废除，"兵役特例"的说法从

① 韩国的体育要员、艺术要员是指在体育、艺术领域以社会服务的形式替代兵役的人员；专业研究要员、产业技能要员是指在韩国兵务厅厅长指定的机构进行研究、制造、生产活动来替代兵役的人员。

法律文件中消失，“专业研究要员”“产业技能要员”“艺术与体育要员”（以下简称“艺体要员”）等说法取而代之，然而人们仍习惯使用“兵役特例”来称呼面向这些“要员”的兵役优惠。

根据韩国现行《兵役法》第 33 条规定，“在艺术、体育领域具备特殊技能的人，可以经文体观光部长官推荐，以艺体要员身份成为补充役”。而这些“艺体要员”需要在完成为期 3 周的基础军事训练后，在本人擅长的艺术、体育领域进行为期 34 个月的公益服务，为相关领域发展做出贡献。其中，“在艺术、体育领域具备特长的人”包括在国际艺术大赛中的竞争单元获得前两名、国内艺术大赛（限于韩国国乐等没有国际赛事的项目）中的第一名、具有 5 年以上国家非物质文化遗产传授教育人员，以及奥运会中获得前三名、亚运会中获得第一名的运动员。

1973 年，兵役特例制度制定当初，可以获特例资格的包括奥运会、亚运会、世锦赛、世界大学生运动会、亚锦赛中获得前三名的运动员，以及韩国体育大学毕业成绩前 10%的运动员。在 1976 年的蒙特利尔奥运会上，摔跤运动员梁正模为韩国拿下了韩国奥运历史上的首枚金牌，成为第一位受益的运动员。随着在国际大赛上获奖的韩国运动员越来越多，享受特例的对象也逐年增多，引发了韩国社会对兵役特例公平性的质疑。1994 年，韩国围棋界要求国际棋赛的冠亚军也应享受兵役优惠。此后，《李昌镐法》通过，围棋选手李昌镐因此享受了兵役特例。2010 年，围棋成为亚运会体育项目，专门针对围棋项目的特例也随之取消。在 2002 年世界杯足球赛中，韩国史无前例地冲进 16 强，韩国在兵役特例对象中增加了足球世界杯 16 强获得者，最终韩国队出人意料居然取得了 4 强的好成绩。2006 年，韩国在世界棒球经典赛（WBC）中获得第三名，韩国又将比赛前四名获得者列入兵役特例对象。不过，这一举动引发极大争议，由于棒球在国际上的普及率和影响力远不如足球，参赛国家少，其含金量也无法与足球世界杯 4 强的战绩同日而语，还会造成与其他项目之间的不公平问题，所以出现了批判优惠泛滥的舆论。兵役特例的对象和范围也因此经过多次的调整而不断缩小，最终只保留了奥运会前三名和亚运会的第一名可以享受兵役特例，这一范围沿用至今。

即便兵役特例的范围一再收缩，每逢奥运会、亚运会，兵役特例仍会再度成为韩国社会争议的焦点。在2018年雅加达亚运会中，韩国棒球代表队获得金牌，9位运动员轻松地获了兵役特例。但由于亚洲国家中有职业棒球联赛的国家并不多，2018年亚运会包括韩国在内只有8个代表队参加，因此，这一项目夺金难度远低于其他项目，但却是韩国的优势项目，这引起韩国国民对于各项目之间公平性的质疑。另外，韩国棒球项目获胜可能性较高，意味着入选参赛的运动员很有可能获得兵役特例的机会。因此，棒球参赛人员的选拔是否公平也引起了韩国国民的质疑。而且，棒球、足球等团体项目的“实际参赛选手”才能获得兵役特例，那么教练就会频繁更换选手，目的是让尽可能多的选手都有机会参赛。2020年，《兵役法施行令修订案》中删除了“团体比赛项目只适用于实际参赛选手”这一条款，如此一来，未出战的候补选手也将得到同样的优惠，这再次将兵役特例推向舆论的旋涡。

二、兵役特例再惹争议

1973年以来，兵役特例经历了数次收缩，但每逢重大国际体育赛事总会再次成为热议话题。在每一届奥运会上，哪位男运动员能够在比赛中获得一枚奖牌而成为兵役特例的对象成为一大看点，往往赛前的候选名单就已经备受瞩目。韩国在2020年东京奥运会上派出了237名运动员，取得了6金、4银、10铜的成绩，奖牌榜排名第16。有3位运动员因本届奥运会享受兵役优惠，分别为射箭项目男子、混合团体赛双料冠军金济德，男子柔道73公斤级铜牌得主安昌林，以及男子跆拳道58公斤以下级铜牌得主张准，至此，艺术、体育要员共增至1 804人。

在2020年东京奥运会上，成为争议焦点的是韩国的男子跳高项目和男子棒球项目。1996年出生的韩国男子跳高选手禹相赫在赛前就备受瞩目，作为现役军人，如果在奥运会中夺得一枚奖牌，他就可以凭“体育要员”身份提前转役。他在本届奥运会跳高决赛取得了2.35米的成绩获得了第四名，时隔25年打破韩国纪录。如此优异的成绩给韩国观众带来了巨大的惊喜，与奖牌只有一步之遥，却与兵役优惠失之交臂。韩国网友为他无缘奖牌感到遗憾，给予了极高的关注度。据韩国盖洛普调查，本届东京奥运会最让人印象深刻的运动员中，禹相赫高居第四，前三位分别是女排运动员金软景、女子射箭运动员安山和男子射箭运动员金济德。①

东京奥运会已经落下帷幕，但兵役特例的话题在韩国热度不减，围绕兵役特例的对象和范围再次引发争议。因为，韩国田径运动员在奥运会上获得奖牌的难度较其他韩国传统强项要大得多，在跳高项目取得第四的成绩已经创造了韩国的历史。东京奥运会之后，有多位韩国议员提议对《兵役法》进行修订，扩大艺体特长人员的特例范围，提出将创造韩国新纪录的人员纳入补充役替代兵役。青瓦台网站国民请愿公告栏中还出现了以“请给禹相赫铜牌待遇”为标题的请愿。请愿文章中提道，“这次的比赛让2011年大邱世界田径锦标赛之后一度冷却的田径再次获得了超高人气，而且禹相赫选手所展现的正能量给因新冠肺炎疫情而疲惫的国民带来了力量”，字里行间情真意切。而棒球项目的舆论方向却与之相反。只有6个国家参加2020年东京奥运会男子棒球项目，而且棒球是团体项目，存在搭便车的问题。不少韩国民众认为，在这一项目获得奖牌的运动员与其他项目的奖牌获得者拥有同等的待遇是不公平的，甚至有韩国网友在青瓦台国民请愿公告栏发文抗议。最后，因为韩国棒球并没有获得奖牌，所以这一争议暂时平息了。

---

① 《每日意见第460号》，韩国盖洛普，2020年8月12日，https://www.gallup.co.kr/gallupdb/reportContent.asp?seqNo=1233，访问日期：2022年4月16日。

2021 年《兵役法部分修订案》提案中，除了提出打破韩国纪录的运动员也应被纳入体育要员外，针对现行制度更有利于以精英为中心的古典艺术和获得奖牌可能性高的体育项目这一问题，还提出现行条例中缺少大众文化领域的从业者，提议给韩国男子演唱组合防弹少年团等提高韩国国家形象的大众文化艺术从业者同样的机会。

之所以会出现有将兵役优惠扩大到大众文化领域的提议，是因为 2020 年防弹少年团发行的单曲在权威音乐排行榜“公告牌”（billboard）热门单曲排行第一，2021 年发行的单曲更是连续 10 周蝉联排行榜第一，显示出了防弹少年团在全球范围的巨大号召力。防弹少年团在 2013 年出道，随着成员相继面临入伍期限，不少人认为，防弹少年团作为大众文化领域的“有功者”也应享受兵役优惠。他们的理由是，防弹少年团在全世界展示了韩国的大众文化、提高了韩国软实力。韩国音乐文化协会数据显示，防弹少年团还创造了 1.7 万亿韩元（折合人民币约 93.6 亿元）的经济效果，提供了 8 000 个工作岗位，他们也为宣扬国威做出了贡献。① 但反对的声音也不容小觑。反对意见主张，如果现在防弹少年团成为特例对象，对之前代表韩国在国际舞台活动的艺人、歌手是不公平的。除了公平问题，也有不少人质疑为什么要给艺人这种待遇。2019 年，考虑到公平、公正原则，韩国《兵役法修订案》并没有通过将大众音乐歌手纳入兵役特例的提案。但 2020 年 12 月，韩国国会通过了推迟大众文化艺术领域有贡献者入伍时间的法案。得益于此，防弹少年团的入伍时间延至 30 岁。

2021 年，再次有人提出在《兵役法部分修订案》的“艺术要员”中增加大众文化领域的提案，这一提案能否通过备受关注。有不少反对的声音表示，在大众文化艺术领域没有像奥运会等那样具有公信力和代表性的指标，很难设定客观的标准，大众文化艺术领域出现公平性争议的

① 《跳高新纪录的创造者禹相赫和防弹少年团应享受兵役特例》，韩国经济，2021 年 8 月 24 日，https://www.hankyung.com/politics/article/2021082435557，访问日期：2022 年 4 月 16 日。

可能性较高。而且这直接关系到个人营利活动，存在迎合大众人气的倾向。作为大众文化的街舞已经正式被列为杭州亚运会比赛项目，也是韩国的优势项目，如果有街舞选手因此获得兵役优惠，又同样会出现对大众文化领域的歌手或演员是否公平的问题。在其他领域，韩国国防部已决定到2023年末全面废除赋予产业技能要员、专业研究要员等理工科出身的兵役特例制度，进一步压缩兵役特例的范围。韩国科学技术界提出抗议，认为在加强国家研究开发迫切需要优秀人才的情况下，废除兵役特例会造成研究人才经历中断，这有可能导致国家科研能力和国家竞争力的下降。

三、韩国社会矛盾的缩影

韩国艺术界和体育界，以及大众文化领域兵役优惠的争议之所以成为韩国社会最敏感的话题，与韩国复杂的社会矛盾有着密切的联系。近年来，韩国社会矛盾日益加深，由于这些社会矛盾涉及不同领域，并呈现出结构化、复杂化的特点，因此，一直得不到有效解决。权威机构数据显示，韩国社会综合矛盾指数在2020年第三季度出现了跳跃式增长，社会五大矛盾同时扩大，这是韩国社会因此被卷入无法控制的“矛盾共和国”的拐点，其中性别矛盾尤为明显。① 兵役特例争议背后是韩国社会一系列矛盾日益加深的趋势，包括人口危机与国防根基之间的矛盾、青年群体的性别对立、社会平等与公平问题，以及日渐落后的兵役制度与韩国发展现状不匹配的问题等。理念、政治倾向或政治立场之间的差

---

① 根据民调，韩国社会矛盾指数4年间翻倍，其中性别矛盾、阵营矛盾、世代矛盾、不平等矛盾、职场矛盾被评价为“五大矛盾”。参见《社会矛盾指数4年间几乎翻倍，大韩民国是“矛盾共和国”》，NEWS1，2022年4月11日，https://www.news1.kr/articles/?4641343，访问日期：2022年4月16日。

异加剧了阵营之间的矛盾；受到突如其来的新冠肺炎疫情的影响，韩国人的收入和财富差距正在进一步加深，各年龄段甚至不惜表达厌恶，提高了指责的力度。在这种背景下，围绕兵役的争议成为这些矛盾汇聚的旋涡和各方博弈的战场。

（一）人口危机与国防根本

韩国于1949年正式颁布《兵役法》，长期以来，义务兵役制是韩国国防力量的根本。但随着韩国出生率持续走低，韩国兵役制度面临的最大的问题就是兵力规模难以维持的问题。2020年，韩国新生儿仅26万人，刷新了1970年有统计以来的最低值，这预示着韩国的人口危机比想象中来得更快。韩国甚至被评价为将是第一个因人口减少而自然消失的国家。尽管韩国政府2006年开始实施针对低生育的对策，当时的生育率为1.132，但到了2021年生育率却降至0.81，政策实施成效甚微，生育率仍在世界范围内垫底。此外，韩国男性必须在规定的年龄服兵役，这也在一定程度上造成了韩国人的晚婚。韩国2021年结婚登记19.3万对，比2020年减少了9.8%，年轻人不仅生育欲望低迷，连结婚的欲望都在持续走低。① 严重的人口危机将直接影响到韩国兵力规模，是否继续保留兵役特例制度本身已经成为韩国社会的热议话题，这也是韩国主流社会对兵役优惠的扩大持反对意见的主要原因之一。

韩国统计厅数据显示，2022年韩国20周岁的男性人口约为27万人，到了2030年将降至25万人，而到了2063年将不到15万人。未来40年，韩国的兵力资源将面临断崖式的下降，这将动摇韩国国防的根本。韩国国防部推动的《国防改革2.0》计划至2022年，将兵力规模从2018年的61.8万人缩减到50万人左右，预备战斗力维持在275万人，但实际上国

① 《MZ世代不结婚的理由》，EDAILY，2022年3月18日，https://www.edaily.co.kr/news/read?newsId=01157846632264632&mediaCodeNo=257&OutLnkChk=Y，访问日期：2022年4月16日。

防改革 2.0 以后，韩国很难维持 50 万人的常备兵力。① 在科技发展与信息化背景下，军事能力与科技能力紧密地联系在一起，现代战争的方式发生了革命性的变化，从过去以大规模兵力为中心的军队转变为以质量为中心的军队。考虑到可用兵役资源持续减少的趋势，以及现代国防的转型，也有人提出调整当前的兵役制度，其中包括了募兵制，以及是否要求女性也平等地履行兵役义务等。但从半岛南北分裂的现状以及募兵制所需的预算问题等现实角度出发，不少人认为向募兵制的转换还为时尚早。但从现实来看，韩国军队恐难以长期维持现规模，从长远来看，也不得不渐进式地缩减常备军力。

（二）性别对立与社会平等

韩国社会的性别对立问题是社会问题中最为严重的一对矛盾，近年来，韩国社会“仇男”“厌女”现象越来越普遍，成为社会撕裂的重要表现。围绕兵役和兵役特例的争议是韩国性别对立的一个具体体现，不同视角下对兵役和兵役特例看法截然不同。部分男性认为，既然强调男女平等，女性为什么被排除在兵役之外，对韩国当前兵役义务只针对男性持批判的态度。但与此同时，也有一部分女性认为，韩国男运动员可以享受兵役特例这种优惠，但是女运动员并未享受到对应的奖励，只有男性可以享受兵役特例这种优惠的规则是对女性的逆向歧视。

近年来，随着韩国国内性别矛盾日趋深化，最为直观的就是围绕性别的争议成为韩国第 20 届总统选举的重要战场，其中兵役问题是性别对立中的争议焦点之一。也正是认识到了韩国当前性别矛盾的结构化特征，候选人就性别公约的立场差异非常明显。为了获得二三十岁男性选票，候选人尹锡悦表示，“女性家族部没能很好地履行两性平等功能，将男性

---

① 《国防改革 2.0》，国防改革，2018 年 7 月 27 日，https://reform.mnd.go.kr/mbshome/mbs/reform/reform_ebook/reform2.0/index.html，访问日期：2022 年 4 月 16 日。

视为潜在的犯罪者，让国民感到失望”。他在竞选公约中承诺将“废除女性家族部”,① 并将军人月薪提升至每月 200 万韩元，而当前韩国军队中兵长的月薪约为 67 万韩元。公约这些内容一方面为尹锡悦争取到了更多男性选民的选票，但也导致在竞选前夕大量年轻女性候选人转而支持主张推动性别平等的李在明。韩国三大电视台的出口调查结果显示，尹锡悦在 30 岁以下男性投票得票率为 58.7%，而在 30 岁以下女性的投票得票率仅为 33.8%；与之相反，李在明候选人在 30 岁以下男性公民的投票中得票率为 36.3%，而 30 岁以下女性公民投票的得票率为 58%，可见韩国年轻人在政治领域性别两极化的现象非常明显。②

而这种矛盾在大选之后继续发酵。大选结束后，大批女性选民为了表达对选举结果的不满选择加入共同民主党，仅 10 日到 15 日就共有 117 700人入党。③ 其中，共同民主党忠北道党表示，70%的新加入者为年轻女性。④ 除此之外，本次大选也让韩国“2030 世代”（指 20—39 岁的人群）年轻女性表现出更为团结的姿态，在大选结束的第二天，李在明的粉丝俱乐部“在明家村”正式开通，开通 7 天就有超过 10 万会员加入，截至 2022 年 4 月会员数已经突破了 21 万人。

韩国第 20 届总统大选是 20 多岁年轻人被动员最多的一次选举，这是历届大选中从未出现过的新现象。但在赢得大选后，保守政党国家力量党推动防弹少年团豁免兵役的举动，让大选时将选票投给尹锡悦的二

---

① 韩国女性家族部的前身为 1988 年设立的总统直属机构女性特别委员会，2005 年正式更名为女性家族部，成为韩国中央行政机构之一。其设立目的是制定女性相关政策、增进女性权益、提高女性地位，以及制定家庭、青少年相关政策。

② 《出口调查，“二代男”选尹锡悦，“二代女”选李在明，平均 10 人中 6 人倾向性投票》，韩联社，2022 年 3 月 9 日，https://www.yna.co.kr/view/AKR20220309086200001，访问日期：2022 年 4 月 16 日。

③ 《大选后 6 天内 117700 人加入民主党》，EDAILY，2022 年 3 月 16 日，https://www.edaily.co.kr/news/read?newsId=03034006632263976&mediaCodeNo=257&OutLnkChk=Y，访问日期：2022 年 4 月 16 日。

④ 《民主党忠北道党入党人数激增，年轻女性占 70%》，《国际新闻》2022 年 3 月 17 日，https://www.gukjenews.com/news/articleView.html?idxno=2428226，访问日期：2022 年 4 月 16 日。

三十岁男性产生了极强烈的背叛感。极力推动防弹少年团豁免兵役的议员主张，防弹少年团为韩流的国际传播做出了巨大的贡献，因此理应享受兵役特例。这受到此次大选中支持“废除女性家族部”的部分男性，尤其是二三十岁男性的强烈反对，他们并不认可防弹少年团可以享受兵役的理由。持反对意见的男性认为，服兵役的普通男性对国家也有贡献，也是不容无视的，如果大众文化领域的偶像获得兵役特例资格，那么就是对韩国20多岁普通男性的逆向歧视。还有不少二三十岁的男性向该议员发短信抗议，有自称是国民力量青年党员的网民对该议员表示，“（如果）防弹少年团豁免兵役，显然会让从军队回来的青年们产生剥夺感”，表达了对防弹少年团兵役特例的反对立场。但今后，围绕兵役的争议无疑会成为韩国性别对立中的一个焦点问题而持续存在。

（三）阶层对立与社会公平

在围绕兵役特例的争议中，公平性被视为核心问题。公平性一直都是青年人群关注的价值，也是极为敏感的问题。对韩国年轻人来说，兵役特例的标准理应重视公平性。以运动员为例，在不同的比赛项目中，韩国运动员获得奖牌的难度千差万别，但团体项目中存在“搭便车”的行为。不少人认为，韩国体育明星的奖金、代言、演出收入是天文数字级别，在此之上若再在兵役上有特别优待，有违《兵役法》的公平原则。反对防弹少年团享受兵役特例的20多岁男性多数都在谈论公平性，对将属于大众文化的韩流明星作为兵役特例的优惠对象持否定态度。他们提出疑问：“是否《鱿鱼游戏》的演员，以及英雄联盟全球总决赛获奖的职业玩家也都可以成为该特例的适用对象?”但持相反意见的也大有人在。他们认为：“既然古典音乐专业人士可以成为艺术要员享受兵役特例，从事大众音乐的歌手为什么不能享受这一特例?”此外，韩国还出现了对电竞选手享受兵役特例的讨论，但也因为反对意见而不了了之。但是，电竞已经成为2022年中国杭州亚运会的正式项目，如果韩国的电竞选手获得金牌，那么也将享受兵役特例的优惠，这也是杭州亚运会电竞项目备受关注的原因之一。

此外，随着韩国兵役特例范围的不断变化，兵役特例本身成为逃避兵役、收受贿赂的渠道，从而引发了人们对兵役特例制度是否公平的争议。韩国开始实施兵役特例后，其范围经历了数次扩大与收缩，在兵役特例制度下，部分韩国男性可以凭产业技能要员、专门研究人员、公共保健医生的身份在专业岗位工作以替代兵役，他们对韩国防卫产业的发展、科技人才的培养等做出了不少贡献。但同时，兵役特例也在不知不觉中成为逃避兵役的各种不正之风的温床，这让诚实地完成兵役的男性产生强烈的抵触情绪。

此外，韩国的教育“内卷”相当严重，尤其是对子女教育的支出是家庭开支的重要部分。除了一些最基础的课外补习班，各种音乐、美术、舞蹈、体育课外班的学习也是一笔不可小视的开销。然而，一些学习成本较高的音乐、美术、体育项目更是成为有钱人才能负担得起的“精英”项目。不是说穷人家的孩子就不能学习乐器和体育，而是一些领域的门槛首先就是有钱、有人脉。也就是说，富裕阶层的孩子能够在体育、艺术领域更轻松地获得更好的教育资源。这就导致更多富裕阶层的子女愿意去学习一些投入高、竞争小的艺术、体育项目，在国际大赛获奖的概率也更高，而如此一来，他们可以通过享受兵役特例而免除兵役的可能性远比普通人家的孩子要高得多。在近期的一份民调中显示，“73%的韩国受访者表示不清楚艺术要员的选拔标准”，例如，适用艺术要员的国际音乐比赛、国际舞蹈比赛，平均76%的受访者表示“不了解艺术要员选拔大会”，也就是说，大部分韩国民众对艺术要员选拔的认知水平非常低。①

---

① 《防弹少年团兵役特例的现实》，DISPATCH，2022年4月6日，https://www.dispatch.co.kr/2194877，访问日期：2022年4月16日。

另一种情况是利用金钱、特权成为产业技能要员逃避兵役的现象。也就是通过不正当的操作享受产业技能要员待遇，恶意利用兵役特例制度帮助富裕阶层子女逃避兵役。产业技能要员可以在指定岗位进行工作替代兵役，但有一些人利用金钱或是特权逃避兵役和相应工作。韩国有不少政客曾因儿子豁免兵役而受到滥用特权的质疑，甚至影响到其政治生涯。因此，有不少人批评韩国的兵役特例制度因不正之风和特惠失去了公平性，兵役特例已经成为特权阶层和有钱人逃避兵役的工具。

（四）保持初衷还是与时俱进

全世界实行义务兵制的国家中，几乎没有以体育文化界为对象实行免除兵役的国家，这也是兵役特例在韩国一直争议不断的又一个原因。因此，有韩国民众干脆反对兵役特例本身，他们认为应让奥运会回归纯粹的为国而战。兵役特例的设立初衷是宣扬国威，但在此制度下，运动员们可能更重视能否享受兵役优惠，而不是国家荣誉。而且，兵役优惠的存在让选手们即使为国而战仍会遭到非议，不少民众主张应废除这一制度。此前，团体赛中只有上场选手才有机会享受兵役特例，当时出现过为获得兵役特例资格而不顾战术更换替补选手的案例。这些都违背了设立兵役特例的初衷。但对完全废除优惠持反对意见的人认为，优秀运动员的成绩和积极性会因此遭到打击，这不利于韩国体育事业的发展。

2020年，韩国兵役制度将“大众文化艺术领域的优秀人员”纳入可以延期入伍、召集的对象中。虽然这一制度的通过让防弹少年团成员的入伍时间延期到30周岁，但兵役问题并没有从根本上得到解决。韩国盖洛普2022年4月就大众艺术人员的兵役特例进行了问卷调查。结果显示，59%认为“应该包括”，33%认为“不能包括”，8%保留了意见。[①] 而大

① 《每日意见第490期（2022年4月第1周）》，韩国盖洛普，2022年4月7日，https://www.gallup.co.kr/gallupdb/reportContent.asp?seqNo=1288，访问日期：2022年4月16日。

众文化领域能否成为兵役特例的对象引起如此广泛的争议，说到底是因为并没有统一的、有公信力的标准去衡量大众文化领域从事者对“宣扬国威”的贡献，所以仍会出现评判失衡的问题。如果防弹少年团能够成功获得豁免兵役，也将促使更多的年轻人通过大众文化路线享受兵役特例，这对韩国偶像文化的生态也将产生深远的影响，而这其实也背离了兵役特例设立的初衷。

韩国在1973年出台了《兵役特例法》，当时韩国正值朴正熙政权时期。将体育界人士纳入兵役特例是因为当时韩国处于“维新体制”下，能够在国际上“宣扬国威”的舞台非常有限，在奥运会、亚运会这种国际体育大赛上取得的成绩来抚慰韩国人受压抑的心灵是韩国的政治需求。但是，40多年过去，韩国已经从发展中国家发展成为发达国家，在国际体育赛事的成绩也越来越好，韩国的经济实力和国际地位已经远非当初可比。不少韩国人觉得兵役特例这种鼓励方式已经不符合韩国的国情了，这种制度应该随着时代的发展而调整，而不是止步不前。

兵役本应是韩国男性为能够保卫国民而感到自豪的经历，但当前问题不断的兵营文化让不少青年男性对兵役的自豪感大打折扣。韩国政府也一直提倡兵营文化改革，历届政府的施政纲领中也都包括相关内容。2021年，反映韩国逃兵问题和兵营不正之风问题的电视剧《D. P.：逃兵追缉令》播出，电视剧每集开头的一句话引人深思，“根据大韩民国《兵役法》第3条，韩国男性国民应根据《宪法》和本法的规定，诚实地履行兵役义务”。该剧播出当时在韩国国内外都收获了很高的人气，《D. P.：逃兵追缉令》之所以受到韩国人的欢迎，是因为这部电视剧的故事虽然以抓捕逃兵为主线，但实则揭露了韩国军队内残忍的暴力行为和腐败等不正之风，这引起了观众的共鸣。不过也有人指出，电视剧并没有如实地反映韩国兵营的真实情况。但事实是，韩国兵营文化一直以来被诟病的暴力问题、权力滥用问题、腐败问题的确存在，这也是短短6集的电视剧能够在韩国掀起热议的原因。

四、结语

2022年12月，防弹少年团中最年长的成员就要到入伍年限了，考虑到兵役法修订案从修改到实施所需要的时间，可以说时间所剩无多。防弹少年团能否以在大众文化领域的突出贡献为由而享受兵役特例，答案即将揭晓。2022年韩国公众对杭州亚运会团体项目的参赛人员选拔，尤其是棒球、电竞等韩国优势项目的选拔极为敏感，因为入选的人员意味着将有机会享受兵役特例。如果韩国能够在2022年杭州亚运会获得电竞项目的金牌，韩国将诞生首位享受兵役优惠的电竞选手。在兵役特例范围不断收缩的背景下，扩大特例范围的任何政策都有可能被视为撼动韩国兵役根基之举，而为标准难以衡量的“大众文化”开绿灯也将面临重重困难。20—30岁正是年轻人最具创造力的时期，也是人生面临学业、事业、家庭选择的最重要时期，在严重的人口危机和社会矛盾不断深化的背景下，韩国兵役特例制的存续本身如今面临着诸多问题，将来势必要进行调整与改革。

千人小国

——纽埃依赖外国援助的前因后果

李冠儒*

纽埃是位于大洋洲的一个资源稀少、交通不便的小岛国，曾是英国与新西兰的殖民地，总人口约为 1 600 多人，[①] 多次试图自给自足未果，因此特别依赖对外援助（简称“外援”）。这个地狭人稀的蕞尔小岛因得到新西兰的鼎力支持，岛上基建水平一日千里，目前已有颇为可观的人均收入，人均国内生产总值（GDP）高于 18 000 美元，[②] 经济发达又与世无争，岛上的纽埃人自然对自己的生活质量感到满意。然而，由于纽埃的条件比不上发达国家新西兰，而纽埃人都有随时可移居新西兰的条件——国民都有纽埃和新西兰双重国籍，所以不少人选择离乡背井，导致纽埃人口流失、文化衰落。从主权国家的定义来看，今天的纽埃丧失了一部分的主权，但纽埃人并不认为自己陷入了危机，反而高度认可

---

* 李冠儒，北京大学国际关系学院—东京大学公共政策大学院双硕士项目研究生，籍贯中国香港。平时主要从事中日关系与港澳研究工作，兴趣是了解不同国家/地区间的认知差异。文中引用纽埃人的观点都来自笔者 2016 年 10 月至 2017 年 1 月对纽埃人的采访记录。

① United Nations Department of Economic and Social Affairs, “Population Division,” worldometers, last updated July 19, 2022, accessed July 19, 2022, http://www.worldometers.info/world-population/niue-population/.

② “Niue: Country Classification,” Asian Development Bank, last updated October 2021, accessed June 13, 2022, https://www.adb.org/sites/default/files/institutional-document/752631/niue-country-classification.pdf.

新西兰善意的支持。

为深入了解纽埃的历史与现状，笔者在寻找史料之余也通过脸书（Facebook）采访纽埃本地人、目前已移居新西兰或者澳大利亚的纽埃人以及纽埃政府官员，探讨纽埃依赖外援的前因后果，尤其是对纽埃人口流失的看法。在这个过程中，笔者深切感受到纽埃对新西兰、澳大利亚之外的国家存在排外倾向。随着中国崛起，中国近年也积极为纽埃修桥铺路、提供各类援助，然而纽埃当地人却认为新、澳之外国家的外援有浓烈的“实用主义”色彩，有的甚至怀疑有间谍混入纽埃，不相信这些国家是真心帮助纽埃。从历史来看，自1895年新西兰积极向英国索取纽埃作为自己的殖民地以来，就一直为纽埃提供大量安全与经济援助，但纽埃人坚持认为新西兰的动机纯正，是“遵守协定的政治行为”而非通过援助去扩大自身国家利益，指出纽埃人前往新西兰寻求更好的生活与发展机遇也理所当然。笔者不禁思考，为什么纽埃人会有这种认识上的特点？本文旨在研究纽埃接受新西兰与其他国家的外援的前因后果，及其对不同援助的态度差异背后的原因。

一、与纽埃接触的奇妙缘分

纽埃是世界上人口第二少的小国，或许正因为纽埃太小，中国国内基本没有专门介绍纽埃的著作。中国官方虽积极与纽埃发展双边关系，但纽埃依然没获得中国学界重视。笔者在北京大学国际关系学院上“比较政治学”课前自然也就没有听说过纽埃，只是由于上这门课的每位同学都必须随机抽取一个国家作为自己期末论文研究的课题，机缘巧合下笔者被分配到研究纽埃。作为一个长期研究中日关系的学生，笔者对南太平洋岛国的理解只停留在二战期间日本占领所罗门群岛等南太平洋岛国的情况，对它们的历史与国情几乎一无所知，顿觉有心无力。虽然研究与祖国完全不同的国家可学习到许多新知识，但随时可能陷入找不到合适研究材料的困境，笔者非常担心没有足够的材料完成一篇有价值的研究报告。在初步阅读纽埃史料后笔者发现，自 1895 年英国托管纽埃到 1900 年纽埃正式成为英国殖民地，英国的另一个殖民地新西兰多次向英国请求让纽埃成为自己的殖民地，并在 1901 年如愿以偿——纽埃作为库克群岛的一部分归属新西兰。① 随着民族解放运动的兴起，新西兰与纽埃先后独立。据 1974 年有关纽埃独立的相关文件与协议规定，新西兰有义务向纽埃提供必要的军事、防务、外交及经济援助，直到今天依旧如此。② 按理来说，作为前宗主国的新西兰不可能无偿许诺帮助纽埃，个中原因，可堪玩味。此外，鉴于纽埃本地只有约 1 600 多的人口，知网上关于纽埃的论文又屈指可数，仅少量英语专著可供笔者参考。鉴于优秀的区域与国别研究又需要通过丰富的一手材料支撑自己的观点，笔者下定决心，在 2017 年通过电邮与纽埃公用事业局局长（Director of Utilities）Deve Talagi 和纽埃政府通信干事（Communications Officer）Rhonda Tiakia 进行了深入的交流。与此同时，因为只收集官方的观点不免会以偏概全，笔者认为有必要了解纽埃国民的看法，但在学期内无暇前往纽埃采访当地人，只能另辟蹊径。笔者花了约一周的时间在各大社交媒体寻找纽埃人的社群，最终成功说服纽埃本地人让自己加入脸书上的本地群组，此后便积极与纽埃本地人与移居外国的纽埃人交流。与此同时，笔者循序渐进、由浅入深地阅读关于纽埃史的专著或其他文献。在此过程中，笔者跟纽埃结了缘，至今都有跟纽埃人交流包含新冠肺炎疫情在内等时事议题。当初实在没想到在一门课上抽到的签，居然对笔者有如此深远的影响，以至于在 2018 年 12 月笔者有幸参加在北京举办的“APEC 2018

① S. Percy Smith, “Niue Island, And Its People,” *The Journal of the Polynesian Society* 11, no. 2 (1902): 80–106.

② 刘风山：《纽埃的社会变迁及其民族文化的迷失》，《太平洋学报》2014 年第 22 卷第 11 期，第 64 页。

教育与经济发展政策对话”时，也有知识储备去跟一些南太平洋岛国官员就纽埃与南太平洋岛国的特色进行面对面的深入交流。本文因此可为大家提供大量一手资料，让大家了解纽埃这个鲜为人知的南太平洋小国。

二、得到外援的纽埃从“穷而小”变得“小而富”

纽埃是位于大洋洲的一个富有的岛国，是一个地狭人稀的蕞尔小岛。西南距新西兰 2 400 公里，面积只有 260 平方公里①（相当于约 1/4 个香港），岛上现在仅有 1 600 多人，② 自 1970 年以来纽埃人口一直呈下滑的趋势。因人口与资源稀少，难实现自给自足，史学家普遍认为，纽埃在接受新西兰的援助后，经济问题始得到缓解。③ 2018 年统计的数据显示，纽埃人均国内生产总值高于 18 000 美元，④ 目前官方及国际组织均并未更新 2021 年的数据。由于纽埃体量过小，也并未被列入国际统计组织 Statistic Times 的“2021 年人均国内生产总值国内生产总值世界排名”中去，但根据相关标准，纽埃的名义国内生产总值数据比排第 50 名的中东国家阿曼（17 633 美元）还要高，因此可以算作世界前 50 的富国之一。⑤ 2004—2018 年纽埃的人均国内生产总值与国内生产总值百分比变化参见图 1。

---

① 任翀：《天堂小岛纽埃远离尘世喧嚣》，《解放日报》2010 年 10 月 20 日，第 3 版。

② 因纽埃人有“纽埃/新西兰”双重国籍，因此本数据显示的纽埃人口特指在纽埃本地的纽埃人。

③ 刘风山：《纽埃的社会变迁及其民族文化的迷失》，《太平洋学报》2014 年第 22 卷第 11 期，第 64 页。

④ “Niue: Country Classification,” Asian Development Bank, last updated October 2021, accessed June 13, 2022, https://www.adb.org/sites/default/files/institutional-document/752631/niue-country-classification.pdf.

⑤ “Projected GDP per capita Ranking,” Statistic Times, last updated October 28, 2021, accessed June 13, 2022, https://statisticstimes.com/economy/projected-world-gdp-capita-ranking.php.

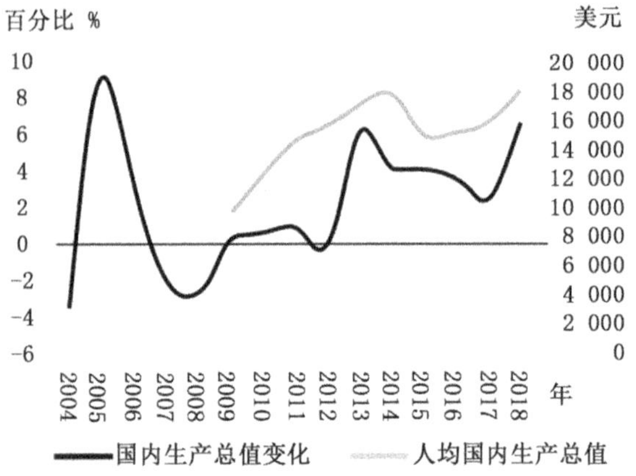

图 1　纽埃的人均国内生产总值与国内生产总值百分比变化（2004—2018 年）

资料来源：“Niue: Country Classification,” Asian Development Bank, last updated October 2021, accessed June 13, 2022, https://www.adb.org/sites/default/files/institutional-document/752631/niue-country-classification.pdf。

（一）纽埃曾是英、新殖民地，至今与新保持紧密关系

纽埃原来有独特的、多元的本地文化。在 17 世纪，纽埃主要受 Tihamau 国王史诗的影响。纽埃国有国王、元首及酋长的制度，所有百姓在国王、酋长前必须要恭恭敬敬，有封建、阶级社会的色彩。此外，纽埃又有一个议会，其议员力图为国民争取利益，带有民主色彩。① 可见，纽埃有自成一格的制衡体系。本地文化层面，在任命国王时国民会高唱民歌，一位高级酋长会在歌声中用点了椰子油的叶子拍打国王三遍以完成纽埃的“受洗礼”（bathe）。② 纽埃人的语言往往混杂着塔希提语、萨摩亚人语与毛利语。在被殖民后，本地人开始积极学习英语，但至今英语水平依然有限，因此，外国人在社交媒体与纽埃人交流的时候或多或

① S. Percy Smith, “Niue Island, And Its People,” *The Journal of the Polynesian Society* 11, no. 2 (1902): 170-176.

② Ibid.

少会有一些沟通上的困难。

19 世纪中叶，纽埃受到外来文化的冲击。1849 年，以基督教为代表的西方文化进入纽埃，极大地损害了纽埃的文化独立。1887 年，纽埃面对日益严峻的外部军事威胁和文化冲击，其国王 Fataaiki 选择致信维多利亚女王以寻求英国保护，主动请求成为英国的附属国，借此保全纽埃这个国家及其文化。1895 年，英国正式殖民纽埃。此后，新西兰政府曾多次向英国女王提出托管纽埃的请求，直到 1903 年，英国终将纽埃转交予新西兰托管。二战后，随着全球民族解放运动的兴起，新西兰在 1907 年独立后也并未妨碍纽埃独立。1974 年，新西兰议会通过宪法，允许纽埃完全独立。尽管只有 1 600 多的人口，纽埃至今依然是一个独立的主权国家，与新西兰也还保持着非常紧密的合作关系。①

（二）纽埃资源匮乏，难免依赖外援

纽埃岛上资源贫乏，当地的食物来源主要是椰子，另外还能捕获椰子蟹以及各种鸟兽和鱼。岛上缺乏优质的水源与除珊瑚礁外的矿产资源，也缺少石油、天然气等能源。再者，由于纽埃只有春、夏两季且土地贫瘠，大部分蔬菜在“当地种植表现均不佳”，② 严重妨碍当地的农业发展。在纽埃，只有芋艿（纽埃当地叫 talo）、甘蔗跟香蕉得以在岛上正常生长，因此食材也十分有限。而纽埃“海岸线崎岖不平，缺少天然海滩和自然港口”与“满布石头”的特性，③ 更导致国内交通不便，经济发展速度缓慢。可见，纽埃原本是一个不适合人类居住的地方。而正因为纽埃土壤贫瘠、自然资源匮乏、交通不便，外国援助对纽埃而言可谓至

① 刘风山：《纽埃的社会变迁及其民族文化的迷失》，《太平洋学报》2014 年第 22 卷第 11 期，第 64 页。

② S. Percy Smith, “Niue Island, And Its People,” *The Journal of the Polynesian Society* 11, no. 2 (1902): 84–106.

③ Ibid., pp.170–176.

关重要。

事实上，纽埃政府曾积极尝试依靠自己的力量解决国内问题，实现自给自足，却迎来了多次失败。“纽埃独立后，其政府曾致力于发展国内私有经济和出口贸易”，“纽埃也曾尝试通过开发旅游业来提高就业”，① 但由于纽埃资源实在过于贫乏，没有出口贸易的条件，本地交通条件又非常恶劣，严重妨碍旅游业的发展，因此，纽埃政府的尝试终究还是徒劳无功。为了让纽埃发展起来，纽埃公用事业局局长 Deve Talagi 就表示，纽埃政府在保持高度自治的同时，还是要务实地承认纽埃是“援助依赖国”的定位，因此，现在的纽埃依然乐于接受来自新西兰、澳大利亚等国的大量援助，并成为富裕的小国。

（三）纽埃人有排外倾向，但不排斥大洋洲与南太平洋国家

纽埃人普遍承认因为历史原因自己有一定的排外倾向，而笔者在走近纽埃群体调研的过程中确实充分感受到部分纽埃本地人与居住在新西兰的纽埃人强烈的排外情绪。笔者在 2016 年通过脸书加入一个纽埃人群组，群内几乎没有非澳大利亚、新西兰的外国人发言。只有一小部分纽埃人愿意与作为中国人的笔者友好交流，大部分纽埃人则显得多疑、不友好。自 2016 年以来，笔者一直有与纽埃本地人与在新西兰纽埃人交流，至今已相互发送上千条信息。鉴于当时纽埃人口不足 1 700 人，在新西兰纽埃人也只有约 30 000 人。② 因此，该群组非常有代表性。

根据研究，笔者发现，纽埃人普遍敌视大洋洲国家与南太平洋岛国国民以外的外国人，他们经常质疑上述国家以外的人试图了解纽埃的动

---

① 刘风山：《纽埃的社会变迁及其民族文化的迷失》，《太平洋学报》2014 年第 22 卷第 11 期，第 66 页。

② New Zealand Foreign Affairs & Trade, “About Niue”, accessed June 13, 2022, https://www.mfat.govt.nz/en/countries-and-regions/australia-and-pacific/niue/new-zealand-high-commission-to-niue/about-niue/.

机。笔者在加入纽埃本地人群组前，先要花时间向群管理员解释自己的真实身份并说明进群的动机——一名北京大学在读中国香港学生希望查询新西兰援助纽埃的动机、了解纽埃的特色。进群后，笔者也向群成员复述了自己身份与动机，有在新西兰居住的纽埃人立刻质疑这是一场“（学术）骗局”。随后，不单有居民①怀疑笔者是试图草草通过在脸书的调查结果完成一篇硕士或博士毕业论文的中国学生，② 更有居民指出，“大学生不应依靠社交媒体等在学术上不够严谨的方式查找资料”，亦有居民认为，笔者“早已知道（新西兰援助纽埃的原因等）答案，明显是来管闲事的”，有群成员则干脆跟笔者说，“纽埃的事轮不到你（作为外国人）来问”。③ 当时笔者甚至面临“中国间谍”的指控，有来自新西兰的纽埃人搜索笔者脸书账号的相簿，由于当时相簿首页上显示的刚好是笔者为北京大学国际关系学院内部刊物——《经纬》撰稿的照片，她因此自认为，有充分证据证明笔者“是从事传媒工作的记者，而非学生”，该发言在群内引起误会，多位群友指控笔者是外国的“间谍与骗子”，笔者感到可气又可笑。幸好在笔者向他们说明这是学生负责的刊物后，大部分群组成员未再深究，最初指控笔者说谎的新西兰纽埃人因种族歧视发言表示对笔者的不信任后被群主踢出群，之后群内恢复了平静。为加强互信，笔者在正式开始与组员交流学术问题前，向群成员进一步解释，自己是按照本科时比较政治课老师建议才想尽各种办法去接触、采访当地人或居民，在这个过程也有一些群成员心平气和地回复笔者说，“请转告你的授课教授（潘维老师），纽埃并不是适合你们研究的小国”。在深

---

① 本文中的居民特指移居外国的纽埃人，下同。

② 原文：Whose benefit out of your thesis mate. N why Niue not your own turf although you speaks great English, bottom line it's only for your own gain in the academic field you just want easy way out for MA or Ph. D. get a grip n go elsewhere, I wish you guys stop feeding him with info on Niue. 译文：谁在从你的论文中获益？还有纽埃不是你家草地。你能说很好的英文，可归根结底，这只是为了你自己在学术领域中的收获，你只是想轻松获得硕士或博士学位。（我劝你）抓紧去研究别处，我希望群里的纽埃人不要再向他（笔者）提供纽埃的信息了。

③ 原文：It's none of your business and piss off. 译文：关你什么事，快滚！

入交流后，笔者发现纽埃本地人与居民对中国的印象不太好有外在与内在两层原因。

外在原因方面，在纽埃人的印象中，曾有外国人在纽埃进行形迹可疑的“调研”活动，在提供援助时用了质量堪忧的材料而显得过于实用主义，存在恶劣对待纽埃本地劳工的嫌疑，因此，纽埃人判断他们远不如新西兰人真诚。不少纽埃人承认大部分纽埃人有中国等国家的外国血统，① 然而当地人反映，自己曾发现“有几位中国人（突然前往）到纽埃收集资料，但后来却突然间消失”，② 因而起了疑心，其中某些本地人更怀疑“他们是派到纽埃的间谍”。另外，近几年中国向纽埃提供不少援助，但本地人及居民普遍认为，中国人为纽埃修桥铺路、开掘资源的原因是中国企业为自身或中国的长远利益考虑，而非真诚地帮助纽埃及其人民。笔者追问背后的原因，他们反映，中方采用的大多是本国的材料与人才，没有惠及纽埃的企业与本地人。③ 也因此让不少纽埃人觉得中国太重视实用主义，虽不能说是贪婪的表现，但是欠缺人情味，不如新西兰真诚。与此同时，还有本地人指出，这些提供援助的企业即便愿意在当地聘用本地人施工，也曾“饿坏”过一些本地工人，让纽埃人觉得自己不被尊重。④ 此外，在本地人眼中，中国等国家提供的钢铁质量“非

---

① 原文：Lots of Niuean who are part Chinese… My mum's ancestry is Chinese as well as Niue & Tahitian & Samoan. 译文：很多纽埃人也有一部分中国血统……我母亲的祖先里就有中国人、纽埃人、塔希提人和萨摩亚人。

② 原文：There are few who came do their thesis on Niue n hello? vanished from our soils… There were about 6-8 of them studying in Niue. They left Niue on January 2001. 译文：有几个中国人来到这里完成了自己的论文，然后打了个招呼就从我们的国土上消失了。有 6—8 个中国人在纽埃学习，他们 2001 年 1 月就走了。

③ 原文：Chinese aid projects where they tend to supply their own expertise and materials. 译文：中国的援助项目偏向提供自己的专业知识与材料。

④ 原文：Maybe improving now but a stigma has been created by projects gone wrong in the past (eg. Rarotonga courthouse and police station with anecdotal reports of starving workers.) 译文：也许现在（中国为南太平洋岛国提供的援助）有所改善，但过去出现问题的项目已经造成了刻板的负面印象（例如，拉罗汤加法院和警察局有关于饥饿工人的逸事报告）。

常一般”，“而新西兰人则较慷慨地提供高质量的钢材”。[①] 上述事例恶化了澳、新之外的援助在纽埃本地人或居民心目中的印象。

内在原因方面，纽埃人往往承认他们排外是有历史原因的。纽埃人曾是食人族，[②] 所以“直到库克船长来之前，来到纽埃的外人很快就会被纽埃本地人杀害”。[③] 同时，由于以前的纽埃很少与外界接触，纽埃人特别害怕、不适应陌生的外来事物，而“这种害怕会转化为不假思索、无理的抗拒，所以纽埃人天然有仇外情绪（xenophobia）”。[④] 有本地人指，这种文化上的惯性导致“至今依然有很大一部分纽埃人不愿意与其他人分享纽埃历史与文化”，而在调查的过程中，笔者确实也注意到有一些纽埃人并不乐意回答外国人的问题。例如，纽埃中学（Niue High School）的毕业生 Lofa Misa 和 Sonia Shermaine Tafatu 就流露出明显的敌意，在笔者询问新西兰有何动机自 1895 年始积极向英国索取纽埃作为自己的殖民地之际，就被他们抱怨笔者很烦人，要求笔者退群，指责笔者“心里早有答案、好管闲事（Nosy）”。当然，也有一部分纽埃人认为纽埃要与人多分享、多交流本地历史与文化，不然“世上的人不会记得纽

---

① 参考 Aaron Leaman, “Chinese steel fails strength test,” Stuff, last updated June 1, 2016, accessed June 13, 2022, http://www.stuff.co.nz/business/industries/80635517/chinese-steel-fails-strength-test。

② 原文：I think back then, the interest was our history, cannibalism, do we still have thee odd nibble here and there, hahaha. 译文：回顾历史，食人的兴趣植根在我们纽埃的历史中，我们依然在某些方面有这种奇怪的吃人倾向，哈哈哈。

③ 原文：Look at the history of any foreigner's who attempted to penetrate our island... extinguished immediately on setting foot on the land! 译文：看看任何试图闯入我们岛屿的外国人的历史吧……他们一踏上我们的土地就立即被灭绝！这特指英国殖民纽埃之前的那段历史。

④ 原文：the fear of strangers or people different to them... the most telling symptom of xenophobia is knee-jerk paranoia were people refuse to think things through before commenting. 译文：（纽埃人）对陌生人或与他们不同的人心中存有恐惧……仇外心理最明显的特征是反射性的偏执，（纽埃的许多）人在发表（外国人相关的）评论之前拒绝思考。

埃这个国家”,① 并指出，“新西兰对纽埃人很好，改变了这种仇外倾向”。他们还替笔者抱打不平，积极回答了笔者的提问，让笔者感到十分欣慰。

三、纽埃人相信新西兰援助纽埃动机纯洁，性质是互惠互利的

承上，纽埃曾是新西兰的殖民地，如今纽埃虽已独立成国，在政治、经济上却依旧依赖新西兰提供的援助。毋庸置疑，纽埃在新西兰的援助下已发展为一个小型的旅游胜地。至于新西兰援助纽埃的原因，可谓众说纷纭，大致可分为履行协定论、民族解放论、分担英国殖民地压力论与国家利益论四种。

（一）履行协定论

在笔者的采访记录中，新西兰的惠灵顿维多利亚大学学习文化人类学（Cultural Anthropology）与太平洋研究（Pacific Studies）的纽埃人 Alana Levi 认为，新西兰单纯是为了履行协定才持续援助纽埃。“自新西兰首相理查德·塞登爵士（Sir Richard Seddon）在 1901 年实际占有纽埃始，新西兰就一直在履行自己承诺援助纽埃的协定。即便当时的纽埃并

① 原文：History stays alive when it is shared and spoken about through our island and the rest of the world… Why? So that when the Niuean culture finally becomes endanger or even extinct no one will know we even existed. Of course, the knowledge of our history and traditions must stay strong within our own culture, but there in no harm in allowing others to learn about it. 译文：当我们（纽埃）岛屿和世界其他地方分享和谈论本地的历史时，历史才会生动起来……为什么？因为如果不分享，当纽埃文化最终濒临灭绝甚至灭绝时，就没有人知道我们的存在。当然，我们的历史和传统知识必须在我们自己的文化圈内保持强大，但让其他人了解它并没有什么坏处。原文用 Why 应该是英文用词上的错误。

不能为新西兰提供有价值的资源，只能为英国和新西兰提供少量的士兵，（但因新西兰守约，所以）它依然愿意帮助纽埃独立、为纽埃提供援助”。所以纽埃人也欣赏、敬重守约的新西兰人。纽埃公用事业局局长 Deve Talagi 也持相同观点，他强调新西兰的援助对纽埃起到非常积极的作用，原文大意如下：“1901 年，纽埃由当时的新西兰总理理查德·塞登爵士（Sir Richard Seddon）接受托管。从那以后，新西兰并不太清楚如何对付我们，因为我们没有为他们的贸易企业提供太多帮助（不像萨摩亚和斐济）……1964 年前后，新西兰政府让我们（与库克群岛一起）选择我们的管制状态（governmental status，主要指是否独立）……纽埃决定不独立，选择继续做新西兰的殖民地。但其实新西兰并希望拥有自己的殖民地。1974 年，新西兰再次询问纽埃同样的问题，这一次，纽埃选择了建立与新西兰有密切联系的自治政府……从理查德总理占领纽埃的那一天到现在，他们（新西兰人）一直在为我们的岛屿提供援助。在某种程度上，我认为这是因为我们国家共享的是协议，而不是友谊。”①

（二）民族解放论

在新西兰的纽埃人 Temson Simeki Snr 则指出，新西兰之所以援助纽埃是为避免澳大利亚控制纽埃，希望确保纽埃在真正意义上独立。“新西兰阻止纽埃成为澳大利亚的一个州，纽埃的独立要归功于维多利亚女王和理查德·塞登爵士，新西兰向纽埃提供了您正在询问的外国援助……他们这样做是为了纽埃的独立。”

事实上，新西兰自身也曾是英国的殖民地，而新西兰一直试图摆脱自己的殖民地身份。② 因此，在历史上，新西兰一直向英国要求自治与独

---

① 笔者的采访记录。

② 格温·瑞安、傅灿邦：《新西兰史话——从殖民地到独立国》，《南充师院学报（哲学社会科学版）》1987 年第 1 期，第 71 页。

立。例如，1894年新西兰新政府[①]成立后，它曾公开向英国索取属于自己的殖民地。随着新西兰在1901年实际控制纽埃，1905年新西兰正式成为纽埃的“保护国”。随后，新西兰也获得了独立的保证，遂于1907年正式成为自治区，并在1947年正式独立。[②] 此后，新西兰认为自己再也没有殖民纽埃的必要，于是，新西兰议会在1974年通过宪法，允许纽埃完全独立。在历史上，新西兰与纽埃曾建立一种相互确保独立、自治的友好合作关系。

（三）分担英国殖民地压力论

纽埃政府通信干事 Rhonda Tiakia 更倾向于认为，新西兰帮助纽埃的理由纯粹是因为“新西兰离纽埃比较近，尤其要比英国要近得多，而新西兰与英国关系又非常好，所以新西兰政府愿意为英国分担管理英属殖民地的压力”。另外，在新西兰的纽埃人 Haren Russel 和 Samson Makaea 也认同，英国当时是为了减少负担才将纽埃“托付”给新西兰，足以证明该观点具有一定的说服力。“当新西兰离我们其实较近的情况下，英国继续保护我们是非常荒谬的……后来新西兰政府正式托管了纽埃，（当时）这让纽埃人民非常懊恼！英国像往常一样背弃了它的承诺，把我们交给了新西兰，因为新西兰比较近！”[③]

（四）国家利益论

有外国学者认为，新西兰试图通过援助纽埃谋求其在纽埃“专属经

---

① 当时新西兰虽然是英国的殖民地，但是英国允许新西兰有自己的政府。

② 格温·瑞安、傅灿邦：《新西兰史话——从殖民地到独立国》，《南充师院学报（哲学社会科学版）》1987年第1期，第71页。

③ 笔者的采访记录。

济区”的利益，但纽埃人普遍否认这种观点。有国际法学者称，《联合国海洋法公约》于1994年11月正式生效，里面明确指出：“每一国家有权确定其领海的宽度，直至从按照本公约确定的基线量起不超过十二海里的界限为止。”以及“专属经济区从测算领海宽度的基线量起，不应超过二百海里”。而且沿海国在专属经济区内有“以勘探和开发、养护和管理海床上覆水域和海床及其底土的自然资源（不论为生物或非生物资源）为目的的主权权利，以及关于在该区内从事经济性开发和勘探，如利用海水、海流和风力生产能等其他活动的主权权利”。[①] 事实上，有不少中国学者指出，当时有大量沿海国家为了扩大其管辖范围而加紧了对周边岛国的控制。[②] 也有学者判断，新西兰有可能通过为纽埃发放“慈善救济”，企图在纽埃的专属经济区分一杯羹。此外，由于纽埃位于南极附近，新西兰将借此获得更多的专属经济区利益，这意味着新西兰可进一步加强对南极的影响力。从地缘政治的角度来看，新西兰邻近南极，本就非常关注其在南极的利益，例如，新西兰于2006年正式向联合国大陆架界限委员会（UN Commission on the Limits of the Continental Shelf）提交申请，要求界定其大陆架的外部边界，争取其在南极的利益。最终该委员会确认，新西兰对其200海里专属经济区外的约170万平方公里大陆架也拥有经济管辖权。新西兰政治学家安玛丽·布蕾迪称，“新西兰的南极活动带给该国以一定的国际地位与威望……新西兰将南极视为‘国家资产’，它赋予了新西兰与其他国家打交道时必要的筹码”。鉴于援助纽埃也可能增加其对南极的影响力，新西兰理论上有为此援助纽埃并增加其国家利益的动机。[③]

但纽埃本地人与居民普遍反感这种“国家利益说”，他们否认新西兰

---

① 联合国，《联合国海洋法公约》，https://www.un.org/depts/los/convention_agreements/texts/unclos/unclos_c.pdf，1994年11月16日生效。

② 弟士：《荒岛引起的国际纠纷》，《海洋世界》1996年第5期，第12页。

③ 安玛丽·布蕾迪：《新西兰与南极》，《中国海洋大学学报》2010年第4期，第2页。

希望通过援助纽埃谋求在纽埃的“专属经济区”或在南极的利益。举例来说，新西兰的纽埃人 Haiheme Simeki 指出，纽埃“经济专属区”里虽有丰富的海产资源，但是“新西兰并没有在纽埃的海域捕鱼，只有游客在纽埃旅游时才会在那里钓鱼”。此外，他认为，“新西兰本来就离南极近，没必要通过纽埃增加其对南极的影响力”。综上所述，纽埃人深信新西兰的动机纯净，正如 Haiheme Simeki 所说，他个人并不希望谈这些利益论、阴谋论，他只知道“新西兰对纽埃很好”（NZ has been good to Niue）。“您的这项研究是否与我们 200 海里专属经济区内丰富的鱼类资源有关？除去有部分新西兰游客来纽埃度假时钓到的鱼外，新西兰并没有从纽埃带走任何鱼。至于南极洲，新西兰比纽埃其实更靠近它……我认为新西兰没有从纽埃的专属经济区获取什么。”①

有趣的是，笔者注意到许多纽埃人一方面承认纽埃是“援助依赖国”，另一方面又会强调新西兰在帮助纽埃的同时其实也是在帮助自己。受访者认为这是“因为纽埃基本上只跟新西兰有经济上的来往，纽埃的航线与海运路线基本上都是通往新西兰的，所以这些金钱、资源等最终还是会回到新西兰”。换言之，受访者相信援助纽埃符合新西兰的国家利益，其本质无疑是互惠互利的。

无论如何，纽埃国内外的学者认为因上述四种错综复杂、你中有我的原因，纽埃确实从新西兰等国获得了大量外援。纽埃在全球贸易往来中，尤其是在旅游、邮票销售、农产品出口等方面，得以通过关税、配额、补贴等方式享受贸易伙伴特殊的优惠。此外，新西兰还为纽埃政府提供民用航空服务，同时积极发展纽埃的旅游产业。2006 年，以新西兰为主，纽埃、新西兰和澳大利亚三国共同成立了“纽埃国际信托基金”，该基金致力于帮助纽埃政府平衡财政收支。② 新西兰等国家的援助在很大

① 笔者的采访记录。

② 刘风山：《纽埃的社会变迁及其民族文化的迷失》，《太平洋学报》2014 年第 22 卷第 11 期，第 66 页。

程度上缓解了纽埃国内的财政问题，成功地使纽埃变成富裕的小国，但却间接导致纽埃面临各种新的危机。

四、对外援助是“蜂蜜”又是“毒药”，无法自给自足实属无奈

纽埃在接受新西兰的援助后无疑变得越来越发达。与此同时，纽埃毕竟是弹丸之地，由于新西兰的生活条件又比纽埃更好，加之新西兰允许纽埃国民拥有新西兰国籍，大量纽埃国民选择离开纽埃，前往新西兰追求更好的生活。结果，在接受新西兰保护与援助的同时，纽埃人口大量流失，国民更不可避免渐渐被同化。当初，纽埃通过寻求英国协助以避免国家、文化灭绝，现在却因人口流失、人才外流（brain drain）而面临身份认同、文化消亡等危机。

（一）外援提高了纽埃人的物质生活水平

为深入了解新西兰援助对纽埃的影响，笔者通过电邮联络了纽埃公用事业局局长 Deve Talagi，有幸得到他详细的答复。

根据 Deve Talagi 局长的回信，他认为新西兰给予纽埃的援助非常有效。在新西兰的帮助下，纽埃的基建设施远胜周边的南太平洋岛国，而且也解决了纽埃本土没有干净水源、缺乏能源等诸多民生问题。“现在纽埃政府能为本地的所有住户提供 24 小时全天候的水、电，而且各类净化系统无处不在”，“纽埃到处都有电视与数据网络，非常便利”。[①] 另外，纽埃政府还因此有能力为本国青年提供大学前的免费义务教育，并且为

① 笔者的采访记录。

准备升读大学的纽埃人才提供丰富的奖学金。医疗方面，国民可享受免费的医疗服务。尤其重要的是，纽埃的基建水平非常高，Deve Talagi 局长称，“纽埃的所有建筑及道路都是严格按照新西兰及澳大利亚的高标准建造的，因此交通已相对发达”，成功克服纽埃“满布石头”和“海岸线崎岖不平”等天然环境的困难。可见，新西兰的援助无疑大幅提高了纽埃国民的生活水平，纽埃已由生存条件恶劣的地方，蜕变为一个配套齐全的富裕小国，成为可圈可点的旅游胜地。同时，纽埃的人口不过1 600余人，政府人员的工作量理论上十分有限，正如笔者可以直接找到高级官员进行采访般，其国民更可以随时给政府机构打电话，请工作人员解答和处理自己的问题。

（二）纽埃的移民潮

纽埃的人口已“从 20 世纪 60 年代的 5 000 多人锐减至目前的 1 000 多人”,[①] 此前纽埃甚至有过万人口。然而，双重国籍的政策为纽埃人移民新西兰提供极其便利的条件，而且新西兰的土壤、资源、交通、就业与教育条件均远胜纽埃。为寻求更好的生活、为得到更好的工作机遇、为让子女接受更优质的教育，不少纽埃人选择举家迁往新西兰。举例来说，新西兰政府就曾在 20 世纪 40 年代针对纽埃国民提供了大量在新西兰的就业机遇，也就促成了纽埃历史上规模最大的一次移民潮。[②] 同时，按照纽埃政府的规定，只有受过一定教育的纽埃人才能在纽埃政府内任职。而教育水平较低的人在纽埃国内反而没有可靠的工作保障，他们为了谋生纷纷离开祖国、移居新西兰。这是纽埃人自然、理性的选择。参

---

① 刘风山：《纽埃的社会变迁及其民族文化的迷失》，《太平洋学报》2014 年第 22 卷第 11 期，第 63 页。

② 刘风山：《纽埃的社会变迁及其民族文化的迷失》，《太平洋学报》2014 年第 22 卷第 11 期，第 66 页。

考2006年的官方数据，新西兰出生的纽埃人已占当时所有纽埃人的74%（16 275人），[①] 留在纽埃的纽埃人早就是“少数派”。

（三）政治制度与文化的衰落

纽埃长期接受大量来自以新西兰为首的外方资助，而援助方在改善本国人民生活质量的同时不免会有意无意地传入了自己的文化。随着对外国依赖性的增强，纽埃人的身份认同几乎荡然无存。新西兰统计局在2006年的报告显示，在新西兰居住的纽埃人只剩下25%（5 190人）能够用纽埃语言与纽埃本地人沟通。另外，铸币权属于现代国家主权的一部分，但纽埃币却已基本被新西兰元与美元所替代。研究纽埃的中国学者刘风山于是感慨，“与新西兰等国的（经贸）合作，（不免）使纽埃本国的货币在纽埃生活中居于次要地位，新西兰元和美元却成了纽埃流行的币种”。[②] 在笔者访谈本地人时，有本地人也戏称纽埃币已成为一种纪念币，又或是一种文化的象征，小榄菊展发行的纽埃纪念币就是铁证。[③] 同时，纽埃本土宗教也已濒临消亡。按照2006年的官方数据，在新西兰有70%的纽埃人（14 739人）信教，其中的约96%信仰天主教（14 112人）。而从前，纽埃本土的居民中则有近8成的人信奉埃克利西亚纽埃教，纽埃本土的传统信仰早已式微。总结而言，纽埃的货币、制度、语言和宗教已衰落，纽埃人对自己祖国的身份认同并不强烈。当然，纽埃现在依然是独立的主权国家。

追根究底，从历史的角度来看，“除了法律上的独立之外，在政治、经济生活中采用殖民时期宗主国的政治、经济模式，依赖前宗主国，严

① Helen Leeand Steve Tupai Francis. *Migration and transnationalism: Pacific perspectives* (Canberra: ANU Press, 2009), p. 180.

② 刘风山：《纽埃的社会变迁及其民族文化的迷失》，《太平洋学报》2014年第22卷第11期，第65页。

③ 何腾江：《纽埃首次为小榄菊展发行纪念币》，《中山日报》2007年9月4日。

重影响着纽埃独立的民族意识形态的形成。"① 纽埃的传统宗教和政治制度等早已被所取代，例如，本文先前介绍的"受洗"礼、酋长阶级、本地议会随着纽埃成为殖民地已经荡然无存，出现了1984年建立的新议会及相关的议会政治制度。纽埃国王自然也被纽埃总理取代，由英国女王伊丽莎白二世兼任纽埃国家元首。诚然，纽埃早已被彻底"西化"，新西兰的外援只是进一步削弱了纽埃的特色而已。

（四）纽埃缺乏自给自足的动机

前文早已提及，纽埃政府承认已失去实现自给自足的想法。纽埃从古至今都缺乏资源，在原料方面本就没有自给自足的条件，只有在新西兰等外国的帮助下，纽埃才有条件成为一个富裕的国家，加之新西兰与纽埃的官方和民间关系又都十分友好，一直都是你情我愿地提供与接受援助。当下，纽埃政府判断纽埃在物资上已没有为生活质量、国家安全希求自给自足的必要。而在全球化时代，科技日新月异，物质文明的发展一日千里；第三产业也日益发达，人的需求、追求越来越多元。于是诚如潘维教授所言，"哪怕国家庞大到如中国和美国的地步，也不可能彻底'自给自足'了"，更何况是纽埃呢？而"消费品空前丰富，物质短缺感也就空前强烈"，② 纽埃人可以通过享受不同种类的外国货品与服务来不断满足自己对生活方方面面的需求。有鉴于此，纽埃政府及其人民只会越来越缺乏自给自足的动机，更加依赖新西兰的外援和资源。同时，因为他们本来就没有对纽埃的强烈归属感，不付出什么代价即可舒服"躺平"，他们也自然不认为这是一个需要被解决的"问题"，所谓面临

① 刘风山：《纽埃的社会变迁及其民族文化的迷失》，《太平洋学报》2014年第22卷第11期，第67页。

② 潘维：《信仰人民——中国共产党与中国政治传统》，中国人民大学出版社，2017，第124页。

各种危机，在本地人看来不过是外人的多虑而已。

尽管有留学海外的人才希望回馈纽埃社会，但他们却被拒之门外。现代的交通条件允许纽埃人便利地到各国留学，自由自在地学习其他国家的专业知识与技能。理论上，留学的纽埃人才在学成归来后本可为本国补苴罅漏，使得纽埃在第三产业、前沿科技方面具备自给自足的条件，继而为本国国民提供各式各样的服务，传授自己的技术与专业知识，实现纽埃内部的可持续人才供应与国家发展。然而实践证明，归国人才徒有在新西兰或其他国家学到的知识，在纽埃却毫无无用武之地。在海外留学的纽埃人就曾抱怨因纽埃人口有限："纽埃政府偏爱集多种技能于一身的工作人员（也就是'通才'而非'专才'），并且在提供就业机会时更倾向于优先考虑纽埃本土培养的人才。"① 接受专业培训和高等教育的他们在纽埃反而没有一席之地，他们在外国反而悠然自得，自己也完全可以利用双重国籍在新西兰或其他国家长期发展，于是这批人才干脆放弃回国，最终导致纽埃严重缺乏医疗及其他高技术要求的行业人才。笔者因此在脸书的纽埃本地群中感慨，在第三产业是主流产业的今天，纽埃失去赚取大量"无形财富"的良机，这些留学海外的精英也没有机会在纽埃国内传授他们拥有的知识，这种情况无疑严重制约了纽埃本地的经济与教育发展。但纽埃本地人普遍不认同笔者的说法，他们相信纽埃确实没有动机培养多领域的人才，毕竟目前稀少的本地人口已大幅限制这个国家的发展机遇，再加上前文所述，纽埃政府也已在尝试自给自足的过程中屡次破壁，即使是"躺平"也能过得很好，假若真的需要纽埃所缺乏的服务，当天来回新西兰即可，两国之间的地理距离毕竟非常短。实际上，只有1 000多本地人的纽埃仅需要也只有1所小学和1所高中，它们也只能容纳约200名学生，培养的本地人才数量必然十分有限，理论上亦不可能培养各个领域的人才，因此本地教育系统偏向培养"通

① 刘风山：《纽埃的社会变迁及其民族文化的迷失》，《太平洋学报》2014年第22卷第11期，第67页。

才”而非“专才”也不无道理。在本地找不到工作的话，新西兰方面自会为他们提供稳定的工作。于是，他们都认为笔者作为外国人简直是杞人忧天。

五、总结

综上所述，本文探讨了纽埃依赖外国援助的前因后果。拥有双重国籍的大前提与纽埃有限的人口无疑是妨碍纽埃自给自足的“因”。有能力移居新西兰的纽埃人终究会理性地离乡别井，本地的青年人口将自然而然地下降，人才方面会持续缺乏自给自足的动力。而纽埃在缺乏劳动人口等“硬资源”的大前提下，在知识等“软资源”上又难以自给自足。一言以蔽之，在新西兰的外援下，纽埃本地却已陷入一种几乎不可终止的、自然而然的、环环相扣的人口流失循环。这个循环在外界看来，应属恶性循环，是导致纽埃面临各种危机、日益依赖外援的“毒药”。但笔者的调查结果反映，纽埃本地人并不认为这是一个严峻的问题，完全不将它视为一场危机。而纽埃政府在尝试自给自足不果后，目前已选择“躺平”，政府及其人民都认为那依然是让纽埃人舒适如意的“蜂蜜”，而且因为纽埃人口有限，所以新西兰也能承担得起。对“果”的理解真可谓见仁见智。

“毒药”与“蜂蜜”一直是本文的主线。纽埃因缺乏资源，必须在政治、经济上依赖外国的援助，这是残酷的、无奈的事实。其中，曾是纽埃宗主国的新西兰尤其积极地为纽埃提供外援，背后的原因众说纷纭，本文总结了四种主流观点，即履行协定论、民族解放论、分担英国殖民地压力论与国家利益论，唯一可确认的客观事实是，在新西兰的援助下，今天纽埃的建设、公用事业在南太平洋岛国中鹤立鸡群，说是“蜂蜜”不无道理。但与此同时，毋庸讳言，新西兰曾经的殖民统治、优惠措施等也间接导致纽埃的货币、制度、语言和宗教衰落，纽埃国民的身份认同感因而骤降，说“毒药”也有理可据。因此，真相往往是个多面体，在笔者看来的“毒药”是纽埃国民眼中的“蜂蜜”，其背后的核心价值观差异，想必各位读者已经也能有所感知，那就是国家认同（国家主权）与生活质量孰重孰轻的问题，这个问题使人对纽埃的思考更加耐人寻味。

慧治创客忙

被垃圾淹没的城市

邹文卉*

城市是强大而脆弱的，它承载数千万人的生活与经济活动，单是维持自身的正常运转就面临诸多挑战，日渐增加的城市垃圾更是不可忽视的一大难题。对于一个缺乏“消化”能力的城市，垃圾山或许最终将取代摩天大楼，成为气味刺鼻的新地标。

一、与“垃圾围城”斗争：中国实践与世界经验

随着中国城市经济的飞速发展，城市与“垃圾围城”的斗争也早已展开。2017 年全国城市垃圾清运量达到 2. 15 亿吨，① 近 5 年来城市平均生活垃圾产生量的增速已高达 12. 7%。其中，大城市面临的“垃圾围城”问题更为严重，环境保护部、② 住房和城乡建设部的统计数据显示，全国超过三分之一的城市遭遇了“垃圾围城”现象，累计已侵占土地达 5 万

---

* 邹文卉，北京大学区域与国别研究院 2019 级直博生，研究方向为俄罗斯城市政治学。

① 国际通行的计算垃圾产生量和清运量的单位是重量单位，如吨、公斤等，但下文中提及的俄罗斯垃圾处理公司出于商业运营和费用计算的需要，以体积单位即立方米作为垃圾清运的计算单位，与国际通行的统计单位有所不同。

② 2008 年 3 月，中华人民共和国环境保护部组建，2018 年 3 月，中华人民共和国环境保护部撤销，改为中华人民共和国生态环境部。

多公顷，并以每年6%至8%的速度增长。[①]

鉴于此，建立全面的垃圾分类体系刻不容缓。从2000年6月原建设部发布《关于公布生活垃圾分类收集试点城市的通知》至今，中国垃圾分类制度建设已经走过了将近20多年的发展历程。早在2000年，中国就在北京、上海等8个城市启动了垃圾分类收集试点，并在全国加以推广，引领各大重点城市陆续发布垃圾分类细则。2017年3月，国务院办公厅转发国家发展改革委、住房和城乡建设部《生活垃圾分类制度实施方案》,[②] 要求到2025年底全国地级及以上城市基本建成垃圾分类处理系统。2019年7月起，上海、北京先后实施或试点“史上最严”的垃圾分类，在垃圾分类收集处理领域不断进行探索和实践。[③] 上海是全国首个全面开展生活垃圾分类的城市，国家统计局数据显示，2020年垃圾无害化处理已达99.7%，且垃圾焚烧无害化处理的比例逐渐增加。[④] 在垃圾计量收费制度方面，2019年《上海市生活垃圾管理条例》明确指出，上海市按照“谁产生谁付费”的原则，逐步建立计量收费、分类计价的生活垃圾处理收费制度。

垃圾问题如同城市发展史中无法逃避的“黑色预言”，在发展到一定水平的全球各大城市都会出现。城市垃圾是一个长期存在的污染源，工业和人口高度集中的大型城市所产生的固体废弃物数量惊人，处理不善将会导致废水漏出，损害土壤，进而造成严重的环境污染，危及人们的健康和生存。因此，世界上许多发达城市很早就开始与“垃圾围城”做

---

① 转引自杨帆、邵超峰、鞠美庭：《城市垃圾分类的国外经验》，《生态经济》2016年第32卷第11期。

② 《国务院办公厅转发〈生活垃圾分类制度实施方案〉》，中华人民共和国中央人民政府网站，2017年3月30日，http://www.gov.cn/xinwen/2017-03/30/content_5182184.htm，访问日期：2022年5月13日。

③ 温宗国：《统筹推进“垃圾革命”破解“围城之困”》，《中国党政干部论坛》2019年第8期。

④ 《〈中国妇女发展纲要（2011—2020年）〉终期统计监测报告》，国家统计局，2021年12月21日，http://www.stats.gov.cn/xxgk/sjfb/zxfb2020/202112/t20211221_1825526.html，访问日期：2022年7月21日。

斗争了。随着城市数量的不断增多和全球消费率的不断攀升，全球城市每年产生的垃圾总量已超过 7 200 亿吨。① 在城市中工作生活的居民主要依赖工业化和高度包装的食品，这也大大增加了每天产生的城市固体废物（Municipal Solid Waste，MSW）。1971—2002 年，全球固体废物的产生量增加了一倍以上。在全球南方，城市固体废物产生量从 20 世纪 80 年代开始出现指数级增长，这一数字在大部分全球北方地区也在继续逐渐增长。例如，美国在 2006 年产生了大约 2.28 亿吨垃圾，到 2013 年升高至 2.54 亿吨，到 2017 年则已经达到 2.58 亿吨，在全球所有国家中排行第一（参见图 1）。

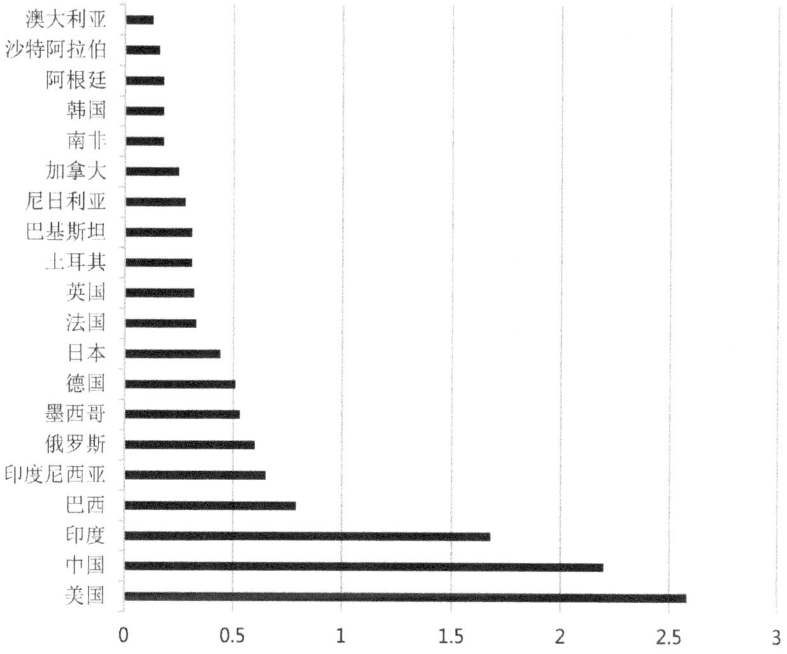

图 1　2017 年全球城市固体废物产出国排名（单位：亿吨）

资料来源："Generation of municipal solid waste worldwide in 2017, by select country," Statista, September, 2018, accessed May 13, 2022, https://www.statista.com/statistics/916749/global-generation-of-municipal-solid-waste-by-country/。

---

① UN-HABITAT? (United Nations Human Settlements Programme), *State of the Art of the World's Cities 2012/2013–Prosperity of Cities* (Nairobi: UN-Habitat & New York: Routledge, 2013).

联合国环境规划署预测，随着人口增长、城市化加速和消费能力增加，非洲和亚洲城市的垃圾量可能会翻一番。同时，城市固体废物产生量的增加与城市化和财富水平的提高有关。从 1997 年到 2007 年，印度的国内生产总值增长了 7%，而据估计，这 10 年间，城市固体废物产生量增加了 45%，从 4 800 万吨增加到 7 000 万吨。① 巴西的数据也表明财富与固体废物产生之间存在正相关，从 2009 年到 2010 年，巴西 GDP 增长了 7.5%，而城市固体废物增长了 6.8%。2011 年，GDP 增速放缓，增长 2.7%，城市生活垃圾清运量仅增长 1.8%。出于消费产品包装增加、产品耐用性缩短、经济增长、消费主义盛行等原因，当前城市固体废物的特点在于废弃物品体积和材料多样性呈指数增长，造成城市固体废物大量堆积。② 因此，城市不得不处理大量的固体废物，包括生活垃圾、建筑垃圾、工业垃圾、有机垃圾，以及城市内部产生的有毒垃圾。值得关注的是，由于垃圾产生量超出处理能力范围，城市中仍然存在大量未经处理的垃圾，这些垃圾只能堆积在非法垃圾场、街道、河床之中，造成严重的城市环境污染。

二、俄罗斯的垃圾危机：形势严峻、疲于应对

根据俄罗斯联邦统计局发布的数据，截至 2020 年底，俄罗斯总人口为 1.46 亿，其中城市人口为 1.09 亿，城市化水平达到 74.65%。③ 城市化率如此高的俄罗斯，势必承受着城市垃圾处理清运的巨大压力。实际

---

① "Waste Investing in energy and resource efficiency. Green Economy," United Nations Environment Programme (UNEP), 2011, accessed May 13, 2022, https://wedocs.unep.org/bitstream/handle/20.500.11822/22012/8.0_waste.pdf?sequence=1&%3BisAllowed=.

② Gutberlet J., *Urban Recycling Cooperatives: Building Resilient Communities* (London, New York: Routledge Taylor & Francis Group, 2016), p. 58.

③ Федеральная Служба Государственной Статистики (РОССТАТ). Численность населения Российской Федерации по муниципальным образованиям на 1 января 2020 года.

上，俄罗斯现在许多城市已经陷入了“垃圾围城”的困境之中，垃圾处理现状不容乐观。然而，俄罗斯有关垃圾清理的政策实施效果不佳，且相关技术和设备较为落后，未能及时处理的垃圾污染了空气和土壤，给城市居民日常生活造成恶劣影响。

（一）城市垃圾现状堪忧

俄罗斯的大部分城市处于垃圾处理能力跟不上垃圾增长速度的困境，但俄罗斯政府在相关政策反应上却带有一丝“如梦初醒”般的迷茫无措。拥有约 1 200 万人口的莫斯科市现在依然缺乏行之有效的垃圾回收系统，郊外过度填埋的垃圾所造成的土地、空气和水流污染，已经严重影响了周边居民的健康。据俄罗斯当地媒体报道，位于莫斯科西部的奥恰科沃-马特维耶夫斯科耶区，垃圾场每晚非法焚烧垃圾，空气污染物远远超过浓度极值，而“合法焚烧垃圾”的工厂实际上也给环境造成了很大压力。莫斯科目前有三个垃圾焚烧厂，其中最大的一家是位于科索诺-乌克托姆斯基区的国营“第四专门工厂”（Спецзавод №4），在该厂附近空气质量标识的范围经常突破预警线显示为“有害”，给周边居民正常生产生活和身体健康带来较大的负面影响。

类似的案例屡见不鲜。2021 年 7 月，居住在列沃别列日内固体废物填埋场周边的新西伯利亚市居民因垃圾填埋场火灾产生大量有害气体而向俄罗斯总统弗拉基米尔·普京、新西伯利亚州州长安德烈·特拉夫尼科夫以及新西伯利亚市市长阿纳托利·洛科季提出集体抗议。居民表示，该垃圾填埋场自 2021 年 7 月 15 日发生火灾以来持续燃烧，产生大量有毒烟雾，导致周边居民没有办法开展正常生活，身体健康也受到严重威胁。当地媒体称，新西伯利亚居民多次要求关闭垃圾填埋场，但市长洛科季明确表示，关闭垃圾填埋场在实践上几乎不存在可能性，因为如果将垃圾填埋场搬到城外，处理城市生活垃圾的费用将大幅上涨，超出城市财政可以负担的范围。① 俄罗斯联邦审计署的相关报告表明，大约有7%的肺癌死亡、18%的肺部疾病、20%的中风和34%的心血管疾病死亡与空气污染和吸入有毒物质有关，② 足可想见，未经科学处理的垃圾焚烧造成的空气污染将严重损害周边居民的身体健康。

俄罗斯联邦自然资源和生态部2020年发布的国家环境现状和环境保护报告显示，2020年，俄罗斯联邦境内产生4 846.2万吨城市固体废物，③ 根据统计口径的不同，莫斯科每年的垃圾产生量在1 050万—2 500万吨，占全国总产生量的15%—35%。自2013年以来，联邦政府关闭了莫斯科州39个垃圾场中的24个，却未能及时建立符合标准的新垃圾填埋场，导致剩余15个垃圾填埋场超负荷运转，累计囤积了超过7 000万吨生活垃圾无法处理。④ 全俄舆情研究中心调查表明，众多俄罗斯民众认为他们面临的最大环境威胁来自生活垃圾。除了各类饮料、酸奶、甜点的塑料包装，不少蔬菜、水果也用塑料盒包装。俄罗斯联邦自然资源利用监督局公布的数据显示，俄罗斯每年产生的城市固体废物量为3 500万—4 500万吨，⑤ 其中仅有不到7%的垃圾被回收利用，剩余的大部分通过填埋和焚烧的方式进行处理。根据联邦审计署的统计，俄罗斯城市固体废

---

① Жители Новосибирска попросили Путина спасти их от «биогеноцида» из-за горящей свалки, Daily Storm, July 19, 2021, accessed May 13, 2022, https://dailystorm.ru/news/zhiteli-novosibirska-poprosili-putina-spasti-ih-ot-biogenocida-iz-za-goryashchey-svalki.

② Отчето результатах экспертно-аналитического мероприятия «Анализ выполнения мероприятий, обеспечивающих экологическую безопасность Российской Федерации, в части ликвидации объектов накопленного вреда и формирования комплексной системы обращения с твердыми коммунальными отходами». Счетная палата Российской Федерации. 2020. [Электронный ресурс] –Доступ, https://ach.gov.ru/upload/iblock/41b/41b02dc50697e6fc57ec2f389a8b68f0.pdf (2022.7.22).

③ О состоянии и об охране окружающей среды Российской Федерации в 2020 году. Министерство природных ресурсов и экологии Российской Федерации. 2021.[Электронный/ ресурс] –Доступ, https://2020.ecology-gosdoklad.ru/doklad/otkhody-proizvodstva-i-potrebleniia (2022.7.22).

④ Rodulova, Nataliya, "Kuchino, Yadrovo, Volovichi," *Instagram*, March 29, 2018, accessed May 13, 2022, https://radulova. livejournal. com/3797300. html.

⑤ Конюхов В. Ю. Методы и перспективы использования твердых бытовых отходов / В. Ю. Конюхов, И. И. Галяутдинов, И. Н. Бубушкинова [Электронный ресурс]-Доступ, http://uecs.ru/predprinematelstvo/item/5568-2019-06-19-22-33-33 (2022. 7. 22).

物产生量每年以平均2%的速度增长，这意味着，如果不减少送往垃圾填埋场的废弃物数量，那么到2024年，就将有32个联邦主体丧失处理新增城市固体废物的能力，其中17个联邦主体面临的垃圾填埋场溢出问题则更为严峻。①

（二）处理能力尚且不足

在堆积如山的垃圾面前，俄罗斯垃圾处理能力有限，因此现状也不容乐观。俄罗斯仅有100个城镇实行垃圾分类，其余地区的大部分垃圾在填埋场堆积了几十年，且不少填埋场是20—50年前在苏联时期建造的，已不具备无害化处理废气和污水的能力。俄罗斯联邦国家统计局发布的《2018年俄罗斯环境保护统计年鉴》明确指出俄罗斯现有垃圾处理能力不足的几大表征：首先，从投入配比而言，俄罗斯在处理生产消费垃圾废品方面的投入逐年增长，但是涨幅明显低于在空气污染和污水治理方面的投入资金。其次，工业和消费垃圾总量增加，但是利用率基本维持不变，无法适应快速上升的垃圾处理需求，说明目前广泛应用的垃圾处理方式效率过低，需要尽快开发新的处理技术。从现行的垃圾处理方式来看，以垃圾填埋的方式处理固体废弃物仍是主流方法，且垃圾填埋规模近年来不断扩大，从2005年的1 021 860.1平方公里增加到了2017年的1 528 791.4平方公里，以垃圾填埋的方式处理的垃圾数量远远大于加工处理再利用或进行无害化处理的垃圾数量。2017年4月19日第176号总统令通过的《2025年前俄罗斯联邦生态安全战略》指出，② 被

① Мусорная реформа в России: что стоит знать, НЕТМУС. [Электронный ресурс]-Доступ, https://netmus.ru/press-center/articles/musornaya-reforma-v-rossii/ (2022.7.22).

② О Стратегии экологической безопасности Российской Федерации на период до 2025 года, Электронный фонд правовых и нормативно-технических документов.[Электронный ресурс]–Доступ, https://docs.cntd.ru/document/420396664#6580IP (2022.7.22).

放置在垃圾填埋场和垃圾堆放区①的固体废物数量正在增加，这导致生产性农业用地不能使用。俄罗斯国内约有 15 000 个授权的垃圾填埋场，占地约 40 000 平方公里，这些垃圾场面积逐年扩张，每年约增加 4 000 平方公里。② 由此可见，俄罗斯的垃圾填埋场已经严重饱和，无力处理城市产生的大量垃圾已经成为俄罗斯很多城市共同面临的难题。

从细节来看，俄罗斯对垃圾的应对总体显得考虑不周、准备不足。一方面，政府一味地通过新建垃圾填埋场此类“治标不治本”的方法处理垃圾，并且在垃圾打包环节就没能很好地进行无害化处理，使得垃圾填埋地区环境急剧恶化，而相关区域的居民不得不与政府展开拉锯战，以求保护自己生存的日常环境。另一方面，俄罗斯城市企业垃圾往往是外包给营利性的垃圾处理公司，其中有些公司非法焚烧垃圾造成的空气污染也会引发前文所提到的激烈矛盾。即使莫斯科政府为了解决填埋场问题而拟建 5 座合法的垃圾焚烧发电厂，并且工程方一再表示项目采用最新技术不会污染环境，但仍遭到当地居民的强烈反对。可以看出，俄罗斯目前缺乏负责垃圾管理的联邦权力机构，联邦各部署和职能机构之间也缺乏针对垃圾管理的协调机制。此外，政府未能在垃圾管理立法及实施方面发挥有效的控制和监管作用，对于“八仙过海，各显神通”的商业垃圾处理公司监管力度过低，导致额外的环保负担。同时，政府也缺乏对垃圾无害化处理相关技术企业的经济激励和产业投资，不能充分利用商业公司可能具有的技术潜能，促使其开发更环保的处理技术。

---

① “垃圾填埋场”，在此对应俄语中的 полигон，指获得授权执照，可以对垃圾进行无害化处理并且填埋的专业垃圾填埋场；而“垃圾堆放区”则对应俄语中的 свалка，指未经授权的、居民自发倾倒而形成的堆放区。

② Государственный доклад «О состоянии и об охране окружающей среды Российской Федерациив 2018 году». Министерство природных ресурсов и экологии Российской Федерации. [Электронный ресурс] –Доступ, http://gosdoklad-ecology.ru/2018/obrashchenie-s-otkhodami-proizvodstva-i-potrebleniya/otkhody-proizvodstva-i-potrebleniya/ (2022.7.22).

三、垃圾改革：声势浩大、举步维艰

随着社会经济矛盾日益加深，垃圾处理问题已经引起了政府的高度重视，俄罗斯总统普京2019年3月向俄联邦议会发表年度国情咨文时强调，俄罗斯必须打造一个文明安全的垃圾处理、回收、利用系统，并且要求在2024年前将俄罗斯的垃圾分类回收率从目前3%提升至60%，同时将垃圾处理利用率从1%提升至36%。[①] 在此目标之下，俄罗斯从三个方面着手开始改善垃圾管理体系。

第一，实施城市固体垃圾分类收集，俄罗斯联邦自然资源和生态部建议将垃圾桶分为“干”和“湿”两类用于分别存放垃圾。这一计划于2020年1月在莫斯科全面启动，市政府在城市街道上放置了带有分类图示的垃圾箱，标明了不同的生活垃圾类型。城市中的垃圾将分为两种主要类型——可回收垃圾（废纸、金属、玻璃和塑料）和混合垃圾（尿布、剩饭剩菜、损坏的玩具和化妆品等）。

第二，在垃圾管理体系中，垃圾处理区域运营商的作用十分重要。运营商负责与市政府沟通垃圾处理方式和处理地点等具体问题，全权负责区域范围内的垃圾处理。现在莫斯科内部有五个大型的区域垃圾收集运营商，每家分别负责两个区。计划自2022年起，各地区的市政当局将举行公开招标，选择一个区域运营商负责首都的垃圾处理业务。从2022年1月1日起，莫斯科将由唯一的垃圾运营商负责，并计算该城市的垃圾收集综合费用。而圣彼得堡市则选择了一家名为“涅瓦生态管理”（Невскийэкологическийоператор）的企业作为垃圾处理的区域运营商，

---

① Послание Президента Российской Федерации от 20. 02. 2019 г. б/н. Президент России. [Электронный ресурс] -Доступ, http: //www. kremlin. ru/acts/bank/44032/page/1 (2022. 7. 22).

并且签订了一项为期 10 年的关于城市固体废物处理的协议。①

第三，为了减轻承接垃圾运营的相关公司压力，面向区域垃圾处理商家的税收优惠政策也有望在一些地区配合出台，斯维尔德洛夫斯克州立法议会即将对是否需要对区域运营商采取税收优惠措施来清除城市固体垃圾进行投票，预算委员会的代表表示将会认真考虑这个问题。早些时候，在斯维尔德洛夫斯克州就已经降低了三个区域运营商的垃圾收集的税率，例如，对于“生态服务”（Экология）② 公司，一栋公寓楼的税收就从 120 卢布降低到 82 卢布，而针对里菲（Рифей）公司的税收则降低了 16.8%。

（一）垃圾管理相关法律制度的发展与完善

从法律层面来看，俄罗斯有关垃圾管理和处置的法律条款也经历了较长时间的演变和调整，但目前看来仍需要继续完善。定义垃圾管理规则的主要法律是 1998 年 5 月 22 日由国家杜马批准的《联邦生产和消费废弃物法》，③ 该法定义了垃圾管理的术语（掩埋、处置、无害化）和垃圾处理的基本原则。2012 年俄罗斯联邦总统令批准通过“2030 年前俄罗斯联邦环境发展领域的国家政策基本原则”④ 规划，确定了“垃圾处理的主要方向是预防和减少废物产生，加强垃圾处理基础设施建设，逐步禁止处置未经分类和处理的固体废物堆积，以确保储存和处置过程中的环

① В Петербурге выбран региональный оператор по обращению с отходами. Администрация Санкт-Петербурга.[Электронный ресурс] –Доступ, https://www.gov.spb.ru/press/governor/220989/ (2022.7.22).

② Ecoservice. moscow, “Сбор и утилизация отходов 1–4 классов опасности в Москве,” Группа компаний «Экология».

③ Федеральный закон “Об отходах производства и потребления,” от 24.06.1998 N89–ФЗ (последняя редакция).

④ Основы государственной политики в области экологического развития Российской Федерации на период до 2030 года (утв. Президентом РФ 30.04.2012).

境安全”的基本原则。2018年1月25日，俄罗斯联邦政府通过了《2030年前生产和消费垃圾的加工、回收和无害化处理行业发展战略》。① 该文件特别指出，“2019年1月1日之后，俄罗斯各联邦主体有权代表俄罗斯联邦总统制定有针对性的区域垃圾处置管理办法”，换言之，推动城市垃圾处理方案的具体权力已经从联邦中央重新下放到各联邦主体层面，各主体必须自行建立处理城市固体废物的服务收费体系。

自2019年起，俄罗斯正式开始顶着重重困难，逐步推行包含行政、立法和市场等多个领域的综合式“垃圾改革”（Мусорная Реформа）。普遍认为，俄罗斯垃圾改革的准备阶段始于2014年12月通过的第458号联邦法规，② 该法规对此前《联邦生产和消费废弃物法》进行了重大修改，也对该领域的法律关系进行了修正和规范。2017年12月的第503号联邦法同样对法律细则进行修订，旨在消除此前立法中存在的内部矛盾。③ 这也从侧面反映出：一方面，此前的立法相对仓促，并没有充足的时间对垃圾处理涉及的多种问题进行充分研究，因而需要在此后进行综合改革前对现有法规进行修订和调整，以提供一个相对完善的垃圾处理法规系统；另一方面，垃圾处理战略规划实施之后，俄罗斯城市（家庭）废物产生的速度并没有放缓，垃圾填埋场的数量没有减少，为市民提供的垃圾处理服务质量持续下降。截至2020年5月，俄罗斯多家媒体已经先后报道了大约11个处于“垃圾崩溃边缘”的地区。随着2019年1月1日新版《联邦生产和消

---

① Стратегия развития промышленности по обработке, утилизации и обезвреживанию отходов производства и потребления на период до 2030 года.

② Федеральный закон “О внесении изменений в Федеральный закон” Об отходах производства и потребления, “отдельные законодательные акты Российской Федерации и признании утратившими силу отдельных законодательных актов (положений законодательных актов) Российской Федерации” от 29.12.2014/ N458-ФЗ (последняя редакция).

③ О внесении изменений в Федеральный закон «Об отходах производства и потребления», отдельные законодательные акты Российской Федерации и признании утратившими силу отдельных законодательных актов (положений законодательных актов) Российской Федерации».

费废弃物法》① 的正式通过，"垃圾改革"开始向俄罗斯更多城市广泛铺开，覆盖了大大小小的定居点，标志着垃圾改革的全面启动。

（二）"垃圾改革"：措施与成效

2019 年，俄罗斯全面启动了垃圾管理改革，旨在通过立法和推行垃圾处理相关政策，督促俄罗斯联邦各地区采取措施，减少垃圾非法堆放造成的污染，并且与垃圾处理企业合作，将区域垃圾处理活动进一步规范化，提高垃圾无害化处理和回收再利用的比例。然而事实表明，"垃圾改革"进行得并不顺利，俄罗斯垃圾处理现状仍然堪忧。

1. 改革内容和具体措施

"垃圾改革"的核心内容在于督促俄罗斯各地区在现有的垃圾处理法律规则框架内，因地制宜地采取针对性的区域垃圾管理计划，各自选择单一的垃圾区域运营商承担垃圾收集、清除、分类和处理的工作，并启动垃圾分类回收项目。② 改革计划逐步将现有的垃圾填埋场改造为现代高科技设施，消除垃圾填埋带来的难闻气味和有害物质，从而达到保护生态环境和周边居民健康的目的。除此之外，垃圾改革还计划清除城市周边森林和沟壑中未经授权的非法垃圾填埋场以及居民区周围不断扩张的填埋区域，待原有土地自然生态得以修复之后建造公园和其他社会文化设施。俄罗斯国家项目"健康"为此设定目标，计划在 2024 年前将垃圾处理厂的加工技术水平提升 60%，并建造多达 130 个大型垃圾处理综合体，从而为新的固体废物处理体系提供坚实的技术基础，争取在 2030 年前将废

---

① О внесении изменений в Федеральный закон «Об отходах производства и потребления» федер. Закон РФ от 26.07.2019 № 225-ФЗ.

② Татаренко Валерий Иванович, Петрова Наталья Владимировна, Лоницкая Дарья Николаевна Мусорная реформа: новые подходы к формированию и возникающие проблемы // Московский экономический журнал. 2020. №6.

物回收利用率提升至95%（现有利用率仅为3%—4%），对标日本的回收利用率水平。① 另一个重要的国家项目“生态”由2018年的总统令推动，其中包含了“清洁国家”“城市固体废物综合管理系统”“第三类危险废物管理基础设施”等联邦项目，旨在建立有效的生产和消费废物处理体系，到2024年关停此前确定的各大城市内未经授权的垃圾处理厂。②

2. 改革成效不甚理想

尽管“垃圾改革”在制度和规划层面的推进看似轰轰烈烈，但由于先前法律体系的薄弱、政府企业利益关系的复杂以及大城市治理难度较高，改革在实际推行的过程中遇到层层阻力，并且也不断出现许多此前未曾设想的次生问题和新的制度难点，其实施效果不尽如人意。普京在2021年12月15日召开的战略发展和国家项目委员会会议上就明确指出，垃圾改革原本的目标是在2023年前关停111个垃圾填埋场，到2024年底时完成关停191个填埋场，但事实上，关停清理每个垃圾填埋场都需要至少2年的周期，而直至2021年底仍有104个填埋场甚至尚未启动关停程序，这意味着垃圾改革目标很难按时完成。当前申报的104个垃圾整改项目中只有61个达到了国家项目规定的标准，其余的进度都暂时落后。③

俄罗斯联邦审计署2020年发布的城市固体废物处理环境安全措施的执行情况分析报告也显示，尽管2019年俄罗斯全面启动了垃圾管理改革，但推行效果不甚理想。截至2020年7月，全俄垃圾回收率仍然不足7%，90%以上的废弃物依旧被送往垃圾填埋场，而填埋场硬件设施往往

---

① Сентебова Д. Г. Запрет на захоронение отдельных видов отходов: на втором этапе реализации // Экология производства. 2019. №11. С.84–87.

② Конюхов В. Ю. Методы и перспективы использования твердых бытовых отходов / В. Ю. Конюхов, И. И. Галяутдинов, И. Н. Бубушкинова.

③ Заседание Совета по стратегическому развитию и национальным проектам. Президент России. [Электронный ресурс] –Доступ, http://www.kremlin.ru/events/president/news/67366 (2022.7.22).

不符合环保立法要求。在 67 个接受调查的联邦主体区域运营商项目中，只有 39 个地区引入了垃圾分类收集的措施，仅有 33 个地区的城市固体废物处理设施容量与产生量达到平衡，24 个地区进行了废物组成分析，19 个地区提供了吸引企业进入废物管理领域的措施，只有 9 个地区使用了最好的技术建造处理城市固体废物的基础设施。

除此之外，垃圾改革的财政支持问题也十分尖锐。区域运营商主要依靠居民支付垃圾处理费来维持运行，垃圾处理费的具体金额则取决于城市固体废物总量计算规则和对应的处理费用。但是，垃圾处理费存在计算透明度和标准差异问题，2019 年区域运营商服务资费范围为每立方米 244—1 411 卢布，但由于居民对垃圾处理费的抵制情绪，整体收款率较低，2019 年为 79%，2020 上半年仅为 76%。截至 2020 年 7 月 1 日，为俄罗斯联邦 19 个主体中 1 510 万人提供服务的 22 家区域运营商由于资金短缺，可能不得不终止服务。① 总体而言，垃圾管理领域的改革尚未达到预期成果，垃圾场填埋仍是城市固体废弃物管理的主要方式。各地区政府没有采取有效措施减少废弃物的形成，也没有足够的资金和企业负责人来建造现代化的垃圾处理设施，垃圾填埋场的容量正在耗尽，未经授权的垃圾倾倒有可能继续破坏周边居民的生存环境。

四、焚烧等于回收？垃圾处理方式的新争议

正如前文所言，尽管垃圾改革明确要削减垃圾填埋场的数量，但俄罗斯国内现存的垃圾回收再利用技术水平尚且不足，而 2017 年 12 月 31

---

① “Анализа выполнения мероприятий, обеспечивающих экологическую безопасность РФ, в части ликвидации объектов накопленного вреда и формирования комплексной системы обращения с ТКО,” Счетная палата Российской Федерации. [Электронный ресурс]-Доступ, https://ach.gov.ru/upload/iblock/41b/41b02dc50697e6fc57ec2f389a8b68f0.pdf (2022. 7. 22).

日新修订的《联邦生产和消费废弃物法》，将垃圾焚烧发电等同于回收利用。因此，有关建设垃圾焚烧厂进行垃圾回收处理并且获取能源的政策建议开始大行其道，相关政府机构和垃圾焚烧企业从联邦中央获取巨额的项目资金。

（一）呼声：垃圾焚烧发电代替传统填埋

垃圾焚烧发电的支持者们提出，世界范围内早就存在垃圾焚烧发电的大型项目，且焚烧垃圾还可以作为燃料，既解决了垃圾填埋场和露天焚烧释放大量甲烷和有害物质的问题，还能依靠源源不断的垃圾提供“永恒的清洁能源”。联合国环境规划署国际环境技术中心 2019 年发布的有关垃圾焚烧发电的数据显示，全球已建成 1 700 余座垃圾焚烧热能发电厂，其中超 80%位于发达国家，单欧洲每年就以垃圾焚烧发电的方式处理约 140 万吨垃圾。将垃圾从这些垃圾填埋场、露天垃圾场和露天焚烧地转移到垃圾焚烧发电厂可以减少废物分解产生的甲烷。① 例如，在距离荷兰阿姆斯特丹绿色和平组织的国际总部 10 公里处，就是现在世界上焚烧热效率最高的垃圾焚烧发电厂荷兰 AEB 垃圾焚烧发电厂（Afval Energie Bedrijf）。该厂位于荷兰阿姆斯特丹西部港口中心城区，负责处理荷兰阿姆斯特丹市以及 27 个邻近市产生的所有生活垃圾、工业垃圾和商业垃圾，依靠 600 辆垃圾车和 2 辆长达 500 米的铁路货运车进行垃圾运输（参见图 2）。

---

① “Waste to Energy: Considerations for Informed Decision-making, UN Environment Programme,” International Environmental Technology Centre, United Nations Environment Programme, 2019, accessed March 28, 2022, https://www.unep.org/ietc/resources/publication/waste-energy-considerations-informed-decision-making.

图 2　荷兰 AEB 垃圾焚烧发电厂

资料来源：Interim-directeurstapt op bij Amsterdamsevuilverbrander | De Volkskrant。

事实上，俄罗斯建设垃圾焚烧发电厂的项目也已经在政府大力推动下开始运转。2019 年成立旨在推动俄罗斯城市固体废物管理事业的大型国有企业“俄罗斯生态运营”（Российский экологический оператор），[①] 根据该企业制订的联邦城市生活垃圾处理计划草案，该公司计划建设 148 座垃圾焚烧发电厂和 253 座垃圾填埋场。[②] 而俄罗斯国家技术集团（Rostec）[③] 旗下的子公司 RT-Invest 也正在大力建设垃圾焚烧发电厂项目。例如，莫斯科地区的一个此类工厂燃烧大约 70 万吨固体废物，就可以为电网输送 4.85 亿千瓦时电力，从而为一个 10 万人口的城市或 25 万居民提供电力。2020 年春，俄罗斯国家技术集团决定扩大该项目，再建

---

① «Российский экологический оператор» —публично-правовая компания. [Электронный ресурс]-Доступ, https://reo.ru/about (2022.7.22).

② А. Васильева, А. Шаповалов. Переработка подходов. Российский экологический оператор похоронит мусор на полигонах и в огне // Газета «Коммерсант».

③ 俄罗斯国家技术集团是一家俄罗斯国有集团，其宗旨是促进民用军用高科技工业产品的研发、制造和出口，创立于 2007 年。

造 25 座垃圾焚烧炉。由于这一计划需要约 3 200 亿卢布的预算补贴，在推行过程中也遭到环保人士和其他垃圾处理企业的反对，因此，俄罗斯工业和贸易部最终决定分期建设剩下的工厂，第一批预计建设 9 座工厂，需耗费 380 亿卢布预算资金。①

（二）反对：环境污染和资金分配问题

然而，在俄罗斯大规模建设垃圾焚烧发电厂的倡议遭到了来自环境专家、环保组织、普通民众和其他企业的诸多质疑，仍存在许多问题需要解决和说明。

首先，从技术和环保角度来看，环保人士指出，垃圾焚烧尽管能消耗垃圾获取电力，但会仍旧形成危险的有毒灰烬，也需要新的填埋场对焚烧废料进行无害化处理。联合国环境规划署的报告也明确指出，垃圾焚烧发电会产生二噁英和呋喃等有害空气污染物，以及垃圾渗沥液、废水和灰渣粉尘等环境污染物，尽管理论上借助现代排放控制技术可以减少污染物排放，使其负面影响大幅降低，但配备先进排放控制技术的工厂如果管理不善或处置不当，仍然可能产生不安全的排放。② 由于理论上零排放的垃圾焚烧炉并不存在，欧盟委员会也提倡进行垃圾回收而不推荐垃圾焚烧处理。③

其次，法律监管层面的担忧。鉴于凭借现有的垃圾焚烧技术工艺势

---

① Горящие точки. Россию хотят спасти от свалок сжиганием мусора. Зачем власти помогают спорному проекту? LENTA. RU. [Электронный ресурс] -Доступ, https: //lenta. ru/articles/2022/01/31/wasteeco/ (2022. 7. 22).

② "Waste to Energy: Considerations for Informed Decision-making, "UN Environment Programme, International Environmental Technology Centre, 2019, accessed March 28, 2022, https: //www. unep. org/ietc/resources/publication/waste-energy-considerations-informed-decision-making.

③ Communication from the commission to the European parliament, the council, the European economic and social committee and the committee of the regions, "The role of waste-to-energy in the circular economy, " Brussels. 126th plenary session, November 30–December 1, 2017.

必会造成一定程度的环境污染并产生废料，现有的项目计划和配套的法律体系却没有制定实施废料处理政策的标准化细则和监管措施以限制废料产生的数量。因此，专家普遍认为，在垃圾焚烧技术游说大行其道的现状下，城市面临着空气污染的威胁，以降低大型工业中空气污染水平为根本目的的“清洁空气”国家项目很可能无法达到预期目标。①

最后，不乏针对垃圾焚烧将给居民带来费用负担和联邦预算分配不公的批评声。反对者指出，垃圾焚烧发电可能需要征收额外的环境费用，使得垃圾处理价格继续上升，给城市居民带来经济负担。此外，由于当前俄罗斯缺少合适的设施来处理燃烧废料，每建设一个新工厂都需要大量资金建造额外的技术处理设施，也因此占用了大量的预算资金。与此同时，减少废物产生、增加垃圾回收利用率、打造循环经济的相关项目所获得的联邦预算资金则大为减少，当 RT-Invest 公司项目获得高达 380 亿卢布的财政支持时，更实用更环保的循环经济领域仅获得 100 亿卢布左右的补贴。专家认为，如今大量资金不断投入到垃圾焚烧和填埋领域，结果缺少资金来解决真正的问题，即发展循环经济来帮助俄罗斯应对气候变化。②

五、道阻且长：垃圾处理的综合性难题

综上所述，尽管脚步略显迟缓和艰难，俄罗斯已经开始正视垃圾围城的问题，探索垃圾分类回收方式，也在垃圾处理领域进行了大量探索

① Елена Ивановна Майорова, Анатолий Васильевич Зубач, Елена Евгеньевна Томилина Правовые проблемы борьбы с отходами в свете Национальных программ Российской Федерации // Вестник Московского университета МВД России. 2021. №6.

② Горящие точки. Россию хотят спасти от свалок сжиганием мусора. Зачем власти помогают спорному проекту? LENTA. RU. [Электронный ресурс]-Доступ, https://lenta.ru/articles/2022/01/31/wasteeco/ (2022. 7. 22).

和实践。然而必须认识到，俄罗斯与“垃圾围城”的斗争依旧危机四伏，不论是向企业提供市场机会、加快垃圾技术设施改造、培养居民环保意识和分类习惯，还是完善现有法律监管制度、合理管控联邦预算分配、吸引足够的发展资金等方面，俄罗斯的垃圾改革之路都还面临着诸多挑战。

直到 2022 年，俄罗斯居民楼仍大多沿用垃圾管道投掷未分类的废弃物，尽管有“分类回收环保行动”的志愿者组织宣讲、表演、展览，通过多种形式向大众宣传垃圾分类，但效果并不显著。垃圾分类基础设施建设也面临难题。比如，按照法律规定，垃圾投放点须远离民居、幼儿园、运动场等，距离公共用地的距离也要在 20—100 米，投放点需置于混凝土房屋内，门口要留有足够空间作为垃圾车通道。但实际上，很多居民区很难满足这样的条件，俄罗斯政府也势必要在自上而下的政策和自下而上的舆情观察两方面统合之下不断调整实施的方式和方向。被垃圾淹没似乎成为城市无法逃避的命运，城市能否真正找到与环境长期和谐共处的方法？各大城市又如何逃脱在垃圾中挣扎的宿命？这些是全球所有城市需要通过实践不断探索去解决的问题。

“标签”下的哥斯达黎加：世界可持续发展的生态实验室

国　歌*

长期以来，哥斯达黎加（简称“哥国”）一直以其在环境政策方面的领导地位而闻名。有关哥斯达黎加的文献和新闻报道总是习惯性地使用“独特”“与众不同”等形容词。2019 年 9 月 20 日，哥斯达黎加获得联合国“地球卫士奖”，这是联合国在环保方面的最高荣誉，以表彰其在保护自然方面发挥的作用和就应对气候变化所做出的政策承诺。与拉丁美洲其他国家相比，哥斯达黎加在社会经济发展和环境保护方面的成就较为突出，相关赞美被归纳为一个个“标签”，进一步突出哥斯达黎加的国际声誉和环境保护方面的影响力。这些“标签”将哥斯达黎加塑造成童话书中的仙境，然而，其真正的社会现实却很少被人提起。一方面，本文将列举有关哥斯达黎加的三大“标签”，并陈述“标签”下哥斯达黎加的真实面貌。在其美丽的面纱背后，真实的哥斯达黎加更像是世界可持续发展的生态实验室，相关群体在这片人造伊甸园里持续探索着，试图找到平衡发展与环保的办法。另一方面，本文也会对哥斯达黎加近期做出的环保努力进行介绍。通过大力推进经济脱碳计划，哥斯达黎加为自己赋予了新的发展动力。但以往发展中的优劣势均影响着哥斯达黎

* 国歌，哥斯达黎加联合国和平大学 2019 届研究生，研究方向为国际和平与可持续发展。

加的经济脱碳计划，提醒着世界可持续发展之路任重道远，需要哥斯达黎加不断努力做出调整。

一、哥斯达黎加的三大“标签”

哥斯达黎加是拉丁美洲最古老的民主国家，[①] 多年来一直保持着社会繁荣与政治稳定。海滩、火山、雨林和各种野生动物使哥斯达黎加成为世界级的旅游胜地。这里的人民乐观开朗，热情好客。Pura Vida 是本地人独有的问候语，意为“纯净的生活”，向旅人们展示了本国人对生活的满足和自信。

（一）中美洲的瑞士

作为一个曾在哥斯达黎加生活过的学生，“中美洲的瑞士”是我最早接触到的“标签”。从首都圣何塞机场搭乘出租车时，热情的本地司机跟我说：“欢迎你！你会喜欢这里的。这里是中美洲的瑞士，这里什么都有，就是没有战争。”本地人的自豪感源于哥斯达黎加独特的经济社会发展历史，哥斯达黎加似乎是罕见的被历史善待的国家。[②] 与拉丁美洲其他国家相比，哥斯达黎加 50 多年来一直保持和平与民主，并在教育、卫生和基础设施建设方面进行了巨额投资以实现其高覆盖率。一方面，得益于福利国家的建设，哥斯达黎加社会经济获得快速发展。自 1821 年从西班牙独立后，哥斯达黎加建设福利国家的想法在国内早早萌芽，并在之

---

① Fabrice Lehoucq, “Costa Rica: Paradise in Doubt,” *Journal of Democracy* 16, no. 3 (July 2005): 140–154.

② Edelman M., *The Logic of the Latinfundio: The Large Estates of North-western Costa Rica Since the Late Nineteenth Century* (Stanford, Calif.: Stanford University Press, 1992).

后的几十年中逐渐完善。1950—1980年，哥斯达黎加失业率和就业不足率很低，正规的政府部门数量稳步增长，面向全国的社会发展方案得到实施，社会民主政府的框架随之形成。① 到20世纪80年代初，政府各个部门机制逐渐完善，行政管理逐渐正规，政府部门共雇用了五分之一的劳动力，掌握了近四分之一的国内生产总值。② 以政府为中心的社会机构网络在保护和促进经济发展和提高社会福利方面发挥着关键作用。另一方面，哥斯达黎加是世上少数没有军队的国家之一。哥斯达黎加的军事历史的终结于1948年，在总计44天的内战结束后，哥国只保留了小规模的执法部队。1949年，哥斯达黎加正式废除军队，国家把从国防开支中节省下来的钱用于改善教育、医疗保健和建设可持续的社会安全网络。③ 尽管过去几个世纪里，各国对“中立”行为的解释一直存在变化。但时至今日，解除武装、不加入任何军事联盟的哥斯达黎加无疑是把中立态度贯彻最为彻底的国家。保持中立，不仅让哥斯达黎加远离战争，还让其各方面社会经济发展指数远好于其他拉丁美洲国家。

（二）人间伊甸园

我就读的联合国和平大学坐落于科隆城的国家公园里，每天早上学生们要搭乘巴士一起上山，沿途的风景是野蛮生长的雨林，365天都是全然不同的风景。教室的落地窗外飞舞着成群的蜂鸟，午餐时会有手掌大的蓝色蝴蝶轻落在刀叉上。因为远离城市，课余时间学生们经常结伴探索雨林，寻找隐藏着的瀑布与小溪。我一直记得自己第一次的探索经历，

---

① Aistara A, *Organic Sovereignties: Struggles over Farming in an Age of Free Trade* (Seattle: University of Washington Press, 2018).

② Edelman M., *Peasants Against Globalization: Rural Social Movements in Costa Rica* (Stanford, Calif.: Stanford University Press, 1999).

③ Jiménez I., and Palmer S., *The History of Costa Rica*, 2nd ed. (San Jose, C.R.: Editorial Universidad de Costa Rica, 2007).

拨开层层叠叠的树枝与藤蔓，手脚并用爬上山顶，迎面看见的便是新生的太阳。身边的本地朋友亲切地拍了拍我，看着眼前的风景对我说："人间的伊甸园难道不就是这样吗?"

自20世纪90年代以来，哥斯达黎加因其优异的环境保护政策被称为人间伊甸园：一个在全球想象中近乎虚构的地方，一个真正的生态乌托邦。哥斯达黎加似乎是证明环境库兹涅茨曲线①的最好案例。在很长一段时间里，哥斯达黎加的经济增长主要依靠农业和畜牧业产品的出口。经济迅速发展的结果是哥斯达黎加境内的森林砍伐率直线提升，20世纪80年代，它的森林砍伐率是全世界最高的。但之后不到50年的时间里，哥斯达黎加华丽转身，成为国际公认的环保典范。新"标签"背后是哥斯达黎加在环保方面做出的积极努力。在意识到惊人的森林退化速度后，政府迅速建立国家公园服务机构，该服务机构开始征收遍及该国众多生态区的代表性森林地带，并将其置于国家保护之下。同时，政府通过一系列的鼓励措施推动经济转型，大力发展基于国家公园的生态旅游业。到1993年，旅游业已取代农业成为哥斯达黎加最大的经济部门，约占哥斯达黎加外汇收入的20%—22%，占国内生产总值的7%—8%。② 媒体和政府的共同宣传使哥斯达黎加"人间伊甸园"的美誉迅速在世界范围内普及，而旅游业带来的收入则被重新投入可再生能源的发展应用中。自2015年以来，哥斯达黎加98.53%的电力消费来自可再生能源。③ 哥斯达黎加政府早在2007年就宣布，计划到2021年成为全世界第一个"碳中和"国家，④ 2021年，联合国教科文组织正式授予哥斯达黎加首都圣何塞

---

① 环境库兹涅茨曲线：经济发展最初会导致环境恶化，但是在一定水平的经济增长之后，社会开始改善与环境的关系，环境退化的程度也会降低。

② Evans S., *The Green Republic: A Conservation History of Costa Rica* (Austin: University of Texas Press, 1999).

③ ICT (Instituto Costarricense de Turismo), *Principales actividades realizadas por los turistas* (San José, C. E.: ICE, 2017).

④ 杨婷：《哥斯达黎加："碳中和"国家的绿色启示》，新华网，2013年6月4日，http://www.xinhuanet.com/world/2013-06/04/c_116032540.htm。

市“零碳目标”奖项，以表彰其在应对气候变化及实现碳中和方面做出的努力。① 同年2月，哥斯达黎加政府提供了他们在实现碳中和目标方面的最新进展。主席团报告称，哥斯达黎加2022年气候相关项目中有90.7%已经在进行中，预定于2018年至2022年完成的初始目标中有25%已经执行。②

（三）世界最佳养老国

随着全球化时代的来临，哥斯达黎加又多了一个新的标签“世界最佳养老国”。良好的社会经济发展和绝佳的自然环境使哥斯达黎加在过去的几十年中吸引了众多海外游客。很多人来过之后便决定留在这里，科隆城里我最喜欢的希腊小店，老板夫妇就是曾经的旅人。哥斯达黎加中央银行数据显示，③ 稳定的投资环境和自由贸易区等激励制度吸引了大量海外直接投资和移民。每年持续增长的指数充分说明了哥斯达黎加作为投资目的地的持续性，而海外投资又多以生态旅游业和进出口业为主，既加强了境内的环境资源保护，又促进了基础设施的建设。经济、社会、环境保护的发展在哥斯达黎加境内形成良性循环。作为一个“向外”的国家，哥斯达黎加境内到处可见成熟而友好的外籍人士社区，不论是游客还是常住者都不需要流利的西班牙语就可以轻松地融入哥斯达黎加的生活。这源于技术和旅游部门是哥斯达黎加经济增长的主要产业集群，政府对此进行了大量投资，每一个新的出口商、服务提供者、部门雇员或大学课程都会使整个部门增加深度，并使其对投资者更具吸引力。21

---

① Storti, Davide. “UNESCO Netexplo Forum 2021,” UNESCO Netexplo: 10 Netexplo Linking Cities Award Winners No. 8. 2021, accessed April 12, 2022, https://en.unesco.org/news/unesco-netexplo-forum-2021.

② Eric Smith“Costa Rica and carbon neutrality,” *The Tico Time*, 2021, accessed April 16, 2022, https://ticotimes.net/2021/10/23/costa-rica-and-carbon-neutrality.

③ Banco Central de Costa Rica, *Inversión directa, economía declarante, anual (por país de origen)* (BCCR, 2019).

世纪以来，哥斯达黎加在建立和促进出口型技术公司、产品和服务供应商、相关公共机构和大学以及训练劳动力的生态系统方面取得了显著的成功。旅游部门也发生了类似的变化，科技和旅游两个部门相互促进，加强英语教育，对全球社会保持高度开放的态度，使哥斯达黎加的投资和移民环境越发优异。

二、“标签”下的真相：挣扎在发展和环境保护中的国家

2016 年，幸福星球指数（Happy Planet Index）将哥斯达黎加评选为“世界上最幸福的国家”，①数据及报告再次称赞了其在社会、经济和环境保护方面取得的成果，却草草一笔带过哥斯达黎加境内的收入不平等问题，并且只字未提国家正在面临的政治社会动荡。相似的报道还包括环境方面，媒体和国际组织对哥斯达黎加的报道非常单一。事实上，哥斯达黎加和世界上大多数国家一样，是在众多国际利益集团的压力下推动国内经济发展和环境保护的。其主要策略是在地理上将两个过程分开：一方面在特定的地区如国家公园促进纯粹的环境保护，另一方面在其他地区推进经济集约化发展。学者早在 1990 年就发现了类似情况，他们经过研究，认为这种同时发展并不是偶然的，而是得到了国家政策的支持，并且在 1990 年后逐渐制度化。②这种发展方式导致的直接结果就是经济发展与环境保护两种力量之间的激烈斗争，每一方都认为自己受到政府的保护与支持，因此都想要抢在对方之前争取更多剩余土地，社会问题

---

① Happy Planet Index, *Costa Rica Tops 2016 Happy Planet Index* (New Economics Foundation, 2017).

② Jiménez I., and Palmer S., *The History of Costa Rica*, 2nd ed. (San Jose, C. R.: Editorial Universidad de Costa Rica, 2007).

也因此产生。

哥斯达黎加试图在发展和环保之间取得平衡的历史由来已久。三大"标签"带来的繁荣背后是国家公共债务的急剧增加。20 世纪 80 年代拉丁美洲整体遭遇债务危机，哥斯达黎加不得不通过降低贸易条件以增加其债务偿还能力。同时，第二次石油危机和咖啡价格的急剧下跌使哥斯达黎加遭遇经济崩溃，国家无力偿还国际债务，哥斯达黎加在 1980 年成为世界上人均债务最高的国家之一。① 世界银行和国际货币基金组织对此向哥斯达黎加提出三轮结构调整计划：首先，要求哥斯达黎加政府大幅度削弱国家开支，同时对各个部门的管理机构进行私有化。其次，放宽国内进口关税制度，经济战略方案也转向纺织产品、菠萝、观赏植物等非传统出口商品，以提高国家竞争力。最后，通过税收减免和其他鼓励措施刺激外商直接投资，并放宽对外国人获得土地所有权的法律法规。同时，减少或直接消除对玉米、大米和豆类等主要作物的支持价格。这三轮结构调整计划使哥斯达黎加被迫从国内和中美洲市场转向新的国际市场，不断增加的海外贷款加剧了哥国的经济压力。② 1985 年，哥斯达黎加成为拉丁美洲第二大接受美国援助的国家，里根政府提倡的新自由主义改革，鼓励工业扩张以追求经济增长，这使哥斯达黎加森林砍伐率达到峰值。③

哥斯达黎加成为可持续发展实验室的经历由此开始。政府兼顾环保和经济发展的政策造成了一系列问题，单从环境保护角度分析，大幅度削减国家开支导致哥斯达黎加国家公园的服务与工作人员总数减少了五

---

① Steinberg P., *Environmental Leadership in Developing Countries: Transnational Relations and Biodiversity Policy in Costa Rica and Bolivia* (Cambridge, Mass: MIT Press, 2001).

② Ibid.

③ Hunter R., "Is Costa Rica Truly Conservation-Minded?" *Conservation Biology* 8, no. 2 (1994): 592-595.

分之一，设备和维护预算在1980—1990年减少了80%以上。[①] 同时，作为结构调整的一部分，国家公园管理的资金减少导致了治理缺口，越来越多的国外非政府组织在这时期加入填补空缺。这些组织通过国际金融机构（IFIs）和私人捐赠者获得资金，逐渐形成了一种看起来比国家机构更有效率的和更加灵活的选择。表面上，国际组织和政府的分工非常明确，政府提供宏观保护方案，而国际非政府组织负责大部分的实际操作。[②] 但哥斯达黎加各部门向来存在功能不明确、权限不清晰和缺乏协调等问题。在国际组织介入后，这些问题变得更加严重。一方面，非政府组织的工作缺乏政府管理的全面性；另一方面，政府也不能及时得到有效的反馈建议，这使哥斯达黎加境内的环境保护工作越发复杂。

同时，土地私有化和放宽外国人对土地的所有权使20世纪90年代哥斯达黎加境内80%以上的海滨产业被外来者购买。[③] 哥斯达黎加境内多地逐渐建立起私人环境保护区，管理权由非政府组织和个人拥有。许多新的土地拥有者同时也投资于旅游业的发展，外来旅游产业迅速取代了哥斯达黎加国内的旅游行业。最初，世界银行和国际货币基金组织帮助哥斯达黎加吸引了外商直接投资。但海外投资带来的经济发展的不平衡反而加剧了哥国境内公民的收入不平等。生产玉米、大米和豆类等主要作物的农民和劳动者首先失去国家政策提供的价格保护福利。尽管他们在调整初期试图成立合作社，并采用更现代的技术增加产量，但此类合作社逐渐被大规模的资本主义农业所取代。而非传统出口产品，如菠萝等的种植土地多由外来投资者拥有。最终，哥斯达黎加本国公民的收入降低，一些公民对此举行示威游行等进行反抗，但政府对经济的掌控能

---

① Langholz J., "Privatizing Conservation," in *Contested Nature*, edited by S. R. Brechin, P. R. Wilshusen, C. L. Fortwangler, and P. C. West (Albany: State University of New York Press, 2003), pp. 111-135.

② Honey M., *Ecotourism and Sustainable Development: Who Owns Paradise?* 2nd ed. (Washington, D. C.: Island Press, 2008).

③ Ibid.

力有限，2019 年底开始的新冠肺炎疫情则进一步加剧了哥国的社会经济问题。

三、生态实验室的最新实践

学者茱莉亚·弗莱格因哥斯达黎加碳中和方面所做出的承诺，将其称为世界的“生态实验室”。[①] 在美国退出《巴黎气候协定》后，哥斯达黎加继续推进脱碳进程，让世界看到这个领土仅有 51 100 平方公里的国家蕴含着的力量。

作为可持续发展领域的世界领袖，哥斯达黎加最突出的表现莫过于其在“脱碳经济”（Decarbonized Economy）方面进行的努力。根据《巴黎气候协定》和联合国的“可持续发展目标”，哥斯达黎加在 2019 年起草了一份详细的计划，计划全国将在 2050 年前实现脱碳经济。[②] 哥斯达黎加的碳中和战略既包括广泛的国家政策承诺，也涵盖具体的社会自愿环保承诺，两种承诺同时实现、相互加强，让气候问题成为国家发展规划的重要一项。这些承诺还允许根据本国情况调整政策，同时提高吸引外商直接投资方面的竞争力。承诺既符合国家和政府在本国的责任，也使其可以承担全球绿色发展典范的责任。哥斯达黎加认为，提出一个更广泛的国际气候机制不仅可以改善本国环境问题，也将帮助其他发展中国家，甚至可以为世界实现更深入减排提供所需的部门管理和政策实践方法。

作为《联合国气候变化框架公约》的签署国，哥斯达黎加实施了

---

① Flagg J., “*An Ecolaboratory for Climate Politics?*” in R., Fletcher, B., Dowd-Uribe, and G., Aistara, *The Ecolaboratory: Environmental Governance and Economic Development in Costa Rica*.

② Mora M., *Costa Rica's Commitment: On The Path To Becoming Carbon-Neutral*, UN Chronicle, accessed April 15, 2022, https://www.un.org/en/chronicle/article/costa-ricas-commitment-path-becoming-carbon-neutral.

《国家气候变化战略》和《气候变化框架法》等行动计划，以应对国家境内的环境问题。政策、措施和倡议的主要行动包括下列内容：按来源减少排放，包括能源、运输、农业、土地利用（土地利用变化和减少森林砍伐）、工业、固体废物管理和旅游业（及有关的国际航空旅行）等部门；通过再造林和天然林木更新提高碳汇。一些具体缓解措施如下：设立国内自愿碳市场，它是作为国家气候变化计划的主要项目而创建的；实施为控制森林砍伐和退化，并减少碳排放的“REDD +”战略；① 以及设计应对气候变化产业战略。② 之前在环境保护领域做出的努力为哥斯达黎加的经济脱碳计划提供了良好的基础。能源方面，哥斯达黎加是该地区全国清洁能源覆盖率最高的国家之一。用于发电的最重要的一次能源（即天然能源）是水力发电、地热能和风能。哥斯达黎加电力研究所（ICE）的数据显示，2016 年，哥斯达黎加 98%的电力来自可再生能源，全年使用无碳电力的时间超过 250 天，连续使用的时间为 110 天。③ 在适应方面，哥斯达黎加境内发展最快的领域是有机农业、生态保护和清洁能源。主要举措与气候观测和气候变化监测有关。瓜纳卡斯特供水项目是最具雄心的项目之一，旨在确保极端干旱年份里依旧可以保证基础供水。

总的来说，哥斯达黎加的气候变化战略有着明确的行动方向，围绕五个领域开展：设立指标、缓解碳排放、观测脆弱性和适应性、加强能力建设和关注教育、文化和公众意识。宏观战略不仅重视前三项，同时

---

① “REDD+”是一个由联合国支持的发展框架，旨在通过阻止对森林的破坏来遏制气候变化。Reducing Emissions from Deforestation and forest Degradation（REDD）代表“减少毁林和森林退化造成的排放”，“+”表示森林保护、可持续管理和提高森林碳储量的作用。

② Jocelyn Timperley, “Costa Rica has the ambition to reach net zero-carbon by 2050. It's gone a long way already, but how will its polluted capital clean up?” *BBC Future Planet*, June 2, 2020, accessed April 28, 2021, https://www.bbc.com/future/article/20200601-costa-rica-the-worlds-most-sustainable-country.

③ ICE Grupo, *Consolidated Financial Statements, Instituto Costarricense de Electricidad and Subsidiaries* (ICE San José, September 30, 2016), accessed April 28, 2021, https://www.bnamericas.com/en/news/grupo-ice-presents-consolidated-financial-statements-for-2021-with-100-application-of-ifrs.

还在教育、文化和公众意识方面采取了行动，例如，发布气候变化文件，利用广播和电视广播对教师、农民和公众进行培训。

哥斯达黎加一直注重教育发展。自1870年以来，哥斯达黎加对所有儿童、男孩和女孩实行义务教育，包括传统的5年学术课程和6年职业教育。2018年，哥斯达黎加在教育方面的公共支出占政府总支出的31.5%。①哥斯达黎加的英语熟练程度在拉丁美洲排名第一，国内劳动力可以在国外提供13种语言的服务。2018年，哥斯达黎加政府承诺将哥斯达黎加变成一个真正的双语国家，将英语作为第二语言教学成为国家教育优先事项。②这一倡议将由教育部、国家培训学院和私营部门学校承担。此外，为了改善国家计划长期推行的环境政策，哥斯达黎加意识到环境教育对实现可持续发展非常重要。哥斯达黎加已经在正规教育、环保项目和作为主要经济活动之一的生态旅游中实施了具体的战略。自20世纪80年代以来，国家公立学校的课程要求将环境学习作为小学和中学教育的一部分，而国家自然保护区则通过一个永久性的国家公园项目为国内外游客提供非正式的学习机会。

对英语教育和环境教育的重视让哥斯达黎加可以顺利与国际组织和海外大学建立有效联系。本国的大学、联合国和平大学等均设置了专门的“可持续环境研究”课程。同时，境内多数高校都与美国的高校如纽约大学建立了“姐妹校”关系，为学生提供交流学习的机会。此外，在哥斯达黎加，国家媒体（包括报纸、电视和无线电广播）经常报道当前环境问题并促进参与保护项目。因为偏远地区获得环境信息和资源的机会有限，无线电和电视广播被证明是帮助偏远农村人口的特别有用的工具。生态旅游和“绿色经济”的概念是另一种方式，让人们明白必须爱

---

① OECD, *Country Notes*, Costa Rica, https://www.oecd-ilibrary.org/docserver/eag-2018-76-en.pdf?expires=1651555348&id=id&accname=guest&checksum=86E711227D8337DC29CCC228EB895C5A.

② Castro F., “*Green Education in Costa Rica Diverse Approaches Paving the Way for Ecological and Economic Sustainability*,” Meer, 2022, https://www.meer.com/en/68598-green-education-in-costa-rica.

护拥有的环境资源。

四、零碳未来的挑战

目前，越来越多的科学证据表明，如果不大幅度和迅速减少温室气体（GHC）排放，就有可能对人类所知的文明的相互关联的环境、经济、卫生、道德、政治和社会制度的综合体造成灾难性破坏。[①] 2021 年末，国际能源署预计，可再生能源将很快超过煤炭，成为最大的发电来源。国际能源署署长法提赫·比罗尔（Fatih Birol）在 2022 年 1 月的一次新闻发布会上表示，“我们的数据显示，到 2025 年，可再生能源将超过煤炭，成为最大的发电来源，并结束过去几十年化石燃料的主导地位”。[②] 在世界各国寻找解决办法时，哥斯达黎加已经用脱碳经济行动证明了绿色发展的可行性。由于过往良好的环境保护基础，哥斯达黎加在相关领域的表现突出。根据哥国《国家脱碳计划实施进展情况》，[③] 截至 2022 年 2 月，哥斯达黎加已完成计划第一阶段目标的 61%。到同年年底，这一数字预计将达到 83%。但在推进经济脱碳的过程中，哥斯达黎加仍需解决两个主要问题：一是国家在减少交通运输部门排放方面一直比较落后；二是受新冠肺炎疫情影响，哥斯达黎加面临如何有效开展国际合作的困境。

在哥斯达黎加，66% 的碳氢化合物消耗和 54% 的二氧化碳排放来自

---

① Hook L., and Sanderson H., “How the race for renewable energy is reshaping global politics,” *Financial Times*, 2021.

② Ibid.

③ Presidencia de la República de Costa Rica, 2022, “Avances en la implementación del Plan Nacional de Descarbonización,” *Desarrollado por el Ministerio de Comunicación*, accessed April 13, 2022, https://www.presidencia.go.cr/costa-rica/.

交通运输业。[1] 在交通运输领域，私家车（41%）是二氧化碳排放的主要来源，其次是货物运输、摩托车、特殊服务巴士、特殊设备和公共交通。[2] 空气质量监测站（GAIA air quality monitoring stations）提供的数据的温室气体盘查清册（GHG Inventory）显示，车辆是空气质量恶化的主要原因。除首都圣何塞外，哥斯达黎加大都会区（GAM）的大气污染物水平高于国际标准所商定的水平。交通和类似活动产生的空气颗粒物浓度值高，不仅对环境有影响，而且对人的健康也有影响。暴露在这些污染物中的人群更容易患中风、肺癌和哮喘等肺病。

有两个主要原因导致了这种问题：一方面，是哥斯达黎加整体的车辆年龄较高。根据调查，哥国车辆的平均车龄为 16—40 年。阻碍车辆整体更新的一个因素是国家设置的有关进口二手车的规定，目前的规定允许使用年限超过 15 年的车辆入境。2014 年，二手车进口占这些商品进口总额的 34%，其中 24%车龄超过 15 年。[3] 该国在新进口汽车的排放和性能方面也落后于国际环境；在哥斯达黎加，2008—2014 年的平均排放量为 197—206g CO_2/km，平均性能为 13—14km/l。能源效率的概念不是哥斯达黎加文化的一部分，目前，国家还没有对内燃机汽车实施任何类型的能源效率措施。国家也缺乏报废汽车可持续管理的政策和研究。另一方面，哥斯达黎加的交通基础设施建设需要完善。公众交通不安全、公共交通系统混乱、使用者缺乏信息、公共服务缓慢和公共交通的机械条件差等原因让人们普遍倾向于使用个人交通工具。由于城市地区人口的增长，这种情况变得更糟。生产区和居住区分散开来，相互隔绝，迫使

---

① Zúñiga A.,"Costa Rica will run on nearly 100% renewable electricity for 7th-straight year," *CRC Daily*.

② Estefanía Jiménez.,"Designing the Roadmap for Costa Rica's Low Carbon Transport System: Good practices in Laws and Policies from Latin America" (Master's Degree diss., University of Costa Rica, 2019).

③ Costa Rica, *Ministerio de Ambiente y Energía. Dirección Sectorial de Energía*, 2015, Ⅶ Plan Nacional de Energía 2015-2030, p. 93.

人们每天进行长时间的通勤。[1] 此外，没有适当的城市规划，使哥斯达黎加的大都会区成为拉丁美洲最大、人口最稀少的都市地区之一。每 1 000 个居民拥有的车辆从 1994 年的 132 辆上升到 2014 年的 263 辆，交通拥堵明显加剧。在这一时期，摩托车的使用增加了 2 倍，成为一种流行的交通方式。此外，公共汽车出行的数量从 1999 年的 60%下降到 2007 年的 45%。[2] 未来哥斯达黎加如果想要继续推进低碳发展计划，交通运输是其不得不解决的主要问题。

国际合作方面，气候问题是全人类的问题，需要所有国家共同承担起责任。哥斯达黎加的环境保护成果世界有目共睹，但要实现真正意义上的全球可持续绿色发展，必须建立起稳定的全球合作伙伴关系。哥斯达黎加的大部分基础设施，特别是地面运输和水处理设施，都需要大幅升级。但国家不断恶化的财政赤字限制了基础设施项目的融资能力。此外，哥国严格的环境政策使海外投资项目面临众多法律和程序上的挑战，而哥国政府部门如环境能源部（MINAE）与哥斯达黎加电力研究所（ICE）之间行政关系混乱，这进一步妨碍了国际合作的有效开展。

早在新冠肺炎疫情以前，哥斯达黎加就面临财政赤字问题，这可能会影响该国的信用评级，在海外投资有限的情况下迫使政府削减支出，降低在港口、铁路、公路和桥梁等基础设施方面的预算。一些国家，主要是亚洲国家，已多次接触哥斯达黎加当局，提出有吸引力的融资方案以改善具体的基础设施。哥斯达黎加对其平均超过 98%的能源供应来自可再生能源而引以为傲。尽管取得了这些成就，但其能源成本明显高于美国的可比水平。哥斯达黎加的法律、规章和做法通常是透明并促进竞争的，但国家垄断控制的行业明确排斥竞争。关于环境条例，审查环境影响报告的哥斯达黎加组织历来迟迟不公布其调查结果，经常造成投资

---

① Costa Rica, *Ministerio de Ambiente y Energía. Dirección Sectorial de Energía*, 2015, Ⅶ Plan Nacional de Energía 2015-2030, p. 93.

② Ibid.

者延误完成项目。[①] 哥斯达黎加积极推动全国脱碳进程，最主要的目的是平衡之前国内环境保护与经济发展之间的关系。但如同环境发展的成果被延续一样，哥斯达黎加过往的经济问题和社会发展依旧对其未来发展造成影响。哥斯达黎加需要寻找到新的合作伙伴，与之共同解决其境内的基础设施建设滞后、大型国家环境保护项目资金链不稳定的问题。

综上所述，经济发展和环境保护之间的矛盾是哥斯达黎加“标签”下的真相。比起“人间伊甸园”等非常美好的“标签”，哥斯达黎加更像一个大型实验室。哥斯达黎加政府试图在可持续的经济发展和可持续的生态环境中取得平衡，而后期加入进来的援助机构和投资者将哥斯达黎加视为创新环境治理机制的试验场。这个国家被世界赋予独特的名号，承载着不同的期待，自身也在不断努力做出调整，但它真正体现的是可持续发展和环境治理的复杂性。哥斯达黎加既要解决过往发展中的遗留问题，未来也需面对低碳、零碳目标带来的全新挑战。

① International Trade Administration, *Costa Rica – Country Commercial Guide*, accessed November 10, 2021, https://www.trade.gov/country-commercial-guides/costa-rica-market-challenges.

北溪 2 号：淹没海底还是重获新生？

郝晨晨*

溪，在汉语中意指“小河流”，对于一些缺少水源的地区，一条小溪往往是一条生命线，挟着涓涓流水为沿途各地带来滋养。在俄罗斯与欧洲国家之间，就有几条以“溪”（stream）命名的天然气管道，通过它们，俄罗斯的能源被源源不断地输送至欧洲各国，为欧洲各国的经济发展注入动力，“北溪 2 号”（Nord Stream 2）就是其中之一。

这条长达 1 200 余公里的海底天然气管道，从评估到铺设完成，耗时超过 10 年，其间，经历了美欧俄等多方反复的拉锯——评估、谈判、动工、制裁、停工、谈判、重新动工……2021 年 9 月 10 日，北溪 2 号天然气管道项目终于全线竣工。然而，迎接它的却并不是通气运行，反而是一场新的拉锯战。2022 年初的乌克兰危机，更是为北溪 2 号的认证①按下了暂停键。这条自动工起就争议不断的管道，就这样被搁置在了波罗

* 郝晨晨，北京大学区域与国别研究院博士生，研究方向为俄罗斯和中亚。

① 根据欧盟《第三组能源法案》，其能源企业必须遵循分拆制度，即或进行所有权分拆（一体化能源集团需出售其天然气和电力输送网络的资产和业务），或将其运营决策权移交独立系统运营商（非营利机构），或认证为独立输送运营商（能源供给企业可以拥有并运营天然气及电力网络系统和资产，但必须专门设立一个子公司，其运行、维护、调度、投资及决策等企业行为须完全独立于母公司）。2021 年 11 月，根据德国《能源工业法》，德国联邦网络管理局宣布暂停北溪 2 号股份有限公司认证为独立输送运营商的程序，直至其主要资产和人员转移至子公司并重新提交申请。2022 年 2 月，乌克兰危机发生后，德国总理朔尔茨宣布暂停北溪 2 号天然气管道项目认证程序。

的海的海底。如同一个沉默的看客，在见证了俄、美、欧数10年的拉扯后，最终被淹没在了政治的洪流当中，成为各方地缘政治博弈和能源权争夺的一个缩影。未来，北溪2号到底是就此沉入海底还是有机会重获新生，我们不得而知。但回顾过去10年各方围绕北溪2号的拉锯史，或许能为我们带来有关俄美欧能源关系的更多思考。

一、在期望中孕育而生

早在苏联时期，苏联和欧洲之间就已经修建了若干条天然气管道。当时苏联境内发现了大量的油气资源，急需寻找一个有吸引力的出口市场。欧洲各国也出于发展自身工业的需要而寻求低成本的能源。双方不禁一拍即合。尽管当时苏欧之间仍被冷战的阴影所笼罩，但是双方出于各自的需求仍突破了重重壁垒，凭借坚实的器物基础和有效的贸易机制，① 逐步建立起了稳定的天然气管道贸易关系。一方面，由于跨国天然气管道往往建设成本高、使用年限长，所以管道铺设一旦完成，就将天然气交易的买卖双方绑定在了一起；另一方面，双方的天然气贸易往往是签订了长期的供给协议，并且遵循“与油价挂钩”② 和“照付不议”③ 原则，既在一定程度上减少了欧洲方面对于苏联操控天然气价格的担心，又保障了苏联在天然气贸易中预期收益的稳定性。

就这样，苏联当时与多个欧洲国家签订了长期的天然气供给合同，

---

① 富景筠：《商业理念还是地缘政治？——欧美在欧洲对俄天然气进口依赖上的分歧根源及其影响》，《社会科学文摘》2020年第8期。

② 与油价挂钩，是指天然气的交易价格不是由需求和供给的平衡来决定，而是与石油的价格相关联（指数化定价机制）。其大致的计算公式为天然气价格 = 斜率 × 油价 + 常数，具体的计算公式以及公式中斜率、常数这些参数，每次由交易双方协商而定。

③ 照付不议，是指买卖双方约定好的天然气价格不因市场变动而产生变更。即使需求方的用气量未达到约定的天然气使用量，也仍需按照约定的使用量付费。而在供给方未能达成约定的供给量时，则需要对用户做出一定的补偿。

并陆续修建了包括1967年建成的“兄弟”天然气管道、1979年建成的“联盟”天然气管道、1985年建成的“北极光”天然气管道等在内的多条天然气管道。这些管道大多经乌克兰、白俄罗斯等地将天然气源源不断地输送至欧洲各国。苏联解体后，俄欧之间的这种天然气贸易依旧在持续，并发挥着二者间纽带的作用，在缓和双方的关系方面具有积极意义。然而，如同一枚硬币的正反两面，尽管冷战的帷幕已然落下，但是苏欧之间的天然气贸易却也伴随着苏联解体出现了很多新的问题。

其中极为重要的一点，便是天然气过境国对于能源生产国和能源消费国的掣肘。由于天然气本身的生产和消费具有分离性，[①] 因此在天然气运输途中也容易受到第三方的牵制，原先天然气生产国凭借自身丰富的天然气资源所获得的实现自身利益和影响他国的能力，也会部分转移到第三方过境国身上。苏联时期，乌克兰、白俄罗斯等国都是苏联的加盟共和国，各地的资源由苏联统一调配，西西伯利亚的天然气经由乌克兰、白俄罗斯等地源源不断地输送至欧洲各国。苏联解体后，以乌克兰为代表的加盟共和国独立成为主权国家。对于俄欧之间的天然气贸易，乌克兰也以第三方过境国的身份掌握了一定的话语权，每年不仅可以坐拥数十亿美元的过路费，更是把控着过境管道的开关，影响着全球天然气的二次分配。乌克兰可以利用自己第三方过境国的身份，对天然气供给国（俄罗斯）和天然气消费国（西欧各国）产生战略牵制，提高自身在国际事务中的议价能力。与此同时，俄欧间天然气贸易的稳定性也受到自身与过境国关系的影响，在一定程度上增添了俄欧天然气贸易的政治风险与经济风险。

事实上，这种风险并不仅仅停留在理论层面，更是在2005年乌克兰反俄总统尤先科上台后成为现实。尤先科任内，乌克兰执行“亲美倾欧”政策，与俄罗斯关系紧张，俄乌之间曾多次发生“斗气事件”。以2009

---

① 杨宇、何则：《能源地缘政治与能源权力研究》，《地理科学进展》2021年第3期。

年的俄乌斗气事件为例，因乌克兰国家石油天然气公司（Naftogaz of Ukraine）未能与俄罗斯天然气工业股份公司（OAO Gazprom）就天然气价格和过境费用达成一致，俄罗斯新年伊始便给乌克兰“断气”，而乌克兰则关闭了部分通往欧洲的天然气管道以提高自身的谈判筹码，逼迫欧盟向俄罗斯施压，让部分欧洲国家在2009年的寒冬结结实实地打了一个“冷战”。

那么，如何才能在保障俄欧天然气贸易顺畅的同时，对过境国运输风险进行有效规避呢？事实上，尽管地理位置具有固定性，但是通过人为的干预和影响，往往能在一定程度上突破原先地理空间所带来的局限性，塑造新的地理空间，从而改变地缘政治格局。为了摆脱天然气管道贸易中经由陆上第三方的过境依赖，海底管道的修建被纳入议程当中，北溪项目也由此孕育而生。早在20世纪90年代，铺设一条从俄罗斯经波罗的海海底到德国的天然气管道的想法就被提出。它在一定程度上可以实现绕过乌克兰等第三方过境国这一目的，使天然气交易的供需双方直接相连。然而，这一提议不仅要考虑合作双方的意愿，更是要评估技术可行性、环境承载力、项目收益率等多方面的因素。终于，在历经多年的项目可行性和具体方案的研究后，北溪项目得以正式确定。2005年，德国总理施罗德与俄罗斯总统普京签署协议，决定由俄罗斯天然气工业股份公司、德国巴斯夫股份公司（BASF AG）① 与德国意昂能源股份公司（E. ON Energie AG）共同出资成立北欧天然气管道公司（North European Gas Pipeline Company，后改名北溪股份有限公司，Nord Stream AG），由它负责北溪项目的运行。其中，俄罗斯天然气工业股份公司占股51%，剩下两家德国公司各占股24.5%。② 这就是现在通称的北溪1号

① 巴斯夫的石油与天然气业务由其控股的温特斯豪公司（Wintershall）及其包含天然气运输业务在内的子公司进行运营。

② 这里只是2005年底该公司成立时的股份占比情况。之后，荷兰和法国的能源公司分别在2008年和2010年收购了9%的股份，份额均从两家德国公司所持有的股份中匀出，也成为北溪项目运营公司的股东。

管道。

北溪1号管道由两条支线组成，均从俄罗斯西南部的维堡出发，跨越波罗的海，最终通向德国的格赖夫斯瓦尔德，管道全长1 224公里，也是目前世界上最长的近海天然气管道，尽管其于2005年就已确立，但是管道正式动工的时间却是在2010年。其间，俄方不断与波罗的海沿岸的芬兰、瑞典等国谈判，并在通过了环保安全测评后，最终拿到了项目建设的许可证。

2011年11月，北溪1号正式投入使用。揭幕仪式上，德国总理默克尔、俄罗斯总统梅德韦杰夫、法国总理弗朗索瓦·菲永等欧洲多国政商界要员悉数出席。作为第一条不经过第三国，直接从俄罗斯通往欧洲的跨境天然气管道，北溪项目被寄予了极高的期望。北溪1号2条支线每年共550亿立方米的输气量，让项目的几个参与方获利颇丰。加之2011年日本福岛核泄漏事件使德国决定弃用核能，德国对化石能源中相对清洁的天然气这一能源需求量进一步增大。在这样广阔的前景之下，北溪2号项目在期望中孕育而生。

二、在波折中不断前行

北溪2号天然气管道与北溪1号几乎平行，管道的终点同样是德国的格赖夫斯瓦尔德，年输气量也可达550亿立方米。不同的是，北溪2号将入口点由北溪1号的维堡改为了列宁格勒州的乌斯季-卢加港。尽管两条管道如此相似，但等待北溪2号的，似乎是与北溪1号截然不同的命运。

2015年，俄罗斯天然气工业股份公司与5家欧洲能源公司——德国意昂能源股份公司、荷兰皇家壳牌公司（Shell）、奥地利石油天然气集团（OMV）、法国法能公司（Engie）、德国温特斯豪公司（Wintershall）——

签订协议并成立了一家新的项目公司，以负责北溪 2 号管道项目。新公司由俄罗斯天然气工业股份公司占股 50%，剩下的 5 家欧洲公司各占 10%的股份。然而，针对北溪 2 号天然气管道项目，波兰竞争和消费者保护局（UOKiK）表示，俄罗斯天然气工业股份公司与 5 家欧洲能源公司的合资集中经营会导致垄断结构的出现，使市场竞争受到限制。俄罗斯天然气工业股份公司在向波兰供应天然气方面一直占据主导地位，而该项目会导致俄罗斯对波兰天然气接收国的谈判能力进一步增强。根据波兰《反垄断法》，如果企业在未经其同意的情况下进行集中经营，则可对这些企业处以最高达年度营业额 10%的罚款。此外，如果集中经营已经实施且无法恢复正常的市场竞争秩序，则可强制处理企业的全部或部分资产并出售其股份。反垄断诉讼威胁下，5 家公司在 2016 年相继撤回了组建合资公司的申请，并在 2017 年通过为管道建设提供融资的方式（融资金额为项目总造价的 50%）参与合作。[①] 相比于北溪 1 号项目的运营公司由俄罗斯天然气工业股份公司和几家欧洲大型能源公司共同持股，北溪 2 号的运营公司则由俄罗斯天然气工业股份公司 100%持股。看似俄罗斯天然气工业股份公司所持有的股份显著提高，对项目的运营有着百分之百的话语权，但在一定程度上却使北溪 2 号项目在应对地缘政治风险方面减少了助力，无形之中似乎也为后续事态的发展埋下了隐患。

事实上，受到 2014 年乌克兰危机的影响，北溪 2 号管道项目在启动之初就带上了政治色彩，且一直处于这种政治博弈之下的不稳定状态中，向前推进得异常艰难。总的来说，其阻力主要来自三个方面。

（一）来自乌克兰的强烈反对

前面已经提到，北溪管道的修建，不仅会使乌克兰等过境国减少自

---

① 童珊、苟利武：《“北溪-2”管道建设与俄美欧能源博弈》，《现代国际关系》2020 年第 5 期。

身因管道过境所带来的收入，更会在一定程度上丧失作为管道过境国的地缘政治优势和外交谈判筹码。北溪管道修建前，乌克兰可以称为俄欧天然气贸易的关键节点，俄罗斯每年经乌克兰中转输送到欧洲的天然气占俄对欧供气总量的80%以上。[①] 北溪1号管道建成后，经乌克兰的天然气输送量大幅下降，加之俄罗斯为了摆脱乌克兰的牵制，陆路上也在修建经其他国家中转的天然气管道，乌克兰天然气管道过境国的地位受到严峻挑战。以2020年的数据为例，俄罗斯经乌克兰中转的天然气输送量为650亿立方米，仅占对欧供气总量的三分之一。[②] 如此一来，面对一旦修建完工，年输气量可达550亿立方米的北溪2号天然气管道，乌克兰的态度可想而知。

然而，乌克兰自身其实对于管道的修建并没有掌握太多的话语权，也无法通过自身实力对这一项目进行直接的干涉。因此，乌克兰方面主要是通过宣扬管道建成的危害性，呼吁欧盟、美国等外部因素向俄德两方施压，以阻止管道的建设。在乌克兰看来，北溪2号项目一旦建成，将进一步增加欧洲对于俄罗斯的能源依赖，不利于乌克兰和欧洲的能源安全。此外，2014年的克里米亚危机令乌克兰原本就堪忧的经济状况雪上加霜。在这样的背景下，若是自身天然气过境国的地位进一步被弱化，手中的筹码减少，未来在俄、美、欧能源关系中，乌克兰就将处于边缘化的位置，不利于其国家利益。因此，无论是乌克兰前任总统波罗申科，还是现任总统泽连斯基，都多次在公开场合阐述北溪2号项目的弊端，强烈反对管道的修建。

（二）来自欧盟内部的分歧

如果说，乌克兰的反对意见还只是对项目推进产生间接阻碍的话，

---

① 王志远：《俄欧间有多少天然气管道》，来源：《经济日报》，环球网，2021年9月25日，https://finance.huanqiu.com/article/44uSL5jWxVR，访问日期：2021年11月1日。

② 同上。

那么来自欧盟内部的分歧对管道的建设产生了直接的影响。前文提到的波兰，便是欧盟内部对于该项目坚定的反对者之一。同乌克兰一样，波兰也是俄罗斯天然气输送至欧洲的陆上中转国，亚马尔-欧洲管道就经过波兰，这一过境收入也是波兰财政预算的重要来源。北溪 2 号项目增加了波兰过境基础设施利用的不确定性，这不仅会对其国内的天然气网络建设产生负面影响，也会使此前波兰从俄罗斯进口天然气享受的过境国价格特惠权和主动地位减弱。① 此外，波罗的海三国（拉脱维亚、爱沙尼亚、立陶宛）也对北溪 2 号项目持反对态度。作为苏联曾经的加盟共和国，这三个国家一直以来就对俄罗斯扩大其在欧洲的影响力抱有警惕。2016 年，波兰、拉脱维亚、爱沙尼亚、立陶宛、捷克、匈牙利等欧盟成员就曾联名致函欧盟委员会，强调北溪 2 号管道对中东欧安全局势的负面影响，认为这一项目将使俄罗斯进一步减少对于管道过境国的依赖甚至肆无忌惮地敲诈天然气对外依存度高的欧洲国家，这严重违反了“欧洲能源团结”的原则。② 尽管德国在欧盟内部有着较高的话语权，但是欧盟委员会同时也需要协调各方的利益，同时，中东欧国家对于欧洲能源安全问题的担心也不无道理。为此，2017 年底，欧盟委员会向欧洲议会和欧盟理事会递交了关于天然气指令的拟议修正案，该修正案规定将从第三国通往欧盟领土的海上管道纳入欧盟能源法的管辖范围。这一方案一经提出就在欧盟内部引发巨大争议，以波兰为代表的支持者和以德国为代表的反对者在欧盟内部反复拉锯。最终，在欧洲各方的妥协之下，修正案于 2019 年 4 月通过，欧盟对于北溪 2 号的监管力度得到了加强，但德国作为管道接入国依然在一定程度上享有“最终解释权”。后续事态的发展表明，这一修正案的通过确实也为北溪 2 号项目带来了不小的

---

① 王弘毅、张子琰：《波俄能源的非对称相互依赖与波俄关系——以“北溪-2”能源项目为例》，《俄罗斯东欧中亚研究》2020 年第 3 期。

② Ihor Moshenets, “The Political Contestation of Nord Stream Project: Multidimensional Analysis,” *Scientific Journal of Polonia University* 45, no 2 (2021).

麻烦。

除了对欧洲能源安全的考虑，欧盟内部的反对声音还体现在对环保和生态问题的担忧。早在北溪 2 号管道动工之前，俄方就因为环保问题在取得施工许可证上屡屡受挫。关于环保问题的争议在北溪 1 号项目建设时就一直存在，到了北溪 2 号项目，环保问题呈现出愈演愈烈的态势。一些欧洲国家担心，在海底铺设天然气管道会杀死管道沿线的大量海洋动植物，对海洋环境造成巨大破坏。即使在管道动工之后，欧洲各国的环保组织对该项目的质疑也不曾停止。比如，2020 年，德国环境保护组织“德国环境援助”就曾上诉格赖夫斯瓦尔德高级行政法院，要求检查天然气开采、运输和加工过程中的甲烷泄漏，基于有关甲烷排放的“新科学数据”重新审查北溪 2 号项目运营许可。① 来自欧盟内部的分歧使得北溪 2 号项目进展缓慢，这也反映了欧盟内部各国能源政策以及处理同俄罗斯之间能源关系的差异。

（三）来自美国的制裁大棒

除了上述来自欧洲国家的反对意见外，美国的制裁也使得北溪 2 号管道项目的进展举步维艰，更是一度逼得项目停工一年之久。这主要可以从经济利益和地缘政治利益两方面加以解释。

从经济利益来讲，欧盟是全球天然气消费的重要市场，俄罗斯的管道气是美国液化气的重要竞争对手。尽管俄罗斯已探明的天然气储量比美国高，但美国目前天然气年生产量却要高于俄罗斯。20 世纪 70 年代，美国即提出“能源独立”目标，在国内常规天然气消耗殆尽后，美国快速发展致密气、页岩气等非常规天然气。页岩革命后，美国有望实现能

① 《德国环保组织希望通过诉讼叫停“北溪-2”管道项目》，央视新闻，2020 年 8 月 6 日，http://m.news.cctv.com/2020/08/06/ARTIKZD25NemggIVyhGpchYU200806.shtml，访问日期：2021 年 11 月 7 日。

源自由并成为天然气净出口国。欧盟作为全球天然气市场的重要买家，自然也是美国想要争取的对象。欧盟对能源的要求聚焦低价格和高稳定性，美俄两国也在围绕这两点展开争夺。凭借低开采难度和管道运输，俄罗斯天然气具有成本优势，但受俄乌关系影响，其供应稳定性较弱。而美国由于跨海运输、页岩气开发成本高等因素，天然气价格竞争力较弱。但因欧盟也希望摆脱对俄的能源依赖，美国出口到欧盟的天然气数量近年来不断增长。为了进一步扩大自身竞争优势，强化自己在能源领域的主导地位，美国一直尝试遏制俄罗斯天然气的开发与出口，阻碍北溪 2 号就是其中极为重要的一项。

从地缘政治利益来讲，北溪 2 号的修建使乌克兰过境国地位被削弱，地缘政治影响力降低，美国利用乌克兰对俄罗斯进行战略牵制的效果减弱。德国与俄罗斯的合作也让美国感受到了欧盟成员逐步自主化的意图，是对其在欧影响力的威胁。而俄罗斯则可借此机会提升天然气出口的稳定性，与欧盟进一步加强利益绑定，巩固自身在欧洲的能源权力。上述这些显然不符合美国的利益诉求，对于北溪 2 号，美国自然不会乐见其成，制裁大棒也就随之而来。

2019 年底，美国总统特朗普签署《保护欧洲能源安全法案》，对参与北溪 2 号天然气管道项目的企业和个人实施制裁。美方表示，此举旨在保障欧洲的能源安全，防止欧洲尤其是德国对俄罗斯产生依赖。同时，避免俄罗斯利用能源优势与出口管道布局扩大其政治、经济和军事影响力，损害美国的国家安全和外交政策利益。受到这一法案的影响，负责铺设北溪 2 号项目深海管道的瑞士—荷兰全海洋公司（Allseas）暂停了管道的铺设工作，项目一度陷入“停摆”状态。原本预计于 2019 年底完工，2020 年初正式通气的北溪 2 号管道项目也不得不延迟工期。但美国的制裁并没有止步于此，而是不断加大力度。2020 年 6 月，美国两党议员向国会提交《2020 年保护欧洲能源安全澄清法案》，其中包括扩大对北溪 2 号项目的制裁，制裁范围包括为该项目提供认证、保险和港口设施的所有公司。面对美国的长臂管辖，包括德国总理默克尔在内的多位政要都在公开场合表达过抗议，拒绝美国的域外制裁。俄罗斯外交部发言人扎哈罗娃也在2020年底的记者会上表示，尽管美国不会停止阻挠俄罗斯实施北溪2号项目，但俄方有确保项目实施的具体计划与措施。随后，俄方采取了实际行动确保项目实施。在经历为期一年的“停工”状态后，北溪2号股份有限公司（Nord Stream 2 AG）以俄罗斯本土企业的“幸运”号（Fortuna）铺管船代替全海洋公司铺管船，并于2021年1月正式重启北溪2号天然气管道项目剩余的铺设工作。

与此同时，美国方面对于北溪2号的态度似乎也随着拜登政府的上台出现了新的转机。一方面，北溪2号项目离竣工已经相隔不远，俄方在用实际行动表明，无论美国如何制裁，俄罗斯方面似乎都有能力完成剩下的铺设工作；另一方面，拜登政府上台后一直力图修复特朗普在任时产生裂痕的美欧关系。在德国坚定地推进北溪2号的情况下，美国也需要适当考虑这位欧盟元老的意见。2021年5月19日，美俄外长在冰岛首都雷克雅未克北极理事会部长级会议期间单独举行了会晤。就在同一天，美国国务卿布林肯发表声明表示，拜登政府放弃了对北溪2号股份有限公司以及其首席执行官的制裁。然而，北溪2号项目毕竟不符合美国的利益。就在2天后的5月21日，美国财政部又宣布将对与北溪2号项目相关的3个俄罗斯实体和13艘俄罗斯船只实施制裁。

面对上述的三重阻力，德俄两方并没有退缩，反而不断与各方沟通洽谈，艰难但持续地向前推进北溪2号管道项目。

对于德国来讲，自身是工业大国，每年能源需求和消耗量大。出于环保因素的考虑，德国在21世纪之初便大力推进能源转型，并逐步减少煤炭的使用量。同时，民众对于核安全的担忧又使得德国决定关停境内所有核电站，这就导致德国出现了一定的能源缺口。由于新能源技术和相关的产业链还未完全成熟，无法完全填补德国弃核脱煤后的空白，传统能源中相对清洁的天然气对于处在能源转型期的德国便尤为重要。随着德国天然气需求的大幅增加，直通德国的俄罗斯管道气成为不二之选。北溪2号修建完工后，不仅可以满足德国的天然气需求，对德国经济和工业发展起到积极的作用，甚至有可能使德国成为俄罗斯天然气通往欧洲的门户，令其在欧盟成员内部享有更强的话语权。因此，在欧盟内部，德国力排众议、游说各方，尽量使其获得更多成员的支持，促使欧盟内部在北溪2号问题上基本达成一致意见。在欧盟外部，德国与美国、乌克兰等国不断周旋、谈判协商，在展现自身对于北溪2号项目的强硬态度同时，也做出了一定的承诺和让步。例如，协商俄罗斯延长过境协议以确保乌克兰天然气过境国的地位，如果俄罗斯将北溪2号作为“武器”，德国要立刻采取制裁措施等。

对于俄罗斯来讲，自身是能源出口大国，石油、天然气等能源储量均居世界前列。油气收入是俄罗斯财政收入的重要来源之一。面对页岩革命后有望实现能源自由的美国，俄罗斯自然不会坐视美国在全球能源格局上扩大自身影响力。欧洲就是美俄双方争夺能源权力的重要战场。北溪2号项目一旦建成通气，其意义不仅在于为俄罗斯带来的经济收益，更在于一定程度上遏制美国液化天然气在欧洲市场出口量的增长，深化俄欧之间的能源伙伴关系，增加双方的相互依赖性。在加深与欧洲经济往来的同时，俄罗斯也能将能源作为其在外交谈判和参与国际事务时的重要砝码，增加自身对于欧洲的影响力。此外，这一项目也能让俄罗斯进一步摆脱在天然气问题上对乌克兰的过境依赖，减少乌克兰的谈判筹码，可谓是一举多得。为此，俄罗斯一直在坚定不移地推动北溪2号项目的建设。除了积极完成有关环境影响的评估，俄罗斯也在舆论方面积极宣扬自身管道气的价格优势和对欧洲经济的积极意义，对美国通过制裁干涉欧洲事务予以指责。同时，早在美国制裁前，俄罗斯就对可能发生的情况做了预案，例如提前购买了铺设海底管道要使用的船只以备用。

终于，在俄德两国的不懈努力以及俄、欧、美、乌等多方博弈之下，北溪2号天然气管道项目历经“九九八十一难”，迎来了竣工。2021年9

月 10 日，俄罗斯天然气工业股份有限公司对外宣布，北溪 2 号项目的管道铺设工作全部完成。尽管“好事多磨”，① 比原先预计的 2019 年底竣工往后延迟了将近两年的时间，但项目最终仍在波折中得以完工。对此，俄罗斯外长拉夫罗夫更是公开表示，北溪 2 号在几天内就可以投入运营了。殊不知，项目的完工似乎并不意味着这场俄、美、欧多方博弈已然画下句号，而更像是一个分号——它象征着北溪 2 号从开始动工到最后完工之间多方博弈的结束，同时也象征着从完工到通气之间新较量的开始。

三、在压力下搁置海底

2021 年 11 月 16 日，德国联邦网络管理局②宣布，暂停对北溪 2 号股份有限公司独立输送运营商资格的认证程序。其官网发布的声明表示，只有北溪 2 号管道运营商的组织方式符合德国法律，其资质才会得到认证。③ 针对这一事件，各方的反应多有不同。俄罗斯方面，总统新闻秘书佩斯科夫 17 日表示，俄方相信德国监管机构暂停北溪 2 号股份有限公司独立输送运营商资格认证一事并非政治操弄。俄方企业已做好准备，以满足所有法律要求，争取让项目尽快启动。乌克兰方面显然对这一局面乐见其成，对德国的这一决定“表示欢迎”。而美国则“趁火打劫”，再度挥舞起了制裁大棒。11 月 24 日，美国国务院发言人普莱斯表示，美国将继续针对北溪 2 号管道项目实施制裁。

---

① 德语俗语“Was lang währt，wirdendlich gut”，意为“好事多磨，大器晚成”。

② 德国联邦网络管理局全称德国联邦电力、天然气、电信、邮政和铁路网络局，是德国行业监管机构之一，主要任务是负责维护市场的稳定和竞争，并负责行业内的仲裁调解。

③ “Certification procedure for Nord Stream 2 suspended,” *Bundesnetzagentur*, November 16, 2021, accessed May 12, 2022, https://www.bundesnetzagentur.de/SharedDocs/Pressemitteilungen/EN/2021/20211116_NOS2.html.

事实上，尽管北溪2号项目从总体来看符合德俄双方的利益，但是出于保障欧洲能源安全的考虑，欧盟一直在加强对于该项目的监管，德俄之前对此也有摩擦。北溪2号股份有限公司与德国联邦网络管理局在管道还未完工之时就有争端。2021年8月底，德国杜赛尔多夫地方高等法院曾驳回了一起北溪2号股份有限公司对德国联邦网络管理局的诉讼。诉讼的争议点就源自前文提到的欧盟于2019年4月通过的天然气指令修正案。德国联邦网络管理局认为，2019年5月北溪2号项目尚未完工，因此，应按照欧盟的规定对其进行监管，分拆天然气的生产、运输和销售等业务。而北溪2号项目运营方则认为，在2019年5月前，该项目管道已经铺设了数百公里，且投资数额巨大，从经济角度看，项目建设已经完成，因此应当按照规定豁免于欧盟的监管法令。当然，最终项目的运营方并未如愿。按照法院的判决，北溪2号项目的运营必须符合欧盟的规定。

回到德国联邦网络管理局2021年底暂停认证这一事件上，此举其实在一定程度上可以看作德国联邦网络管理局的缓兵之计。当时，德国国内正在进行组阁谈判，各党派对于北溪2号项目意见不一，而认证程序需要耗费数月的时间。其间，德国新政府成员完全确立，对于各项事务的管理也进入正轨，德国联邦网络管理局完全可以参考新政府的态度对认证做出明确的决定。

然而，如果说2021年11月的暂停认证还只是为北溪2号项目按下了“暂停键”，那么2022年2月底爆发的乌克兰危机，则让北溪2号这个经过长达10年拉锯才完工的项目面临被按下永久性“终止键”的风险。

2022年2月22日，德国总理朔尔茨宣布，德国政府将暂时停止北溪2号天然气管道的审批程序。① 尽管朔尔茨的这一表态为德国留下了回旋

① 《德国总理朔尔茨：将暂停北溪-2号管道的审批程序》，来源：央视新闻客户端，中国新闻网，2022年2月22日，https://www.chinanews.com.cn/gj/2022/02-22/9683313.shtml，访问日期：2022年4月21日。

的余地，但后续事态的发展已然呈愈演愈烈的态势。美欧对俄罗斯的制裁也在随着乌克兰危机的升级不断加码。俄欧关系的恶化以及双方互信的降低使得欧盟也在寻求与俄罗斯“能源脱钩”，以保障自身的能源安全。2022 年 3 月 8 日，欧盟委员会发布了能源独立路线图，力求在 2030 年前摆脱对俄罗斯的能源进口依赖。① 一向依赖俄罗斯管道天然气的德国，也开始推进液化天然气接收站的建设。要知道，此前德国国内完全没有液化天然气的接收站，此举显然是为了摆脱对俄罗斯天然气的依赖，为从美国和中东国家进口液化天然气而做准备。

面对被暂停认证的北溪 2 号项目，俄罗斯天然气工业股份公司 5 月 5 日在其 Telegram 官方账号上表示，考虑到该项目海上部分的停工状态，将用其过剩的陆上天然气运输能力向俄罗斯西北部地区供应天然气。未来，若德方决定启用北溪 2 号天然气管道，则只有一条可完全投入运营的天然气管道供气使用，第二条天然气管道海上线路的启用可能不会早于 2028 年。②

四、结语

能源问题事关人类的生存与发展。各方围绕北溪 2 号天然气管道项目所展开的博弈其实反映的是各行为体间在能源领域的矛盾以及相关的利益争夺。对于俄美两国来说，欧洲是重要的能源市场。北溪 2 号项目的成功与否关系到两国在欧洲市场对能源权力的争夺，同时也会随之影响俄欧、美欧双边关系，俄、美、欧多边关系乃至全球地缘政治格局。

---

① 《欧盟发布能源独立计划，2030 年摆脱对俄依赖》，新浪财经，2022 年 3 月 9 日，https://finance. sina. com. cn/world/gjcj/2022-03-09/doc-imcwipih7562087. shtml，访问日期：2022 年 4 月 21 日。

② 《俄气公司：将用“北溪-2”过剩的运输能力供应俄西北部地区》，澎湃新闻，2022 年 5 月 5 日，https://www. thepaper. cn/newsDetail_forward_17942126，访问日期：2022 年 5 月 14 日。

美国不愿坐视俄罗斯凭借北溪2号项目加强欧洲对俄能源依赖，也不想看到乌克兰失去过境国地位，丧失其对俄罗斯的战略牵制。因此俄美双方在北溪2号项目上存在根本性的分歧。对于欧盟来说，能源问题一直以来都是困扰欧盟的一个重要问题。长期以来，欧盟在能源领域的三大目标分别是“脱碳、市场化和能源安全”，然而在实施过程中，想要达成这三大目标的具体政策往往会相互矛盾，北溪2号就是一则实例。① 对于欧盟内部各成员来说，70年前以煤钢共同体为起点团结在一起的欧盟各国，如今又因为能源问题而出现分歧。各国有着不同的能源政策以及能源治理方式，在发展同俄罗斯的能源关系上也有着显著区别。因此，面对北溪2号项目，各成员往往因维护自身利益而缺乏一致对外的声音。对于德国内部来说，经过2021年底的组阁谈判，最终由三党联合执政，各党派对于北溪2号项目态度不一，德国总理朔尔茨也不似前任默克尔在北溪2号项目上持坚决支持态度。在上述多重因素的作用之下，北溪2号的前景也如同一片迷雾，让人看不清楚。政治棋盘弈局难测，北溪2号究竟是会就此彻底淹没海底，还是可能因为新的转机而得以重获新生，仍有待进一步观察。

① Ihor Moshenets, The Political Contestation of Nord Stream Project: Multidimensional Analysis," *Scientific Journal of Polonia University* 45, no. 2 (2021).

探索新视界

新规则　再登月

——美国《阿尔忒弥斯协定》：动因与评估

高思成*

2017 年 6 月，美国总统特朗普上台伊始就签署了“1 号太空政策指令”（Space Policy Directive-1）。根据“1 号太空政策指令”，美国将最早于 2024 年“带领人类重返月球”，然后前往火星和更远的宇宙深处——承载着特朗普“让美国再次伟大”（MAGA）梦想的“阿尔忒弥斯”计划由此诞生。该计划以希腊神话中的狩猎女神阿尔忒弥斯命名，手持弓箭、有“阿普罗萨”（意为毁灭者）称号的阿尔忒弥斯以贞洁和残忍著称。她还是太阳神阿波罗的孪生姐姐，用以与“阿波罗”登月计划呼应。2020 年 5 月 15 日，美国国家航空航天局（NASA）局长布里登斯汀正式宣布了美国与其太空合作伙伴或盟友在" 阿尔忒弥斯" 计划内进行外空探索与资源利用的管理框架《阿尔忒弥斯协定》（*Artemis Accords*，以下简称“《协定》”）。《协定》自 2020 年出炉以来，除“五眼联盟”国家配合签署以外，亦受到其他不少国家的积极响应。从各国航天主管部门响应加入该协定的情况来看，特朗普政府太空遗产影响深远。本文尝试通过解读《协定》具体内容，探索美国推行《协定》的动因并对其影响做

* 高思成，北京大学燕京学堂 2021 级硕士生，主要研究方向为中国国际战略、太空国际政治。

出评估，解读美国“新规则、再登月”背后的战略密码。

一、美国《阿尔忒弥斯协定》的内容

《阿尔忒弥斯协定》是美国与其太空合作伙伴在“阿尔忒弥斯”计划内合作进行外空探索与资源利用的管理框架。然而，从主要内容和参与国家来看，《协定》雄心勃勃，无异于一份未来美式太空“民主联盟”总纲领。《协定》一经签署，即引起多国反对与质疑。因此，此处将探讨《协定》的核心内容和主要争议点。

（一）美式太空“民主联盟总纲领”

截至 2022 年 7 月，仅有美国、俄罗斯和中国等少数几个国家公布了载人登月并在月球建设常驻基地的计划。2021 年 3 月，中俄签署《关于合作建设国际月球科研站的谅解备忘录》，将共同建设国际月球科研站（ILRS）。而美国早在 2017 年就已经通过“阿尔忒弥斯”计划。根据计划的最初预计，美国将最早在 2024 年实现载人登月，并在 2030 年前在月球南极点建立月球永久性国际基地。此后，美国国家航空航天局公布了《阿尔忒弥斯协定》,① 提出美国与潜在合作国家未来在太空探索和外空利用中的 10 项原则。

《协定》提出的 10 大原则如下：（1）和平原则：美国国家航空航天局与合作国的所有太空活动均为和平目的而进行。（2）透明原则：合作国要公开透明描述其太空政策和计划。（3）互操作原则：合作国要尽可能采用“开放的国际标准”，并在必要时开发新标准，尽可能增加各国航

---

① NASA, *The Artemis Accords*, accessed May 17, 2022, https://www.nasa.gov/specials/artemis-accords/index.html.

天设备间的互操作性。(4) 紧急援助原则：合作国要采取一切可能的合理措施向遇险航天员提供帮助。(5) 空间物体登记原则：《协定》强调空间物体登记的重要性并敦促任何尚未签署《关于登记射入外层空间物体的公约》的合作国尽快加入该公约。(6) 数据公开原则：合作国要公开发布其科学数据。(7) 太空遗产保护原则：合作国要承诺保护外空中具有历史价值的遗迹和人造物体。(8) 外空资源开采与利用原则：《协定》特别强调外空资源可以被开采和利用，开采和利用外空资源不违背《联合国关于外层空间的条约和原则》(即《外空条约》) 第二条"不得据为己有"原则。(9) 关于冲突协调机制的原则：协定根据《外空条约》第九条中的"避免有害干扰"原则构建了排他性的"安全区"机制。美国国家航空航天局与合作国将对外公布其划定的月面活动"安全区"并强调国际法"适当顾及"原则的重要性。(10) 环保原则：美国国家航空航天局和合作国将遵守和平利用外层空间委员会《空间碎片减缓准则》并制定关于轨道碎片清理和有效处置报废航天器的方案。[①] 从上述10条原则中不难发现，与"前辈""阿波罗"登月计划不同的是，"阿尔忒弥斯"计划强调借助美国私营部门与美国合作伙伴的力量共同完成载人登月与长期驻月，通过"使美国在月球表面保持长期存在"以"确保美国站在对月探索的最前沿"。[②] 与"阿尔忒弥斯"计划配套的《协定》一经提出，就在国际上引起广泛争议。

(二)《阿尔忒弥斯协定》的主要争议点

在《阿尔忒弥斯协定》中，"外空资源开采与利用原则"和"关于

① NASA, *The Artemis Accords*, accessed May 17, 2022, https://www.nasa.gov/specials/artemis-accords/index.html.

② "Nasa's plan for sustained lunar exploration and development," NASA, April 3, 2020, accessed May 17, 2022, https://www.nasa.gov/feature/nasa-outlines-lunar-surface-sustainability-concept/.

冲突协调机制的原则”是最受争议的。在这两条原则中，设立“安全区”（Safety Zone）与确认“外空资源的开采与利用”是最具争议的条款。甚至有评论认为，“安全区”概念的提出代表着美国已迈出试图占有月球的“第一步”。上述两条原则的争议性源于《外空条约》条款模糊不清的特点和国际法“软法”的特性。《阿尔忒弥斯协定》中的“外空资源开采与利用原则”和“关于冲突协调机制的原则”条款在确实具有国际法出处，但同时存在利用现行国际法文字漏洞和解释漏洞的嫌疑。

《协定》中特别强调的“外空资源开采与利用原则”是出于《联合国关于外层空间的条约和原则》[①] 第一条和第十一条内容。例如，《外空条约》第一条规定，“所有国家可在平等、不受任何歧视的基础上，根据国际法自由探索和利用外层空间（包括月球和其他天体），自由进入天体的一切区域”。然而，《外空条约》并未规定国家通过何种方式，通过哪种组织来对外层空间进行探索利用。事实上，《外空条约》诞生于 1966 年，当时《外空条约》默认了对外空的探索与利用均是政府主导行为且出于非商业目的。然而，随着人类技术进步，对外空资源的商业性开发正成为可能。美国早在 2015 年就出台了《美国商业太空发射竞争法案》（*U. S. Commercial Space Launch Competitiveness Act*），明确允许美国公民和公司“从事包括水和矿产在内的空间资源的商业勘探和开发”，[②] 将使用和交易太空资源的权利纳入美国国内法。此番通过《协定》的方式试图重新明确“强调外空资源可以被开采和利用”，实际上是沿用了美国的太空全球治理方式，即“以军民融合、公私伙伴关系为特征，通过国内法和国内政策基础制定和推行国际太空规则和塑造太空国际政治”。[③]

---

① 《联合国关于外层空间的条约和原则》，联合国外层空间事务厅，https://www.unoosa.org/res/oosadoc/data/documents/2013/stspace/stspace61_0_html/st_space_61C.pdf，访问日期：2022 年 5 月 17 日。

② United States Congress, *U. S. Commercial Space Launch Competitiveness Act*, November 25, 2015, accessed May 17, 2022, https://www.congress.gov/bill/114th-congress/house-bill/2262/text.

③ Guoyu Wang, “NASA’s Artemis Accords: the path to a united space law or a divided one? ” *The Space Review*, August 24, 2020, accessed May 17, 2022, https://www.thespacereview.com/article/4009.

此外，《协定》根据《外空条约》第九条中的“避免有害干扰”原则和国际法中的“适当顾及”原则构建了排他性的“安全区”机制。首先，《外空条约》第九条规定，“各缔约国探索和利用外层空间（包括月球和其他天体），应以合作和互助原则为准则；各缔约国在外层空间（包括月球和其他天体）所进行的一切活动，应妥善照顾其他缔约国的同等利益。各缔约国从事研究、探索外层空间（包括月球和其他天体）时，应避免使其遭受有害的污染，以及地球以外的物质，使地球环境发生不利的变化。如必要，各缔约国应为此目的采取适当的措施。若缔约国有理由相信，该国或其国民在外层空间（包括月球和其他天体）计划进行的活动或实验，会对本条约其他缔约国和平探索和利用外层空间（包括月球和其他天体）的活动，造成潜在的有害干扰，该国应保证于实施这种活动或实验前，进行适当地国际磋商。缔约国若有理由相信，另一缔约国计划在外层空间（包括月球和其他天体）进行的活动或实验，可能对和平探索和利用外层空间（包括月球和其他天体）的活动，产生潜在的有害的干扰，应要求就这种活动或实验，进行磋商”。① 《协定》实际上默认了“避免有害干扰”是《外空条约》的重要原则。然而，第九条没有明确规定避免有害干扰的义务。② 其次，《外空条约》第二条规定，“各国不得通过主权要求、使用或占领等方法，以及其他任何措施，把外层空间（包括月球和其他天体）据为己有”。③ 《协定》中提出“安全区”概念并要求缔约国“尊重”这些安全区划定，实质上是试图通过在月表特定区域内确立政府航天管理机构开展活动和商业公司享有资源的

---

① 《联合国关于外层空间的条约和原则》，联合国外层空间事务厅，https://www.unoosa.org/res/oosadoc/data/documents/2013/stspace/stspace61_0_html/st_space_61C.pdf，访问日期：2022年3月17日。

② Guoyu Wang, “NASA’s Artemis Accords: the path to a united space law or a divided one?” *The Space Review*, August 24, 2020, accessed May 17, 2022, https://www.thespacereview.com/article/4009/1.

③ 《联合国关于外层空间的条约和原则》，联合国外层空间事务厅，https://www.unoosa.org/res/oosadoc/data/documents/2013/stspace/stspace61_0_html/st_space_61C.pdf，访问日期：2022年3月17日。

排他性权利，绕开《外空条约》中禁止主权国家对月球和外层空间主权声索的规定。美国首先通过与太空合作伙伴或盟友达成双边《阿尔忒弥斯协定》，为建设“安全区”确立法理依据，再通过“阿尔忒弥斯”计划首先确立在月球上的永久存在，达成“既定事实”。未来，美国可以通过国内立法强化美企业对月球资源的权益所有，甚至通过与这些企业进行交易的方式变相获得对外层空间某区域的控制。

二、美国推行《阿尔忒弥斯协定》的动因

当今，全球范围内掀起了新一轮探月热潮。21 世纪的人类探月活动与冷战期间美苏两国围绕太空展开的激烈竞赛不同，除了展示国力、获取国际地位和发展优势科技以外，经济与商业利益越来越成为当今人类月球探索的动力源泉。此处着重探讨美国出台《阿尔忒弥斯协定》背后的经济与政治考量。

（一）再次登月：新一轮“月球热”愈演愈烈

自人类第一次登月已有 50 余年，如今月球又一次成为人类外空探索的热点。在苏联与美国率先开展探月活动后，日本、欧盟、中国、印度、卢森堡和以色列相继开展了探月活动，土耳其、墨西哥、泰国、阿联酋也出台了探月计划。除主权国家外，私营商业航天公司、高等科研院所、甚至私人团队迅速成为参与探月活动的新兴力量。科幻巨头阿瑟·克拉克（Arthur Clarke）说过，月亮是通往星辰之路的第一个里程碑。月球上拥有丰富的资源，如太阳能、水、氧气、金属等矿藏和资源。在月岩中

含有地球上的全部元素，约有60种矿藏，还含有地球上极少的“氦-3”。① 月球巨大的资源潜力能为人类未来科学进步和经济增长提供不竭动力。如今，月壤开采已经成为商业航天领域最具想象力的商业计划之一。月球拥有大量的水冰储备，水资源不仅可以用作宇航员的生活用水，更是获取氢氧元素的绝好资源，理论上可以转化为火箭燃料用于发射或推进航天器。更重要的是，月球是距地球最近的天体，它将是人类测试各类深空系统和积累星际生存经验的最佳地点。未来，月球优势的地理位置将利于人类开展太空技术研究，甚至作为人类探索火星的前哨基地。因此，再次登月甚至是建立永久月球基地就意味着控制一个通向太阳系更远地方的永久门户。美苏探月登月竞赛是人类冷战从地球向太空的延续。双方投入无数资源探索并试图登上月球，以宣示国力、获取国际声望。在当下新一轮“月球热”中，关于国力与声望的考虑已不再是各国唯一的主要目标，月球也已不再被看作一块死寂的岩石。随着航天科技的发展，月球巨大的资源潜力、科研价值和商业价值将得以释放。总之，月球不但将成为各国技术进步、产业升级与经济发展的不竭动力和宣扬国力的绝好窗口，而且会是国家争夺长远技术、产业与政治优势的终极竞技场。

（二）开源节流：太空商业利益与项目成本控制

美国“阿尔忒弥斯”计划的出台和与其相伴而生的《阿尔忒弥斯协定》背后既有第二轮“月球热”的国际背景因素，也有其“开源节流”的内政现实考虑。一方面，美国借助《阿尔忒弥斯协定》拉拢他国参与项目进程，以期共同分摊成本、共担风险，达到成本控制的目的。雄心勃勃的“阿尔忒弥斯”计划在预算公布初期已称得上价格高昂，随后几

① 转引自刘进军、郭建成、蒋峥：《论月球的矿藏、资源与利用》，《卫星与网络》2021年第9期，第48—57页。

年，“阿尔忒弥斯”计划预算不断攀升。面对疫情蔓延、政治极化日益撕裂美国社会，拜登政府财政预算有限，不愿继续承受计划带来的高风险和高成本。在这种背景下，美国国家航空航天局更加倾向借力美国的传统盟国与伙伴，通过所谓“外空资源利用”与“合作计划”的利益许诺获得合作伙伴的支持，以尽可能低的成本撬动超额回报。另一方面，《协定》提出“安全区”和“外空资源利用”概念，背后有争取国家经济利益和企业商业利益的考虑。美国是世界上少数通过有关企业外空活动法律的国家之一。2015 年 11 月，美国总统奥巴马签署了《美国商业太空发射竞争法案》，授权美国企业合法占有、拥有、运输、使用并出售星际资源以刺激商业航天企业进行太空探索。美国在《协定》中再次强调外空资源可被开采和利用，将国内立法内容移植到国际条约中，从而确保美国私营部门可以在未来可以通过与公共部门的合作，从月球和外层空间资源开采中获得商业利益，带动其国内高科技、航空航天等产业发展。

（三）规则锁定：打造以美为主的排他性太空“朋友圈”

名义上，《阿尔忒弥斯协定》是为“促进人类共同太空探索”而制定的行为规范；实质上，却意在维护美国的航天技术优势、促进美国的太空商业利益、奠定美国在人类外空探索与利用中的规则霸权。美国先通过《协议》单边制定外空“行为规范”，建立合作项目的准入门槛和标准垄断，再通过率先在月球确立永久存在确保美国的太空领先地位。

首先，《协定》所缔造的美式太空“联盟”意在将美国全球同盟伙伴关系从地球扩展到太空新边疆。《协定》承担着阻遏中国、俄罗斯等国太空竞争对手发展，确保美国太空霸权的任务。《协定》不仅是各国参与“阿尔忒弥斯”计划的先决条件与行为准则，更旨在“以美为主”建立一套管理国际外空探索和利用的共同原则。一方面，随着太空探索与外空资源利用的重要性不断增加，完善现行以《外空条约》为基础的国际空间立法将迫在眉睫。截至 2022 年 6 月，已有美国、英国、澳大利亚、加拿大、以色列、意大利、卢森堡、新西兰、波兰、罗马尼亚、日本、韩国、新加坡、阿拉伯联合酋长国、巴林、巴西、乌克兰、墨西哥、哥伦比亚和法国共计 20 个国家签署了《阿尔弥斯协定》。多国签署双边《阿尔忒弥斯协定》使美国在未来的多边国际空间立法中获得先发优势，增加讨价还价的筹码。另一方面，《协定》中的条款具有“战略模糊”的特点。《协定》10 大原则的模糊性可以为按这些原则最终制定的国家间双边协定的具体内容留有很大操作空间。具体的国家间双边协定可以通过具象化“安全区”和“外空资源商业利用”等新概念，采取曲解和迂回的手段突破《外空条约》的限制。

其次，《协定》是美国“价值观先行”的又一生动体现。美国通过《协定》号召盟友参与“阿尔忒弥斯”计划。打造美式“友善、自由和民主的”人类太空，构建国际外空探索标准垄断与准入限制，增加其单方面代表“人类未来外空探索”的正当性。加拿大、英国、澳大利亚、日本等首先签署《协定》的国家绝大部分是美国的传统盟国。美国前国务次卿柯拉克（Keith Krach）在 2020 年 10 月国际宇航大会上发表讲话时也声称，“美国为领导世界上自由国家追求我们在地球之外的共同目标而感到自豪”。柯拉克还宣称：“美国对太空探索和发展的投入反映了美国对信任、透明度、民主、经济自由、尊重法治和尊重人权这些团结起自由世界的共同价值观的坚定支持。这些价值观将跟随我们进入太空……我们致力于在太空建立一个由志同道合国家组成的联盟。”①

① Keith Krach, “Signing of the Artemis Accords,” October 14, 2020, accessed May 17, 2022, https: //www. facebook. com/watch/?v=364482038247180.

三、对美国《阿尔忒弥斯协定》的评估

自 2017 年 6 月“阿尔忒弥斯”计划提出以来，受美国总统换届、新冠肺炎大流行等影响，计划完成进度一直不尽如人意。然而，却不断有国家签署《阿尔忒弥斯协定》，与计划的实际完成情况产生鲜明对比。在此情况下，作为“阿尔忒弥斯”计划合作原则的《阿尔忒弥斯协定》反而更值得关注与深思。

（一）“阿尔忒弥斯”计划的执行情况

按原计划，“阿尔忒弥斯”计划包括三个关键节点：首先，将美国航天员再次送上月球；其次，在月球建立永久存在；最后，利用月球基地开展火星探索。三个阶段的具体研制型号工作包含“在轨发射系统”（SLS）、“猎户座”（Orion）载人飞船和“载人着陆系统”（HLS）。[①] 该计划能够为月球、小行星和火星的深空探测铺平道路。“阿尔忒弥斯”计划原定最早在 2024 年将美国航天员再次送上月球，这是计划的第一个关键节点。在此基础上，美国原计划最晚于 2027 年前与商业和国际合作伙伴合作，在月球表面建立一个永久基地。然而，受新冠肺炎疫情、资金和技术的综合影响，该计划在实际操作中困难重重，关键时间节点一拖再拖。按照项目规划，美国将在 2024 年载人发射任务前进行两次验证型任务，分别称为“Artemis-1”和“Artemis-2”。由于 Artemis-1 前四次发射彩排均以失败告终，其预计发射时间已经从 2022 年初推迟到了 2022

① “NASA's Lunar Exploration Program Overview,” NASA, September 21, 2020, accessed May 17, 2022, https://www.nasa.gov/sites/default/files/atoms/files/artemis_plan-20200921.pdf.

年11月。[1] Artemis-2将于2024年5月进行，而Artemis-3（搭载宇航员，实现美国载人再登月的飞船）——将不早于2025年发射。

（二）《阿尔忒弥斯协定》的可能影响

首先，《协定》可能加剧外空国际治理的竞争势态。虽然《协定》只是美国与他国共同参与“阿尔忒弥斯”计划展开民用外空探索合作的规范性协议，但这个合作的本质是排他而非包容的合作。《协定》积极促成国家间外空探索的“盟友”关系，必将导致圈外其他国家的顾虑、反对甚至抵制。有评论担心，“阿尔忒弥斯”计划可能会成为另一个在太空孤立中国的平台，让中美太空关系雪上加霜。[2] 根据《沃尔夫修正案》（*The Wolf Amendment*），美国可以凭“阿尔忒弥斯”计划由美国国家航空航天局牵头为由，拒绝在双边或多边框架下与中国合作。[3]《协定》出台以后，中国和俄罗斯官方都曾对该协定的真实目的表示质疑。

其次，《协定》或将引发国家、地区组织和/或私人实体间关于外空资源开发与利用的竞争。月球、小行星等天体资源的开发与利用，将成为新一轮太空竞赛的焦点。外空资源开采领域将成为太空大国新的“竞技场”。太空探索与资源开发利用能力不仅是实现经济和商业利益的能力，也是构成一个国家战略能力的重要部分，并在未来国家航天能力发展方面发挥着关键作用。如果人类在月球和小行星等少量人类有能力抵近和开发的天体上争夺有限资源，必将引发新一轮围绕综合国力和资源

---

① “Artemis I Mission Facts,” NASA, accessed October 20, 2022, https://www.nasa.gov/specials/artemis-i/#2a.

② Guoyu Wang, “NASA’s Artemis Accords: the path to a united space law or a divided one?” *The Space Review*, August 24, 2020, accessed May 17, 2022, https://www.thespacereview.com/article/4009/1.

③ Kohler Hannah, “The Eagle and the Hare: US Chinese Relations, the Wolf Amendment, and the Future of International Cooperation in Space,” *Georgetown Law Journal* 103, no. 4 (April 2015): 1135-1162.

开发的太空竞赛。①

最后，美国试图通过与他国签署双边协定的方式，超越联合国框架制定新的国际外空规则，将加剧国家和/或地区组织间关于太空国际治理和规则制定的博弈。近年来，无论是以《外空条约》为代表的外空国际法体系，还是现行的太空国际治理体制，都已严重过时，难以满足时代需要。现有太空大国之间关于新的外层空间法制定又存在很大政治分歧。《协定》中关于外空资源利用以及设立“安全区”的内容将刺激世界各国对现有规则的解读和新规则的制定。未来，外空规则的解释与制定或将成为各航天大国的关注与博弈焦点。

四、结语

自2017年6月“阿尔忒弥斯”计划提出以来，受美国总统换届、新冠肺炎大流行等影响，计划的阶段性完成情况并不理想。无论从短期项目进展还是长期战略影响的角度看，在这个奇点将至、太空国际政治学呼之欲出的时间节点上，《阿尔忒弥斯协定》反而比“阿尔忒弥斯”计划本身更值得科技界和政策界研判深思：当《协定》的规范性、排他性和意识形态化与美国优势的航天技术、深度军民融合和商业化的航天产业叠加共振，世界各国、地区组织和私人实体将如何从经济、技术、国际关系等多个方面影响全人类未来的外空探索与利用？当人们着眼于“阿尔忒弥斯”计划雄心勃勃的探索精神，展望未来人类足迹迈向更深远宇宙空间之时，更要关注《协定》背后可能引起的政治、法律、经济乃至社会与哲学问题。

---

① Guoyu Wang, “NASA’s Artemis Accords: the path to a united space law or a divided one?” *The Space Review*, August 24, 2020, accessed May 17, 2022, https://www.thespacereview.com/article/4009/1.

新冠肺炎疫情下 新加坡私人财富管理行业的“生财之道”

刘　嵩*

2022 年 6 月，有多家媒体报道亚洲知名创投企业维港投资（Horizons Ventures）正在新加坡建立自己的投资基金和实体办事处，准备将新加坡作为财富大本营，开展对亚洲初创企业的投资。新加坡不仅是全球知名的金融中心，更是快速发展的“私人财富管理中心”（Private Wealth Management Center，PWMC），也就是为高净值的财富客户进行个人及家庭财富规划、投资、传承的国际性服务中心。近年来，新加坡凭借自身发达的经济体系、稳定的政治环境和友好的商业政策对海外财富构成了强大的吸引力。2020 年新冠肺炎疫情开始之后，新加坡虽然面临国际国内疫情的严峻挑战，但其财富管理行业的引资能力却不断增强。2022 年 4 月 18 日，新加坡金融管理局（以下简称“新加坡金管局”）宣布将家族办公室在新加坡税务津贴计划下设立基金的门槛从 500 万新元（约合 2 500万元人民币）提升至 1 000 万新元（约合 5 000 万元人民币），并且追加了一系列对于增强本地投资额度、雇用人数和年度花销的额外限制性政策。在新冠肺炎疫情肆虐、全球经济面临衰退的今天，新加坡的财富管理行业为何如此底气十足，甚至将资金引入门槛大幅提高呢？

---

* 刘嵩，北京大学区域与国别研究院博士研究生，研究方向为新加坡。

一、新冠肺炎疫情中新加坡吸引富豪关注

全球主要的财富管理中心有瑞士、新加坡、英国、美国、中国香港和卢森堡等。新加坡金管局的数据显示，2020 年第一季度，海外资产大量流入新加坡，非居民存款增加 44%，达到 620 亿新元。2020 年 4 月，新加坡本地银行的外币存款金额暴增 300%，达到 270 亿新元。① 在德勤会计师事务所 2021 年发布的《德勤全球财富管理中心 2021 年排名》中，新加坡紧随瑞士之后，在全球财富管理中心竞争力排名中位列第二，其 2017—2020 年的资本“国际市场容量”（IMV）② 的复合年增长率达到 5.7%，几乎是其主要竞争对手香港（3.2%）的 2 倍。③

作为财富管理行业的主要服务提供商，多家国际知名银行看好新冠肺炎疫情期间新加坡的财富管理行业竞争力，并准备在新加坡增加投资和人力配置。2021 年 2 月，汇丰银行宣布将在未来的 5 年内，在高净值客户财富管理方面投资超过 35 亿美元，以加速其在新加坡和亚太地区的销售能力。汇丰银行预计新加坡离岸在管资产规模在 2023 年之前将达到 1.48 万亿美元（约合 9.6 万亿元人民币），且来自中国、印度、中国香港等 12 个市场的资金净流入在 2021 年第一季度同比增长 30%。④ 而花旗银行则在 2020 年在新加坡最繁华的乌节路设立了其全球最大的财富中心，又在 2021 年 4 月宣布将新加坡作为花旗亚洲财富管理的主要目标市场并加大投资和招聘力度，希望在 2025 年将资产和财富管理业务的市场份额

① 参见新加坡金融管理局数据，www.mas.gov.sg。

② 国际市场容量（International Market Volume），指财富管理行业中来自本国之外的国际市场投资金额。

③ Deloitte, “The Deloitte International Wealth Management Centre Ranking 2021: Proving its worth in today's turbulent world, Fourth Edition,” p. 2.

④ 周悦翔：《视我国为国际财富中心汇丰积极拓展亚洲市场》，联合早报网，2021 年 5 月 29 日，https://www.zaobao.com.sg/finance/singapore/story20210529-1150179。

增加一倍，客户人数增加两倍。[1]

2017—2019 年，财富管理行业中最重要的管理形式——“家族办公室”[2] 的数量在新加坡增长了 5 倍。[3] 而在新冠肺炎疫情肆虐的 2020 年，新加坡家族办公室的数量继续暴增，一年内翻番达到 400 余家。[4] 这些家族办公室的主人包括了多位知名的全球富豪，如谷歌联合创始人谢尔盖·布林（Sergey Brin）、英国戴森公司创始人詹姆斯·戴森（James Dyson）、桥水基金创始人雷·达里奥（Ray Dalio）以及海底捞火锅的创始人张勇和舒萍夫妇等。

二、新冠肺炎疫情资本增量为新加坡创造财富契机

新冠肺炎疫情期间，新加坡财富管理行业的高速发展是外部和内部多种因素相互作用的结果。全球财富增量对新加坡财富管理市场有明显的溢出效应，客观上为新加坡财富管理行业创造了良好的发展环境和市场需求。

首先，新冠肺炎疫情期间全球货币超发引起资产价格暴涨，带动财富管理需求大增。2020 年新冠肺炎疫情发生以来，欧美各国吸取了 2008 年金融危机期间资本市场流动性枯竭的教训，纷纷积极启用宽松货币政策刺激经济。美联储在 2020 年 3 月开始将联邦基准利率降为零，并宣布推出“无上限”的量化宽松政策，特朗普和拜登两届政府已批准推出或

---

① 胡渊文：《虽将退出 13 个市场花旗仍通过我国加强区域业务》，联合早报网，2021 年 4 月 17 日，https://www.zaobao.com.sg/finance/singapore/story20210417-1139972。

② 家族办公室（Family Office），指为超高净值客户个人和家庭提供全方位财富管理和家族服务的投资服务机构。

③ 关于“财富管理”（Wealth Management），参见新加坡金融管理局网站，https://www.mas.gov.sg/development/wealth-management，访问日期：2022 年 6 月 28 日。

④ 关于“家族办公室”（Family Office），参见新加坡经济发展局网站，https://www.edb.gov.sg/en/our-industries/family-office.html，访问日期：2022 年 6 月 28 日。

拟推出的多轮大规模财政刺激计划规模总计已约10万亿美元（约合65万亿元人民币）。[①] 欧洲央行为了刺激经济，也在2020年推出了“紧急抗疫购债计划”（PEPP），其购债总金额达到1.85万亿欧元（约合13.4万亿元人民币）并计划持续到2022年3月。各国释放出的大量货币流动性迅速冲击资本市场，引起股市的猛涨。截至2021年12月31日，纳斯达克指数同比上涨22.1%，道琼斯指数上涨18.9%，标普500上涨27.2%并在一年内创出70次历史新高。[②]

欧美高净值客户的资产配置主要在股票等权益类资产中，货币超发引发的股价暴增也使其财富大幅增加。彭博社的报道称，截至2021年12月，全球最富有的2 750名亿万富翁控制着整个人类3.5%的巨额财富，而全球人口中最贫穷的50%则仅拥有2%左右的全球财富。[③] 以美国最富有的15名富豪为例，他们的财富总量在新冠肺炎疫情期间大幅上升了62%，从2020年3月18日开始时的3万亿美元迅速增长至2021年8月的4.8万亿美元。美国拥有一亿美元以上银行账户的人数从2020年3月的614人也快速增长为2021年8月的708人，在17个月内增加了15%。[④] 新冠肺炎疫情期间，全球范围内因资产增值而新增的高净值客户和他们巨额的增量资产急需资产配置、税务规划和代际传承等多方面的财富管理服务，成为财富管理行业市场需求中的“新鲜血液”。这部分客户在进行亚洲地区资产配置时，会选择将部分财富留在新加坡，并通过新加坡的私人银行、家族信托或者家族办公室为对其亚太地区的资产进行管理。

---

① 中国社会科学院世界经济与政治研究所：《美国大规模财政刺激对我国的溢出效应》，《银行家》2021年11月6日，https://business.sohu.com/a/499478565_603349。

② Jeff Desjardins, “The U.S. Stock Market in 2021: Best and Worst Performing Sectors,” *Visual Capitalist*, January 3, 2022, accessed June 28, 2022, https://www.visualcapitalist.com/u-s-stock-market-2021-best-and-worst-sectors/.

③ World Inequality Lab, *World Inequality Report 2022*, December 12, 2021.

④ Chuck Collins, “U.S. Billionaires Got 62 percent Richer During Pandemic. They Are Now Up $1.8 Trillion,” *Institute for Policy Studies*, August 24, 2021, accessed June 28, 2022, https://ips-dc.org/u-s-billionaires-62-percent-richer-during-pandemic/.

其次，新冠肺炎疫情期间企业首次公开募资（IPO）大幅增加，资本套现催生了大量财富管理需求。2021 年是近 20 年来企业上市最为活跃的一年，共有 2 388 家企业在全球上市，首次公开募资金额达到了 4 533 亿美元（约合 2.95 万亿元人民币）。① 出于税务和传承等原因，上市企业的创始人和高管团队成员通常在上市之前就会将所持企业股权转入家族信托，并委托专业的财富管理顾问进行管理。新加坡的金融服务资源丰富且没有财产税和遗产税，很多企业家在公司上市后如果减持股票，则会将获得的大量财富转移到新加坡的金融机构中进行资产配置和税务筹划，或者通过在新加坡设立的家族办公室进行管理。比较知名的例子包括脸书的联合创始人爱德华多·萨维林（Eduardo Saverin）在公司上市之前退出美国国籍移民新加坡，并将财富全部转移至新加坡。中国的海底捞火锅创始人张勇、舒萍夫妇，迈瑞医疗的创始人李西廷等也是类似的例子。

再次，疫情期间新加坡经济的良好发展态势也吸引了区域内财富的投资兴趣。2021 年新加坡的国内经济保持健康增长，GDP 增速达 7.6%。2021 年新加坡的外商直接投资（Foreign Direct Investments，FDI）金额为 910 亿美元，在东盟国家中排名第一。② 新加坡财政部长黄循财在 2021 年 12 月接受媒体访问时也谈道，“在新冠疫情的高峰时期，我们吸引到的投资超过了往年，甚至是十多年以来最多的一次”。③ 新加坡是亚洲的美元中心和全球知名的金融中心，其金融业是外商直接投资的主要受益行业，新冠肺炎疫情期间新加坡的全球财富管理中心地位也由于全球资本的持续注入进一步得到了提升。

---

① 安永会计师事务所：《中国内地和香港首次公开募股（IPO）市场报告》，2021 年 12 月 15 日。

② 东盟驻中国使团：《2020—2021 年东盟投资报告：在工业 4.0 时代投资》，澎湃网，2021 年 9 月 23 日，https://www.thepaper.cn/newsDetail_forward_14637261，访问日期：2022 年 6 月 28 日。

③ 钱小岩：《疫情下新加坡预计今年经济增长 7%左右，新加坡财长黄循财这么说》，第一财经，2021 年 12 月 21 日，https://www.yicai.com/news/101264638.html，访问日期：2022 年 6 月 28 日。

最后，在2022年初爆发的乌克兰危机，不但加剧了欧洲的地缘政治紧张局势，同时也促使全球财富在更大范围内寻找多元化配置机会。相比传统的欧洲财富管理中心，新加坡远离地缘冲突焦点，政治局势稳定，拥有良好的经济基础又兼具东西方文化氛围，从而顺理成章地成为国际资本的优质“避风港”。

三、国家政策帮助新加坡强化财富韧性

面对新冠肺炎疫情对经济和人员流动的严重影响，新加坡充分发挥自身“船小好调头”的灵活性，实施了多项政策调整，全方位增强了财富管理行业的“生财”韧性；其行业韧性的不断增强反过来又为更加灵活的引资政策创造了空间和条件。

第一，新加坡依靠灵活的新冠肺炎疫情防控政策吸引了大量财富管理行业人才和机构，对增强行业的核心竞争力起到了重要推动作用。针对新冠肺炎疫情不同阶段的特征，新加坡采取了具有韧性的灵活防疫措施，为财富管理行业的人才流动和资本进入创造了良好的条件。新冠肺炎疫情暴发以来，新冠肺炎疫情防控、国内经济、外交政策这三个方面在许多国家治理中形成了一组无法兼得的“三元困境”。新加坡政府围绕着新冠肺炎疫情防控，在国内经济和外交政策之间不断地寻求平衡，在新冠肺炎疫情发展的不同阶段均出台有不同的防疫政策。从实际效果来看，新加坡的防控措施的确为其经济增长和招商引资创造了良好环境。

在2020年新冠肺炎疫情暴发之初，新加坡坚持国家“运作如常”和“与世界连接”的原则，同时率先对居民实施免费的大规模检测，并用技术化手段追踪感染者和密接者，最大限度保证企业生产和居民生活正常化，一系列务实的精细化防疫政策收到良好的效果。在多国新冠肺炎疫情失控以及德尔塔变种病毒肆虐全球时，新加坡严控关口，收紧社交政

策，并大力推动疫苗接种，始终将国内新冠肺炎重症量控制在医疗系统可承受的压力范围之内。新加坡卫生局的统计数据显示，截至 2021 年底，新加坡的疫苗两针接种率超过 82%，一针接种率超过 85%，成为全球新冠疫苗接种率最高的国家之一，为逐步放松国内新冠肺炎疫情管控和恢复经济奠定了良好的基础。2021 年 6 月 24 日，新加坡政府发表《与冠病共处如常生活》的政策声明，宣布从 8 月 10 日开始放弃严格的内部新冠肺炎疫情管控措施，开始施行“韧性防疫”（COVID-19 resilience）管控措施，并分阶段将社会管控转变为“与病毒共存”的常态化疫情管理。对内逐步放开经营、社交和娱乐活动限制，灵活的防疫措施增强了新加坡在吸引财富管理行业人才和资源方面的竞争力。2020 年，有多家跨国金融和财富管理公司的亚太总部迁址新加坡。比如，德意志银行就在 2020 年 7 月宣布将其亚洲区总裁的办公地从香港变更为新加坡，世界经济论坛也将 2021 年 5 月进行的年会举办地定为新加坡。

第二，新加坡因势利导推出多个提升财富管理行业竞争力的国家级政策，与全球高净值客户深度绑定，提升了行业的服务深度和网络效应。在新冠肺炎疫情期间，新加坡多个政府部门推出了国家级的财富吸引政策。2020 年 4 月，新加坡人力部和经济发展局联合推出了修订版的“全球投资者计划”（Global Investor Programme，GIP），吸引拥有雄厚商业背景的企业家移民新加坡。符合全球投资者计划标准的申请人共分为四类：第一类是公司年营业额在 10 亿元人民币以上的资深企业主和大股东；第二类是家族公司年营业额在 25 亿元人民币以上的家族企业继承人；第三类是公司由全球知名风投公司估值 25 亿元人民币以上，并进行投资的高成长性新兴企业创始人和大股东；第四类是旗下管理净资产超过 10 亿元人民币的家族办公室管理人。通过以上标准可以看出，这四个类别的覆盖范围全面，基本囊括了超高净值人群的各类财富来源。

全球投资者计划的主要目的是吸引高质量的全球投资人并与之进行长期利益绑定，因此虽然对申请人的商业背景要求非常苛刻，但是计划对实际投资额的要求却并不高。申请人需要投入不少于新币 250 万元（约合 1 250 万元人民币）用于以下 3 个用途：(1) 扩充或新建自己的业务；(2) 投资于新加坡的全球商业投资者计划基金；(3) 投资于现有的或者新成立一个管理净资产不低于 2 亿新元的单一家族办公室。投资还有一些额外限制，如投资应在新加坡政府所规定的行业且不能投资于房地产等。符合要求的投资人会在几个月内获得审批并拿到永久居留权。

另一个在疫情期间为新加坡吸引了大量财富的政策是由新加坡金融管理局推出的税务豁免政策。通过目前新加坡税法中的 13O（在岸基金税收激励计划）和 13U（增强型离岸基金税收激励计划）政策申请的家族办公室，其下属管理基金可以获得投资收益税务豁免，且会为家族办公室的设立人提供 1—3 个“就业准证”（Employment Pass，EP）。在获得就业准证的 12 个月后就有申请新加坡永久居留权的可能，这种允许投资人通过投资方式获得新加坡永久居留权的政策，对一部分需要海外居留权的高净值人士也构成了较强的吸引力。

第三，疫情期间，新加坡的财富管理行业注重与时俱进，将最新的投资价值观与投资理财结合，为本国财富管理行业的可持续发展抢占了先机。新加坡在财富管理中积极融入“碳中和”等环境保护理念，帮助家族办公室的第二代建立长远的价值观和负责任的世界观。新加坡的家族办公室还利用自身平台积极为客户搭建绿色投资和慈善事业的正规金融架构，并利用当前全球投资界最热门的“环境、社会和公司治理”（Environment，Social，Governance，ESG）理念①推出多种投资产品组合，为投资者提供既可以创造投资价值又具备可持续发展能力的投资标的。2021 年 10 月，新加坡经济发展局和新加坡财富管理学院（WMI）为了提

① “环境、社会和公司治理”，是一种关注企业对环境保护、社会责任、公司治理绩效而非单纯财务绩效的投资理念和评价标准。

升家族办公室的专业能力，成立了“全球家族办公室网络”（GFOC）。[①] 目的是从人才和专业配套方面促进家族办公室的行业沟通，并根据所获得的信息逐步完善相关的法律、税收制度和商业政策配套，为新加坡财富管理行业创造更强的竞争力。

第四，疫情期间新加坡对外实施多种旅行通道政策，成为东南亚及周边国家高净值人群的“避风港”和“新家园”。在2020年新冠肺炎疫情开始之初，新加坡就吸引了大批东南亚富豪前来。2021年8月，新加坡又对全球各主要国家逐步推出“疫苗接种者旅游通道”（VTL），灵活的对外防疫措施帮助新加坡提升了作为全球财富管理中心与世界的互联互通，在各国饱受新冠肺炎疫情困扰之时成为全球诸多高净值客户的理想“避风港”。新加坡拥有良好的医疗条件和全球最高的新冠疫苗接种率，新加坡卫生局2021年的统计数据显示，新加坡国内新冠的重症率和死亡率均控制在千分之一水平，为全球范围内最低。新加坡是国际航空枢纽，交通十分便利，其距离中国和东南亚任意国家的飞行时间都在6小时以内，主流的超中型私人飞机（湾流G280、庞巴迪C350等）可以直达，这为亚洲国家的高净值客户在本国与新加坡之间往返带来了很大的方便。新加坡的主要官方语言为英语，国内有华人、马来人、印度人、欧亚人等多个种族，外来旅客很容易适应新加坡多元的国际都市文化。

新冠肺炎疫情期间，各国的高净值人群在新加坡都能够获得非常舒适的生活品质，子女教育质量也能得到保障。新加坡市内顶级餐厅密布，共有3家米其林三星餐厅，5家两星餐厅和41家一星餐厅。[②] 新加坡的五星级酒店和高档商品住宅林立，乌节路上拥有全球一线品牌的商场和汽车经销商，圣淘沙拥有高尔夫球场和赌场以及海洋公园。同时，新加坡

---

① Johney Amala, “WMI creates family office network to boost Singapore’s position family office hub,” *Private Banker International*, October 21, 2021, https://www.privatebankerinternational.com/news/wmi-family-office-network-singapores-family-office-hub/.

② 《2021〈新加坡米其林指南〉出炉！史上首次出现三家3星餐厅》，搜狐网，新加坡眼，2021年9月2日，www.sohu.com/a/487352101_120919052。

的国际学校的教育品质也在全球享有盛誉，为高净值人群的子女提供了非常好的教育环境。在 2015 年经合组织的国际学生评估项目（PISA）① 中，新加坡的国际学校学生在数学、阅读、科学、合作解决问题等方面均排名全球第一。在 2018 年的测试中，新加坡在全球化素养方面排名全球第一。

四、灵活创新助新加坡应对财富挑战

新加坡政府及其国内财富管理行业正利用多种灵活的政策迎接地区经济和数字科技发展的新机遇，但同时，新加坡也面临着国内财富差距增大和病毒持续肆虐对“财富”未来带来的新挑战。

新加坡积极参与且主动谋划《区域全面经济伙伴关系协定》的各项议题，为财富管理行业带来了新的机遇。2022 年 1 月 1 日《区域全面经济伙伴关系协定》正式生效，这一涵盖全球约 30%人口和全球 30%经济总量的贸易协定，将对中国和东盟各国经济产生巨大的推动作用。随着区域内贸易一体化进程的推进，《区域全面经济伙伴关系协定》会从投资、金融、供应链等多方面为亚洲国家和企业创造更多财富。新加坡作为全球的财富管理中心会在这一过程中进一步巩固和提高其国际地位，强化其财富管理行业的系统韧性并增强其财富吸引力和竞争力。

在创新方面，新加坡采用灵活的“沙盒监管”策略拥抱数字金融，期待其为新加坡的财富管理行业创造新商机。传统财富管理行业只关注高净值客户，但是，随着数字技术的发展和普通民众投资和财富管理需求的增加，长尾客户会成为财富管理行业的重要增量。新加坡在金融科技数据公司 Findexable 的“2020 年全球金融科技指数排名”中位列全球

① 国际学生评估项目，是以 15 岁学生为对象，每 3 年举办一次，2018 年的测试共有 27 个国家和地区的约 25 万名学生参与调查，包括自新加坡 153 所公立中学和 13 所私立学校的学生。

第三，亚太地区国家第一。新加坡金融管理局也不断推出多项极具灵活性的金融科技监管政策，为金融科技企业提供良好的发展前景。随着长尾市场需求的爆发，新加坡有机会利用数字金融科技为自己的财富管理行业创造新的商机。

虽然机会多多，但疫情期间新加坡及其财富管理行业也面临越来越严峻的各种挑战。财富在新加坡的大量聚集使其国内贫富差距问题凸显，这将对财富管理行业长期发展产生不利影响。新冠肺炎疫情期间涌入新加坡的大量高净值人群大幅抬升了消费品和服务的价格。2021 年，新加坡楼市价格连续 11 个月上涨，新加坡的“组屋”① 转售价格上涨 15%。仅第二季度新加坡全国房价同比上涨 6.8%，位列亚洲国家房价涨幅首位。② 新加坡的其他各类高端消费品（高级汽车、红酒等）也出现了涨价和抢购现象，新加坡的各家米其林三星餐厅预订均排至多月之后。圣淘沙高尔夫球俱乐部的会籍售价也从 2019 年的 25 万—28 万新元涨至 2021 年的 32.8 万—41 万新元。③ 由于新加坡的国家体量小，国土面积不大，上述财富溢出现象已经开始影响到新加坡本地普通居民的生活。

新加坡政府为了应对这一问题，已经开始实行部分有针对性的治理措施。2021 年 12 月 15 日深夜，新加坡政府突击出台一系列房产税政策，将外国人在新加坡购房的特别印花税率大幅上调至 30%。李显龙在 2022 年新年祝词中，也提到新加坡会考虑提高消费税来增强对低收入人群的基本生活保障。新加坡副总理王瑞杰和财政部部长黄循财也多次表示，新加坡政府会讨论征收财富税用以支撑新加坡的长期财政需求。新加坡国内财富差距加大的问题会影响财富管理行业系统的韧性，对吸引高净值人群的竞争力和财富管理行业发展产生负面影响。

---

① 组屋，指由新加坡建屋发展局投资建设，主要提供给中低收入新加坡家庭的保障性住宅。

② 《新加坡房价连涨 11 个月，政府急给楼市“降温”，背后风险几何?》，《21 世纪经济报道》，网易，2021 年 12 月 20 日，https://3g.163.com/house/article/GRLMPTQ40264982E.html。

③ Singolf Services Pte, “Historical Prices,” https://singolf.com/historical_prices.

目前，虽然奥密克戎变种病毒已经趋向温和，但新冠肺炎病毒的不断变异仍可能对新加坡的防疫措施和与全球互联互通构成挑战。新加坡国土面积小，自然资源匮乏，社会生活和经济发展严重依赖与全球的贸易和经济互动。新冠肺炎疫情发展的不确定性将会持续为其财富管理行业带来变数。

人工智能将使未来战争“不见人影”

姚啸林*

2021年3月，联合国安理会利比亚问题专家小组报告称，在2020年的利比亚武装冲突中，土耳其“卡古-2”无人机通过预程序设置，“在无须操作者和弹药之间联通数据的情况下”攻击了武装人员，该致命自主武器系统“实际上真正具有了‘开火、忘记和找到’能力”。① 这可能是人类战争史上无人武器首次被赋予自主猎杀人类的权利，再度勾起人们对未来战场被智能化无人武器主宰的担忧。这起事件昭示着战争形态可能正在发生根本性变革：未来战争将在人工智能（作为软件）和无人武器（作为硬件）的普遍应用下，进一步朝着智能化和无人化转变。

一、人工智能将改变未来战争形态

在过去，世界军事领域共经历了四次变革：从木石兵器到冷兵器

* 姚啸林，北京大学国际关系学院博士研究生，研究方向为新科技与国际政治。

① 联合国：《安全理事会第1973（2011）号决议所设利比亚问题专家小组的最后报告》（S/2021/229），第63段，2021年3月8日，https://documents-dds-ny.un.org/doc/UNDOC/GEN/N21/037/71/PDF/N2103771.pdf。

(金属兵器)，再到热兵器（火药兵器）和机械化战争，最后到信息化战争。[1] 每一代新军事科技的诞生，都意味着军事力量和思维的迭代，新军事科技对上一代的“降维打击”越来越具有压倒性。如今，随着信息、自主系统、太空、先进计算、新能源、材料、精确制导、生物及量子等方面的技术能力发展日新月异，第六个阶段正在各军事强国的综合竞争中逐渐现身。它以争取作战指挥和作战单位两方面优势为主题：以大数据和云计算为基础的陆、海、空、天、网联合指挥优势，及以人工智能(AI) 为基础的智能机器人优势。[2] 人工智能主导的无人化战争将会是未来的战争形态，这绝不是空穴来风。

（一）近期军事案例已证明人工智能对未来战争的决定性影响

按体量来看，我们可以将战争行为体粗略分为大国、小国和武装组织。无论在哪两个行为体之间的军事冲突中，人们都能看到人工智能操控的无人武器正在发挥越来越核心的作用，甚至对传统战争方式产生“降维打击”的颠覆性效果。

1. 人工智能操控的无人武器已在颠覆大国战争的形态

在 2020 年 8 月美国国防部高级研究计划局（DARPA）组织的模拟空战大赛中，最终胜出的苍鹭系统公司开发的顶级人工智能以 5：0 的成绩击败了一位人类顶尖飞行员。整个比赛过程中人类飞行员几乎毫无还手之力，赛后他表示，苍鹭人工智能的部分机动与战斗机飞行安全规范完

---

① 魏岳江：《世界第四次军事变革：各国推进由建设信息化军队向人机（机器人无人机）转变》，昆仑策网，2021 年 2 月 22 日，https://www.kunlunce.com/llyj/fl11111/2021-02-22/150515.html。

② 魏岳江：《AI 助力人机一体化作战运用断想》，来源：《中国航空报》，中国军网，2021 年 3 月 10 日，http://www.81.cn/bq/2021-03/10/content_10000430.htm。

全不同。其实，人工智能还未显示出其真正的优势：人类最多能承受 9G 的过载，而人工智能所受的限制是战机材料能承受的极限，超过 30 个 G；工作时间也不再受人类神经系统局限，而仅受限于战机的航程。这一切都暗示着大国间空战的自动化将不可避免，在航空兵器的研发中，人类操控也将逐渐让位于人工智能操控。

2. 无人武器在小国局部战争中已取得令人惊诧的战果

在 2020 年的纳卡冲突中，陆军占劣势的阿塞拜疆军凭借大量低端无人机（甚至包括“土法改制”了一批苏制 An-2 型农用运输机）就取得了绝对制空权，在战区如入无人之境般自由出入，并成规模地消灭了亚美尼亚军坦克、步兵战车、榴弹炮、野战防空系统等地面单位，甚至直接炸掉其指挥所，其画面犹如著名第一人称射击（FPS）游戏《使命召唤》系列中的军事高科技装备界面（参见图 1）。

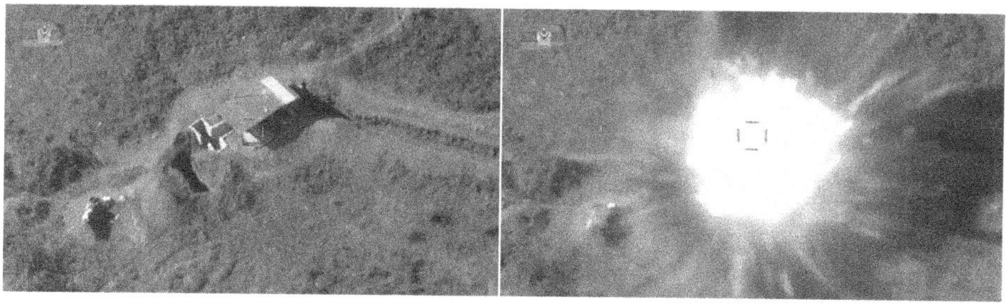

图 1　阿军在无人机观察下空袭摧毁亚军指挥所

资料来源：阿塞拜疆国防部。“Artillery units and a command post of the enemy were destroyed as a result of airstrikes-VIDEO,” Ministry of Defense of the Republic of Azerbaijan, October 27, 2020, https://mod.gov.az/en/video-archive-047/?vid=33239, See https://www.youtube.com/watch?v=qrVyDp8YhYk.

面对野战防空存在短板的亚美尼亚军，阿塞拜疆军无人机创造了巨大战果，帮助劣势的己方陆军最终取得战役优势。这场小国局部战争以夸张的结果证明了低端无人机组可轻易取得以往军事大国才能拥有的制空权和对地精确打击，并成为上一代机械化兵器之王——坦克的终结者。

这意味着，小国战争、局部战争、第五代武器战争将在人工智能无人武器的压力下被迫迭代。

3. 战争的无人化也在大国对小国或武装组织的战争中得以体现

美军在无人机领域开发较早，并在阿富汗、叙利亚和伊拉克等战场频频派出无人机清剿或斩首敌方。2020 年 1 月 3 日，当伊朗革命卫队“圣城旅”最高指挥官苏莱曼尼和数名将领在巴格达国际机场走下飞机、伊拉克什叶派武装副司令穆罕迪斯等要人上前迎接时，他们头顶高空中一架美军 MQ-9 无人机发射的多枚火箭弹从天而降，将现场炸成一片火海。10 月 22 日，美军在获悉 14 名 Al-Nusra 阵线组织核心成员在叙利亚某村庄的宴会地点之后，派出无人机发射“地狱火”导弹，将其全部当场炸死。11 月 27 日，以色列特工将一把装有人脸识别系统的自动机枪化整为零带入伊朗境内再组装，使用远程遥控系统袭击了伊朗顶级核物理学家穆罕默德·法赫里扎德乘坐的汽车。科学家和两名试图用身体挡枪的保镖当场被如雨的子弹射透，而科学家身旁的妻子竟然毫发无伤。这意味着人工智能自动化武器可以帮助大国对小国实现远程操控的、不造成己方和敌方额外伤亡的精确斩首，这进一步扩大了拥有人工智能武器技术的行为体对不拥有该技术国家或组织的“降维打击”。

以上案例证明，无论对于哪个层级的行为体来说，人工智能和无人武器都将推动未来战争的新一轮革命。

（二）各大国皆认识到人工智能军事化的巨大作用

美国国防部已将机器学习与人工智能确定为武器与信息系统军事现代化战略的核心要素。2014 年美军推出的“第三次抵消战略”认为，以智能化军队、自主化装备和无人化战争为标志的军事变革风暴正在来临，美军计划 2035 年前初步建成智能化作战体系，对主要对手形成新的军事

"代差"；到2050年前美军的作战平台、信息系统、指挥控制全面实现智能化和无人化，实现真正的"机器人战争"。① 2017年，美国智库新美国安全中心在报告《战场"奇点"：人工智能、军事变革和中国未来军力》中称，人工智能的出现会从根本上改变战争特征，引起从当今"信息化战争"向未来"智能化战争"的转变。届时，人工智能将是军事实力的关键。2020年9月，美国防长埃斯帕在美国联合人工智能中心（JAIC）座谈会上表示，人工智能开发竞赛是大国竞争回归的一个标志——"那些最早利用划时代技术的人通常在战场上具有决定性优势"。"与先进弹药或下一代平台不同，人工智能有潜力改变战场的几乎各个方面，从事务部门到前线。这块技术高地我们不能拱手相让，否则利益将会受损"。②

俄罗斯也认为人工智能将主宰未来战争。俄总统普京在2017年9月与学生的会谈中曾表示，人工智能技术发展引发了"难以预测的巨大机遇和威胁"，"谁能在人工智能领域成为领导者，谁就能成为世界的领导者"。他甚至十分有远见地预言，未来战争将由无人机进行，"当一方的无人机被另一方无人机击败时，除了投降之外别无选择"。2021年，普京在年度首场国防部会议上表示，俄联邦武装力量要加快机器人、智能单兵系统和武器智能化模块等人工智能应用技术的研发工作。

中国军政各界同样意识到了人工智能对于战争的战略意义。2018年10月31日，中共中央政治局就人工智能发展现状和趋势举行第九次集体学习，③ 习近平总书记发表讲话说，"人工智能是新一轮科技革命和产业变革的重要驱动力量，加快发展新一代人工智能是事关我国能否抓住新一轮科技革命和产业变革机遇的战略问题"，人工智能"是我们赢得全球

---

① 戴旭：《决胜新空间：世界军事革命五百年启示录》，新华出版社，2020。

② "Secretary of Defense Remarks for DOD Artificial Intelligence Symposium and Exposition," The U. S. Department of Defense, September 9, 2020, https://www.defense.gov/News/Speeches/Speech/Article/2341130/secretary-of-defense-remarks-for-dod-artificial-intelligence-symposium-and-expo/.

③ 《习近平：推动我国新一代人工智能健康发展》，新华网，2018年10月31日，http://www.xinhuanet.com/politics/leaders/2018-10/31/c_1123643321.htm。

科技竞争主动权的重要战略抓手”。2019年，国务院新闻办公室发布的《新时代的中国国防》白皮书中指出：“以信息技术为核心的军事高新技术日新月异，武器装备远程精确化、智能化、隐身化、无人化趋势更加明显，战争形态加速向信息化战争演变，智能化战争初现端倪。”①《解放军报》发表的文章大声疾呼，中国应该“像20世纪五六十年代发展‘两弹一星’一样推进国家战略工程”，并同科幻小说《三体》的思路一样，该文认为，要理解和抢占新边疆领域的制高点，首先要进行的就是思想观念的革命——“必须防止战争观落后，防止作战手段出现代差”。②

由此可见，各大国均认为人工智能是新一代军事变革必争的技术制高点，率先掌握的国家则会获得巨大优势。

（三）各大国已开始在智能化、无人化战争方面加紧部署

美国在各军种智能化、无人化的各个领域做出了成绩。2016—2019年，美军相继提出了从多域战（MDB）到联合全域作战（JADO）等多个联合作战概念。虽然看起来令人眼花缭乱，但其发展主线万变不离其宗：整合海上、陆地、空中、太空、网络、电磁等所有领域的军事力量，进行集成与跨域协同作战。为此，全域一体化、分布式的联合全域指挥控制（JADC2）是联合全域作战的核心支撑。2018年4月，美国陆军宣布研发自主决定攻击目标的无人机，而陆军新一代战车的设计都将涉及自动驾驶技术，并希望它们能在很少或根本不需要人为干预的情况下进行作战。在2020年9月的融合项目演练中，从无人战车交替掩护前进、发

---

① 《新时代的中国国防》，中国政府网，2019年7月24日，http://www.gov.cn/zhengce/2019-07/24/content_5414325.htm。

② 戚建国：《抢占人工智能技术发展制高点》，来源：《解放军报》，中国军网，2019年7月25日，http://www.81.cn/theory/2019-07/25/content_9568652.htm。

现敌方坦克，继而无人机对敌方区域实施光电侦察和电子压制，再到普罗米修斯人工智能算法生成目指数据、发送给自行火炮以发射增程精确制导炮弹摧毁，整条察打杀伤链的完成仅用时 20 秒。目前，美空军已成功完成无人机在“有人—无人编组”中自适应环境变化并自主打击的演示；“量子计划”致力于使用机器学习资源来提升顶层军事领导人的决策能力；上文提及的人工智能空战算法也将在 2024 年应用于真实世界的战争中，包括直接应用到战斗机上。在《2025 年自主潜航器需求》和《未来舰队平台备选方案》报告中，美海军计划在 2030 年实现分布式舰队的构想，装备中型无人潜航器（UUV）183 具，核潜艇携带大型无人潜航器 48 具，以及约 400 架无人机和 88 辆无人水面车辆。①

俄罗斯已在人工智能、机器人及自动化控制等无人军事平台方面取得不少成果。在 2014 年的乌克兰危机后，俄罗斯宣布将开发智能化自主系统，涉及地面车辆、飞机、核潜艇以及指挥控制领域。俄罗斯自主研发了多种无人驾驶的履带装甲车，可遥控完成巡逻、侦察、追踪、阻截、攻击等任务。此外，俄军还有运输弹药给养的军犬机器人、送回伤员的铲车式机器人。在 2015 年底叙利亚政府军和伊斯兰极端势力的战斗中，俄军就动用了战斗机器人、无人机和自动化指挥系统参与作战。在海军方面，“波塞冬”核动力无人潜航器可携带 200 万吨当量的核战斗部，足以摧毁大型沿海城市、海军基地和其他设施；“自主学习”雷场系统，能依靠噪音、磁场等“特征”来识别舰艇、潜艇甚至气垫船。俄罗斯部分导弹已装有人工智能设备，在导弹飞向预定目标时，若人工智能设备在途中甄别出价值更大的目标，导弹可自动转向攻击后者。②

---

① Galdorisi, George, “Game-Changing Unmanned Systems for Naval Expeditionary Forces,” Center for International Maritime Security, January 17, 2018, https://cimsec.org/game-changing-unmanned-systems-for-naval-expeditionary-forces.

② 庄林、王树财：《俄罗斯近年来大力发展人工智能、机器人及自动化控制等无人军事平台——俄军开拓人工智能“新边疆”》，来源：《解放军报》，中国军网，2019 年 4 月 25 日，http://www.81.cn/jwgz/2019-04/25/content_9488403.htm。

中国军队正大张旗鼓将人工智能应用于新军事革命，扩大使用模拟和虚拟现实用以支持更接近现实的战争训练，在这方面，中国军队比美国军队的参与范围更广、规模更大。① 中国的作战机器人以轻型机器人为主要设计思路，中国已研制出用于海下及陆地作战的机器人。2018 年 5 月底，中国开展了“多艇协同集群作战”的技术测试，标志中国的“鲨群”已初步成型，无人艇的协同控制技术已经达到国际领先水平。7 月，第四届军民融合技术装备博览会展出一艘航速 80 节的无人舰艇，远超当前世界各国大型舰艇的均速 30 节。在 2019 年举行的新中国成立 50 周年阅兵式中，中国就展示了 HSU001 型大型无人潜艇，比美国海军更早装备。2020 年，中国研制的小型无人作战车辆锐爪 1 与锐爪 2 已经开始服役，分别负责侦查和运输功能。2021 年 7 月 27 日，央视发布微纪录片《渡海登陆 119 高地》，首次曝光了大规模跨海夺岛前，无人机蜂群率先出击的新战法。

（四）人工智能技术将对军事安全产生重大影响的核心原因

理论上，深度学习可以使智能武器在多方面不断提升效能，最终超越人是迟早之事。具体而言，相比于人类士兵，智能武器存在以下四点基本优势：其一，人工智能系统将战场协调和反应速度升级到毫秒级，而人由于人体生物性的基本限制，不可能做到这么快。其二，人工智能具备多线程处理能力，可以从战场的海量信息中实时寻找关联、产生更新的整体态势感知，这是人无法做到的。其三，单个士兵的训练成果很难移植到其他士兵身上，并且每个人受到生物性的影响，其任务能力受人体生物性的基本限制，战斗水准也因自身身体状态不同而存在波动。

---

① Kania, Elsa B., “Learning without Fighting: New Developments in PLA Artificial Intelligence War-Gaming,” Center for a New American Security, April 9, 2019, www.cnas.org/publications/commentary/learning-without-fighting-new-developments-in-pla-artificial-intelligence-war-gaming.

相反，智能化武器却可以通过大量分布的每个个体在不同战场态势下收集到的数据反馈训练同一套算法，其水平只会一路上升，发展上限远高于人类士兵，并且具有人所不具备的“鲁棒性”。① 其四，智能化武器在战斗中具有人无法企及的指控协调优势。严格来讲，同质化的作战单位可以被视为一个整体单位，各单位间可以无缝相互取代，从而避免关键节点被攻击而导致整个系统失效。它们共享所有数据和战场情报，并通过统一指挥可以非常好地统一目标、实时无缝策略调整。其五，智能化武器的战场损失不以人的生命为代价，生命成本、经济成本、政治成本大大降低。

二、对未来智能化、无人化战争的设想

第一，未来的作战环境将是高对抗和通信能力降级的环境。美国国防部认为，算法战在未来作战中不可避免，拥有人工智能优势（决策、速度、机敏性和策略）的作战人员势必将具有明显的作战优势。② 美陆军研究实验室认为，未来战场上，智能代理将由高度分布和一体化的自主地面和空中系统组成。无独有偶，《英国陆军评论》认为，士兵和指挥官都需要成为“数字原住民”，在联网时能够凭直觉轻松地进行分解作战，在网络中断时也能够在无网络情况下进行作战。③ 其实，无人作战系统也将能够在与后方网络失联的情况下独立完成任务。

第二，未来战争的指挥体系应该是全域、人工智能高度参与的联合作战体系。美国国防部认为，其均势对手正在部署多层作战体系，能够

---

① 是英文“robust”的音译，指系统在异常和危险情况下生存的能力。

② 申淼：《美国防部联合人工智能中心加速人工智能军事应用步伐》，“国防科技要闻”微信公众号，2020 年 9 月 28 日，https://mp.weixin.qq.com/s/5lTxtr6BwnCdAzrJpihuWw。

③ Army Conceptual Branch, “Conceptual Force (Land) 2035,” *The British Army Review*, no. 177 (Winter/Spring 2020), p. 31, https://www.army.mod.uk/umbraco/Surface/Download/Get/15000.

同时跨陆、海、空、天、网络等多个领域实施作战行动。而为击败多层作战体系，人工智能和机器学习等新兴技术可能是游戏改变者。[①] 在2020年空军协会会议上，美国国防部长指出，美国空军先进作战管理系统（ABMS）将创建军事物联网，并将联合部队整合成一个整体的战斗网络，其最终目标是将任一传感器实时地连接到战场上的任一射手。[②]

第三，未来部队组成是异构化、[③] 去中心化的。由于目前大国的杀伤链性能越来越强，在均势竞争中，杀伤链组成的多样性、灵活性、分布性和难预测性，就成为军事单位存活的关键，它们之间的连接则通过联合全域作战体系来保障畅通、即时和稳定。美国哈德逊研究所报告认为，在第一、第二、第三次工业革命后的时期，军事问题不在战区处理，而是由集中式组织解决，军队同质化与规模化已发展成熟。而现在，计算能力的进步推动商业向分散型模式发展，同时也会助推军队向分散化和异构化发展。部队组成的复杂性提高后，军队的可选择性也相继提高，从而获得相对于敌方的决策优势。[④] 在未来，大型的有人陆海空作战平台可能逐渐消失，取而代之的是各种无人机群。

第四，作战单位日益无人化。我们可以设想这样一个情境：在空中，无人机蜂群和有人—无人混编机队协同制空，陆地上，无人地面战车（UGV）、战斗机器人等与人类士兵推进，在海洋，无人水面舰艇（USV）、无人潜航器和机器人协同作战。部署人类士兵进行防御的概念

---

① B. Stanton, "US Army Artificial Intelligence Innovation Institute (A2I2) Aiding," 2020, https://apps.dtic.mil/sti/pdfs/AD1104260.pdf. 转引自《美国陆军人工智能创新院为多域作战提供支持》，《防务快讯》公众号，2020年10月14日，https://mp.weixin.qq.com/s/fErPdH5UUsvXDDQ8MiAePw。

② Theresa Hitchens, "Esper Signals Importance of All Domain & ABMS at AFA," *Breaking Defense*, September 16, 2020, https://breakingdefense.com/2020/09/esper-signals-importance-of-all-domain-abms-at-afa/.

③ 异构化即"不同结构"，在高科技军事领域常用来形容结构多样、难以统一的部队或数据。

④ Bryan Clark, et al., "Advancing Decision-centric Warfare: Gaining Advantage through Force Design and Mission Integration," Hudson Institute, July 2021, https://s3.amazonaws.com/media.hudson.org/Clark%20Patt%20Walton_Advancing%20Decision-Centric%20Warfare.pdf.

将逐渐消失，取而代之的是人类与各种智能化、自主化程度越来越高的无人单位共享战场。完全无人化的作战系统在不远的将来就会出现，它们能从海量的信息探测节点获得近乎无限的信息并快速提取有价值信息并做出决策。

第五，未来战争的速度将不再局限于人类的指挥和作战系统速度，而将在人工智能的辅助下大大加速。① “人工智能在作战指挥领域的应用将有效缩短观察—定位—决策—行动（OODA）环的时间。对抗双方通过作战指挥体系内部的高速运算，不断寻求有利的战机，一旦发现‘有机可乘’，就迅速生成应对方案、调整体系力量、采取相应行动，整个作战指挥过程真正做到实时同步”。②

第六，未来战争的胜败将集中在“制智权”的争夺上。在以往战争中，人类士兵作战主要靠纪律约束和荣誉激励，军队意志仍然可以成为决定战争胜负的重要变量；在信息化战争中，胜负关键在于夺取制信息权和信息优势；在智能化战争中，机器人士兵的战斗力将主要依靠其软件的智能运算和硬件的高新科技，战场的核心将变成以夺取制认知权和智能优势为主。“在对抗重心上，将由注重物理域、信息域对抗向更加注重认知域对抗转变”。③

第七，军用网络的安全需求将从网络安全转向数据安全，建立零信任架构。2021 年 5 月，美国国防信息系统局（DISA）在其官网上公布了《国防部零信任参考架构》，从以网络为中心过渡到以数据为中心的现代安全模型。零信任意味着组织不会固有地信任任何用户，而必须以具体方式不断评估和授予信任。这使国防机构可以创建策略，为从任何位置

---

① 傅莹：《人工智能对国际关系的影响初析》，《国际政治科学》2019 年第 1 期。

② 季自力、王文华：《人工智能在作战指挥中的应用》，《军事文摘》2020 年第 9 期，第 19 页。

③ 同上。

的任何设备连接的用户提供安全访问。①

第八，军用人工智能/机器学习（AI/ML）的核心需求是变化迅速、适应异构化环境、适应背景噪声和欺骗、与敌方机器和算法对抗。原因有以下 4 点：（1）战场情况瞬息万变，应快速、轻松地适应新任务；（2）战场资源和信息受限，所以只能通过有限的真实数据来训练和测试人工智能；（3）在复杂、分布式的多域作战环境中，输入的数据可能是充满噪声的、不完整的、不确定的，甚至可能是完全错误的，人工智能应能加以识别，提供异构化环境中的上下文和理解；（4）均势对手能够利用欺骗技术来战胜敌方的算法，人工智能应具有足够的鲁棒性，能在断网的情况下正常运作，并与敌方机器和算法对抗。

三、人工智能技术对国际关系的影响：更远的未来，战争或将彻底“不见人影”

智能化和无人化可能将战争变得更加可模拟，从而减小其实际发生的可能，也可能因为无人化而使得发动战争的道德负担越来越小，从而导致战争发生的可能性变大。

在当下和不久的未来，无人武器对战场决胜的影响越来越大，因此，大国间智能化、无人化战争的军备竞赛必然发生而且正在发生，而小国也正在其力所能及的范围内发展无人武器，寻找路径打破当前的战术思维。当下大国的军备竞赛更可能在暗中加速，各国在大规模无人作战方面都处在初期探索阶段，军事技术装备和战法更新越来越快、越来越具有颠覆性，这都导致大国间难以摸清对方底细且不敢贸然发起冲突。然

① Drew Schnabel, “The DoD needs data-centric security, and here’s why,” C4isrnet. com, September 30, 2020, https://www.c4isrnet.com/opinion/2020/09/29/the-dod-needs-data-centric-security-and-heres-why/.

而，大国对小国或小国之间则会受到无人战争可能带来的新优势刺激，进而使彼此军事冲突的风险加大。大国需要新式武器的试验场，因此，美俄在叙利亚战场、乌克兰战场争相派出新型无人机、无人坦克。在纳卡冲突、叙利亚、乌克兰、伊拉克等地区武装冲突中，介入其中的中小国家都正在试验无人武器为战场带来的新可能性。

从中期来看，有人—无人装备的联合作战将是发展潮流，无人智能化武器在逐渐替代人类士兵和有人装备。由于无人装备降低了人员训练成本并减少了人员伤亡，可以猜想，无人化进度更快的军队会由于政治风险低而更倾向于军事冒险。随着大国无人智能化作战技术的逐渐成熟，其扩散风险也可能越来越大。武装组织、中小国家可能通过各种途径获得大国的无人武器技术，进而威胁国际安全。

从长远来看，战争将彻底无人化。上战场的将只有无人军事装备，而人只需要远程指挥无人战争，甚至连指挥权都可能完全交给人工智能算法，让计算机完成所有作战过程，首脑需要做的只是选择战争是否开始。若发展到这个程度，可能战争的全部损失都将变成敌我双方无人装备的损失，甚至还可能变成用军棋推演直接替代现实战争，类似墨子和公输班用玩具机变进行九设九距的模拟博弈，就避免了实际的战争和流血。与此同时，由于作战单位分别是无人和有人、大国和小国或武装组织，它们之间战争的伤亡比将会被无限放大，对大国来说，发动战争的结果将越发趋向于“零本万利”，而其发动战争的所有道德负担，都被凝聚成了其首脑发布开战命令的这个简单动作。

总之，智能化和无人化战争正在颠覆也将彻底颠覆未来战争的逻辑，也使军事战略家们得以在变革阶段大展拳脚，畅想未来战争的形态，思考人工智能对前沿军事技术的重塑。

《博望天下》征稿函

当今中国正在走向世界，迫切需要更加全面系统、深入细致地了解和理解世界，建立充实、成熟的国际视野和世界图景。中国的区域国别研究（Area Studies）是从“关注自己”向“关注世界”转变的学术自觉，是帮助中国理解世界的重要窗口。

研究始于观察。对外国社会的深入观察，对国际重大事件的客观记录、对区域问题的审视思考、对全球治理的宏大叙事，都会极大丰富国人理解世界的想象和方式，服务新时代中国参与全球治理的使命担当。在区域国别研究中，我们始终提倡和鼓励开展实地观察，旨在为中国提供一种看世界的思想方位，为中国融入世界提供广泛而坚实的知识支撑。我们希望汇聚这样一种力量，让那些具有家国情怀、人类关怀和世界视野的观察者聚在一起，凭借不同领域的专业知识和敏锐的洞察力开展学术反哺。

为此，我们愿提供这样一种平台，为身处海外的学者、社会人士、留学生等群体敞开发表真知灼见的大门，鼓励观察者从不同角度、不同维度针对特定国家或地区撰写观察日志，包括但不限于观察对象的经济、政治、社会、文化、民俗、组织及其他与人类相关的社会活动，真正把文章写在对象国大地上。我们努力争取让每一篇观察日志都尽可能通过多种渠道呈现给读者，并以《博望天下》丛刊进行结集出版，让参与者拥有自己署名的纸质作品。

鉴于此，由北京大学区域与国别研究院主办的《博望天下》丛刊面向全世界的观察者征集稿件，欢迎海内外从事和关注区域与国别研究的朋友们投稿，投稿要求如下：

1. 事情真实，观点鲜明，论证严密，行文规范接地气，最好有一个或几个主题，避免流水账。

2. 一般在3 000—10 000字，附有图片或短视频，附有作者简介（包括姓名、职业、教育背景等）。

3. 来稿请采用Word格式，投稿邮箱为：pkuias@pku.edu.cn。

4. 本征稿启事自发布之日起，长期有效。

主办单位：北京大学区域与国别研究院

地　　址：北京大学燕南园66号院　100871

电　　话：010-62759083

电子邮箱：pkuias@ pku.edu.cn